Joachim Hoffmann

STALINS VERNICHTUNGSKRIEG 1941–1945

Joachim Hoffmann

Stalins Vernichtungskrieg 1941–1945

Verlag für Wehrwissenschaften · München

2., durchgesehene Auflage 1995

Satz: G. Meiereder, Schrobenhausen/Druck: Grafiche Fulvio srl Udine - Italy

ISBN 3-8219-0031-8

Inhalt

Nun wohl, wenn die Deutschen einen Vernichtungskrieg wollen, so werden sie ihn bekommen (Stürmischer, lang anhaltender Beifall). Von nun an wird es unsere Aufgabe, die Aufgabe der Völker der Sowjetunion, die Aufgabe der Kämpfer, der Kommandeure und der politischen Funktionäre unserer Armee und unserer Flotte sein, alle Deutschen, die in das Gebiet unserer Heimat als Okkupanten eingedrungen sind, bis auf den letzten Mann zu vernichten (Stürmischer Beifall. Rufe: »Sehr richtig!« Hurrarufe). Keine Gnade den deutschen Okkupanten! Tod den deutschen Okkupanten! (Stürmischer Beifall).

Josif Vissarionovič Stalin
am 6. November 1941

Zum Geleit

Als am 22. Juni 1941 der deutsche Feldzug gegen die Sowjetunion begann, begründete die nationalsozialistische Propaganda die Eröffnung dieses neuen Kriegsschauplatzes mit der Behauptung, die Wehrmacht habe einem drohenden sowjetischen Angriff präventiv zuvorkommen müssen. Nach dem Zweiten Weltkrieg haben die deutsche und die westliche Forschung diese Begründung ins Reich der Fabel verwiesen und im Unternehmen ›Barbarossa‹ einen seit langem geplanten ›Überfall‹ des faschistischen Deutschland auf eine ahnungslose, schlecht gerüstete und zur friedlichen Koexistenz mit Deutschland bereite Sowjetunion gesehen. Andreas Hillgruber hat den Kampf gegen die Sowjetunion als eine in der nationalsozialistischen Ideologie ursächlich angelegte und von Hitler im Rahmen seines umfassenden Weltmachtkonzepts rational geplante Stufe auf dem Weg zur Erlangung dieses Ziels angesehen. Gegen diese deterministische Definition nationalsozialistischer Politik hat Anfang der 70er Jahre Bernd Stegemann in einem vielbeachteten Aufsatz Bedenken erhoben und Hitlers Kriegführung als vornehmlich sich aus den aktuellen politischen und militärischen Bedingungen ergebende Entscheidung charakterisiert. Diese Auseinandersetzung führte Hartmut Schustereit 1988 mit seiner Untersuchung über die Beweggründe Hitlers für seinen Entschluß zum Angriff auf die Sowjetunion fort, den er als einen Versuch, »durch den Sieg im Osten den Westen zu bezwingen«, und Hillgrubers These vom Stufenprogramm Hitlers als »Fiktion« bezeichnete. Mit der zeitweiligen Öffnung der sowjetischen Archive und der Liberalisierung des wissenschaftlichen Lebens sind seit 1989 neue Quellen zugänglich geworden, die auf das deutsch-sowjetische Verhältnis 1939/41 einen besseren Blick erlauben und zu einer ausgewogenen Betrachtung befähigen. Die seit Jahren geführte Diskussion über den Anteil der Sowjetunion am Ausbruch des Krieges mit Deutschland 1941 freilich muß geführt werden unter der Prämisse, daß dieser Krieg eine Auseinandersetzung auf Leben und Tod zwischen zwei totalitären Systemen war, die sich zur Erreichung ihrer politischen Ziele der gleichen Mittel und Methoden bedienten. Dies war nach 1945 kaum ins Bewußtsein der westeuropäischen Gelehrten gerückt, denn die Sowjetunion war schließlich Verbündeter der westlichen Demokratien gewesen und hat unter einem ungeheuren Zoll an Gut und Blut schließlich zum Sieg über Deutschland Entscheidendes beigetragen. Galt damit nicht im Bewußtsein der westlichen Intellektuellen die siegreiche Sowjetunion auch als Repräsentant eines besseren politischen Systems, das zu übernehmen war? Wer in Westdeutschland das sowjetische System in den Jahrzehnten nach dem Ende des Zweiten Weltkrieges kritisch untersuchte, auf seine kompromißlose Mißachtung von Freiheit und Menschenwürde, auf Terror und Unterdrückung hinwies, wurde nicht selten als Faschist beschimpft, als Neonazi verdächtigt, an Leib und Gut bedroht. Unter dem Banner des Antifaschismus versammelten sich all jene, die außer dem sowjetischen System nichts anderes mehr gelten lassen wollten. Dagegen hat sich auf allen Ebenen und Wissenschaftsfeldern Widerstand geregt, und gerade in der deutschen Geschichtswissenschaft hat es nicht an ernsten Anstrengungen gefehlt, allen ›antifaschistischen‹ Indoktrinationsversuchen ruhig, überlegt und sicher argumentierend entgegenzutreten; zu diesen hat auch der Autor der vorliegenden Untersuchung gehört. Er hat die in den zurückliegenden vier Jahren bekannt gewordenen sowjetischen militärischen Planungen für eine kriegerische Auseinandersetzung mit dem Deutschen Reich quellenkritisch untersucht, sie mit den bisher bekannten Quellen verglichen und durch eine systematische Auswertung der Memoiren sowjetischer Militärs ergänzt. Dabei kommt er zu dem Ergebnis, daß ein deutsch-sowjetischer Krieg unvermeidlich war, beide Mächte folglich für diese Auseinandersetzung rüsteten, operative Planungen machten und bestrebt waren, präventiv dem Gegner zuvorzukommen. Die sich im Frühjahr 1941 deutlich zum Vorteil der Sowjetunion verschiebende militärische Lage, die von der deutschen Führung nur schemenhaft aufgeklärt werden konnte, ließ Hitler den Juni 1941 als den letztmöglichen Termin erscheinen, um überhaupt noch einen präventiven Krieg führen zu können. Auf der anderen Seite hatte Stalin allem Anschein nach den Agriffstermin im Frühjahr 1941 von 1942 auf Juli-September 1941 vorgezogen, um die an der sowjetischen Westgrenze konzentrierte deutsche Wehrmacht in mehreren wuchtigen Schlägen zu vernichten; hierzu legt der Verfasser eine detaillierte Untersuchung der Vorgänge im Mai vor, um den Entschluß Stalins für ein militärisches Vorgehen gegen Deutschland im Sommer 1941 plastisch hervortreten zu lassen. Der Hauptteil der Untersuchung ist einem Aspekt des deutsch-sowjetischen Krieges gewidmet, der bisher überhaupt noch nicht ins Bewußtsein der westlichen Welt getreten ist; daß nämlich Stalin den Krieg gegen das Deutsche Reich als Vernichtungs- und Eroberungskrieg konzipiert und dann auch durchgeführt hat, so wie Hitler seinem Feldzug gegen die Sowjetunion wesentlich rassenkämpferische Motive beimischte. Hierbei kam Stalins Befehl vom 6. November 1941, alle Deutschen ohne Unterschied totzuschlagen, eine besondere Rolle zu, denn die unter Anleitung von I. Ehrenburg arbeitende sowjetische Propaganda sorgte dafür, daß dieser Befehl nicht nur bis zum letzten Soldaten bekannt gemacht, sondern auch exekutiert wurde. Die Aufforderung zur Ermordnung deutscher Kriegsgefangener und Verwundeter stand vom ersten Tage des Krieges an auf der Tagesordnung und erlebte eine infernalische Steigerung, als die Rote Armee Ende 1944 deutsches Staatsgebiet erreichte und gegen die deutsche Zivilbevölkerung auf Weisung ihrer Befehlshaber und Politischen Verwaltungen mordend, vergewaltigend, plündernd und sengend vorging, noch bis in die Wochen nach dem 8. Mai 1945 in ihren besetzten Gebieten eine breite Blutspur legend.

Der besondere Reiz der Arbeit von J. Hoffmann besteht darin, daß er mit Stalins ›Vernichtungskrieg‹ gegen Deutschland Aspekte beleuchtet und in den Vordergrund stellt, die bisher noch kein adäquates Interesse der westlichen Geschichtsschreibung gefunden haben.

Dr. Manfred Kehrig

Vorwort

Der fünfzigste Jahrestag des Kriegsendes soll Anlaß sein, den Blick zurückzuwenden und sich – abweichend von den üblichen Gepflogenheiten – vor Augen zu halten, in welchen Formen und mit welchen Methoden die so schicksalhafte deutsch-sowjetische Auseinandersetzung von der Union Sozialistischer Sowjetrepubliken aus geführt worden ist. Denn eine jahrzehntelange und immer einseitiger werdende Meinungsbeeinflussung hat unter dem breiten Publikum in Deutschland mittlerweile eine Unwissenheit hervorgerufen und Vorstellungen entstehen lassen, die auch in der Presse in geradezu entwaffnenden Behauptungen und Aussagen über die tragischen Ereignisse jener Jahre Ausdruck finden. Daß die 1994 abziehenden letzten Truppen der ehemaligen Okkupationsarmee der Sowjetunion nach wie vor erfüllt sind von der überhaupt erst nachträglich eingeschobenen Propagandathese, die Rote Armee hätte 1944/1945 in Deutschland eine ›Befreiungsmission‹ erfüllt, auch seien die Rotarmisten in Deutschland schließlich als ›Befreier‹ aufgetreten und empfangen worden, wird man den jetzigen russischen Soldaten nicht verübeln. Sie können es nicht anders wissen, wenn selbst Präsident El'cyn noch am 1. September 1994 anläßlich des Abzuges der ehemaligen Besatzungstruppen in Berlin verkündete, die ›Russen‹ (er meinte die Sowjets) in Soldatenmänteln seien nicht nach Deutschland gekommen, um es dem Erdboden gleichzumachen, das deutsche Volk zu vernichten oder es zum Diener der ›Russen‹ (der Sowjets) zu machen. Sogar in den Jahren der schwierigsten Prüfung habe man eine klare Grenze zwischen den ›einfachen‹ Deutschen und der ›verbrecherischen‹ Clique gezogen, die in Deutschland an die Macht gekommen war. Was es mit solchen Behauptungen auf sich hat, wird der Inhalt der vorliegenden Darstellung erweisen. Wenn in der deutschen Öffentlichkeit, der doch alle Informationsmöglichkeiten zu Gebote stehen, andererseits jedoch eine Meinung um sich greift, nach der die Deutschen von den Armeen der stalinistischen Sowjetunion ›befreit‹ worden seien, so gibt es hierfür keine Entschuldigung, wird die historische Wirklichkeit damit doch geradezu auf den Kopf gestellt. Denn nicht als ›Befreierin‹ ist die Rote Armee eingedrungen, auch wenn die mancherorts errichteten Siegesmonumente dies heute suggerieren sollen; und wohl von niemandem in Deutschland wurde sie damals als Befreierin empfunden.

Die Soldaten Stalins kamen eigenen Parolen zufolge nicht als Befreier, sondern als gnadenlose Rächer. Alle gegenteiligen Behauptungen der heutigen Zweckpropaganda gehören in das Reich der Fabel und kommen einer glatten Verdrehung der historischen Tatsachen gleich. Wenn es hierfür eines Beweises bedarf, so ist er schon in der Panik zu finden, die die gesamte Bevölkerung in den Ostprovinzen des Reiches bei der Annäherung der Roten Armee erfüllte. Der vorliegenden Veröffentlichung ist unschwer zu entnehmen, daß die Wirklichkeit noch die schlimmsten Erwartungen übertreffen sollte.

Ebenso wie man jetzt mit Sicherheit nachweisen kann, daß der von Hitler als unvermeidbar angesehene Waffengang – nach dem Molotov-Besuch – zeitlich gesehen nur knapp einem von Stalin mit Hochdruck geplanten und vorbereiteten Eroberungskrieg zuvorgekommen ist, lassen sich heute noch weitere historische Tatsachen konstatieren. So hat nicht nur Hitler, wie eine bestimmte Zeitgeschichtsschreibung immer glauben machen will, sondern gerade auch Stalin, die politische und militärische Führung der Roten Armee, in der Auseinandersetzung von Anfang an Methoden angewendet, die in ihrer Brutalität alles bisher Dagewesene in den Schatten stellten. Schon die praktisch mit dem ersten Kriegstage einsetzende systematische Aufputschung der Angehörigen der Roten Armee, die Erzeugung infernalischer Haßgefühle gegen die Soldaten der eindringenden feindlichen Heere, lassen alle hierzulande verbreiteten Legenden über die angeblich allein an der Weigerung Hitlers gescheiterten Möglichkeiten einer ›humanen‹ Kriegführung in ein Nichts zusammenfallen. Ein Zusammenstoß zweier diktatorisch geführter sozialistischer Militärmächte läßt anscheinend von vornherein überhaupt nur wenig Spielraum für Erwägungen der Menschlichkeit oder auch nur für die Anwendung der Regeln und Gebote der Internationalen Konventionen, die im übrigen wohl vom Deutschen Reich anerkannt worden waren, während die Sowjetunion eine Anerkennung strikt verweigert hatte.

In der Sowjetunion sind auch von deutscher Seite Verbrechen begangen worden, für die vor allem die zuständigen Organe des Reichsführers SS Himmler die Verantwortung tragen. Doch alle diese Untaten sind immer wieder Gegenstand eingehender Schilderungen; sie sind heute fast bis ins Detail hinein bekannt. Die von den Sowjets begangenen Verbrechen dagegen werden bewußt und methodisch der Vergessenheit anheimgegeben, denn um keinen Preis darf ja so etwas wie eine ›Aufrechnung‹ stattfinden. Und dabei gehört der historische Vergleich, das Aufzeigen von Zusammenhängen, Abhängigkeiten und Parallelitäten doch zu den unveräußerlichen Pflichten einer wahrheitsgetreuen Geschichtsschreibung, soll anders nicht bewußt einem einseitigen Bild der Geschehnisse Vorschub geleistet werden.

Der vorliegende, zum großen Teil auf unbekannten Akten und Unterlagen deutscher und sowjetischer Provenienz beruhende Band behandelt also – unbeeindruckt von sogenannten ›Tabus und Denkverboten‹ – ganz bewußt die Methoden der Kriegführung auf der anderen Seite der Front. Diese Darstellung hat also vorzugsweise die sowjetischen Untaten zum Inhalt, ohne daß die unter Mißbrauch des deutschen Namens auf deutscher Seite begangenen Untaten dabei aus dem Blickfeld verloren und verschwiegen worden wären. In jedem Fall aber gilt es zu differenzieren und propagandistische Übertreibungen auf ihren tatsächlichen Wahrheitsgehalt zurückzuführen. Man wird der vorliegenden Veröffentlichung insgesamt also eine höhere Einsicht zubilligen müssen als jener Zeitgeschichtsschreibung, die die Handlungen des sowjetischen Kriegsfeindes absichtlich oder einfach aus Mangel an Kenntnissen grundsätzlich immer mit Stillschweigen übergeht. Daß die Ergebnisse nicht überall Zustimmung finden werden, steht zu erwarten und erscheint bei der Brisanz der Thematik auch als ganz natürlich. Gerechte Beurteilung aber wird dem Autor doch das Streben nach Objektivität nicht absprechen können und ihm auch zugestehen müssen, daß in der Bundesrepublik heutzutage schon fast Zivilcourage dazu gehört, unbequeme historische Wahrheiten auszusprechen. Vor allem aber wird man nicht zweifeln dürfen an den Gefühlen der Sympathie des Autors dem russischen Volk gegenüber, die schon seine sonstigen Bücher zur Geschichte des deutsch-sowjetischen Krieges durchweg durchziehen.

Ausgangspunkt der vorliegenden Darstellung ist, wie gesagt, die nunmehr unbestreitbar gewordene Tatsache, daß Hitler mit der Eröffnung der Kriegshandlungen dem von Stalin vorbereiteten Angriffskrieg nur kurzfristig zuvorgekommen ist. Mit dieser unbezweifelbaren wissenschaftlichen Erkenntnis sind unseren Ideologen buchstäblich im Sinne des Wortes die Felle davongeschwommen. Ihre Argumente sind hinfällig geworden, die doktrinäre Verblendung aber ist geblieben. Ich erinnere mich dankbar jener Autoren, die mancher Anfeindungen und teilweise giftiger Ausfälle ungeachtet für die historische Wahrheit eingetreten sind und ihr damit schließlich zum Durchbruch verholfen haben, neben anderen insbesondere der Herren Universitätsdozent Dr. Heinz Magenheimer/Landesverteidigungsakademie Wien, Professor Dr. Werner Maser/Speyer, Viktor Suvorow/Bristol, Universitätsprofessor Dr. Ernst Topitsch/Graz, Professor J. D. Dr. phil. Alfred Maurice de Zayas/Chicago und Genf. Herr Professor Dr. Dr. Günther Gillessen hat sich in der FRANKFURTER ALLGEMEINEN ZEITUNG stets als ebenso gerechter wie klug abwägender Beurteiler der Auseinandersetzung erwiesen und der Sache damit einen großen Dienst erwiesen. Mit dem bekannten Verfasser einschlägiger Bücher, dem 1993 verstorbenen Dr. Aleksandr Moisseevič Nekrič, im Kriege einst Politischer Offizier der Roten Armee (einer der damals vielgeschmähten ›jüdisch-bolschewistischen Kommissare‹), der nach seiner erzwungenen Emigration aus der

UdSSR an der Harvard University tätig gewesen war, hat mich nicht allein in der ›Präventivkriegsfrage‹ eine weitgehende Meinungsübereinstimmung verbunden. Die vorliegende Veröffentlichung ist noch während meiner 35-jährigen Zugehörigkeit zum Militärgeschichtlichen Forschungsamt im Rahmen des Generalthemas ›Stalin und die Rote Armee‹ entstanden. Ich schulde dem Amtschef, Herrn Brigadegeneral Dr. Günter Roth, für verständnisvoll gewährte Freiheiten besonderen Dank. Überaus dankbar bin ich meiner Amtskollegin, Frau Karin Hepp, die in Moskau erfolgreiche Verhandlungen für mich führte, und ebenso Frau Elke Selzer, die auch dieses Manuskript wiederum wie schon unlängst meine Kaukasusarbeit mit großer Zuverlässigkeit niedergeschrieben hat. Im Gegensatz zu Geist und Buchstaben der grundgesetzlich proklamierten Wissenschaftsfreiheit ist es heutzutage leider schon empfehlenswert, manche Passagen historiographischer Texte vor ihrer Veröffentlichung auf einen möglichen ›Straftatbestand‹ hin überprüfen zu lassen – ein fast entwürdigender Zustand. Dieser mißlichen Aufgabe hat sich Herr Vizepräsident und Vorsitzender Richter Johann Birk aus Freiburg in taktvoller und freundlicher Weise unterzogen, wofür ihm an dieser Stelle herzlich gedankt sei. Mein herzlicher Dank gebührt Herrn Diplomingenieur Dr. Wolfgang Bergt vom Verlag für Wehrwissenschaften, der die Gestaltung und Herausgabe dieses Buches mit Einfühlungsvermögen und großem persönlichen Interesse besorgte.

Freiburg, im März 1995 Joachim Hoffmann

1.

Stalin entschloß sich zum Angriffskrieg

Die dem sowjetischen Staatswesen von Anfang an innewohnende imperialistische Machtpolitik hat – von der Öffentlichkeit nicht beachtet – auch äußerlich einen sinnfälligen Ausdruck gefunden, und zwar in dem noch 1991 gültigen Staatswappen (gosudarstvennyj gerb) der UdSSR. In der Symbolik dieses Staatswappens lasten Hammer und Sichel drohend und klobig auf dem gesamten Erdball, vielsprachig umrandet von der aufrührerischen Parole: »Proletarier aller Länder vereinigt Euch!« Was sich hier so eindrucksvoll manifestiert, ist das sowohl von Lenin als auch von Stalin in aller Klarheit proklamierte Ziel einer Weltherrschaft der kommunistischen Sowjetmacht oder, wie sie es nannten, eines »Sieges des Sozialismus in der ganzen Welt«. Niemand anderer als Lenin[1] hatte es am 6. Dezember 1920 gewiesen, als er in einer Rede erklärte, es komme darauf an, die Gegensätze und Widersprüche unter den kapitalistischen Staaten auszunutzen und dieselben »aufeinanderzuhetzen«, »die Messer solcher Halunken wie der kapitalistischen Diebe gegeneinander zu lenken«, »denn wenn zwei Diebe sich streiten, ist der Ehrliche der lachende Dritte. Sobald wir stark genug sind, den gesamten Kapitalismus niederzuwerfen, werden wir ihn sofort an der Gurgel packen.« »Der Sieg der kommunistischen Revolution in allen Ländern ist unvermeidlich«, hatte er schon am 6. März 1920 erklärt. »In nicht allzu ferner Zeit wird dieser Sieg gesichert sein.«

Und wie schon die bekannte Rede Stalins vor dem Zentralkomitee der Allunionskommunistischen Partei [b] im Juli 1925 erweist, hat sich auch Stalin diesem Grundsatz des Bolschewismus frühzeitig verschrieben. Er erklärte damals: »Sollte der Krieg beginnen, so werden wir nicht untätig bleiben – wir werden auftreten, aber wir werden als letzte auftreten. Und wir werden das entscheidende Gewicht in die Waagschale werfen, ein Gewicht, das ausschlaggebend sein dürfte.« Entgegen anderslautenden Behauptungen ist die ›Stalin-Doktrin‹, wie auch Aleksandr Nekrič[2] mit wünschenswerter Eindeutigkeit feststellt, niemals aufgegeben worden. Sie behielt ihre Gültigkeit, und das Bestreben, »das faschistische Deutschland und den Westen aufeinanderzuhetzen«, war, wie Dašičev[3] es formuliert, bei Stalin geradezu eine ›fixe Idee‹ geworden. Als die Rote Armee sich vermittelst einer schnellwachsenden gigantischen Kriegsrüstung im Zustande zunehmender Erstarkung befand, im Jahre 1939, hielt Stalin den Zeitpunkt für gekommen, um in die Krise des ›Weltkapitalismus‹ kriegführend einzugreifen. Schon der Botschafter Großbritanniens, Sir Stafford Cripps, und der Botschafter der Vereinigten Staaten, Laurence F. Steinhardt, hatten darauf aufmerksam gemacht, daß Stalin nicht nur in Europa, sondern auch in Ostasien ab 1939 einen Krieg herbeizuführen wünschte. Bekanntgewordene Dokumente des Volkskommissariates des Äußeren (Narkomindel) geben uns hierüber mit hinreichender Klarheit Aufschluß.[4] »Der Abschluß unserer Vereinbarung mit Deutschland«, so das Narkomindel am 1. Juli 1940 an den Sowjetbotschafter in Japan, »war diktiert von dem

Wunsch nach einem Krieg in Europa.« Und im Hinblick auf den Fernen Osten heißt es ganz entsprechend in einem Telegramm aus Moskau an die Sowjetbotschafter in Japan und China am 14. Juni 1940: »Wir würden allen Verträgen zustimmen, die einen Zusammenstoß zwischen Japan und den Vereinigten Staaten heraufbeschwören.« Unverhohlen ist in diesen diplomatischen Weisungen die Rede von einem »Japanisch-Amerikanischen Krieg, den wir gern entstehen sehen würden«.

Russische Historiker erblicken heute längst auch einen unmittelbaren Zusammenhang zwischen dem 23. August 1939 und dem 22. Juni 1941. Durch den Pakt mit Hitler vom 23. August 1939 hatte Stalin sein erstes Ziel erreicht, und er war, wie Marschall der Sowjetunion Žukov sich erinnert, »überzeugt, er würde aufgrund des Paktes Hitler um den kleinen Finger wickeln«. »Nun, für das erste haben wir Hitler getäuscht«, so die Meinung Stalins nach Nikita Chruščev.[5)] Der Pakt vom 23. August 1939 hatte Hitler dazu ermutigt, Polen anzugreifen und als Folge hiervon, wie erwartet, einen europäischen Krieg entstehen lassen, an dem die Sowjetunion vom 17. September 1939 an als Aggressor teilnahm, ohne daß sie damit freilich die Kriegserklärung der Westmächte auf sich gezogen hätte. »Ein einziger Schlag gegen Polen«, so der verantwortliche Leiter der sowjetischen Politik, der Vorsitzende des Rates der Volkskommissare Molotov am 31. Oktober 1939 vor dem Obersten Sowjet, »erst seitens der deutschen, dann seitens der Roten Armee, und nichts blieb übrig von dieser Mißgeburt des Versailler Vertrages, die ihre Existenz der Unterdrückung nichtpolnischer Nationalitäten verdankt hatte.«[6)] Auf ausdrücklichen Wunsch Stalins hin sollten nicht einmal Reste der staatlichen Existenz Polens bestehen bleiben.

Durch die Angriffskriege gegen Polen und Finnland, durch die erpresserische Annexion der souveränen Republiken Estland, Lettland und Litauen und die Androhung des Krieges gegen Rumänien vermochte die Sowjetunion im Gefolge der Verträge mit Hitler ihr Gebiet um ein Territorium zu vergrößern, das mit 426000 qkm etwa der Ausdehnung des Deutschen Reiches von 1919 entsprach. Damit hatte Stalin die auch ihn schützende Staatenbarriere an seiner Westgrenze niedergerissen und seine Aufmarschbasis nach Westen bedeutend verbessert. Für ihn kam es nun auf den nächsten Schritt an, und die Voraussetzungen hierzu waren günstig. Denn die politisch-strategische Lage Deutschlands wurde, seiner Anfangserfolge ungeachtet, in Moskau als kritisch eingeschätzt. Die Entscheidung im Krieg mit England rückte in immer weitere Ferne. Hinter Großbritannien aber standen mit wachsender Entschiedenheit die Vereinigten Staaten von Amerika. Die Streitkräfte Deutschlands waren jetzt überall in Europa verzettelt und von Norwegen bis zu den Pyrenäen Großbritannien gegenüber in einer Front gebunden. Zum anderen aber war die Unfähigkeit Deutschlands, einen langen Krieg wirtschaftlich durchzustehen, in Moskau sehr wohl bekannt. Und wie verletzbar war das Deutsche Reich erst im Hinblick auf die Möglichkeit, es von den lebenswichtigen Erdölzufuhren aus Rumänien abzuschneiden!

In dieser Situation des Spätjahres 1940, als sich die Kriegslage für Deutschland und seinen ›Achsenpartner‹ Italien immer mehr komplizierte, ließ Stalin durch Molotov in Berlin am 12./13. November 1940 jene Forderungen überbringen, die auf eine Ausdehnung der sowjetischen ›Interessensphäre‹ auf Bulgarien, Rumänien, Ungarn, Jugoslawien und Griechenland, also auf gesamt Südosteuropa, und im Norden auf Finnland hinausliefen, mit dem doch erst im März des Jahres feierlich ein Friedensvertrag geschlossen worden war. Selbst eine sogenannte ›schwedische Frage‹ wurde zur Sprache gebracht. Die Sowjetunion beanspruchte mit anderen Worten jetzt eine beherrschende Stellung in ganz Osteuropa und im Ostseeraum, verlangte überdies die Errichtung von Stützpunkten an den Schwarzmeerausgängen und eine beliebige Passage durch die Ostseeausgänge (Großer Belt, Kleiner Belt, Sund, Kattegat, Skagerrack), so daß das im Existenzkampf befindliche Reich gleichsam von Norden und Süden her umklammert werden mußte.

Diese in einer sich versteifenden Kriegslage überbrachten Insinuationen waren so herausfordernd, daß sie Deutschland praktisch nur noch die Wahl ließen, sich zu unterwerfen oder zu kämpfen. Es handelte sich um eine vorsätzlich berechnete Provokation, bei der vor allem das psychologische Motiv von Interesse ist, weil es erkennen läßt, wie sicher und überlegen sich Stalin zu diesem Zeitpunkt schon gefühlt haben muß. Wenn er sich nämlich, wie dies die deutsche Botschaft in Moskau verschiedentlich verlauten ließ, tatsächlich vor Hitler gefürchtet haben sollte, dann würde er ihn wohl kaum in einer Art und Weise provoziert haben, die nach dem Urteil von Ernst Topitsch einer ›Sommation‹ gleichkam, einer kaum noch verhüllten Aufforderung zur Unterwerfung. Molotov hat in den Tagen seiner Berliner Mission in einem ständigen intensiven telegraphischen Austausch mit Stalin gestanden[7)], woraus zweifelsfrei hervorgeht, daß er auf unmittelbare Weisung Stalins hin gehandelt haben muß.

Daß mit der Molotov-Mission in der Tat eine Herausforderung verbunden war, geht auch aus den Aufzeichnungen hervor, die Wanda Wasilewska, einstmals Vorsitzende des Verbandes Polnischer Patrioten (Kommunisten) in der Sowjetunion, noch vor ihrem Tode 1964 ausdrücklich festgehalten wissen wollte.[8)] »Ich erinnere mich«, so die Wasilewska, die sich der besonderen Gunst Stalins erfreut hatte, »daß wir Kommunisten unabhängig von der offiziellen Stellung der Sowjetregierung der Meinung waren, daß dies (die freundliche Haltung Deutschland gegenüber) lediglich eine Taktik der

Sowjetregierung ist, daß aber in Wirklichkeit die Dinge völlig anders aussehen. Man darf ja nicht vergessen, daß für jeden von uns es schon damals klar war, daß ein deutsch-sowjetischer Krieg kommen muß. . . Unabhängig von den offiziellen Äußerungen glaubten wir, daß der Krieg kommen wird, und wir warteten von Tag zu Tag auf ihn. Im Frühjahr 1940 war ich zum erstenmal in Moskau bei Stalin und schon damals (als ganze sechs deutsche Divisionen an der Ostgrenze standen) hat mir Stalin gesagt, daß der Krieg mit den Deutschen früher oder später kommen werde. Also hatte ich schon damals die Versicherung der höchsten Autorität und die Bestätigung, daß wir recht hatten, wenn wir auf den Krieg warteten.« Aufschlußreich ist, was Wanda Wasilewska in den Tagen der Molotov-Mission Ende 1940 über eine Unterredung mit dem 1. Sekretär der KP [b] Weißrußlands, Ponomarenko, dem späteren Chef des Zentralen Stabes der Partisanenbewegung, berichtet, dessen Worte sie folgendermaßen wiedergibt: »Molotov war in Berlin. Er ist gerade zurückgekommen. Es wird Krieg geben. Sicherlich wird es dazu im Frühjahr 1941 kommen, aber wir müssen uns schon jetzt vorbereiten.«

Das Überlegenheitsgefühl Stalins, wie es in der Offenlegung seiner aggressiven Absichten Ausdruck fand, war freilich wohl begründet, wenn man nur einen Blick auf die geradezu gigantische sowjetische Rüstungsproduktion wirft, die damals immer mehr auf Touren kam.[9] So verfügte die Rote Armee schon ein halbes Jahr später, mit dem Tage des Kriegsbeginnes, am 22. Juni 1941, über nicht weniger als 24000 Panzer, darunter 1861 der Typen T 34 und KV (Klim Vorošilov), die in der ganzen Welt nicht ihresgleichen fanden und von denen im Jahr 1940 358, im ersten Halbjahr 1941 aber schon 1503 Stück hergestellt worden sind. Die Luftstreitkräfte der Roten Armee hatten allein seit 1938 insgesamt 23245 Kriegsflugzeuge erhalten, darunter 3719 Maschinen neuester Bauart. Fernerhin verfügte die Rote Armee über 148000 Geschütze und Granatwerfer aller Gattungen und Systeme. Zum Bestand der Roten Seekriegsflotte gehörten neben einer Vielzahl anderer Schiffstypen allein 291, nach russischer Angabe aber mindestens 213 U-Boote[10], eine ausgesprochene Angriffswaffe. Die Sowjetarmee gebot damit über eine größere U-Boot-Flotte als alle anderen Länder der Erde, und sie übertraf die führende Seemacht Großbritannien in der Zahl der U-Boote um mehr als das Vierfache.

Was die sowjetischen Panzerstreitkräfte angeht, so waren sie nach dem Urteil eines kompetenten Sachverständigen, des Marschalls der Panzertruppen Polubojarov, sowohl ihrer Zahl als auch ihrer »technischen Ausrüstung, ihren Organisationsformen und ihrem Kampfverfahren« nach einer jeden auswärtigen Macht überlegen.[11] Dies galt nicht nur für den unübertroffenen mittleren Panzer T 34 und den schweren Panzer KV, sondern auch für die sogenannten älteren Modelle T 26, BT 7, T 28 und T 35, von denen die letztgenannten, der mittlere Panzer T 28 und der schwere Panzer T 35, in fast allen Gefechtseigenschaften und technischen Daten den deutschen Kampfpanzern III und IV deutlich überlegen waren. Selbst der massenweise, in einer Größenordnung von 9000 Stück, produzierte sowjetische Schnellpanzer BT 7 (›bystrochodnyj tank‹) übertraf noch den deutschen Standardpanzer P III in der Bewaffnung, in der Panzerung, Pferdestärke, Geschwindigkeit und Reichweite.[12)] Ja, im Hinblick auf die Bewaffnung vieler Ausfertigungen des Panzers III galt dies sogar noch für den leichten Panzer T 26. Ebenso standen die seit 1940 zur Auslieferung gelangten 3719 sowjetischen Flugzeuge modernster Bauart, die Jagdflugzeuge Mig 3, LaGG 3, Jak 1, das Sturzkampfflugzeug Pe 2 und das Schlachtflugzeug IL 2, von denen allein 2650 im ersten Halbjahr 1941 hergestellt worden waren, den vergleichbaren deutschen Mustern in keiner Weise nach, übertrafen sie vielmehr allein schon durch ihre Geschwindigkeit. Aber selbst die älteren sowjetischen Modelle wiesen beachtliche Leistungen auf und konnten, wie das bekannte Jagdflugzeug Polikarpov I 16 ›Rata‹ (Ratte), auch den deutschen Kampfflugzeugen schon vermöge ihrer Wendigkeit noch durchaus gefährlich werden. Schließlich war auch das Artilleriematerial der Roten Armee einschließlich des Salvengeschützes (reaktiven Werfers) BM-13, der 7,6 cm Divisionskanone, der 12,2 cm Haubitze, der 15,2 cm Haubitzkanone teilweise von einer Qualität, die das Erstaunen der deutschen Führungsstellen hervorrief. Alle diese Erkenntnisse sind durch neue russische Forschungsarbeiten bestätigt und noch präzisiert worden.

Die personelle und materielle Überlegenheit der Truppen der Roten Armee am 22. Juni 1941 ergibt sich aus einem einfachen Kräftevergleich. So gehörten zu deren Bestand schon am 15. Mai 1941, wie der Generalstab an Stalin meldete, 303 Divisionen, von denen zu diesem Zeitpunkt 258 Divisionen und 165 Fliegergeschwader in offensiver Aufstellung Deutschland, Finnland und Rumänien gegenüber versammelt waren. Entgegen früheren Behauptungen bewegten sich alle diese Großverbände infolge der stillen Auffüllung mit Reservisten nicht allzuweit mehr unter ihrer mobilmachungsmäßigen Sollstärke.[13)] Die vom Generalstab der Roten Armee Stalin am 15. Mai 1941 gemeldete Anzahl von 303 Divisionen hatte durch die auf Hochtouren laufenden Neuaufstellungen bis Kriegsbeginn jedoch eine weitere Zunahme erfahren, so daß beispielsweise bis Anfang August 1941 allein 330–350 Divisionen vor der Front der deutschen und verbündeten Armeen aufgetreten sind[14)], was einer Gesamtstärke der Roten Armee von mindestens 375 Divisionen zu diesem Zeitpunkt gleichgekommen sein würde. 3550 deutschen Panzern und Sturmgeschützen standen nach russischen Angaben 14000 – 15000 sowjetische Panzer gegenüber, eine Anzahl, die bei einem Gesamtbestand von 24000 Panzern aber sicherlich zu niedrig gegriffen ist, zumal wenn man bedenkt, daß von 92 mechanisierten Divisionen (nach dem Stande vom 15. Mai) allein 88 an der Westgrenze aufmarschiert waren, es daneben aber auch zahlreiche selbständige Panzerabteilungen, etwa in den Kavallerie- und Schützendivisionen, gab, was einen Gesamtbestand von rund 22000 Panzern bedeutet haben würde. Bei 1700 der deutschen Panzer hat es sich überdies um die völlig unzureichenden Typen P I und P II sowie um den leichten tschechischen Panzer P 38 gehandelt, so daß nur 1850 der deutschen Panzer und Sturmgeschütze überhaupt in der Lage waren, es mit dem sowjetischen Gegner aufzunehmen.

Den 2500 einsatzbereiten deutschen Flugzeugen – nach anderen Angaben 2121 – standen von insgesamt 23245 vorhandenen sowjetischen Maschinen angeblich nur 10000–13500 Flugzeuge gegenüber, die, auch wenn ›älteren‹ Baumusters, wie selbst der Reichsminister Dr. Goebbels in seinen Tagebüchern klagte, in kritischen Situationen immerhin in Erscheinung traten und der deutschen Luftwaffe zu schaffen machten. Und den 7146 deutschen Artillerierohren gegenüber befanden sich nach russischen Angaben 37000 von insgesamt doch 148000 Geschützen und Granatwerfern, die die sowjetische Rüstungsindustrie an die Rote Armee abgegeben hatte. Da, abgesehen von den Reserven des Hauptquartiers, schon am 15. Mai 1941 von 303 vorhandenen Divisionen 248 und von 218 vorhandenen Fliegergeschwadern 165 ›im Westen‹ konzentriert waren, wird auch der Anteil der dort befindlichen Waffen größer gewesen sein. Selbst aber in der zugegebenen Größenordnung bestand auf seiten der Roten Armee am 22. Juni 1941 demnach eine 5–6fache Überlegenheit an Panzern, eine 5–6fache Überlegenheit an Flugzeugen und eine 5–10fache, vielleicht aber noch größere Überlegenheit an Artilleriestücken. Dabei muß berücksichtigt werden, daß der Serienausstoß moderner Waffen gerade erst angelaufen und ein sprunghaftes Hochziehen der Produktionszahlen nicht nur vorgesehen war, sondern trotz der ungeheuren Einbuße an industrieller Kapazität infolge des deutschen Raumgewinnes tatsächlich schon im zweiten Halbjahr 1941 erreicht werden konnte.

Auf der materiellen Grundlage einer gigantischen und sich immer schneller entwickelnden Kriegsrüstung hatte die Rote Armee eine einseitig auf den Angriffsgedanken zugeschnittene abenteuerliche Kriegstheorie hervorgebracht.[15)] Charakteristisch für diese Lehre vom Kriege war die Aufhebung des Begriffs eines ›Angriffskrieges‹ wie auch des eines ›ungerechten‹ Krieges, sofern nur die Sowjetunion als Kriegspartei auftrat. Schon Lenin hatte verkündet, es komme nicht darauf an, wer als erster angreife, wer den ersten Schuß abgebe, sondern auf die Ursachen eines Krieges, auf seine Ziele und auf die Klassen, die ihn führten.[16)] Für Lenin und Stalin war ein jeder Angriffskrieg der Sowjetunion gegen jedes beliebige Land von vornherein immer ein reiner Verteidigungskrieg – und damit in jedem Falle ein gerechter und moralischer Krieg, wodurch auch der Unterschied zwischen einem Präventiv- und einem Gegenschlag entfiel. Die sowjetische Kriegstheorie ging im übrigen von der Voraussetzung aus, daß Kriege heute nicht mehr erklärt werden, da jeder Angreifer das natürliche Bestreben habe, sich den Vorteil des Überraschungsmomentes zu sichern. »Überraschung wirkt lähmend«, heißt es schon in der Felddienstordnung von 1939, »daher müssen alle Kampfhandlungen unter größter Tarnung und mit größter Schnelligkeit durchgeführt werden.« Überfallartig, ohne regelrechte Kriegserklärung, waren auch die sowjetischen Angriffe auf Polen und Finnland 1939 begonnen worden. Die Kampfhandlungen sollten durch eine überfallartige Kriegseröffnung sofort in das Land des Gegners getragen und von Beginn der Feindseligkeiten an sollte damit das Gesetz des Handelns gewonnen werden.

Im Hinblick auf die Angriffsvorbereitungen im Frühjahr 1941 lassen sich die Grundsätze der sowjetischen Kriegslehre thesenartig wie folgt zusammenfassen[17)]:

1. Die RKKA (Raboče-Krestjanskaja Krasnaja Armija, Rote Arbeiter- und Bauernarmee) ist eine ›offensive Armee‹, ›die offensivste aller Armeen‹.
2. Der Krieg wird immer und in jedem Falle auf feindlichem Territorium geführt und unter geringen eigenen Opfern mit der vollständigen Zerschmetterung des Gegners enden.
3. Das Proletariat im Lande des Gegners ist ein potentieller Verbündeter der Sowjetmacht und wird durch Aufstände im Rücken des feindlichen Heeres den Kampf der Roten Armee unterstützen.
4. Kriegsvorbereitungen sind Angriffsvorbereitungen, Verteidigungsvorkehrungen dienen einzig und allein der Sicherung der Angriffsvorbereitungen und der Durchführung der Angriffsunternehmen in den Nebenrichtungen.
5. Die Möglichkeit des Eindringens feindlicher Streitkräfte in das Territorium der UdSSR ist ausgeschlossen.

Es wird zu zeigen sein, daß alle sowjetischen Maßnahmen sich an diesen Grundsätzen orientierten. Das Dogma von der Unbesiegbarkeit und einem ›leichten Sieg‹ der Roten Armee hatte 1941 im übrigen die Bedeutung eines Gesetzes und unterlag keiner theoretischen Erörterung. Abweichungen von der offiziellen Lehre galten als Opposition gegen die Generallinie der Partei und damit Stalins und waren für den Betreffenden nahezu mit unfehlbarer Sicherheit von tödlicher Konsequenz.

In welcher Weise den Angehörigen der Roten Armee und Seekriegsflotte, den Rotarmisten und Rotflottisten, das Gefühl einer Unüberwindlichkeit der Streitkräfte der Sowjetunion eingeimpft worden war, darüber erhielten die Deutschen nach Kriegsbeginn vielfachen Aufschluß. So berichtete der sowjetische Oberstleutnant des Generalstabes Andrušat[18] (39. Schützenkorps), der Gelegenheit gehabt hatte, auf die deutsche Seite überzuwechseln, schon am 25. April 1941 von einer massiven Propagandaeinwirkung, die tiefe Spuren in der Truppe hinterlasse: »Die Politkommissare betonen ununterbrochen, daß der Krieg auf fremdem Gebiet stattfinden wird, nie auf eigenem... Die Sowjetunion wird immer siegen, da sie im Innern bei jedem Gegner unzählige Bundesgenossen hat... Aufgrund der Vorträge der Politkommissare hält die Rote Armee sich für die beste der Welt. Sie könne daher von niemandem geschlagen werden. Es herrscht eine ungeheuere Selbstüberschätzung.« Immer wieder äußerten sich sowjetische Offiziere auch nach Kriegsbeginn in derselben Weise. Major Filippov (29. Schützenkorps) etwa berichtete am 26. Juni 1941 von der in der Truppe »vorherrschenden Meinung, daß die Rote Armee nicht zu schlagen sei«.[19] Dies entsprach dem, was Oberst Ljubimov und Major Michajlov (beide 49. Panzerdivision) am 4. August 1941 zum Ausdruck brachten, als sie von der »in vollem Umfange vorhandenen Überzeugung« sprachen, »daß die Rote Armee auf das Allerbeste ausgerüstet und ausgebildet und dadurch unbesiegbar sei«.[20] Auch Major Ornuškov (11. Panzerdivision) war »fest davon überzeugt, daß die russische Armee nicht zu schlagen sei«.[21] Er erklärte am 6. August 1941: »Nach der für die Rote Armee entwickelten Propaganda konnte das russische Volk auch das größte Vertrauen zu seiner Wehrmacht haben. Militärzeitschriften, Presse, Kino und Rundfunk betonen immer wieder den gewaltigen Ausbau der Panzer- und Luftwaffe.« Oberstleutnant Ljapin (1. motorisierte Schützendivision) berichtete am 16. September 1941, wie gering man demgegenüber den Kampfwert der deutschen Panzer eingeschätzt habe.[22]

Und immer stand im Hintergrund, was der als ungewöhnlich intelligent geschilderte Leutnant Il'jin (vom Stabe des Schützenregimentes 964 der 296. Schützendivision), ein Student der Philologie, seinen deutschen Vernehmern am 3. Januar 1942 zutreffend bestätigte: »Man habe in Rußland bis in die ersten Kriegsmonate hinein noch stark mit dem Ausbruch innerdeutscher Unruhen gerechnet.«[23] Im Hinblick auf die weiteren Aussichten der Sowjetunion erklärte Generalmajor Zerulenkov, Kommandeur der 51. Schützendivision, am 10. Oktober 1941, zur Zeit der noch zügig verlaufenden deutschen Offensive auf Moskau, es werde der Sowjetunion noch im Winter möglich sein, 300 – 400 Divisionen aufzustellen.[24] Dies wurde von dem Divisionskommissar (und de facto Kommandeur) der 176. Schützendivision, Filev, unterstrichen, als er am 11. Oktober 1941 erklärte: »Die Rote Armee war sonst in jeder Hinsicht materiell und zahlenmäßig stärker als die deutsche... Die Kraft der Roten Armee ist noch unermeßlich.«[25] Und der Oberbefehlshaber der 19. Armee, Generalleutnant Lukin, wies die ungläubigen Deutschen am 14. Dezember 1941 warnend darauf hin, daß die sowjetische Industrie in der Lage sei, praktisch an jedem Tage eine Panzerbrigade mit 60 Panzern der modernen Typen T 34 und KV auszustatten.[26)]

Wen verwundert es bei einer solchen Grundstimmung, wenn Generalmajor Kirpičnikow (43. Schützendivision) von »dem Unterschätzen, ja vollständigen Mißachten der feindlichen Kräfte und Möglichkeiten« sprach?[27)] »Die Stimmung der Truppen bei Kriegsbeginn war sehr gut«, so auch der aus Moskau entsandte Inspekteur der 96. Schützendivision, Generalmajor Golcev, am 17. August 1941.[28)] Der Oberbefehlshaber der 32. Armee, ein hoher Parteifunktionär, berichtete aus eigenem Erleben im Oktober 1941 rückblickend von der noch am ersten Kriegstage im Kreml und allgemein in Moskau verbreiteten Illusion, die Rote Armee werde »nur auf dem Gebiet des Gegners kämpfen«, »der Krieg auf fremdem Territorium geführt werden«.[29)] Schon am 22. Juni 1941 hätten in Moskau Gerüchte über die Einnahme von Warschau, Königsberg und Bukarest durch die Truppen der Roten Armee kursiert. Wie man erwartete, konnten die einlaufenden Meldungen von der Front gar nicht anders als gut lauten.

Stalin hielt eine Auseinandersetzung mit Deutschland seit Frühjahr 1940 für unvermeidlich, und im Bewußtsein der wachsenden Stärke der Roten Armee und der sich verschlechternden Lage des Reiches nahm er die Ausmusterung der Absolventen der Militärakademien am 5. Mai 1941 zum Anlaß, um vor der Führung der Armee und einem breiten militärischen Auditorium zu verkünden, daß angesichts der inzwischen erreichten Überlegenheit der Sowjetarmee nunmehr der Zeitpunkt gekommen sei, um, so wörtlich, »von der Verteidigung zur Kriegspolitik von Angriffsoperationen überzugehen«. Welche Bedeutung dieser Rede Stalins für die von ihm gehegten aggressiven Absichten zukommt, geht allein schon aus der Tatsache hervor, daß seine Worte der Öffentlichkeit entgegen sonstigen Gepflogenheiten vorenthalten wurden und der Text seiner Rede in zentralen Parteiarchiven verschwand. Stalinistische Desinformatoren wie der berüchtigte General Golikov und der Journalist Bezymenskij hatten frühzeitig irreführende Versionen in Umlauf gesetzt, die Eingang besonders in der westdeutschen Geschichtsschreibung fanden und hier als Beweis für die angeblich friedfertigen Absichten Stalins herhalten mußten. Im Zuge der veränderten politischen Zustände in Rußland nach dem Ende der Sowjetunion ließ sich freilich nicht verheimlichen, daß neben der jetzt im sogenannten Präsidentenarchiv verwahrten und weiterhin unzugänglichen Originalfassung der Rede Stalins eine Kurzfassung (›Kratkaja Zapis'‹) im ›Rossijskij centr chranenija i izučenija dokumentov novejšej istorii‹ (Russisches Zentrum zur Bewahrung und Erforschung von Dokumenten der neueren Geschichte) existiert, die dem Suchenden unter gewissen Voraussetzungen zugänglich ist.

Unser bisheriges Wissen um die aggressiven Absichten Stalins findet denn auch schon in dieser Kurzfassung vollauf eine Bestätigung, ein Umstand, der Bezymenskij nunmehr dazu veranlaßte, seine alten Versionen gewissermaßen in einem modernisierten Gewand erneut zu präsentieren. Denn nicht anders ist der in der Zeitschrift NOVOE VREMJA erschienene umständliche Beitrag unter der Überschrift »Was sagte Stalin am 5. Mai 1941?«[30] zu verstehen, wird hier doch in wortreichen Kommentaren unter Weglassung der entscheidenden Passagen der Äußerungen Stalins wiederum behauptet, es sei diesem einzig und allein um Verteidigung, nicht aber um Angriff zu tun gewesen und entgegenstehende Interpretationen entbehrten jeder Grundlage. In Deutschland sind solche Ausstreuungen sofort auf fruchtbaren Boden gefallen. Und es blieb dem Bonner Historiker Alexander Fischer vorbehalten, in einem Gedenkartikel der renommierten FRANKFURTER ALLGEMEINEN ZEITUNG, anläßlich der fünfzigsten Wiederkehr des Tages des Angriffs auf die Sowjetunion, die irreführende Version Bezymenskijs als letzte Erkenntnis einer in Bewegung geratenen Geschichtsschreibung in Rußland zu präsentieren. Dabei konnte über den wirklichen Kernpunkt der Stalinrede angesichts vieler Beweise zu diesem Zeitpunkt ein Zweifel schon nicht mehr bestehen. Kriegsgefangene sowjetische Offiziere hatten den Deutschen schon bald nach Kriegsbeginn ziemlich einhellig hierüber Aufschluß gegeben.

Nun hat man den Wert auch solcher Zeugenaussagen in Frage stellen wollen mit der aus der Luft gegriffenen Behauptung, Kriegsgefangene würden in Vernehmungen nicht die Wahrheit sagen. Gerade das Gegenteil aber ist der Fall, und selbst in der sowjetischen Militärgeschichtsschreibung wurde den »Aussagen kriegsgefangener Soldaten, Offiziere und Generale sowie der Überläufer« eine »wesentliche Bedeutung als Primärquelle« zugemessen.[31] Sowohl sowjetische als auch deutsche Kommandobehörden haben die Richtigkeit dieser Feststellung bestätigt: »Die Kriegsgefangenen sind eine wichtige Quelle, um wichtige Angaben über den Feind zu gewinnen«, heißt es beispielsweise in einem Befehl, unterzeichnet von dem Kommandeur des sowjetischen 6. Schützenkorps, Generalmajor Alekseev, und von Brigadekommissar Šulikov, am 22. Juli 1941[32] und ganz entsprechend in einem Befehl des Chefs des Stabes der 21. Armee, Generalmajor Gordov, am 8. August 1941[33]: »Gefangene sind als eine Hauptquelle für Nachrichten über den Feind anzusehen.« Wie der Kommandeur des 27. Schützenkorps, Generalmajor Artemenko, im September 1941[34] aussagte, waren »diese Aussagen das hauptsächlichste Material, das man über den Feind hatte... Es blieb also als einziges zuverlässiges Erkennungs- und Aufklärungsmaterial der deutsche Kriegsgefangene. Viele Aktionen wurden nur deswegen gestartet, um Gefangene einzubringen«. Die deutschen Erfahrungen standen dahinter nicht zurück. Und in einem Vortrag der Abteilung Fremde Heere Ost des Generalstabes des Heeres über den Ic-

Dienst am 6. Mai 1943[35] in Posen wurde hervorgehoben, daß »Gefangenenvernehmungen oft das einzige und sicherste Mittel sind, um den Dingen wirklich auf den Grund zu kommen«. Wer je vergleichend mit Kriegsgefangenenprotokollen gearbeitet hat, ist denn auch immer wieder erstaunt über die außerordentliche Aussagekraft, die diesen Dokumenten zukommt.

Der erste bekannte Hinweis auf den Inhalt der Stalinrede findet sich in den Akten am 15. Juli 1941, als der Kommandeur der 53. Schützendivision, Oberst Bartenev, berichtete, Stalin habe auf einem Bankett anläßlich der Entlassung von Zöglingen der Militärakademien im Kreml den Toast eines Generalmajors auf die Friedenspolitik sofort zurückgewiesen und erwidert: »Nein, Kriegspolititk!«[36] Sechs junge Offiziere verschiedener Divisionen (8., 49. Panzerdivision, 11., 32., 240. motorisierte Schützendivision, 290. Schützendivision) sagten am 20. Juli 1941 übereinstimmend aus: »Bei der Entlassung der Generalstabsoffiziere aus der Kriegsschule im Mai dieses Jahres sagte Stalin u. a.: ›Ob Deutschland will oder nicht, der Krieg mit Deutschland kommt‹.«[37] Über den Artilleriekommandeur der 49. Panzerdivision, Oberst Ljubimov, heißt es am 6. August 1941: »Der Gefangene bestätigt frühere Aussagen, daß Stalin Anfang Mai bei der Entlassung von Offizieren aus der Militärakademie gesagt haben soll: ›Der Krieg mit Deutschland kommt unbedingt‹.«[38] Der Chef der Operationsabteilung des Stabes der 1. motorisierten Schützendivision, Oberstleutnant Ljapin, äußerte am 15. September 1941, im Offizierskorps habe »man ganz allgemein mit dem Kriegsausbruch mit Deutschland gerechnet, seit Stalin bei einem Offiziersempfang am 1. 5. 41 im Kreml gesagt habe, sie müßten nun ständig mit dem Kriege rechnen und sich sehr gut darauf vorbereiten«.[39] Der allgemein wohlunterrichtete Oberbefehlshaber der 32. Armee gab die »kurz vor Beginn des Krieges, gelegentlich eines Empfanges der Absolventen der Kriegsakademie« von Stalin gehaltene Rede im Oktober 1941 in der Weise wieder, daß dieser die große technische Überlegenheit der Roten Armee über die »sogenannt unbesiegbare deutsche Wehrmacht« hervorgehoben und erklärt habe, »es sei eine falsche Ansicht, die deutsche Armee für unbesiegbar zu halten. Indirekt ging aus Stalins Worten hervor, daß ein Angriff auf Deutschland geplant war«. Sehr genau erinnerte sich zudem einer der Absolventen, Oberleutnant Kurilskij, noch am 24. März 1942 der am 5. 5. 18.00 Uhr im Sitzungssaal des Obersten Sowjet im Kreml, Moskau, vor den Absolventen der Kriegsakademien gehaltenen Stalinrede.[40] Demnach habe Stalin gesagt: »Die deutsche Wehrmacht ist nicht unbesiegbar. Sowjet-Rußland hat bessere Panzer, Flugzeuge und Artillerie als Deutschland und in größerer Zahl. Darum werden wir früher oder später gegen die deutsche Wehrmacht kämpfen.« In vorgerückter Stunde habe Stalin einen Toast ausgebracht und unter anderem gesagt: »Ich trinke eben in einer Zeit, in der wir Kriegspolitik treiben.« Mögen sich auch die Aussagen in Detail voneinander unterscheiden, so haben sie doch dieses eine gemeinsam, daß schon sie einen Zweifel an dem eigentlichen Sinn der Äußerungen Stalins nicht mehr zulassen.

Die Kernpunkte der Stalinrede vom 5. Mai 1941 finden eine Bestätigung auch in Unterredungen, die Botschaftsrat Gustav Hilger am 18. Januar 1943 mit dem Oberbefehlshaber der 3. Gardearmeee, Generalmajor Krupennikov, und am 22. Juli 1943 mit dem Artilleriekommandeur der 30. Armee, Generalleutnant Masanov, führte. Krupennikov[41)], der ebenso wie Masanov an der Veranstaltung im Kreml selbst nicht teilgenommen hatte, meinte zwar, »daß Stalin zu vorsichtig sei, um seine Pläne so offen zu verraten«, erklärte aber mit Bestimmtheit, »daß Stalin sich auf einen Krieg mit Deutschland seit Jahren systematisch vorbereitet habe und ihn unter einem geeigneten Vorwand spätestens im Frühjahr 1942 entfacht hätte... Das Endziel Stalins sei die Erringung der Weltherrschaft mit Hilfe der alten bolschewistischen Schlagworte von der Befreiung der Werktätigen«. Masanov[42)] dagegen zeigte sich, wie Hilger schreibt, »über die Rede Stalins auf dem Bankett im Kreml am 5. 5. 1941 genau unterrichtet. Obwohl er selbst bei der Veranstaltung nicht anwesend war, zitierte er den Ausspruch Stalins über die Notwendigkeit, sich auf einen Angriffskrieg vorzubereiten, fast wörtlich und brachte anschließend die eigene Überzeugung zum Ausdruck, daß Stalin den Krieg gegen Deutschland im Herbst 1941 entfacht hätte«.

Die Deutschen waren also recht bald im Bilde. Und bereits am 18. Oktober 1942 richtete der Chef der Abteilung Fremde Heere Ost im Generalstab des Heeres, Oberst i. G. Gehlen, an den Vertreter des Auswärtigen Amtes beim Oberkommando des Heeres, Rittmeister d. R. von Etzdorf, ein Schreiben[43)], dem er die voneinander unabhängig verfaßten Berichte dreier kriegsgefangener sowjetischer Offiziere beifügte, die »übereinstimmend« zum Ausdruck brachten, daß Stalin am 5. Mai 1941 auf einem Bankett im Kreml »Kriegsdrohungen gegen Deutschland ausgestoßen« hatte. Gehlen faßte den Inhalt dieser Berichte in folgender Weise zusammen: »1.) Aufruf, sich zum Krieg gegen Deutschland bereitzuhalten. 2.) Ausführungen über Kriegsvorbereitungen der Roten Armee. 3.) Die Ära der Friedenspolitik der Sowjetunion ist vorüber. Ausdehnung der Sowjetunion mit Waffengewalt nach Westen ist nunmehr notwendig. Es lebe die aktive Angriffspolitik des Sowjetstaates! 4.) Der Kriegsbeginn steht in nicht allzuferner Zeit bevor. 5.) Ausführungen über die großen Siegesaussichten der Sowjetunion im Krieg gegen Deutschland.« Gehlen fügte hinzu: »Einer der drei Berichte enthielt die bemerkenswerte Äußerung, daß der mit Deutschland bestehende Friedensvertrag ›nur eine Täuschung und ein Vorhang sei, hinter dem man offen arbeiten könne‹.« Oberst i. G. Gehlen nahm Bezug auf Äußerungen gefangengenommener Sowjetoffiziere in einer anderen Quelle, nach denen Stalin im Mai 1941 Pläne gegen Deutschland geschmiedet und einem Kreise von Offizieren gegenüber geäußert habe, jetzt oder nie sei die Gelegenheit, den Kapitalismus zu liquidieren, der Hauptgegner in diesem Kampf werde Deutschland sein.

Der alarmierende Inhalt der Stalinrede ist durch Veröffentlichungen des Botschaftsrates Hilger[44] und des britischen Korrespondenten in Moskau Alexander Werth[45] in den Jahren nach dem Kriege aber längst auch einem breiteren Publikum bekanntgeworden. Und es besteht durchaus keine Veranlassung, an der Überlieferung dieser Autoren zu zweifeln, da es sich bei ihnen um zwei völlig verschiedenartige, nicht miteinander in Berührung stehende Persönlichkeiten gehandelt hat, die von unterschiedlicher Warte aus doch zu wesentlicher Übereinstimmung gelangt sind. Hilger hatte, wie er schrieb, drei in Gefangenschaft geratene höhere sowjetische Offiziere, Teilnehmer an der Veranstaltung im Kreml, befragt, die in ihren Schilderungen fast wörtlich übereinstimmten, obwohl sie keine Gelegenheit gehabt hatten, sich miteinander zu verständigen. Demnach habe Stalin auf einen Toast des Chefs der Militärakademie Frunze, Generalleutnant Chozin, auf die Friedenspolitik scharf ablehnend reagiert und erklärt, mit der Defensivlosung müsse jetzt Schluß gemacht werden, weil sie überholt sei und man mit ihr keinen Fußbreit Boden mehr gewinnen könne. Die Rote Armee müsse sich an den Gedanken gewöhnen, daß die Ära der Friedenspolitik zu Ende und die Ära einer gewaltsamen Ausbreitung der sozialistischen Front angebrochen sei. Wer die Notwendigkeit eines offensiven Vorgehens nicht anerkenne, sei ein Spießbürger oder Narr. Nach den Informationen, die Werth nach Kriegsausbruch zugespielt worden waren, habe Stalin erklärt, es sei notwendig, den Krieg mit Deutschland bis zum Herbst hinauszuzögern, weil es für einen deutschen Angriff dann zu spät sei. Der Krieg mit Deutschland werde aber ›fast unvermeidlich‹ 1942 stattfinden, und zwar unter viel günstigeren Bedingungen. Je nach der internationalen Situation werde die Rote Armee »entweder einen deutschen Angriff erwarten, oder sie wird die Initiative zu ergreifen haben«. Ausdrücklich hob Werth hervor, alle seine Informationen hätten »in den Grundzügen und vor allem in einem der wichtigsten Punkte« übereingestimmt, in »Stalins Überzeugung, daß der Krieg fast unvermeidlich 1942 ausgefochten werde, wobei die Russen möglicherweise die Initiative zu ergreifen haben werden«. Es wird zu zeigen sein, daß Stalin den Termin des Kriegsbeginnes von 1942 offenkundig auf das Jahr 1941 vorgezogen hatte.

Schließlich hat auch der Stalinbiograph, Generaloberst Professor Volkogonov, die Rede Stalins, die in ›Kriegsdrohungen gegen Deutschland‹ gipfelte, in treffenden Worten wiedergegeben, Bezymenskij damit auch seinerseits Lügen strafend.[46] Nach Volkogonov war Stalin »aufrichtig wie sonst selten und sprach über vieles, was ein Staatsgeheimnis darstellte«. Es war jedoch weniger Aufrichtigkeit als vielmehr der Alkohol, der seine Zunge gelöst hatte, nach dem russischen Sprichwort: ›Was einer betrunken auf der Zunge hat, das hat er nüchtern im Kopf.‹ Denn wie Augenzeugen berichten, war er ›in vorgerückter Stunde‹ bereits stark alkoholisiert. Volkogonov faßte die Rede vom 5. Mai 1941 folgendermaßen zusammen: »Der Vožd' (Führer) machte unmißverständlich klar: Der Krieg ist in Zukunft unausweichlich. Man muß bereit sein zur ›bedingungslosen Zerschlagung des deutschen Faschismus‹«, »Der Krieg wird auf dem Territorium des Gegners geführt und der Sieg mit geringen Opfern errungen werden.« Die Rede vom 5. Mai 1941, in der Stalin seine Angriffsabsichten offenbarte, bedeutete aber nur die Fortsetzung einer Rede des ›Genossen Stalin‹ vom 13. Januar 1941 vor höheren Truppenkommandeuren und einer weiteren Rede vom 8. Januar 1941 vor höheren Luftwaffenoffizieren, beide gehalten im Zentralkomitee, die schon ganz ähnliche Gedanken verraten hatten. Dem erbeuteten Tagebuch des bei Lochvica gefallenen Majors des NKVD (im Range eines Generalmajors) Murat aus dem Stabe der 21. Armee lassen sich einige Kernpunkte entnehmen.[47] Demnach hatte Stalin von einem ›kultivierten Gegner‹, nach dem damaligen Sprachgebrauch der Führung der Roten Armee also von Deutschland, und von ›Angriffsoperationen‹ gesprochen, die beginnen könnten, wenn man eine zweifache Überlegenheit besitze. »Eine zweifache Überlegenheit ist Gesetz, eine stärkere noch besser«, so Stalin am 13. Januar 1941: »Das Spiel nähert sich den kriegerischen Operationen.«, »Wenn 5000 Flugzeuge alles zerstören, dann kann man versuchen, über die Karpathen zu gehen.« Der Balkan stand im Frühjahr 1941 mehrfach im Mittelpunkt der sowjetischen Planungen. Und wie ungefähr man sich ein Vorgehen dachte, enthüllte bald darauf der sowjetische Bevollmächtigte Vertreter in Belgrad.[48] »Die UdSSR wird erst im entsprechenden Moment reagieren«, so heißt es in einem Referat von ihm im Frühjahr 1941: »Die Mächte verzetteln ihre Kräfte immer mehr. Daher wird die UdSSR unerwartet gegen Deutschland antreten (vystupit' protiv Germanii neožidanno). Hierbei überquert die UdSSR die Karpathen, was als Signal für die Revolution in Ungarn dient. Von Ungarn aus dringen die Sowjettruppen in Jugoslawien ein, stoßen zum Adriatischen Meer vor und schneiden den Balkan und den Nahen Osten von Deutschland ab.«

Stalin und die sowjetische Führung hatten in zunehmendem Maße Bericht erhalten über ›den Unwillen des deutschen Volkes, Krieg zu führen‹, über ›das Deserteurtum in der deutschen Armee‹, über ›die defaitistischen Gesinnungen in der Wehrmacht‹.[49] »Wenn Deutschland sich in einen Krieg mit der UdSSR stürzt«, so angeblich die deutschen Soldaten, »wird es geschlagen werden«, und: »Wir wollen nicht kämpfen, wir wollen nach Hause.« Mit dem ›Anwachsen proletarischer Strömungen in Deutschland‹ schien jene ›revolutionäre Krise‹ heranzureifen, über die, wie der Stalinbiograph Volkogonov die Atmosphäre in Moskau schildert, »die Zeitungen schrieben, das Radio tönte und die Theoretiker sich verbreiteten«. Generaloberst Volkogonov nimmt Bezug auf ein in Moskau damals verbreitetes Buch DER ERSTE SCHLAG (Pervyj udar) von Španov[50], das die allgemein in der Sowjetunion herrschende Meinung wiedergab, daß nämlich »nach dem vernichtenden Schlag der Roten Armee gegen das faschistische Deutschland dort am zweiten Tag ein Aufstand gegen das Naziregime ausbrechen werde«. Es ist bezeichnend für die sowjetische Theorie, daß ein solcher ›vernichtender Schlag‹ nicht etwa einen deutschen Angriff voraussetzte, sondern jederzeit nach eigenem Belieben geführt werden konnte. Das Akademiemitglied Varga, ein besonderer Protegé Stalins, erklärte in einer Rede vor der Militärpolitischen Akademie V. I. LENIN am 17. April 1941, daß, sobald aufgrund des Krieges eine ›revolutionäre Krise‹ eintrete, die ›bürgerliche Macht‹ geschwächt sei und das »Proletariat die Macht in seine Hände nimmt«, »die Sowjetunion dann verpflichtet ist, und sie wird es tun, der proletarischen Revolution in anderen Ländern zu Hilfe zu kommen«. »Das sowjetische Volk vergißt nicht seine internationalen Verpflichtungen im Hinblick auf das Weltproletariat und alle Werktätigen der kapitalistischen Länder«, hatte die SOVETSKAJA UKRAINA schon am 21. Januar 1941 verkündet.[51] Das Streben, das ›Feuer der Weltrevolution‹ zu entfachen, verband sich hier, wie noch an anderer Stelle deutlich wird, mit dem sowjetischen Eroberungsdrang, der sich in das Propagandagewand eines revolutionären Befreiungskrieges hüllte.

Vor diesem Hintergrund ist die Rede des Genossen Stalin anläßlich der Entlassung der Hörer der Akademien der Roten Armee im Kreml am 5. Mai 1941 zu bewerten, so wie sie in der genannten KRATKAJA ZAPIS' überliefert wird.[52] Das eigentliche Anliegen der Ausführungen Stalins bestand darin, den Absolventen und dem Führerbestand der Armee die Überzeugung zu vermitteln, daß die deutsche Wehrmacht nicht unbesiegbar sei, sondern von der Roten Armee jetzt geschlagen werden könne. Denn diese habe sich in den vergangenen drei/vier Jahren in Bezug auf die Kriegstechnik der Panzer, Artillerie und Luftwaffe so verändert, daß, wenn sie, die Genossen, jetzt in ihre Truppenteile zurückkehrten, sie die Armee nicht mehr wiedererkennen würden (»teper' vernetes' v ee rjady i ne uznaete armii«).

Nicht der von Bezymenskij hervorgehobene und immerhin schon wichtige Passus der Stalinrede war entscheidend, daß »jetzt bei uns zum Bestand der Armee 300 Divisionen gehören«, sondern, was Stalin dann vertraulich hinzugefügt hatte[53] und was Bezymenskij verschweigt, nämlich, daß »von der Gesamtzahl der Divisionen – 1/3 mechanisierte Divisionen« sind, »von 100 Divisionen 2/3 Panzerdivisionen, und 1/3 motorisierte Divisionen«, die nach Bewaffnung und Ausstattung ebenfalls schon deutschen Panzerdivisionen entsprachen. Die von Stalin am 13. Januar 1941 geforderte mehrfache Überlegenheit war damit auf dem für Angriffsoperationen ausschlaggebenden Panzersektor eindeutig gegeben. Die Rote Armee verfügte über eine gewaltige Streitmacht gepanzerter Stoßkräfte, die sie zu weiträumigen Angriffsoperationen befähigte. Daß sich später, etwa hinsichtlich der Führung der mechanisierten Korps, Mängel ergaben, war für die vor dem 22. Juni 1941 getroffenen Entscheidungen unerheblich.

Ähnlich lagen die Verhältnisse auf dem Felde der Luftwaffe. »Wir haben«, so Stalin, »in genügender Anzahl und produzieren massenweise Flugzeuge, die eine Geschwindigkeit von 600 – 650 Stundenkilometern erreichen. Das sind erstrangige Flugzeuge. Im Kriegsfall werden diese Flugzeuge in erster Linie eingesetzt.« Wie Stalin ausführte, hatte die deutsche Armee demgegenüber »weder hinsichtlich der Panzer, noch hinsichtlich der Artillerie, noch hinsichtlich der Luftwaffe etwas Besonderes aufzuweisen«, »Die deutsche Armee verlor den Geschmack an einer weiteren Verbesserung der Kriegstechnik«, »Außerdem entstand in der deutschen Armee Prahlsucht, Selbstzufriedenheit, Überheblichkeit. Die Kriegslehre macht keinen Fortschritt, die Kriegstechnik bleibt nicht nur hinter der unseren zurück, sondern Deutschland beginnt im Hinblick auf die Luftfahrt sogar von Amerika überholt zu werden.«

Bezymenskij unterschlägt den wichtigsten Abschnitt der Veranstaltung im Kreml, der in der Kratkaja Zapis' überliefert wird und der ein ungewöhnliches Vorkommnis darstellt. Als ein Generalmajor der Panzertruppen zu vorgerückter Stunde auf dem Bankett einen Toast auf die friedliche Stalinsche Außenpolitik ausbrachte, geschah etwas Unerwartetes. Stalin erhob sich zum dritten Mal, um den General seiner gutgemeinten Worte wegen zurechtzuweisen – Beweis dafür, daß dieser die entscheidende Frage berührt hatte. Stalin sagte: »Erlauben Sie mir eine Korrektur anzubringen. Die Friedenspolitik sicherte den Frieden unseres Landes, Friedenspolitik ist eine gute Sache. Wir führten bis jetzt, bis zur Gegenwart, die Linie der Verteidigung – bis jetzt, solange unsere Armee nicht umgerüstet war, solange die Armee nicht mit neuzeitlichen Kampfmitteln ausgerüstet war. Aber jetzt, wo wir unsere Armee rekonstruiert haben, wo wir sie gesättigt haben mit Technik für den neuzeitlichen Kampf, wo wir stark geworden sind, – jetzt ist es notwendig, von der Verteidigung zum Angriff überzugehen. Nachdem wir die Verteidigung unseres Landes durchgeführt haben, sind wir verpflichtet, angriffsweise zu handeln, von der Verteidigung zur Kriegspolitik der Angriffsoperationen überzugehen. Es ist notwendig, unsere Erziehung, unsere Propaganda, unsere Agitation, unsere Presse auf den Angriffsgedanken hin umzustellen. Die Rote Armee ist eine neuzeitliche Armee, und eine neuzeitliche Armee – ist eine Angriffsarmee.«

Die von den obengenannten Offizieren aller Dienstgrade mitgeteilten

Kriegsdrohungen Stalins gegen Deutschland am 5. Mai 1941 finden in der Kratkaja Zapis' also einen unmißverständlichen Ausdruck, ebenso übrigens wie der Wille Stalins zur Durchführung eines Angriffskrieges. Wenn die westdeutsche Zeitgeschichtsschreibung immer argumentierte, es sei nirgendwo der politische Angriffswille Stalins nachweisbar, so sei darauf hingewiesen, daß es noch weitere Belege gibt. Aleksandr Nekrič, der in jüngster Zeit die persönlichen Papiere der engsten Vertrauten Stalins, von Kalinin, Ždanov, Ščerbakov, Berija und anderer in Moskau studiert hatte, macht uns auf diese Beweise aufmerksam. Demnach hat im Politbüro niemals der geringste Zweifel darüber bestanden, daß die Sowjetunion zu einem geeigneten Zeitpunkt einen Angriffskrieg gegen Deutschland eröffnen werde. Das politische Ziel der Sowjetunion ist in diesen Kreisen in einer Reduzierung der ›kapitalistischen Welt‹ und in einer Ausdehnung der ›sozialistischen Zone‹ gesehen worden, die mit der Sowjetunion gleichgesetzt wurde. In diesem Zusammenhang soll Kalinin angeführt werden[54], Vorsitzender des Präsidiums des Obersten Sowjet und damit Staatsoberhaupt der UdSSR, einer der ergebensten Spießgesellen Stalins, der auch den Erschießungsbefehl für die 15000 polnischen Offiziere von Katyn mitunterzeichnet hatte. Kalinin hielt am 20. Mai 1941, also 14 Tage nach Stalin, eine Rede vor Funktionären des Apparates des Obersten Sowjet, in der er, ganz im Stile seines Herrn und Meisters, die Grundidee der sowjetischen Außenpolitik bekräftigte: Im Falle der gegenseitigen Erschöpfung der kapitalistischen Staaten entsprechend der Stalindoktrin von 1925 mit unverbrauchten Kräften in den Krieg einzutreten und zum Schluß die eigenen Bedingungen zu diktieren. Zwar war dieses Konzept 1940 vorerst durchkreuzt worden. Aber Kalinin fuhr fort, Kommunisten sollten sich nicht mit Fragen der Friedensbewahrung befassen, sondern »vor allem an der Frage interessiert sein, welchen Vorteil die Kommunistische Partei aus Ereignissen ziehen könne, die nur einmal in fünfzig Jahren stattfinden«. Er sagte des weiteren wörtlich und in aller Offenheit: »Krieg ist ein sehr gefährliches Geschäft, mit Leiden verbunden, aber zu einem Zeitpunkt, wo es möglich ist, den Kommunismus auszudehnen, sollte ein Krieg nicht außer Betracht bleiben«. Kalinin drückte seine Genugtuung darüber aus, daß es der Sowjetunion gelungen war, »die Zone des Kommunismus ein wenig auszudehnen, und zwar unter verhältnismäßig geringen Einbußen«. Und er fügte hinzu, die Ausdehnung der Zone des Kommunismus müsse fortgesetzt werden. Am 5. Mai 1941 hatte Stalin den Angriffsgedanken einer breiten militärischen Öffentlichkeit verkündet. Und Kalinin stand nicht allein, als er ihn am 20. Mai 1941 ebenfalls vor einem offiziellen Gremium auf seine Weise kommentierte. Auch Ždanov und andere Mitglieder des Politbüros haben sich in ihren Reden aus dieser Zeit rückhaltlos zu der aggressiven Zielsetzung der Politik Stalins bekannt.

Anmerkungen zu Kapitel 1.

[1] Topitsch, 1993, Stalins Krieg, S. 39f.
[2] Nekrich, Past Tense, S. 14ff. Auch V. L. Dorošenka, Stalinskaja provokacija.
[3] Daschitschew, Der Pakt der beiden Banditen.
[4] Chihiro, The Japanese – Soviet Neutrality Pact, S. 13–114.
[5] Khrushchev's Secret Tapes, S. 44.
[6] Izvestija, 1. 11. 1939.
[7] Perepiska V. M. Molotova I. V. Stalinym.
[8] Wasilewska, in: Archiwum Ruchu Robotniczego, S. 339-432.
[9] Hoffmann, Die Sowjetunion bis zum Vorabend des deutschen Angriffs, S. 62f., S. 75.
[10] Kiršin, Die sowjetischen Streitkräfte.
[11] Polubojarov, Krepče broni.
[12] Šlykov, I tanki naši, S. 122.
[13] Filippov, Kriegsbereitschaft der Roten Armee, S. 16.
[14] BA-MA, RH 2/2092, 9. 9. 1943.
[15] Isserson, Razvitie teorii, S. 60.
[16] Lenin, Polnoe sobranie sočinenij, Bd. 23, S. 189.
[17] Hoffmann, Die Angriffsvorbereitungen der Sowjetunion 1941, S. 370 (russisch: Choffman, Podgotovka Sovetskogo Sojuza k nastupatel'noj vojne 1941 god, S. 20f); vgl. auch derselbe, Stalin wollte den Krieg, in: Frankfurter Allgemeine Zeitung, 16. 10. 1986. A. N. und L. A. Mercalov richteten in der stalinistischen »Zeitschrift für Militärgeschichte« (Viž), 1994, H. 5, S. 84, einen publizistischen Ausfall gegen den Verfasser von »Podgotovka Sovetskogo Sojuza k nastupatel'noj vojne«, der von politischen Neigungen und Abneigungen getragen ist und anscheinend der Irreführung dienen soll, jedenfalls mit Geschichtswissenschaft nichts zu tun hat (vide Mercalov, A. N., und Mercalova, L. A.). So mag das hier vorliegende Buch als Antwort dienen.
[18] BA-MA, RH 21-3/v. 437, 25.34. 1941.
[19] Ebenda, 26. 6. 1941.
[20] BA-MA, RH 21-1/472, 4. 8. 1941.
[21] Ebenda, 6. 8. 1941.
[22] BA-MA, RH 24-8/127, 16. 9. 1941.
[23] BA-MA, RH 21-1/481, 3. 1., 4. 1. 1942.
[24] BA-MA, RH 24-3/136, 10. 10. 1941.
[25] BA-MA, RH 21-1/473, 11. 10. 1941.
[26] BA-MA, R 6/77, 14. 12. 1941; Hoffmann, Die Kriegführung aus der Sicht der Sowjetunion, S. 734.
[27] PAAA, Pol. XIII, Bd 13, 30. 9. 1941.
[28] BA-MA, RH 24-48/200, 17. 8. 1941.
[29] Es handelte sich um S. N. Žilenkov, einen hohen Funktionär des Moskauer Parteiapparates, in der Roten Armee zunächst Armeekommissar, dann Oberbefehlshaber der 32. Armee, der bei Vjaz'ma im Oktober 1941 in deutsche Kriegsgefangenschaft geraten, dort unerkannt als Kraftfahrer in der 252. Infanteriedivision tätig gewesen war, bis er im Mai 1942 entdeckt wurde. Žilenkov war als Generalleutnant in der Wlassow-Armee Chef der Hauptpropagandaverwaltung des KONR, vgl. BA-MA, RH 21-3/782; Hoffmann, Die Geschichte der Wlassow-Armee, S. 360.
[30] Bezymenskij, Čto že skazal Stalin 5 maja 1941 goda?
[31] Kusnezowa, Selesnjow, Der politisch-moralische Zustand, S. 600.

[32] BA-MA, RW 2/v. 158, 22. 7. 1941.
[33] Ebenda, 8. 8. 1941.
[34] BA-MA, RH 21-1/473, September 1941.
[35] BA-MA, RH 2/2092, 6. 5. 1943.
[36] BA-MA, RH 21-2/v. 648, 17. 7. 1941.
[37] BA-MA, RH 21-1/471, 20. 7. 1941.
[38] BA-MA, RH 21-1/472, 6. 8. 1941.
[39] BA-MA, RH 24-8/127, 15. 9. 1941.
[40] BA-MA, RH 21-2/708, 24. 3. 1942.
[41] PAAA, Handakten Etzdorf, Bd 24, 18. 1. 1943.
[42] Ebenda, 22. 7. 1943.
[43] Ebenda, 18. 10., 22. 10. 1942.
[44] Hilger, Wir und der Kreml, S. 307f.
[45] Werth, Russia at War, S. 122f.
[46] Volkogonov, Triumf i tragedija, S. 55–57, S. 63f., S. 117, S. 124–128, S. 136ff., S. 154f.
[47] BA-MA, RH 24-24, 335, 24. 9. 1941.
[48] BA-MA, RW 4/v. 889, SSSR – dejstvitel'nyj podžigatel' vojny i agressor!
[49] Hoffmann, Die Angriffsvorbereitungen der Sowjetunion, S. 372f.
[50] Choffman, Podgotovka Sovetskogo Sojuza k nastupatel'noj vojne, S. 22.
[51] Sovetskaja Ukraina, 21. 1. 1941.
[52] Rossijskij Centr Chranenija i Izučenija Dokumentov Novejšej Isorii Moskau, Kratkaja Zapis' Vystuplenija tov. Stalina na Vypuske Slušatelej Akademii Krasnoj Armii v Kremle 5 Maja 1941 g. (Semenev, K.).
[53] Vgl. Anm. 30.
[54] Nekrich, »A Wise Design«, S. 2–7.

2.
Der Angriff Hitlers kam Stalin zuvor

Stalin hatte am 5. Mai 1941 offiziell die geistig-propagandistische Umstellung der Roten Armee auf den Angriffsgedanken gefordert und die große Überlegenheit der Roten Armee gerühmt, nicht aber die eigentliche Frage einer operativen Vorbereitung des Angriffskrieges gegen Deutschland berührt, was vor dem Auditorium der Versammlung im Kreml auch nicht gut möglich war. Die militärischen Vorbereitungen waren jedoch längst angelaufen. So hatte die Rote Armee, wie der spätere Chef des Generalstabes, Marschall der Sowjetunion Žukov, zugestehen muß[1], schon im Jahre 1940, also lange vor dem deutschen Aufmarsch, eine Offensivaufstellung in den exponierten Frontbogen bei Białystok und Lemberg eingeleitet. Eine Konferenz hoher Befehlshaber der Roten Armee unter dem Vorsitz des Volkskommissars der Verteidigung, Marschall der Sowjetunion Timošenko, hatte im Dezember 1940 den Beschluß gefaßt, einen künftigen Krieg als Offensivkrieg zu führen. Im Januar 1941 erbrachten zwei großangelegte Stabsmanöver des hohen Führerbestandes der Roten Armee, ebenfalls unter der Leitung des Volkskommissars der Verteidigung, erste Erkenntnisse für die Durchführung eines Angriffskrieges gegen Deutschland. Durchgespielt worden war einmal eine Offensive starker sowjetischer Kräfte aus dem baltischen Raum heraus zur Eroberung von Ostpreußen und Königsberg, zum anderen eine Offensive überwältigender Kräfte aus dem Raum um Brest heraus und über die Karpathen hinweg in südwestlicher Stoßrichtung zur Eroberung von Südpolen, der Slowakei und Ungarn.

Zehn Tage nachdem Stalin dann seine Kriegsdrohungen ausgestoßen hatte, am 15. Mai 1941, überreichte der Chef des Generalstabes der Roten Armee, Armeegeneral Žukov, dem ›Vorsitzenden des Rates der Volkskommissare der UdSSR Genossen Stalin‹ im Beisein des Volkskommissars der Verteidigung, Marschall Timošenko, den gemeinsam von ihnen unterfertigten Plan für einen Angriffskrieg gegen Deutschland unter dem unverfänglichen Titel »Soobraženija po planu strategičeskogo razvertyvanija Vooružennych Sil Sovetskogo Sojuza...« (Erwägungen zum strategischen Aufmarschplan der Streitkräfte der Sowjetunion für den Fall eines Krieges mit Deutschland und seinen Verbündeten). Der Stellvertretende Chef der Operationsabteilung des Generalstabes, Generalmajor Vasilevskij, hatte dieses der größten Geheimhaltung wegen nur in einem Exemplar vorhandene Dokument handschriftlich in die Reinschrift übertragen und es persönlich im Empfangsraum Stalins im Kreml Žukov übergeben. Vom Ersten Stellvertretenden Chef des Generalstabes, Generalleutnant Vatutin, waren Unterstreichungen und redaktionelle Korrekturen mit Bleistift eingefügt worden.

Dieser Plan für einen Angriffskrieg gegen Deutschland, den der Kandidat der Geschichtswissenschaften, Oberst Valerij Danilov[2], unter Beiwirkung des Universitätsdozenten Dr. Heinz Magenheimer[3] von der Landesverteidigungsakademie in Wien in der renommierten ÖSTERREICHISCHEN MILITÄRISCHEN ZEITSCHRIFT veröffentlicht und eingehend kommentiert hat, ist die Quintessenz noch anderer Projekte, die der Generalstab im Frühjahr 1941 für einen Angriff gegen Deutschland ausgearbeitet hatte. Es seien genannt:

1. Der strategische Aufmarschplan der Streitkräfte der UdSSR für den Fall eines Krieges mit Deutschland vom 2. März 1941,
2. Der vorgesehene Einsatzplan für den Fall eines Krieges mit Deutschland, auf welche sich das Dokument vom 15. Mai 1941 bezog,
3. Der Utočnennyj plan razvertyvanija Vooružennych Sil Sovetskogo Sojuza na Zapade i na Vostoke (Präzisierter Aufmarschplan der Streitkräfte der Sowjetunion nach West und Ost) vom 11. März 1941, der nach Generaloberst Volkogonov[4)] ebenfalls unter Beteiligung von Generalmajor Vasilevskij angefertigt und von Marschall Timošenko und Armeegeneral Žukov Stalin vorgetragen worden ist.

Danilov zitiert ein kurzgefaßtes sogenanntes ›Angriffscredo‹ aus dem Generalstabsplan vom 15. Mai 1941, das identisch ist mit dem Inhalt eines von Volkogonov unter dem 15. Mai 1941 ohne den textlichen Zusatz »für den Fall eines Krieges mit Deutschland und seinen Verbündeten« wiedergegebenen gleichnamigen Dokumentes, bei dem es sich, folgt man Volkogonov, allerdings nur um eine handschriftliche Relation (Zapiska) Žukovs an Stalin, also vielleicht um ein kurzes orientierendes Begleitschreiben gehandelt haben kann. Inhaltlich übereinstimmend ist das ›Angriffscredo‹ des Generalstabsplanes vom 15. Mai 1941 auf jeden Fall mit den »Erwägungen (Soobraženija) zum Plan eines strategischen Aufmarsches der Streitkräfte der Sowjetunion«, den Oberst Karpov in der Zeitschrift KOMMUNIST VOORUŽENNYCH SIL im Jahre 1990 auszugsweise abgedruckt hat und der von der Wochenschrift DER SPIEGEL 1991 als Žukovs Angriffsplan vorgestellt worden ist mit dem vielsagenden Untertitel »Wie der Generalstabschef der UdSSR im Mai 1941 Hitler zuvorkommen wollte«.[5)]

Das Verdienst Oberst Danilovs besteht darin, daß er den sowjetischen Angriffsplan vollständig veröffentlicht und umfassend kommentiert hat, dabei überaus beweiskräftige Einzelheiten der militärischen Vorbereitungen ausbreitend. Der Generalstabsplan vom 15. Mai 1941 hat Grundsätze der Stalinrede vor den Absolventen der Militärakademien aufgenommen und praktisch die Ausführungen vom 5. Mai 1941 mit den Mitteln des Generalstabes in eine Anleitung zum operativen Vorgehen umgesetzt. Die Abfassung dieses Angriffsplanes und seine Präsentierung am 15. Mai 1941 an den Urheber der Forderung, daß es nunmehr unumgänglich sei, zur »Kriegspolitik der Angriffsoperationen überzugehen«, kam einem hochoffiziellen Schritt des Generalstabes der Roten Armee gleich, der angesichts der Verhältnisse unter dem Stalinregime nur auf Weisung Stalins selbst hin hatte unternommen werden können. Mit vollem Recht hebt Danilov hervor, »daß Einsatzdokumente von solcher Wichtigkeit ausschließlich auf Weisung Stalins auf der Grundlage der von ihm erlassenen militärstrategischen Konzeptionen« verfaßt werden konnten. Eine jede Eigeninitiative in Angelegenheiten von solcher Wichtigkeit war ausgeschlossen, weil sie als Gruppenprotest gegen die ›Linie der Partei‹, daß heißt gegen Stalin, mit allen sich daraus ergebenden Konsequenzen ausgelegt werden konnte. Dies galt natürlich erst recht für den Volkskommissar der Verteidigung und den Chef des Generalstabes, und gerade Žukov hat eingedenk der ›Großen Säuberung‹ einmal klargestellt, was es bedeutet haben würde, gegen die Linie Stalins zu opponieren und eigenwillige Pläne zu schmieden.

Stalin pflegte Dokumente von schicksalsschwerem Inhalt nicht zu unterzeichnen. Doch selbst Generaloberst Volkogonov hatte an der Kenntnisnahme des Generalstabsplanes durch Stalin keinen Zweifel gelassen und am 29. Juni 1990 im Militärgeschichtlichen Forschungsamt in Freiburg erklärt, Stalin habe denselben monogrammiert.[6)] Im ›Präsidentenarchiv‹ in Moskau wurde zudem ein außergewöhnliches Dokument ausfindig gemacht, der Text eines 1967 von Marschall Vasilevskij vorbereiteten Interviews mit einem zustimmenden Vermerk Žukovs, aus dem hervorgeht, »daß Stalin die wichtigsten Thesen der ›Erwägungen‹ vollends gebilligt hat«. Timošenko und Žukov müssen die Zustimmung Stalins erhalten haben, denn sie begannen ungesäumt mit der Ausführung des Planes, indem, so auch Danilov, sie »umfangreiche Vorbereitungen« für einen Angriffskrieg gegen Deutschland trafen.

Worin bestanden nun die Einzelheiten des Generalstabsplanes? Das oben erwähnte kurze ›Angriffscredo‹ lautete folgendermaßen:

»Wenn man in Betracht zieht, daß Deutschland sein Heer mit eingerichteten Rückwärtigen Diensten mobil gemacht hält, so kann es uns beim Aufmarsch zuvorkommen (predupredit', von General Vatutin doppelt unterstrichen) und einen Überraschungsschlag führen. Um dies zu verhindern und die deutsche Armee zu zerschlagen (letzteres durchgestrichen), erachte ich es für notwendig, dem deutschen Kommando in keinem Falle wie auch immer die Initiative zu überlassen, dem Gegner beim Aufmarsch zuvorzukommen (upredit' von General Vatutin doppelt unterstrichen) und die deutsche Armee in dem Moment anzugreifen, wenn sie sich im Stadium des Aufmarsches befindet und noch nicht in der Lage ist, eine Front aufzubauen und das Zusammenwirken der Waffengattungen zu organisieren.«

Wie ein aufmerksamer Beobachter, Pourray, bemerkt hat, mußte, wenn der Generalstab befürchtete, die Deutschen könnten der Roten Armee

›zuvorkommen‹, auf der russischen Seite bereits etwas begonnen haben, dem die Deutschen überhaupt erst zuvorzukommen vermochten.

Erstes strategisches Ziel nach dem Generalstabsplan war die Vernichtung der Hauptkräfte der deutschen Wehrmacht südlich der Linie Brest-Dęblin und das Erreichen der Linie Ostrołeka-Narew-Łódź-Kreuzburg-Oppeln-Olmütz innerhalb von 30 Tagen. Zweites strategisches Ziel war die Fortsetzung der Offensive aus dem Raum um Kattowitz heraus nach Norden und Nordwesten, um auch die Kräfte des linken deutschen Flügels zu zerschlagen und ganz Polen und Ostpreußen in Besitz zu nehmen. Der Hauptstoß sollte mit Kräften der Südwestfront aus dem Lemberger Frontbogen heraus geführt und das deutsche Heer von seinen südlichen Verbündeten abgeschnitten werden. Es war zugleich geplant, die deutsche Gruppierung im Raum Lublin-Radom mit dem rechten Flügel der Südwestfront im Zusammenwirken mit dem aus dem Białystoker Frontbogen heraus in Richtung auf Warschau-Dęblin angreifenden linken Flügel der Westfront einzuschließen und zu vernichten. Gegen Finnland und Ostpreußen – dies anscheinend eine Folge des Stabsmanövers vom Januar – ebenso wie gegen Rumänien und Ungarn sollte zunächst eine aktive Verteidigung organisiert, im Süden aus den Räumen um Czernowitz und Kišinev heraus alsdann aber ein Angriff gegen Rumänien zur Einnahme von Jaşi und zur Zerschlagung des linken Flügels der rumänischen Armee geführt werden.

Der Generalstabsplan vom 15. Mai 1941 bedeutete in einem zentralen Punkt ein Abgehen von der bisherigen Lehre: Denn nicht mehr sollte ein feindlicher Angriff mit einem vernichtenden Schlage beantwortet werden, sondern mit einem vernichtenden Schlag sollte die Rote Armee einem feindlichen Angriff zuvorkommen, der zu diesem Zeitpunkt freilich noch insofern rein hypothetisch war, als die gepanzerten Stoßkräfte des deutschen Ostheeres überhaupt erst seit dem 3. Juni 1941 an der Ostgrenze aufmarschierten. Da dieser große Vernichtungsschlag dazu bestimmt war, die von Stalin am 5. Mai 1941 geforderte ›Kriegspolitik der Angriffsoperationen‹ einzuleiten, und es, wie Kalinin am 20. Mai 1941 verraten hatte, in Wirklichkeit ja um politische Ziele ging, um »die Ausdehnung der Zone des Kommunismus«, das heißt um die Ausdehnung der Macht der Sowjetunion, war es demnach ein reiner Angriffs- und Eroberungskrieg, nicht aber ein Präventivkrieg, der hier vorbereitet wurde, so wie Hitler – obwohl aus anderen Beweggründen – einen Angriffskrieg plante.

Es ist dies unabhängig davon, daß ein deutscher Aufmarsch zum Anlaß genommen wurde und es sich auch als notwendig erwies, die Angriffsvorbereitungen, das Zusammenziehen und den Aufmarsch der Truppen der Roten Armee, vorübergehend durch eine örtliche Verteidigung zu decken.

Das Gelingen des geplanten, großangelegten Überraschungsangriffs gegen die Truppen der Wehrmacht setzte einige Maßnahmen voraus, für die der Generalstab der Roten Armee am 15. Mai 1941 nachdrücklich eintrat.

1. Unter dem Anschein von Übungen für die Soldaten der Roten Armee sollte eine geheime Mobilmachung durchgeführt werden.
2. Unter dem Anschein des Beziehens von Ausbildungslagern sollten in der Nähe der Westgrenze Truppen zusammengezogen und vorrangig alle Armeen der Reserve des Oberkommandos konzentriert werden.
3. Die Luftstreitkräfte sollten insgeheim auf Feldflugplätzen zusammengezogen und mit dem Ausbau der Bodenorganisation sollte sofort begonnen werden.
4. Unter dem Anschein von Ausbildungsvorhaben und Übungen sollten ferner auch die Rückwärtigen Dienste organisiert werden.

Diese Forderungen entsprachen im wesentlichen den neuen operativen und taktischen Grundsätzen der Roten Armee, auf die auch die Deutschen frühzeitig aufmerksam geworden waren. Seit Frühjahr 1941 wurden deutscherseits in der sowjetischen Militärliteratur ›weitgehende Untersuchungen‹ über die »Anfangsphase eines neuzeitlichen Krieges« registriert. Alle diese Untersuchungen, so heißt es in einer Zusammenstellung des Oberkommandos der deutschen 18. Armee vom 15. April 1941[7)], gipfelten in der Erkenntnis, neuzeitliche Kriege würden beginnen »mit einem ›Hineinkriechen‹ in den Krieg, ohne offizielle Kriegserklärung bei allmählicher und bis zur endgültigen Eröffnung der Feindseligkeiten getarnter Mobilmachung«. Motorisierte Kräfte und Kavallerie würden auf »Truppenübungsplätzen und bei Manövern« versammelt und »innerhalb kürzester Zeit als Einbruchsarmee verwandt werden«. Ziel der »überfallartigen Kriegseröffnung« sei es, »die Kriegshandlungen in das Land des Gegners zu tragen und von Beginn des Feldzuges an die Initiative zu gewinnen«. Es stellt sich die Frage, inwieweit diese Forderungen noch in der Ausführung begriffen oder bis zum 22. Juni 1941 bereits durchgeführt worden waren.

Was die geheime Mobilmachung angeht, so hatten die Truppen in den westlichen Grenzmilitärbezirken vom Generalstab der Roten Armee den Befehl erhalten, bis zum Juni 1941 die volle Mobilmachungsbereitschaft in Übereinstimmung mit dem neuen Mobilmachungsplan (Mobilizacionnyj plan) ›MP-1941 goda‹ herzustellen.[8)] Als Termine sind nachzuweisen für alle Truppen und Einrichtungen des Westlichen Besonderen Militärbezirks der 15. Juni 1941, für die des Baltischen Besonderen Militärbezirks der 20. Juni 1941. Die Mobilmachung der Truppen sollte entsprechend den in dem Aufmarschschema festgelegten Terminen »bis ins kleinste« hinein vorbereitet werden. Der Generalstab wünschte anscheinend im Juni, »entschlossen einen Schritt nach vorn« zu tun und auch die allgemeine Mobilmachung durchzuführen. Stalin indessen verwarf einen entsprechenden Vorschlag Timošenkos und Žukovs am 14. Juni 1941, da eine Mobilmachung nach damaliger Auffassung automatisch die Eröffnung der Feindseligkeiten nach sich gezogen haben würde, die ja mit einem Überraschungsschlag zu einem selbstgewählten Zeitpunkt beginnen sollten. Auch die bisherigen Maßnahmen waren, wie Oberst Filippov unlängst nachgewiesen hat, schon so wirksam, daß es einer Mobilmachung überhaupt nicht mehr bedurfte.[9] Im Mai 1941 hatte Stalin Befehl zur Einberufung von weiteren 800000 Reservisten erteilt, so daß nun rund 300 Divisionen mit einem Fehlbestand von nur noch 2500 Mann unter der Kriegsstärke je Division bereitstanden. Die Absicht dahinter hatten freilich auch die deutschen Kommandobehörden frühzeitig durchschaut[10], indem sie die zunehmenden Einberufungen von Spezialisten und die Einziehung ganzer Jahrgänge als eine zielbewußte Verstärkung der Roten Armee deuteten, ohne dieselbe »aus Tarnungsgründen nach außen in Erscheinung treten zu lassen«. »Durch dieses Verfahren«, so die Folgerung, »ist unter Umständen eine öffentliche Gesamtmobilmachung nicht mehr erforderlich.«

Ebenso wie die geheime Mobilmachung war auch die geheime Zusammenziehung der Truppen unter dem Anschein von Ausbildungslagern weitgehend abgeschlossen. Ein System ›dezentralisierter Lagerübungen‹ wurde von der Sowjethistoriographie geradezu als Beweis für die angeblich friedfertigen Absichten der Sowjetunion angeführt. Doch in Wirklichkeit hatte der Generalstab auf Weisung Stalins hin schon am 13. Mai 1941 unter strengster Geheimhaltung abermals vier Armeen aus dem Landesinnern in die Grenzrayone in Marsch gesetzt, denen im Juni weitere Armeen folgten. Es handelte sich um die 16., 19., 20., 21., 22., 24., 28., insgesamt also um sieben Armeen sowie um das 21. und 23. mechanisierte Korps und das 41. Schützenkorps. Diese gewaltige Truppenverschiebung vollzog sich unter dem Schirm der von Stalin inspirierten Dementis. So wandte sich die Nachrichtenagentur TASS am 15. Mai 1941 gegen die Gerüchte über starke Truppenkonzentrationen mit der geradezu entwaffnenden Behauptung, besserer Unterkunftsverhältnisse wegen sei eine einzige Division von Irkutsk nach Novosibirsk verlegt worden.[11] Am 13. Juni 1941 bezeichnete TASS Gerüchte über Kriegsvorbereitungen gegen Deutschland als »erlogen und provokatorisch«, die Einberufung von Reserven und die bevorstehenden Manöver dienten allein der »Ausbildung« und der »Kontrolle des Eisenbahnapparates«. Zu diesem Zeitpunkt war nach späteren deutschen Feststellungen schon »fast die gesamte verfügbare Streitmacht der SU in einer Monate dauernden Bewegung aus dem Innern Rußlands an die deutsche Ostfront herantransportiert worden«. Anders hätten vor der deutschen Heeresfront auch kaum Großverbände in einer Anzahl auftreten können, die nach dem Feindlagebericht der Panzergruppe 4 vom 10. August 1941 330, nach dem Feindnachrichtenblatt der Panzergruppe 3 vom

7. August 1941 sogar 350 sowjetische Divisionen betrug.[12] Eine solche Truppenmassierung mußte nach Überzeugung des Generalstabes des Heeres eben lange vor Kriegsbeginn eingeleitet worden sein, zumal wenn man die »Weitläufigkeit der Gebiete« und die »schwierigen Transportverhältnisse« in der Sowjetunion berücksichtigt.

»Daß die Sowjetunion zu einem Offensiv-Krieg gegen das Deutsche Reich vorbereitet war«, ergibt sich aber auch aus der Art der Aufstellung der Truppen, der eigentlichen »Schlachtordnung«, wie ein von dem Chef der Abteilung Fremde Heere Ost des Generalstabes des Heeres, Oberst i. G. Gehlen, am 9. September 1943 unterfertigtes Memorandum »Belege für russische Angriffsabsichten gegen Deutschland (personelle Kriegsbereitschaft und Aufmarsch)« mit Nachdruck betont.[13] So waren starke Kräfte, insbesondere ›bewegliche‹, das heißt mechanisierte-, motorisierte- und Kavallerieverbände, vorzugsweise in den weit in deutsches Gebiet hineinragenden Frontbögen bei Białystok und Lemberg zusammengezogen worden. »Diese beiden Schwerpunkte«, so das Memorandum, »lassen deutlich die Absicht erkennen, durch Vorstoß in allgemeiner Richtung Litzmannstadt (Lodz) die in dem vorspringenden Teil des Generalgouvernements stehenden deutschen Kräfte einzukesseln und zu vernichten und bei günstiger Entwicklung der Lage im Norden durch Vorstoß in Richtung Elbing Ostpreußen vom Reich abzutrennen.« Dabei war das volle Ausmaß des Generalstabsplanes vom 15. Mai 1941 hier noch nicht einmal entfernt richtig erkannt worden. Es ist auch bezeichnend, daß eine solche ›operative Konfiguration‹ ungeachtet der Gewißheit eines deutschen Angriffs beibehalten wurde, obwohl, wie auch Marschall Žukov nach dem Kriege einräumte, die so aufgestellten Truppen sofort in der Gefahr einer tiefgreifenden Umfassung, Einkreisung und Vernichtung schwebten. Nach Generalmajor Grigorenko wäre sie nur in einem Fall berechtigt gewesen, »und zwar dann, wenn diese Truppen dazu bestimmt gewesen wären, plötzlich zum Angriff überzugehen. Andernfalls waren sie ja sofort zur Hälfte eingeschlossen. Der Gegner brauchte nur zwei sich begegnende Schläge an der Basis unseres Keils zu führen und die Einkreisung war vollständig«.[14] Die von den Deutschen erbeuteten Akten[15] bestätigen im übrigen die von Oberst Filippov konstatierte Tatsache, daß noch vor Beginn des deutschen Angriffs, zwischen dem 18. und 21. Juni 1941, die Mehrzahl der sowjetischen Divisionen in Gefechtsbereitschaft versetzt worden war. Vom 14. Juni 1941 an erging zudem der nur für den Fall der bevorstehenden Feindseligkeiten verständliche Befehl, die neugeschaffenen Frontstäbe (gebildet aus den Stäben der Militärbezirke der Friedenszeit) auf die Feldgefechtsstände zu verlegen.

Auch die geheime Konzentrierung der Luftstreitkräfte, der Ausbau der Bodenorganisation und der Aufbau der Rückwärtigen Dienste waren am

22. Juni 1941 schon fast vollendet. Der Generalstab der Roten Armee hatte »in unmittelbarer Nähe der Staatsgrenzen die kampfstärkste Angriffsgruppierung an Fliegerkräften« der gesamten bisherigen Luftkriegsgeschichte versammelt und zu diesem Zweck seit Frühjahr 1941 in dieser Zone ein dichtes Netz operativer Flugplätze angelegt. Und dies folgerichtig vorzugsweise in den Frontbögen von Białystok und Lemberg, aus denen heraus entsprechend dem Generalstabsplan vom 15. Mai 1941 die großen Überraschungsschläge der Westfront und der Südwestfront erfolgen sollten. Eine vom deutschen Luftwaffenführungsstab im Kriege angefertigte Karte läßt die Massierung sowjetischer Flugplätze in den beabsichtigten Hauptstoßrichtungen auch überaus eindrucksvoll in Erscheinung treten.[16)] So wurden westlich der Linie Wilna-Kovel' mindestens 142 und westlich der Linie Łuck-Czernowitz (Černovicy) mindestens 260 sowjetische Flugplätze festgestellt. Auffällig war auch die Massierung von Flugplätzen im Baltikum sowie Rumänien gegenüber. Die sowjetischen Luftstreitkräfte hatten schon zwischen 1937 und 1940 im übrigen genaue Zielunterlagen und Zielbeschreibungen über eine große Anzahl deutscher Städte mindestens bis hin zur Linie Kiel-Celle-Erfurt ausgearbeitet[17)] – für den Luftwaffenführungsstab war dies »ein eindeutiger Beweis« für die methodischen Kriegsvorbereitungen der Roten Armee schon in diesen Jahren.

Deutliche Angriffsabsichten verriet auch das Vorziehen aller Materialressourcen der Streitkräfte unmittelbar an die westliche Staatsgrenze. Riesige Depots für Munition, Waffen und Gerät, Treibstoff, Verpflegung und sonstige Versorgungsgüter, für alle Mobilmachungsvorräte, waren, wie Oberst Danilov es formuliert, praktisch im Wirkungsbereich des feindlichen Feuers angelegt worden – sogar Eisenbahnschienen lagen bereit.[18)] So sind beispielsweise allein in Brest-Litovsk 10 Millionen Liter Betriebsstoff in deutsche Hand gefallen – »untrügliches Anzeichen für Offensivplanungen«, weil diese Benzinmengen unmittelbar an der Grenze und noch vor den aufmarschierten Verbänden des 14. mechanisierten Korps gelagert waren.[19)] »Alle Maßnahmen«, so schrieb der damalige Chef der Verwaltung für Nachrichtenwesen des Volkskommissariates der Verteidigung, Generalmajor Gapič, aus der Kenntnis seines Sachbereiches, »waren darauf gerichtet, Brückenköpfe zu schaffen und vorzubereiten, um einen Schlag auf den Gegner zu führen und den Krieg in feindliches Territorium zu tragen.«[20)]

Ein untrügliches Indiz für großangelegte Angriffsplanungen bildete fernerhin die Kartenausstattung der Truppen der Roten Armee. Den deutschen Truppen ist an verschiedenen Stellen im grenznahen Bereich, aber auch im tieferen Hinterland Kartenmaterial in die Hände gefallen, das weit nach Westen, in den deutschen Raum, hineinreichte, und ebenso reichhaltige Unterlagen, die über Deutschland aufklärten. Solche Kartenfunde wurden

in Kobryn, in Dubno, in Grodno, aber auch an vielen anderen Stellen gemacht.[21] Noch im Oktober 1941 erbeutete das XXIV. Panzerkorps eine Karte von Litauen und Ostpreußen, eine »anscheinend operative Studie: Angriff auf Ostpreußen«.[22] Wie das XXXXVIII. Panzerkorps schon am 1. Juli 1941 gemeldet hatte[23], fanden sich in der Zitadelle von Dubno »kriegsmäßig verpackte Kartenausstattungen, die zur Ausgabe an die Div. vorbereitet waren. Es handelt sich ausschließlich um Karten, die die Gegend westlich der Reichsgrenze bis in die Gegend Krakau betreffen... Große Mengen von Übungsaufgaben für Generalstabsoffiziere und Vortragsunterlagen über Deutschland wurden ebenfalls gefunden«. Auf einem nicht näher bezeichneten Truppenübungsplatz wurden, wie der Tätigkeitsbericht des XXVIII. Armeekorps am 16. Juli 1941 festhielt, »Mob.-Karten der Roten Armee gefunden, die ausschließlich Südlitauen, die ehemaligen polnischen Gebiete und Teile Ostpreußens darstellen. Aus diesen Karten wird die Absicht der Roten Armee, das Deutsche Reich zu überfallen, erneut erhärtet«.[24]
Am 23. Juli 1941 bezeugte auch Hauptmann Bondar, Chef des Stabes des Schützenregimentes 739 der 213. Schützendivision, daß »die Rote Armee sich gar nicht auf eine Verteidigung, sondern auf einen Angriff gegen das Generalgouvernement eingestellt habe«.[25] Ebenso wie anderen Teilen der Roten Armee seien auch seinem Regiment »bereits Karten bis einschließlich Krakau zugewiesen« worden. »Durch den überraschenden Vorstoß der Deutschen seien alle diese Pläne über den Haufen geworfen worden.« Eine solche Kartenausstattung der Roten Armee ist in der Tat umso verräterischer, als es den sowjetischen Truppen durchweg an Kriegskarten gebrach, nachdem sich die Operationen wider Erwarten plötzlich östlich der Staatsgrenze auf eigenem Gebiet abspielten. Wie verläßliche Zeugen, so Oberst Ljubimov[26], Artilleriekommandeur der 49. Panzerdivision und langjähriger Taktiklehrer an der Artillerieakademie in Moskau, Oberst Ovanov[27], Chef des Stabes der 46. Schützendivision, Major Kononov[28], Kommandeur des Schützenregimentes 436 der 155. Schützendivision, aber auch der ebenso charaktervolle wie kluge Sohn Stalins, Oberleutnant Džugašvili[29], vom Haubitzenartillerieregiment 14 der 14. Panzerdivision, aussagten, war der Kartenmangel in den Verbänden tatsächlich so gravierend, daß die Kampfführung durch ihn ernstlich behindert wurde. Der unlängst verstorbene Ordinarius für Osteuropäische Geschichte an der Universität Mainz, Professor Dr. Gotthold Rhode[30], seinerzeit Dolmetscher und Sonderführer (K) im Stabe der 8. Infanteriedivision, fand am 23. Juni 1941 im Stabsgebäude der sowjetischen 3. Armee in Grodno, wie er in seinem Tagebuch vermerkte, »in einem Raum Stöße von Karten Ostpreußens, hervorragend gedruckt, im Maßstab 1 : 50000, viel besser als unsere eigenen Karten. Ganz Ostpreußen war abgedeckt«. Wieso, so fragte er damals, braucht die Rote Armee »gleich jeweils Hunderte von Karten des Nachbarlandes«? »Unbegreiflich bleibt eines«, so Rhode in unseren

Tagen, »wenn Stalin den eigenen Angriffskrieg nicht schon im späteren Sommer 1941 wollte – wieso steckte er dann den Sack von Bialystok so voll mit Divisionen, die für eine Verteidigung viel zu zahlreich waren? Oder wollte er gar als der Angegriffene, der Überfallene, dastehen, der schnell zurückschlagen konnte, und hat sich nur bei der Kräfteabwägung verkalkuliert?«

Für sowjetische Angriffsabsichten spricht auch die Tatsache, daß Kriegsspiele, Stabsübungen und dergleichen mehr grundsätzlich offensiv waren und Angriffscharakter trugen. Selbst im Divisionsrahmen, so der 1. Ordonnanzoffizier der 87. Schützendivision, Oberleutnant Filipenko, wurde »fast ausschließlich Angriff mit Unterstützung von Artillerie und Kampfwagen« geübt, »Verteidigung nur selten bis höchstens Kompanie-Stärke«.[31] Am 24. Mai 1941 überwachte die deutsche Funkaufklärung im Grenzgebiet bei Grodek »einwandfrei« eine Übung unter Beteiligung von Panzereinheiten: »Angriff auf das Land N«, womit Deutschland gemeint war.[32] Oberstleutnant Kovalev[33], zuletzt Kommandeur der 223. Schützendivision und bis Mai Hörer an der Kriegsakademie in Moskau, sowie Hauptmann Pugačev[34], 1. Ordonnanzoffizier im Stabe des 11. mechanisierten Korps, berichteten über Planspiele im Armeerahmen, die zwar nur den rechten Flügel (Westfront) der sowjetischen Angriffsfront betrafen, aber doch schon eine Vorstellung von dem Ausmaß der tiefen Operation nach dem Generalstabsplan vom 15. Mai 1941 vermitteln. Nach Kovalev wurden an der Moskauer Kriegsakademie Planspiele für folgende ›Gegenoffensiven‹ angelegt: »Von Leningrad Richtung Helsinki, aus Linie Grodno-Brest-Litovsk Richtung Ostpreußen, im Süden von der Ukraine Richtung Warschau-Lodz mit Flankensicherung durch die Pripjetsümpfe und die Karpathen«. Aufschlußreicher noch waren die Angaben Pugačevs über ein Planspiel des Kommandierenden des Westlichen Besonderen Militärbezirks mit den Armeeoberbefehlshabern und Korpskommandeuren schon vom 18. bis 21. März 1941: »Die 3. Armee hatte den Auftrag, über Augustow nach Suwalki vorzustoßen. 4. und 10. Armee hatten den Auftrag, auf Warschau und Litzmannstadt (Lodz) vorzustoßen. Dieser Auftrag sollte in 14 Tagen erledigt sein. Die in Litauen stehenden Truppen sollten die Grenzen nach Ostpreußen halten und, sobald die südlichen Armeen die genannten Aufgaben erfüllt haben, in Ostpreußen einmarschieren.« Ein Grundgedanke des Generalstabsplanes vom 15. Mai 1941 fand, wie ersichtlich, schon hier seine Ausprägung.

Das Heranschieben der Hauptkräfte der Roten Armee nach Westen und an die Staatsgrenze war unter strikter Geheimhaltung vonstatten gegangen, konnte natürlich aber nicht völlig verborgen bleiben. Nur das tatsächliche Ausmaß dessen, was sich östlich der deutsch-sowjetischen Grenze vorbereitete, war den Deutschen unbekannt. Eine wenig förderliche Rolle in dieser Hinsicht hat die deutsche Botschaft in Moskau gespielt, in Sonderheit sowohl der Militärattaché, Generalleutnant Köstring, als auch der Marineattaché, Kapitän zur See von Baumbach, die sich beide als wenig unterrichtet zeigten. So beispielsweise hatte Köstring den Spezialisten für das Operieren mit großen Panzerverbänden, Armeegeneral Žukov, schon im März 1941 als für den Posten des »Generalstabschefs einer neuzeitlichen Millionen-Armee« wenig geeignet gehalten und zwar, wie er meinte, weil ihm »offenbar die geistigen Fähigkeiten« hierfür fehlten und er auch sonst »ein verhältnismäßig niedriges Niveau« an den Tag legte.[35] Baumbach schrieb desorientierende Berichte nach Berlin[36], die anscheinend selbst den Oberbefehlshaber der Kriegsmarine, Großadmiral Dr. h. c. Raeder, veranlaßten, bei Hitler gegen das Unternehmen ›Barbarossa‹ vorstellig zu werden, weil er in der Sowjetunion keine Gefahr zu erblicken vermochte. Denn Baumbach war bestrebt gewesen zu suggerieren, die »militärische Unterlegenheit der Sowjetwehrmacht gegenüber Deutschland« sei so groß, daß sie selbst bei »anstrengendster ungestörter Arbeit« auch in Jahren nicht behoben werden könne. Mindestens ein Jahrzehnt sei erforderlich, »bis die sowjetischen Rüstungen ein gewichtiger Faktor neben der deutschen Wehrmacht geworden sind«. Infolgedessen, so die absurde Folgerung, sei die Sowjetunion selbst bei »jahrelanger Dauer des derzeitigen Krieges nicht in der Lage, der deutschen Kriegführung in den Rücken zu fallen«.

Verwirrung stiftete die Berichterstattung Köstrings, der aus mangelnder Unterrichtung falsche Schlüsse zog. Als im März 1941 die Frage einer operativen Verwendung sowjetischer Panzerverbände auftauchte, setzte Köstring, der anstelle von 24000 nur von einer Gesamtzahl von rund 6000 Panzern ausging, in einer ›persönlichen Orientierung Nr. 4‹[37] auseinander, dieser Panzerbestand reiche im wesentlichen nur zur Ausstattung von 200 Infanteriedivisionen mit je einer Panzerabteilung zu 30 Panzern aus, so daß die Bildung selbständiger operativer Panzerverbände daneben kaum noch möglich sein werde. Unter dem Einfluß solcher Berichte wurde vom Oberkommando des Heeres mit der Verwendung starker Panzerverbände zu weiträumigen Angriffsoperationen nicht gerechnet[38], die Panzerwaffe vielmehr weiterhin vorzugsweise als Hilfswaffe der Infanterie angesehen, wenngleich Panzerangriffe mit begrenzten Zielen und Gegenangriffe gegen durchgebrochenen Feind als durchaus denkbar erschienen.

Da die Deutschen vor dem 22. Juni 1941 das Bestehen von Rund 100 Panzer- und motorisierten Divisionen nicht erkannt hatten, sie vielmehr nur sieben Panzerdivisionen und 38 motorisierte, mechanisierte Brigaden voraussetzten[39], zeigten sie sich nach Kriegsbeginn sehr überrascht über die Masse der Panzerdivisionen, die ihnen mit einem Male gegenüberstanden.[40] Es »stellte sich bald heraus, daß der Russe weit mehr Verbände zur

Verfügung hatte, als vor Beginn des Ostfeldzuges vom OKH angenommen war«, vermerkte die 1. Panzerarmee am 19. Dezember 1941. »Im gesamten Abschnitt war der Feind offenbar doch stärker als im Anfang der Operation angenommen wurde«, so die Panzergruppe 3 schon am 23. Juni 1941.[41)] Das Erstaunen bezog sich dabei nicht nur auf die Panzer- und Flugzeugzahlen, die alle Erwartungen übertroffen hatten, sondern auch auf die Güte der sowjetischen Waffen und des Gerätes. Teilweise fand sogar die sowjetische Führung ein lobenswertes Wort, wurde sie doch etwa in der Feindbeurteilung der Panzergruppe 3 vom 8. Juli 1941 als »äußerst geschickt, energisch tätig und zielbewußt« dargestellt.

Das Eingeständnis einer krassen Unterschätzung der Roten Armee findet sich selbst in den Tagebüchern von Dr. Goebbels[42)], der unter dem 19. August 1941 rückblickend notierte: »Wir haben offenbar die sowjetische Stoßkraft und vor allem die Ausrüstung der Sowjetarmee gänzlich unterschätzt. Auch nicht annähernd hatten wir ein klares Bild über das, was den Bolschewisten zur Verfügung stand. Daher kommen auch unsere Fehlurteile. . .« Der Reichsminister für Volksaufklärung und Propaganda verbreitete sich darüber, wie schwer Hitler ohnehin der Entschluß zum Angriff auf die Sowjetunion gefallen sei, und er fügte hinzu: »Wenn aber die Sorgen, die bei unserer falschen Einschätzung des bolschewistischen Potentials vom Führer getragen werden mußten, schon so groß waren und . . . so schwer an seinen Nerven zerrten, wie wäre es erst in dem Falle gewesen, daß wir uns über die ganze Größe der Gefahr klar geworden wären!« Hitler, so fügte Goebbels hinzu, sei jetzt sehr ungehalten darüber, »daß er sich durch die Berichte aus der Sowjetunion so über das Potential der Bolschewisten hat täuschen lassen. Vor allem seine Unterschätzung der feindlichen Panzer- und Luftwaffe hat uns in unseren militärischen Operationen außerordentlich viel zu schaffen gemacht. Er hat darunter sehr gelitten. Es handelte sich um eine schwere Krise. . .« Die schließlichen Erfolge der Wehrmacht ließen eine reale Lageeinschätzung freilich nicht mehr zu. Noch eine Stärkeberechnung der Abteilung Fremde Heere Ost des Generalstabes des Heeres vom 9. August 1941 betrachtete die Kampfkraft der Roten Armee jetzt als erschöpft, mit nennenswerten Neuaufstellungen wurde nicht mehr gerechnet.[43)] »Die Gesamtkraft reicht nunmehr weder für einen Angriff größeren Stiles, noch zur Bildung einer durchgreifenden Abwehrfront aus«, so heißt es, »auch menschenmäßig müßte die Grenze in absehbarer Zeit erreicht sein.«

Da dem Generalstabsplan der Roten Armee vom 15. Mai 1941 258 sowjetische Divisionen zugrundegelegt waren, bis 8. August aber schon 330 – 350 Divisionen vor der deutschen Heeresfront aufgetreten sind, wird man nicht fehlgehen in der Annahme, daß bereits am Tage des Kriegsbeginnes annähernd 300 sowjetische Divisionen im näheren oder weiteren Abstand von der Staatsgrenze versammelt gewesen sein müssen. Das Oberkommando des Heeres hatte bis 17. Juni 1941 nur 182 Divisionen (einschließlich 7 Panzerdivisionen) sowie 38 motorisierte, mechanisierte Brigaden auf sowjetischer Seite erkannt, ja Hitler sprach in seiner Proklamation vom 22. Juni gar nur von »160 sowjetischen Divisionen an unserer Grenze«[44), schon diese Größenordnung in seinen Augen somit ein bedrohlicher Faktor. Obwohl man also nur unzutreffende Vorstellungen von dem wirklichen Umfang und der offensiven Stoßkraft des sowjetischen Angriffsheeres hatte, war der Aufmarsch auch in seiner nur angenommenen Gestalt schon Gegenstand sorgfältiger Erwägungen gewesen. Nicht zuletzt aus politischen Gründen wurden die sowjetischen Maßnahmen im allgemeinen zwar als defensiv eingeschätzt. Gleichwohl brach sich der erkannten Kräftebereitstellung wegen seit Frühjahr 1941 immer wieder die Sorge vor zuvorkommenden Angriffen der Roten Armee Bahn.

Schon im März 1941, als sich die Nachrichten über eine starke Truppenverdichtung im Baltikum mehrten und von lettischen Offizieren, so von Oberst Opitis und Oberst Carlson, Äußerungen vorlagen, es würden große Manöver in der Nähe der deutschen Grenze stattfinden und der Krieg mit Deutschland würde anschließend beginnen[45)], wurde erstmals ein »Überfall auf das Memelgebiet« nicht mehr »völlig für ausgeschlossen«, sondern »für möglich gehalten«. Der Chef des Generalstabes der 18. Armee gab vorbeugend Befehl zum »Halten des Brückenkopfes von Tilsit«, und er ließ dem XXVI. Armeekorps eine entsprechende Warnung zukommen.[46)] »Es ist möglich, daß der Russe wenigstens in begrenztem Ausmaße den Kampf durch Angriffe eröffnet«, so auch das Oberkommando der 16. Armee[47)] am 1. Mai und ähnlich das Kommando der Panzergruppe 3[48)] am 30. Mai 1941: »Die schnellen russischen Verbände in unmittelbarer Grenznähe lassen es nicht unmöglich erscheinen, daß der Russe in eine deutsche Bereitstellung hineinzustoßen beabsichtigt.« Von April an war klar geworden, daß die Rote Armee auch »an der rumänischen Grenze genügend starke Kräfte stehen hat, um überraschend eine Angriffsoperation zu beginnen«.[49)] Im Mai und Juni häuften sich Überlegungen, die das Zusammenziehen »starker beweglicher Kräfte« in unmittelbarer Grenznähe bei Czernowitz und in Südbessarabien und das Bereitstellen von Übersetzmitteln am Pruth mit Offensivabsichten in südlicher Richtung gegen Rumänien in Verbindung brachten.[50)]

Und wie stand es mit den markanten Frontbögen um Białystok und Lemberg, aus denen heraus ja die Hauptangriffe geführt werden sollten? Das Oberkommando des Heeres hielt noch am 20. Mai 1941 nur Teilangriffe oder Gegenangriffe gegen die Flanken durchgebrochener deutscher Verbände für wahrscheinlich, im Rahmen einer »örtlich angriffsweise geführten Verteidigung«.[51)] Nur in der Theorie, nicht aber in der Praxis, ist »aufgrund des militärischen Aufmarsches«, wie man ihn festgestellt hatte, auch eine »Präventiv-Offensive«, und zwar ebenfalls mit relativ begrenzten Zielen, für möglich gehalten worden: »mit einem starken Stoß aus dem Raum um Czernowitz-Lemberg nach Rumänien, Ungarn oder nach Ostgalizien, mit einer weiteren starken Angriffsgruppe aus Weißrußland Richtung Warschau oder nach Ostpreußen.« Trotz einer wachsenden Beunruhigung in den Wochen des Mai und Juni 1941 lag ein Generalangriff aus den Räumen um Lemberg und Białystok heraus in westlicher Richtung bis an die Oder nach Oppeln mit anschließendem Eindrehen nach Norden und mit dem erklärten Ziel einer Zerschlagung des gesamten deutschen Ostheeres und der Inbesitznahme ganz Polens und Ostpreußens und anderer Gebiete noch außerhalb des Vorstellungsvermögens der deutschen Führungsstellen.

Wenn sich zusammenfassend feststellen läßt, daß die militärischen Angriffsvorbereitungen des Generalstabes der Roten Armee bereits weit gediehen waren, so gilt dies mit noch größerer Bestimmtheit auch für die gleichzeitig angelaufenen politischen Angriffsvorbereitungen, die von der Hauptverwaltung für Politische Propaganda der Roten Armee (GUPPKA) unter Armeekommissar 1. Ranges Zaporožec getroffen wurden. Denn Stalin hatte nicht nur dem Generalstab, sondern auch der ›politischen‹ Hauptverwaltung ganz bestimmte Direktiven im Sinne seiner Ausführungen vom 5. Mai 1941 erteilt. Generaloberst Volkogonov brachte sie auf folgende prägnante Formel: »Der Vozd' (Führer) machte unmißverständlich klar: Der Krieg ist in Zukunft unausweichlich. Man muß bereit sein zur bedingungslosen Zerschlagung des deutschen Faschismus.« Stalin verlangte die Ausarbeitung einer Weisung »Über die Aufgaben der politischen Propaganda in der Roten Armee in der nächsten Zeit«[52)], in der auf seine Anordnung hin jene Forderungen aufgenommen werden sollten, die er schon am 5. Mai 1941 erhoben hatte: »Die neuen Bedingungen, unter denen unser Land lebt, die jetzige internationale Lage, die voller unerwarteter Möglichkeiten ist, erfordern eine revolutionäre Entschlußkraft und die ständige Bereitschaft, zu einem zerschmetternden Angriff auf den Feind überzugehen... Alle Formen der Propaganda, der Agitation, sind auf ein einziges Ziel zu richten – auf die politische, moralische und kämpferische Vorbereitung des Personalbestandes auf die Führung eines gerechten offensiven und alles zerschmetternden Krieges... Der Personalbestand ist im Geiste des aktiven Hasses auf den Feind zu erziehen und zu dem Streben, den Kampf mit ihm aufzunehmen, zur Bereitschaft, unser Vaterland auf dem Territorium des Feindes zu verteidigen und ihm einen tödlichen Schlag zu versetzen...«

Diese Propagandaweisung verriet ebenso den ›Geist‹ des gleichzeitig ausgearbeiteten Generalstabsplanes wie eine weitere Weisung der Hauptverwaltung für Politische Propaganda »Über den Polituntericht mit Rotarmisten und Unterführern der Roten Armee für den Sommerausbildungsabschnitt 1941«, die ebenfalls am 15. Mai 1941 an die Truppe erging.[53] Es wurde in ihr an das Leninwort erinnert, daß, »sobald wir stark genug sind, den gesamten Kapitalismus niederzuwerfen, wir ihn sofort an der Gurgel packen«. Und es wurde ausgeführt, »daß die Rote Armee nur einen Verteidigungskrieg führen wird, wobei man jene Wahrheit vergißt, daß jeder Krieg, den die Sowjetunion führt, ein gerechter Krieg sein wird«. Solche Worte zu diesem Zeitpunkt lassen erkennen, worum es in Wirklichkeit ging. Nicht darum ging es, einer drohenden feindlichen Aggression ›zuvorzukommen‹, sondern um die ›weitreichenden Pläne der kommunistischen Ambitionen‹. Der angebliche Präventivschlag war nur Anlaß und Vorwand, um Deutschland, den ›Faschismus‹, und damit das Haupthindernis einer eigenen Machterweiterung, aus dem Wege zu räumen. Und natürlich, angesichts so hehrer politischer Ziele wie der Weltrevolution, wie Danilov es formuliert, »galt die Entfesselung des Krieges durch die Sowjetunion gegen jedes beliebige Land vom Standpunkt Stalins aus als eine rechtmäßige, ja sogar moralische Angelegenheit«. Der Generalstabsplan und die beiden Direktiven der Hauptverwaltung für Politische Propaganda ergänzten sich gegenseitig und dienten demselben Zweck. Diese Dokumente standen im Einklang mit den Ausführungen Stalins vom 5. Mai 1941 und denen Kalinins vom 20. Mai 1941 und waren daher auch von Stalin in Auftrag gegeben worden.

Schon im Mai 1941 hatte eine großangelegte Propagandakampagne eingesetzt mit dem Ziel, den gesamten Personalbestand der Roten Armee den Forderungen Stalins entsprechend politisch auszurichten. Den deutschen Truppen ist im Stabsgebäude der sowjetischen 5. Armee in Luck unter anderen wichtigen Akten ein »Plan für die politische Sicherung der Armee-Operationen beim Angriff«[54] in die Hände gefallen, der erkennen läßt, in welcher Weise die Direktiven Stalins in die Tat umgesetzt wurden. Der Chef der Politischen Propaganda der 5. Armee, anscheinend Uronov, gab darin detaillierte Anweisungen für die politisch-propagandistische Vorbereitung und Durchführung eines Überraschungsangriffs auf die deutsche Wehrmacht. In der auf Anordnung Stalins von der GUPPKA ausgearbeiteten Weisung »über die Aufgaben der Politischen Propaganda in der Roten Armee. . .« steht zu lesen: »Die deutsche Armee hat den Geschmack an einer weiteren Verbesserung der Kriegstechnik verloren. Ein bedeutender Teil der deutschen Armee ist des Krieges müde geworden.« Dementsprechend stellte auch ein von dem Leiter der Politischen Propaganda der 5. Armee aus Rovno am 4. Mai 1941 datierter Bericht über die »Stimmung der Bevölkerung im Generalgouvernement«[55] »erste Anzeichen eines Niederganges der Moral der deutschen Wehrmacht« fest. Die deutschen Soldaten seien unzufrieden, und die Unzufriedenheit finde Ausdruck in

»offenen und nicht-offenen Stellungnahmen gegen den Krieg, gegen Hitlers Politik«, in »staatsfeindlichen Äußerungen«, im »Verteilen kommunistischer Propagandaschriften«, in »Trunksucht«, »Streitsucht«, »Selbstmorden«, »Mangel an Dienstfreudigkeit« und »Desertionen«. »Es ist notwendig«, so der »Plan für die politische Sicherung der Armee-Operationen beim Angriff«, »dem Feind einen sehr starken blitzartigen Schlag zu versetzen, um die moralische Widerstandskraft der Soldaten rasch zu erschüttern... Ein blitzartiger Schlag durch die Rote Armee wird zweifellos ein Anwachsen und Vertiefen der bereits sich bemerkbar machenden Zersetzungserscheinungen im feindlichen Heer zur Folge haben...« Als »erste Etappe« – und diese Formulierung allein zeigt die Vorbereitung eines Angriffskrieges – wurde die »Versammlung der Armee, Einnahme der Ausgangsstellung und Vorbereitung zum Übergang über den Bug« angesehen. Wie man meinte, würden »die Kampfhandlungen sich auf dem Gebiet des Feindes abwickeln, und zwar unter für die Rote Armee günstigen Bedingungen« – auch wegen einer erwarteten Unterstützung durch einen Teil der polnischen und, »mit Ausnahme der großen Kaufleute«, auch der jüdischen Bevölkerung. Den jüdischen ›Großkaufleuten‹ wurde die Überlegung zugeschrieben: »Bei den Deutschen hat man es zwar schwer, kann aber Handel treiben, und bei den Sowjetrussen muß man arbeiten.« Mit einem günstigen Verlauf der Operationen aber rechnete man auch wegen der zu erwartenden Auflehnung der deutschen Soldaten »gegen den Krieg, gegen Hitlers Politik«. Daher müsse hart gearbeitet werden, so der »Stimmungsbericht« vom 4. Mai 1941, »damit das Abgleiten der Moral des Feindes zunimmt und damit auf dieser Grundlage die Vernichtung des Feindes zu Ende geführt wird«.

Der »Plan für die Politische Sicherung...« gab den Politarbeitern der 5. Armee genaue Anweisungen für ihre Aufgaben bei der durchzuführenden Angriffsoperation. Zu den umfassenden Propagandavorbereitungen gehörte auch die Herstellung von Zeitungen (»Auflage für die ersten Tage deutsch 50000«) und Flugblättern sowohl für die deutschen Soldaten als auch für die polnische Bevölkerung. Entsprechende Flugblätter für die »feindlichen Truppen«, »deren Inhalt unsere Absichten verschleiert, die imperialistischen Pläne des Gegners enthüllt, die Soldaten zum Ungehorsam auffordert«, wurden schon vor Kriegsausbruch in großer Zahl bereitgehalten. So war es denn auch nicht verwunderlich, daß im Abschnitt der deutschen 16. Armee schon am ersten Kriegstag, am 22. Juni 1941, bei Šakiai in Litauen, »Flugblätter der Sowjetunion an die deutschen Soldaten« entdeckt wurden.[56)] Diese Flugblätter, so das Oberkommando der 16. Armee, »sind ein schlagender Beweis für die Kriegsvorbereitungen der Sowjetunion«.

Nicht wenige Politarbeiter und Offiziere der Roten Armee haben Zeugnis abgelegt für die Wirkung der nun mit Macht einsetzenden antideutschen Kriegspropaganda. In einer Ausarbeitung POLITKOM UND POLITORG[57] finden sich die Worte: »So wurde das Ziel der sowjetischen Propaganda kurz vor Beginn des Ostfeldzuges eindeutig. Ganz unerwartet tauchten neue Stichworte auf: Um Deutschland steht es schlecht. Mangel an allem Notwendigen... Stalin sieht einen zweiten Weltkrieg heraufziehen, der sich diesmal auf deutschem Boden abspielen wird.« Der übergelaufene Kriegskommissar der 16. Schützendivision, Gorjajnov,[58] machte am 21. Juli 1941 folgende dem Auswärtigen Amt mitgeteilte schriftliche Aussage: »Am 15. 6. 41, im Lager Gagala (Zsoland), hat an einem Ausgehtag – Sonntag – der Div. Kommissar Mschawandse in einer Rede zu den Rotarmisten und Kommandeuren erklärt, daß wir auf einen Angriff Deutschlands nicht warten werden, sondern uns einen günstigen Augenblick aussuchen und Deutschland selbst angreifen werden.« Der übergelaufene Brigadekommandeur der 7. Schützenbrigade Nikonov (Timofeev)[59], bis 8. August 1941 in der Politischen Abteilung des Stabes der 13. Armee, berichtete am 23. August 1941, die Propaganda gegen Deutschland sei nach »Abschluß des Paktes offiziell gestoppt worden. Unter der Decke wurde sie jedoch uneingeschränkt weiterbetrieben, insbesondere im Führerbestand der R. A. stark genährt. Seit Mai 1941 wurde wieder überall offen gehetzt«. Daß von Mai 1941 an eine Wendung zum Schlechten eintrat, ist auch der deutschen Funkaufklärung nicht verborgen geblieben. »Aus den Gesprächen geht plötzlich eine feindliche Gesinnung gegen die deutschen Soldaten hervor, die bisher nicht festzustellen war«, heißt es in einer Horchmeldung der 44. Infanteriedivision vom 19. Mai 1941.[60]

Die in der Roten Armee geschürte Kriegsstimmung fand einen beweiskräftigen Ausdruck in dem von einem maßgeblichen Funktionär am 15. Juni 1941 gehaltenen politischen Vortrag vor einem anscheinend prominenten Auditorium.[61] Er wurde gehalten eine Woche vor Kriegsbeginn, zwei Tage nach der bekannten Erklärung der Agentur TASS, die offenbar ›beruhigend‹ wirken sollte. Der volle Wortlaut dieser enthüllenden Propagandarede ist den deutschen Truppen am 19. Juli 1941 in der Kaserne von Buiuoani vor Chisinau in die Hände gefallen. Und dies sind einige Kernsätze: »In der letzten Zeit hat sich Deutschland durch Eroberung von Ländern ausgebreitet und aufgebläht, was nicht zu bedeuten hat, daß es dadurch lebensfähig geworden ist... Der Krieg zieht sich in die Länge und nimmt eine Form an, die Deutschland zu Tode schwächen wird... Deutschland vermag Blitzkriege zu führen, nicht aber einen Dauerkrieg. England kann es wagen, einen langen Krieg zu führen, einen Krieg der Erschöpfung – umso mehr als dieses von den USA unterstützt wird... Selbstverständlich schreitet Deutschland seiner Niederlage entgegen...« Aus der ungünstigen politisch-strategischen Lage Deutschlands zog dieser hohe Funktionär im

Hinblick auf die Sowjetunion am 15. Juni 1941 eine Schlußfolgerung, die im Einklang stand mit den Direktiven Stalins vom Monat zuvor. Er sagte: »Die Völker der UdSSR sind gegen den imperialistischen Krieg. Wir sind für den revolutionären Krieg. Zu diesem Krieg der Revolutionen sind die Völker der UdSSR bereit. Sie kämpfen gern und sind gute Kämpfer... Wir sind für den gerechten Krieg. Im Interesse der Beschleunigung der Weltrevolution unterstützen wir die Völker, die für ihre Befreiung kämpfen. Die Rote Armee zieht die Schlüsse:

1. Schärfste Aufmerksamkeit.
2. Ständige Bereitschaft für den Krieg...
4. Bereitschaft, die kommenden Befehle unserer bolschewistischen Partei und der Sowjetregierung, der unser Genosse Stalin vorsteht, in Ehren auszuführen.
5. Die Rote Armee wird so kämpfen, daß die völlige Vernichtung des Feindes erreicht wird. ...«

Der Hauptverwaltung für Politische Propaganda ist es in der Tat gelungen, den Weisungen Stalins entsprechend in der Roten Armee bis zum 22. Juni 1941 eine Stimmung zu erzeugen, nach der es zwischen der Sowjetunion und Deutschland unausweichlich zum Kriege kommen und die Rote Armee den ersten Schlag zu führen haben werde. Es liegen hierüber viele übereinstimmende Zeugnisse vor, von denen einige zum Beweise angeführt werden sollen. So meldete der Abschnittsstab Gotzmann (17. Armee) am 22. Mai 1941: »Russische Kommissare, die parteiamtlich eingesetzt sind (Politruk), klären die Bevölkerung dahingehend auf, daß es unbedingt einen Kampf gegen Deutschland geben müsse und die Armen gegen die Reichen kämpfen müßten.«[62]Ebenfalls noch vor Kriegsbeginn berichtete die Panzergruppe 4 über die Aussagen eines Überläufers: »Seit Molotows Besuch in Berlin herrscht die Meinung vor, daß der Krieg zwischen Deutschland und Rußland unvermeidlich ist. Die Offiziere sagen, wenn Stalin befiehlt, wird angegriffen.«[63]

Unzählige entsprechende Aussagen liegen aus der Anfangsphase des Krieges vor. Das IV. Armeekorps etwa meldete am 30. Juni 1941 folgendes: »Aus Gefangenenvernehmungen geht wiederholt hervor, daß die politischen Kommissare über bevorstehende russische Angriffe auf Deutschland gesprochen haben. Mit dem Hinweis, daß Deutschland im Kampf mit England geschwächt sei.«[64] Nach den Aussagen eines ungenannten Fliegerleutnants vom 17. Juli 1941 »galt es als offenes Geheimnis, daß die Rote Armee in Deutschland einfallen werde«.[65] Auf der Militärtechnischen Akademie in Leningrad, so Leutnant Sasonov (60. Schützendivision) am 3. August 1941, »wurde täglich gesagt, alles diene der Kriegsvorbereitung gegen Deutschland. Ein solcher Krieg müsse kommen«.[66] Der am 30. Mai 1941 in das 151. Medizinische Sanitätsbataillon der 147. Schützendivision für 45 Tage einberufene Militärarzt Kotljarevskij sagte am 24. September 1941 aus: »Am 7. 6. wurde das medizinische Personal versammelt und ihm vertraulich mitgeteilt, daß nach Ablauf der 45 Tage keine Entlassung bevorstehen werde, da es in kürzester Zeit zu einem Krieg mit Deutschland kommen wird.«[67] Nach dem, was Kravčenko (75. Schützendivision) am 25. Juni 1941 aussagte, »wurde in der neuen Stellung von einer beabsichtigten Invasion in Deutschland gesprochen, die Rote Armee sollte dazu auserwählt sein, das deutsche Heer zu schlagen«.[68] Und Major Klepikov (255. Schützendivision) teilte am 24. August 1941 mit, »daß schon vor dem Krieg zwar nicht offiziell, aber in ständigen Gesprächen unter den Offizieren die Vorbereitung des Krieges gegen Deutschland Tagesgespräch gewesen sei«.[69]

Auch hohe Offiziere berichteten immer wieder von der gegen Deutschland entfachten Kriegsstimmung. Der Oberbefehlshaber der 12. Armee, Generalmajor Ponedelin, und der Kommandeur des 13. Schützenkorps, Generalmajor Kirillov, gaben am 7. August 1941 ihrer Meinung Ausdruck, die Gegensätze zwischen der Sowjetunion und Deutschland müßten »unweigerlich zu einer Auseinandersetzung führen.[70] Man sei sich dessen bewußt, daß die ständige Drohung mit der Weltrevolution... Deutschland nicht gleichgültig bleiben könne«. Und der Oberbefehlshaber der 32. Armee gab zu Protokoll: »Es war klar, daß ein Krieg gegen Deutschland erwartet wurde... Anscheinend sollte nach Stalins Berechnung wohl Rußland als Angreifer hervortreten, weil doch der Krieg auf fremdem Boden geführt werden soll.« Auch der Oberbefehlshaber der 2. Stoßarmee und Stellvertretende Oberbefehlshaber der Volchovfront, Generalleutnant Wlassow, erklärte dem Botschaftsrat Hilger am 7. August 1942, Angriffsabsichten Stalins hätten 1941 »zweifellos bestanden... Die Truppenkonzentrationen in dem Bezirk von Lemberg deuteten darauf hin, daß ein Schlag gegen Rumänien in Richtung auf die Ölquellen geplant war. Die in der Gegend von Minsk versammelten Verbände waren dazu bestimmt, den unvermeidlichen deutschen Gegenstoß aufzufangen«.[71] Bei gleicher Gelegenheit äußerte der Kommandeur der 41. Schützendivision, Oberst Bojarskij, »daß der Kreml... spätestens aber im Frühjahr 1942 losgeschlagen hätte. Die Rote Armee hätte sich dann in ›südwestlicher Richtung‹, d. h. gegen Rumänien in Bewegung gesetzt«. Kurz vor seiner Auslieferung an die Sowjets 1946 wollte auch der Generalmajor der Wlassow-Armee (VS KONR, ROA) Meandrov, in der Roten Armee Chef der Operationsabteilung der 6. Armee, folgendes festgehalten wissen: »Die Politik der Regierung zur Vorbereitung eines großen Krieges war uns vollständig klar... Was uns als Verteidigungsmaßnahmen hingestellt wurde, erwies sich in Wirklichkeit als lange vorbereiteter und sorgfältig maskierter Aggressionsplan.«[72] »Die Politik der Sowjetunion ist auch nach 1939 gegen Deutschland gerichtet gewesen«, so ähnlich ein wohl unterrichteter Funktionär aus dem Zentralen Apparat des NKVD, Žigunov, schon am 18. September 1941: »Der Freundschaftspakt von 1939 ist abgeschlossen worden, um Deutschland in den Krieg hineinzutreiben und von seiner infolgedessen erwarteten Schwächung zu profitieren... Wenn Deutschland Moskau nicht zuvorgekommen wäre, hätte die Sowjetunion früher oder später angegriffen.«[73)]

Solche Äußerungen sind noch unbestimmt, was den Termin eines sowjetischen Angriffs angeht. Und Generalleutnant Ěrsakov, Oberbefehlshaber der 20. Armee, verwies am 20. November 1941 auf eine angebliche Äußerung Žukovs vom Frühjahr 1941, der zufolge ein Krieg im Jahre 1941 noch vermieden werden müsse.[74)] Wenn solche Meinungen im Frühjahr 1941 bestanden haben sollten, so ist Stalin im Mai jedenfalls hiervon abgerückt, denn es gibt gewichtige Hinweise darauf, daß er den Angriffstermin vorgezogen hat. Alles deutet darauf hin, daß der Termin zwischen Juli und September gelegen haben muß, weil die Rote Armee in so gewaltiger Massierung nicht den Winter über im westlichen Bereich hätte stehen bleiben können und, wie auch deutsche Kommandobehörden erkannten, eine Rückwärtsbewegung im Frühsommer hätte eingeleitet werden müssen, es sei denn, die Kräfte stellten sich zum Angriff bereit. Für Angriffsabsichten im Sommer spricht auch der Umstand, daß Stalin den Krieg aus taktischen Gründen, zur Vervollständigung seiner Vorbereitungen, noch ein wenig hatte hinauszögern wollen, »und sei es um einige Wochen!« (chotja by na neskol'ko nedel'!, Volkogonov)[75)], »wenn auch nur für einen Monat, eine Woche oder einige Tage« (Danilov)[76)]. Was wäre mit einer solch geringen Frist gewonnen gewesen, wenn nicht die Absicht bestanden hätte, das Deutsche Reich überfallartig anzugreifen?

Und was hatte es zu bedeuten, daß das Politbüro des Zentralkomitees gemäß Punkt 183 des Protokolls Nr. 33 seiner Sitzung vom 4. Juni 1941 den Beschluß faßte, zum Termin des 1. Juli »im Verbande der Roten Armee eine Schützendivision aus dem Personalbestand polnischer Nationalität und polnischer Sprache aufzustellen«? Die These eines »für den 6. Juli 1941 vorbereiteten Überfalls Stalins auf Hitler« gewinnt für Boris Sokolov schon von daher »den Status einer wissenschaftlichen Wahrheit«.[76)]

Es ist gewiß auch kein Zufall, daß sowjetische Ober- und Stabsoffiziere, die ja nicht nur einer massiven Propagandawirkung ausgesetzt, sondern auch mit dem aktuellen Stand der Kriegsvorbereitungen einigermaßen vertraut gewesen waren, mit einem Beginn der Feindseligkeiten zwischen Juli und September 1941 rechneten. Hauptmann Krasko, Adjutant des Schützenregimentes 661 der 200. Schützendivision, erklärte etwa am 26. Juli 1941: »Im Mai 1941 wurde unter den Offizieren bereits die Meinung geäußert, daß der Krieg bereits nach dem 1. Juli beginnen würde.«[77)] Von Major Koskov,

Kommandeur des Schützenregimentes 24 der 44. Schützendivision, wurde zu Protokoll genommen: Nach Ansicht des Regiments-Kommandeurs traf die Begründung – nämlich die Räumung der Westukraine, »weil die Sowjets angeblich unvorbereitet überfallen worden seien« – »keineswegs zu, weil Kriegsvorbereitungen von seiten der Sowjets seit langem getroffen wurden und entsprechend dem Umfang und der Intensität dieser Kriegsvorbereitungen die Russen in spätestens 2 – 3 Wochen von sich aus Deutschland angegriffen hätten«.[78] Oberst Gaevskij, Regimentskommandeur in der 29. Panzerdivision, erklärte den Deutschen am 6. August 1941: »Unter den Kommandeuren ist viel über einen Krieg zwischen Deutschland und Rußland gesprochen worden. Es bestand die Meinung, daß der Krieg etwa am 15. 7. 41 ausbrechen würde, bei welchem Rußland die Rolle des Angreifers übernehmen würde.«[79] Leutnant Charčenko von der 131. Schützendivision gab am 21. August 1941 an, »daß seit Frühjahr 1941 große Vorbereitungen zum Krieg mit Deutschland im Gange waren. Er meint, der Krieg wäre spätestens Ende August oder Anfang September, nach der Ernteeinbringung, ausgebrochen, wenn die Deutschen nicht zuvorgekommen wären. Die Absicht war selbstverständlich, den Krieg auf feindlichem Boden zu führen. Durch den Ausbruch des Krieges in Rußland sind die ganzen Kriegsführungspläne umgestoßen worden«.[80]

Nicht viel anders äußerte sich Major Solov'ev, Chef des Stabes des Schützenregimentes 445 der 140. Schützendivision: »An und für sich erwartete man den Konflikt mit Deutschland erst nach der Ernteeinbringung, etwa Ende August/Anfang September 1941«. Die in den letzten Wochen vor Ausbruch der Feindseligkeiten überhastete Truppenverschiebung nach der Westgrenze könnte damit erklärt werden, daß die Sowjets den Angriffstermin vorverlegt hatten (Anmerkung: Letztere Erklärung erfolgte auf den Hinweis, daß unsererseits Unterlagen erbeutet wurden, aus denen klar ersichtlich war, daß die Sowjetunion Anfang Juli Deutschland überfallen wollte).[81] Leutnant Rutenko, Kompaniechef im Schützenregiment 125 der 6. Schützendivision, wollte den Kriegsbeginn am 2. Juli 1941 russischerseits auf den 1. 9. 41 datieren, auf welchen Termin hin »alle Vorbereitungen getroffen« worden seien.[82] Und Oberstleutnant Ljapin, Chef der Operationsabteilung der 1. motorisierten Schützendivision, sprach am 15. September 1941 davon, man habe mit einem sowjetischen Angriff »im Herbst 1941 gerechnet«. Auch Generalleutnant Masanov hatte, wie erwähnt, mit Bestimmtheit erklärt, »daß Stalin den Krieg gegen Deutschland noch im Herbst 1941 entfesselt hätte«.

Auffällig sind die verschiedenen Hinweise auf den August als Angriffstermin. So hatte ein ungenannter Oberstleutnant und Kommandeur eines Artillerieregimentes am 26. Juli 1941 zwar erklärt, Deutschland habe »den Nichtangriffspakt einseitig gebrochen und uns überfallen«, dann aber hin-

zugefügt: »Ich gebe aber zu, daß die Massierung der Roten Armee an Ihrer Ostgrenze eine Bedrohung für Deutschland bedeutete, ja man sprach davon, daß Deutschland unseren Angriff für den August dieses Jahres zu erwarten hätte.«[83]) Generalmajor Malyškin, seinerzeit Chef des Stabes der 19. Armee, hatte dem Feldmarschall Ritter von Leeb gegenüber am 11. September 1945 eine ähnliche, auch in der Zahlenangabe bemerkenswert genaue Äußerung gemacht, nämlich, »daß Rußland Mitte August mit etwa 350 – 360 Divisionen angegriffen hätte«.[84]) In diesem Zusammenhang sei an Oberst Tokaev erinnert, Chef des Aerodynamischen Laboratoriums der Luftkriegsakademie in Moskau, der unter Bezugnahme auf den Kriegskommissar, General Klokov, frühzeitig folgendes konstatiert hatte: »Das Politbüro erwartete, daß der sowjetisch-deutsche Krieg Anfang August beginnen würde. Das war der Zeitpunkt, den Stalin und Molotov für den günstigsten hielten, um einen Angriff auf ihre Freunde Hitler und Ribbentrop zu führen.«[85])

Der Schlüssel zum Verständnis der Offensivvorbereitungen Stalins im Frühjahr 1941 liegt in der großen »Überschätzung der Kräfte der UdSSR und der Roten Armee«[86]), in einer »Überschätzung der Kampffähigkeit unserer Truppen«[87]), in einer »ungeheueren... Selbstüberschätzung«[88]), von der sowjetische Militärs aller Grade, unter ihnen auch Marschall der Sowjetunion Vasilevskij, und russische Militärhistoriker übereinstimmend immer wieder berichten. Dieses Gefühl der eigenen Stärke war materiell auch wohl begründet, wenn man die mehrfache Überlegenheit der Roten Armee an Panzern, Flugzeugen und Artillerierohren ins Auge faßt und wenn man bedenkt, daß die industrielle Kapazität der UdSSR einen Umfang erreicht hatte, um den sowjetischen Streitkräften in kürzester Zeit »eine geradezu unvorstellbare Rüstung« zu verschaffen. Die Überlegenheit bezog sich aber nicht nur auf die materielle Ausstattung, sondern auch auf den Personalbestand und selbst auf die Führungskader. Man braucht beispielsweise nur daran zu erinnern, daß etwa das deutsche Reichsheer noch im Jahre 1935 nur über rund 4000 Offiziere, die Rote Armee damals aber schon über rund 50000 ›Kommandeure‹ verfügte, die Deutschen also eine wesentlich schlechtere Ausgangslage gehabt hatten. Woher sollten denn ihre Offiziere während der Aufrüstungsphase gekommen sein? Auch auf dem Sektor des Führungspersonals bestand eine sowjetische Überlegenheit, da, wie Oberst Filippov nachgewiesen hat, selbst der gewaltige Aderlaß der ›Großen Čistka‹ durch die Absolventen der zahlreichen militärischen Bildungseinrichtungen, einschließlich der Akademie des Generalstabes und der Militärakademie Frunze, im Sommer 1941 bis zu einem gewissen Grade bereits wieder ausgeglichen war. Stalin rechnete zudem mit einer beginnenden Demoralisierung der Truppen der Wehrmacht. Auch herrschte in Moskau die Meinung vor, im Falle eines Krieges mit der Sowjetunion würde das gegnerische Proletariat der Roten Armee zu Hilfe

eilen. Es war dies zwar eine Täuschung, aber solche Illusionen haben den aggressiven Stimmungen vor dem 22. Juni 1941 weiteren Auftrieb gegeben und nicht etwa sie herabgemindert.

Das Bewußtsein der eigenen Stärke und zugleich das Wissen um die schwierige politisch-strategische Lage Deutschlands, das ja, wie man wußte, einem Zweifrontenkrieg nicht gewachsen sein konnte, haben jenen Entschluß entstehen lassen, der im Bolschewismus im Keime seit den Zeiten Lenins angelegt war, nämlich, daß es gelte, eine einmalige historische Chance zu nutzen, um einen sogenannten ›revolutionären Befreiungskrieg‹ zu inszenieren und die Macht des Sowjetstaates ins Unermeßliche auszudehnen, wie es ja das Symbol des sowjetischen Staatswappens drastisch vor Augen führt. Stalin und Kalinin, aber auch andere hohe Funktionäre wie Ždanov, haben den Sowjetimperialismus in ihren Reden des Frühjahrs 1941 mehrfach offen verkündet.[89] Das Gefühl einer wachsenden Überlegenheit hatte Stalin im November 1940 veranlaßt, in Berlin Forderungen zu stellen, die dieses eine jedenfalls erkennen lassen, daß er in Deutschland schon damals eine Gefahr nicht erblickte. Die Rote Armee hatte an der Westgrenze mit überwältigenden Kräften eine offensive Aufstellung eingenommen, die auch dann nicht zur Verteidigung umgegliedert wurde, als zutage trat, daß Deutschland seinerseits einen Angriff vorbereitete.

Es ist heute zweifelsfrei erwiesen, daß Stalin über den deutschen Angriff genauestens unterrichtet gewesen war. Schon 1966 hatte der Verteidigungsminister, Marschall der Sowjetunion Grečko, klargestellt, daß stellenweise vielleicht die Fronttruppe, keinesfalls aber die Sowjetregierung und die Führung der Roten Armee von dem deutschen Angriff überrascht worden seien.[90] Bemerkenswerterweise ließ neben anderen Militärs auch Chruščev hierüber keinen Zweifel, als er erklärte: »Niemand, der auch nur den geringsten politischen Verstand besitzt, kann glauben, daß wir von einem unerwarteten, hinterhältigen Angriff überrascht worden sind.«[91] Von einem »deutschen Überfall« könne nicht die Rede sein, so kürzlich noch Oberst Filippov. Das Überlegenheitsgefühl Stalins war im übrigen so groß, daß er meinte, in der Lage zu sein, selbst aus dem Stand heraus einen »beliebigen Überraschungsüberfall Deutschlands und seiner Verbündeten abzuwehren«, »einen beliebigen Angriff abzuschlagen und den Angreifer zu vernichten«.[92] Der Vorsitzende des Präsidiums des Obersten Sowjet der UdSSR, Kalinin, hat dieser Überzeugung in einem Vortrag vor der Militärpolitischen Akademie V. I. Lenin am 5. Juni 1941 Ausdruck gegeben, als er seinen Zuhörern unverblümt versicherte: »Die Deutschen beabsichtigen uns anzugreifen... Wir warten darauf! Je eher sie das tun, desto besser, da wir ihnen dann ein für allemal den Hals umdrehen werden.«[93] Bei einer solchen Einstellung zweifelten weder Stalin noch das Politbüro selbst am 22. Juni 1941 auch nur einen Augenblick daran, daß es gelingen werde,

Hitler die gebührende Abfuhr zu erteilen. General Sudoplatov, Chef des Aufklärungsdienstes, spricht geradezu von der »großen Lüge über eine Panik im Kreml«.[94] Nicht am 22. Juni 1941 wurde Stalin von einem Schock getroffen, sondern, wie Generaloberst Volkogonov hervorhebt[95], erst Tage später, dann nämlich, als die Illusionen zerrannen und sich die Katastrophe an der Front abzeichnete, indem klar wurde, daß die Deutschen im Kampf eben doch die Besseren waren.

Galt die Überheblichkeit Stalins schon für den Fall der Abwehr eines feindlichen Überfalls, so galt sie erst recht für den ins Auge gefaßten eigenen Generalangriff. »In einem Morgengrauen des Mai oder Juni hätten Tausende unserer Flugzeuge und Zehntausende unserer Geschütze den Schlag gegen die dichtkonzentrierten Truppen geführt, deren Standort bis zum Bataillon hinunter bekannt war – eine Überraschung noch unvorstellbarer als beim Angriff der Deutschen auf uns«, so Oberst Karpov 1990 über den Generalstabsplan vom 15. Mai 1941.[96] Stalin, der Generalstab und GUPPKA rechneten in jedem Fall mit einem leichten Sieg der Roten Armee, sie erwarteten, der geplante Großangriff werde unter geringen eigenen Opfern mit einer vollständigen Zerschmetterung des Gegners enden. Und was Hitler und die Deutschen angeht, so hatten diese überhaupt nur sehr unvollständige Vorstellungen von dem, was sich auf sowjetischer Seite vorbereitete. Zieht man aber das Ausmaß dieser Vorbereitungen in Betracht, so wird deutlich, daß Hitler nur knapp einem mit Hochdruck vorbereiteten Angriff Stalins zuvorgekommen ist. Der 22. Juni 1941 war so ziemlich der letzte Termin, um überhaupt noch einen ›Präventivkrieg‹ führen zu können.

Der Kandidat der Geschichtswissenschaften, Oberst Petrov, hat dies zum Jahrestag des Sieges, am 8. Mai 1991, in einem Leitartikel der parteiamtlichen Pravda in schlichte, aber zutreffende Worte gekleidet[97]: »Infolge der Überschätzung eigener Möglichkeiten und der Unterschätzung des Gegners schuf man vor dem Krieg unrealistische Pläne offensiven Charakters. In ihrem Sinn begann man die Gruppierung der sowjetischen Streitkräfte an der Westgrenze zu formieren. Aber der Gegner kam uns zuvor« (odnako protivnik upredil nas).

Anmerkungen zu Kapitel 2

[1] Žukov, Vospominanija, S. 272.
[2] Danilov, Hat der Generalstab der Roten Armee einen Präventivschlag gegen Deutschland vorbereitet? Vgl. hierzu Gillessen, Krieg zwischen zwei Angreifern; derselbe, Der Krieg der Diktatoren (1986); derselbe, Der Krieg der Diktatoren (1987). Der handschriftliche russische Originaltext ist von Maser, Der Wortbruch, S. 406–420, veröffentlicht worden.
[3] Magenheimer, Neue Erkenntnisse zum »Unternehmen Barbarossa«; derselbe, Zum deutsch-sowjetischen Krieg 1941. Neue Quellen und Erkenntnisse.
[4] Volkogonov, Ėtu versiju uže oprovergla istorija; Suvorov, Vtoroju mirovuju vojnu načal Stalin.
[5] Schlafende Aggressoren; Schukows Angriffsplan.
[6] Volkogonov, Triumf i tragedija, S. 136, S. 155.
[7] BA-MA, RH 20-18/951, 15. 4. 1941.
[8] BA-MA, RW 4/v. 329, 6. 6., auch 10. 5., 31. 5./2. 6. 1941.
[9] Filippow, Kriegsbereitschaft der Roten Armee, S. 9, S. 11.
[10] BA-MA, RH 19I/128, 22. 5. 1941; BA-MA, RH 21-3/v. 435, 15. 5. 1941.
[11] Suworow, Der Eisbrecher, S. 228f., S. 236f.
[12] BA-MA, RH 21-4/266, 10. 8. 1941; BA-MA, RH 21-3/v. 423, 7. 8. 1941.
[13] Vgl. Anm. 14.
[14] Nekritsch/Grigorenko, Genickschuß, S. 272.
[15] BA-MA, RH 21-3/v. 437, 18. 6., 21. 6., 23. 6. 1941; so auch ein erbeuteter Befehl über Gefechtsbereitschaft motorisierter und mechanisierter Verbände vom 15. 6. 1941, BA-MA, RH 20-4/671, 28. 6. 1941.
[16] BA-MA, RLD 13/127, Sowjetunion, Bodenorganisation, archivmäßig bearbeitete Flugplätze, Stand 1. 2. 1942, Anlage 3 zu ObdL, FüStab Ic/IV, Nr. 1300/42geh; BA-MA, RLD 13/119; BA-MA, Fliegerbodenorganisation, Stand 1. 4. 1941, Kart 160 K-4, K-5.
[17] BA-MA, RW 4/v. 330, 22. 4. 1942.
[18] Chor'kov, Die Rote Armee in der Anfangsphase, S. 432.
[19] Heydorn, Der sowjetische Aufmarsch, S. 79f.
[20] Gapič, Nekotorye mysli, S. 48.
[21] BA-MA, RH 21-2/v. 646, 25. 6. 1941.
[22] BA-MA, RH 24-24/335, 7. 10. 1941.
[23] BA-MA, RH 24-48/198, 1. 7. 1941.
[24] BA-MA, RH 24-28/10, 16. 7. 1941.
[25] BA-MA, RH 21-1/471, 23. 7. 1941.
[26] BA-MA, RH 21-1/472, 6. 8. 1941.
[27] BA-MA, RH 21-3/v. 437, 26. 7. 1941.
[28] BA-MA, RH 22/271, 6. 9. 1941.
[29] BA-MA, RH 20-9/248, 22. 7. 1941.
[30] Rhode, Aufzeichnungen zur Frage einer sowjetischen Vorbereitung auf einen Angriffskrieg im Jahre 1941 oder 1942, Archiv des Verf.
[31] BA-MA, RH 21-1/471, 27. 6. 1941.
[32] BA-MA, RH 24-17/158, 24. 5. 1941.
[33] BA-MA, RH 20-17/282, 27. 8. 1941.
[34] BA-MA, RH 20-4/672, o. D.
[35] BA-MA, RH 20-17/282, 30. 4. 1941.
[36] Ebenda, 18. 5. 1941.
[37] BA-MA, RH 19I/128, 25. 3. 1941.
[38] BA-MA, RH 20-9/247a, 16. 5. 1941.
[39] BA-MA, RH 20-6/487, 17. 6. 1941; BA-MA, RH 20-9/247, 17. 6. 1941; BA-

MA, RH 20-18/951, 18. 6. 1941; BA-MA, RH 24-5/104, 20. 6. 1941.

[40] BA-MA, RH 24-28/10, Juni 1941; BA-MA, RH 21-4/266, 10. 7. 1941; BA-MA, RH 20-17/282, 11. 7. 1941; BA-MA, RH 21-1/470, 19. 12. 1941.

[41] BA-MA, RH 21-3/v. 423, 23. 6., 8. 7. 1941.

[42] Goebbels, Tagebücher, Bd 4, S. 1655ff.

[43] BA-MA, RH 20-9/248, 9. 8. 1941; BA-MA, RH 21-4/266, 10. 8. 1941.

[44] BA-MA, RH 20-6/489, »Soldaten der Ostfront!«.

[45] BA-MA, RH 20-18/951, 13. 3. 1941.

[46] BA-MA, RH 20-18/950, 11. 3. 1941.

[47] BA-MA, RH 24-28/11, 1. 5. 1941; auch BA-MA, RH 20-9/247a, 5. 5. 1941.

[48] BA-MA, RH 21-3/v. 423, 30. 5. 1941.

[49] BA-MA, RH 19III/381, 29. 4. 1941.

[50] BA-MA, RH 19I/127, 18. 6. 1941.

[51] BA-MA, RH 2/1983, 20. 5. 1941.

[52] Volkogonov, Triumf i tragedija, S. 154f.

[53] Vgl. Anm. 2.

[54] BA-MA, RW 4/v. 329, (Mai) 1941.

[55] BA-MA, RW 4/v. 325, 4. 5. 1941.

[56] BA-MA, RH 20-16/474a, 27. 6. 1941.

[57] BA-MA, RW 4/v. 330, Politkom und Politorg.

[58] PAAA, Pol. VI, 1, o. D.

[59] BA-MA, RH 24-24/333, 23. 8. 1941.

[60] BA-MA, RH 24-17/158, 19. 5. 1941.

[61] BA-MA, RH 24-54/177, 19. 7. 19941.

[62] BA-MA, RH 19I/128, 22. 5. 1991; BA-MA, RH 20-6/487, 18. 6. 1941.

[63] BA-MA, RH 21-4/265, 8. 5. 1941.

[64] BA-MA, RH 24-4/91, 30. 6. 1941.

[65] BA-MA, RH 21-1/471, 17. 7. 1941.

[66] BA-MA, RH 24-48/200, 3. 8. 1941.

[67] BA-MA, RH 24-17/172, 24. 9. 1941.

[68] BA-MA, RH 24-24/333, 25. 6. 1941.

[69] BA-MA, RH 21-1/472, 24. 8. 1941.

[70] Ebenda, 7. 8. 1941.

[71] Kriegstagebuch des Oberkommandos der Wehrmacht, Bd II, 2, S. 1287.

[72] BA-MA, MSg 149/14, Brief des Generalmajors Meandrov, Januar 1946; BA-MA, MSg 149/46, Tagebuch des Generalmajors Borodin.

[73] BA-MA, RW 4/v. 889, 18. 9. 1941.

[74] PAAA, Pol. XIII, Bd 16, 20. 11. 1941.

[75] Volkogonov, Triumf i tragedija, S. 125.

[76] Danilov, Hat der Generalstab der Roten Armee einen Präventivschlag gegen Deutschland vorbereitet?; Sokolov, Pochval'noe slovo.

[77] BA-MA, RH 24-17/171, 26. 7. 1941.

[78] BA-MA, RH 20-17/282, o. D.

[79] BA-MA, RW 2/v. 151, 6. 8. 1941.

[80] BA-MA, RH 20-6/491, 21. 8. 1941.

[81] PAAA, Pol. XIII, Bd 12, Teil 2, o. D.

[82] BA-MA, RH 24-24/333, 2. 7. 1941.

[83] BA-MA, RH 21-1/471, 26. 7. 1941.

[84] Generalfeldmarschall Wilhelm Ritter v. Leeb, Tagebuchaufzeichnungen, 11.9.1945.

[85] Tokaev, Stalin means War, S. 34.

[86] Volkogonov, Triumf i tragedija, S. 128.

[87] Filippov, Kriegsbereitschaft der Roten Armee, S. 10.

[88] BA-MA, RH 21-3/v. 437, 25. 4. 1941.

[89] Nekrich, »A Wise Design«; derselbe, Past Tense; Volkogonov, Triumf i tragedija, S. 127.

[90] Grečko, 25 let, S. 10. Auch General Petrov, Memuary, S. 14: »Die erste Frage Stalins an mich lautete: ›Was meinen Sie, werden wir Krieg mit den Deutschen haben?‹. Ich antwortete: ›Wir werden und sehr bald‹«. (Pervym voprosom Stalina ko mne byl: »Kak Vy cčitaete, budet u nas vojna s nemcami?«. Ja otvetil: »Budet i očen' skoro«.), Archiv des Verf.

[91] Khrushchev's Sekret Tapes, S. 44.

[92] Filippow, Kriegsbereitschaft der Roten Armee, S. 10, S. 12; Volkogonov, Triumf i tragedija, S. 155.

[93] Chor'kov, Načal'nyj period Velikoj Otečestvennoj vojny, S. 26, Archiv des Verf.

[94] Sudoplatow, Erinnerungen und Nachdenken, 21: Beginn des Krieges, Archiv des Verf.

[95] Volkogonov, Triumf i tragedija, S. 50, S. 154.

[96] Karpov, in: Kommunist vooružennych sil, vgl. auch Schlafende Aggressoren (Anm. 5).

[97] Petrov, B., Tragedija i mužestvo. K 50 – letiju načala Velikoj Otečestvennoj vojny.

Der sowjetischen Geschichtsschreibung über den deutsch-sowjetischen Krieg liegt eine Behauptung zugrunde, die, aller sonstigen Umschreibungen ungeachtet, mit eiserner Konsequenz bis in unsere Tage hinein aufrechterhalten wird. Sie war von Stalin unter dem Stichwort des sogenannten ›Sowjetpatriotismus‹ zum 27. Jahrestag der Oktoberrevolution am 6. November 1944 öffentlich proklamiert worden[1] und lautete, in Kurzform, die Völker der Sowjetunion hätten sich, erfüllt von »glühendem und lebenspendendem Sowjetpatriotismus«, von »heißer Liebe zu ihrer sozialistischen Heimat«, von »grenzenloser Ergebenheit zur Sache der Kommunistischen Partei«, »von grenzenloser Treue zu den Ideen des Kommunismus«, »um die Kommunistische Partei und die sowjetische Regierung geschart« und sich in »brennendem Haß gegen die Eroberer« zusammengeschlossen.[2] Die »moralisch-politische Einheit der Sowjetgesellschaft«, die »unerschütterliche Freundschaft der Völker der UdSSR« untereinander – so von nun an immer wiederkehrend die stereotype Formel – hätten sich in dem ›Großen Vaterländischen Krieg der Sowjetunion‹ in »glänzender« Weise bestätigt und bewährt.

Im Hinblick auf die Rote Armee wurde man nicht müde zu verbreiten, ein jeder Rotarmist, sei ein »seiner sozialistischen Heimat grenzenlos ergebener Kämpfer« gewesen, getragen von dem »Gefühl der hohen Verantwortung. . . für die ihm anvertraute Aufgabe der Verteidigung der sozialistischen Heimat«, erfüllt von »hoher Moral, hervorragender Standhaftigkeit, Mut und Heldentum« und darauf vorbereitet, in Erfüllung »der heiligen Pflicht zur Verteidigung des sozialistischen Vaterlandes«, »für Partei und Regierung, für den Genossen Stalin«, »für unsere sozialistische Heimat, für unsere Ehre und Freiheit, für den mächtigen Stalin« bis zur letzten Patrone, bis zum letzten Blutstropfen zu kämpfen. Allen Gegenbeweisen zum Trotz und noch zu einer Zeit, da der Genosse Stalin längst als ein Menschheitsverbrecher entlarvt und die Sowjetunion zugrunde gegangen war, noch im Oktober 1991, konnte der Stellvertretende Chef des Instituts für Militärgeschichte des Verteidigungsministeriums in Moskau, Generalmajor Professor Dr. Chor'kov, im Rahmen einer vom Militärgeschichtlichen Forschungsamt der Bundeswehr in Freiburg veranstalteten Internationalen Tagung über das ›Unternehmen Barbarossa‹ von dem »Widerstandswillen des sowjetischen Volkes und seiner Armee« am 22. Juni 1941, von dem »Massenheroismus der sowjetischen Soldaten«, von dem »Massenheroismus, der Tapferkeit und Standhaftigkeit« sprechen, die die Rotarmisten von Kriegsbeginn an unterschiedslos bewiesen hätten.[3] Wurden solche Behauptungen schon von einem Auditorium widerspruchslos, ja beifällig aufgenommen, das Anspruch auf Sachverstand und Wissenschaftlichkeit erheben sollte, was ist dann erst von einer breiteren Öffentlichkeit zu erwarten, deren historisches Wissen meist nur aus den oberflächlichen Verlautbarungen eines

3.

Durch Terror zum Kampf. Sowjetsoldaten werden ins Feuer getrieben

kaum weniger kundigen, dafür aber politisch eindeutig festgelegten Journalismus herrührt?

Wer die russische Militärgeschichte kennt, weiß um die hohen Qualitäten des russischen Soldatentums, um die oft bewiesene Tapferkeit und Standhaftigkeit der russischen Krieger beim Angriff und besonders bei der Verteidigung ihres Vaterlandes. Von den Deutschen ist 1941 vielfach verkannt worden, welch hohes Maß an Heimat- und Vaterlandsliebe den russischen Menschen und den russischen Soldaten seit jeher innewohnt. In den Akten finden sich nach Kriegsausbruch in der Tat ungezählte Beispiele dafür, daß sowjetische Soldaten, aus welchen Gründen auch immer, an manchen Stellen in aufopfernder Gegenwehr bis hin zu ihrem Tode ausgeharrt und gekämpft haben. Solche Fälle sind von der sowjetischen Geschichtsschreibung jedoch in unzulässiger Weise verallgemeinert und in bewußter Irreführung ist alles ignoriert worden, was mit dem Propagandabild des Sowjetheroismus nicht übereinstimmt. Denn es erhebt sich doch die Frage, welchen Grund die russischen Soldaten und die Soldaten der anderen unterdrückten Völker der Sowjetunion eigentlich gehabt haben sollen, »bis zur letzten Patrone, bis zum letzten Blutstropfen« für den Genossen Stalin und sein terroristisches Regime zu kämpfen, das ihnen und ihren Völkern die entsetzlichsten Leiden und Entbehrungen auferlegt hatte.

Stalin selbst, zunächst voller trügerischer Erwartungen über Stärke und Zusammenhalt der Roten Armee und erst nach Tagen von einem lähmenden Schock getroffen, hat sich hinsichtlich dieser Frage jedenfalls keinen Illusionen hingegeben. Er führte den Zusammenbruch der Fronten zutreffend nicht nur auf ein Versagen der Führung, sondern vor allem auf einen mangelnden Kampfeswillen der Truppen der Roten Armee zurück. Und um den Soldaten ›Sowjetpatriotismus‹ einzuhauchen und jene Haltung zu erzeugen, die bis in unsere Tage hinein als ›Massenheroismus‹ bezeichnet wird, gab es für ihn nur eine Methode, die sich bisher immer bewährt hatte und auf der sein ganzes Herrschaftssystem beruhte, die Anwendung eines Höchstmaßes von Zwang und Terror, verbunden mit der Entfachung einer zügellosen Propagandakampagne zur politischen Beeinflussung. Als er es am 3. Juli 1941 wagte, sich im Radio erstmals an die Völker der Sowjetunion zu wenden[4)], kündigte er in mehrfacher Wiederholung an, worauf es ihm jetzt ankam: »Es ist ferner notwendig, daß in unseren Reihen kein Platz für Miesmacher und Feiglinge, für Panikmacher und Deserteure sei«, hieß es in dieser ersten Kriegsrede: »Wir müssen einen schonungslosen Kampf organisieren gegen alle und jede Desorganisation des Hinterlandes, gegen Deserteure, Panikmacher, Verbreiter von Gerüchten; wir müssen die Spione, Diversanten und feindlichen Fallschirmjäger vernichten... Wir müssen alle, die durch ihre Panikmacherei und Feigheit die Landesverteidigung behindern, ohne Ansehen der Person, sofort dem Kriegsgericht übergeben... Die Rote Armee, die Rote Flotte und alle Bürger des Landes müssen jeden Fußbreit Sowjetboden verteidigen, müssen bis zum letzten Blutstropfen um unsere Städte und Dörfer kämpfen.« Der Führungsapparat der Roten Armee setzte die Intentionen umgehend in Befehle um, die den Soldaten keine andere Wahl mehr lassen sollten, als zu kämpfen oder zu sterben.

An erster Stelle war es die Hauptverwaltung für Politische Propaganda der Roten Armee (GUPPKA) unter Armeekommissar 1. Ranges Mechlis, die jetzt alle Register zog, um »die Rede des Führers der Völker, des Vorsitzenden des Staatlichen Verteidigungskomitees, Genossen Stalin, und unsere Aufgaben« einem jeden »einzelnen Soldaten« einzuhämmern.[5] In einer Reihe von Direktiven und Befehlen, so unter der Nr. 20 vom 14. Juli[6], unter der Nr. 081 vom 15. Juli 1941[7] und in anderen grundlegenden Weisungen wurden die entsprechenden Parolen ausgegeben. Sie alle standen unter dem Motto, »jeden Fußbreit des Sowjetlandes«, wie die Formel lautete, »bis zum letzten Blutstropfen«, »bis zum letzten Atemzuge« zu verteidigen. Das eigenmächtige »Verlassen der Stellung«, die »Flucht vom Schlachtfelde«, das »Sichergeben in die Gefangenschaft«, wurden als Verletzung des »heiligen Eides«, als »Verrat an der Heimat«, als ein »Verbrechen an Deinem Volk, an der Sowjetheimat und an der Regierung« deklariert. Den »Zersetzern, Panikmachern, Feiglingen, Deserteuren und Verbreitern von Provokationsgerüchten« unter den »Soldaten, Kommandeuren (Offizieren) und politischen Mitarbeitern« wurden von nun an ein »unerbittlicher Kampf«, »brutale« und »schärfste Maßnahmen«, eine »schonungslose« Verfolgung, in Aussicht gestellt.

Wie dies im einzelnen zu geschehen hatte, wurde demonstriert, nachdem am 26. Juni 1941 ein Rotarmist in der 131. mechanisierten Division wegen Nichtausführung eines unbedeutenden Befehls vor aller Augen mit dem Bajonett erstochen worden war: »So soll man alle Verräter des Vaterlandes behandeln«, lautete die Aufforderung in Befehlsform.[8] Die Kommandobehörden beeilten sich, der Politischen Hauptverwaltung nacheifernd, aus der Fülle der nun vorgenommenen Erschießungen Einzelfälle unter Namensnennung zur allgemeinen Abschreckung herauszugreifen. Durch Befehl Nr. 1 an die Truppen der Südwestfront wurde am 6. Juli 1941 die Erschießung der Soldaten Ignatovskij, Vergun, Koliba und Adamov bekanntgemacht.[9] Der Oberbefehlshaber, Generaloberst Kirponos, das Mitglied des Kriegsrates, Michajlov, der Stellvertretende Chef des Stabes, General Trutko, verkündeten drohend: »In diesem Moment verdienen Deserteure, die zu Verrätern an ihren Kameraden werden, die ihren gegebenen Schwur vergessen, nur ein Urteil, das Todesurteil, die Verachtung und Ausstoßung aus unseren Reihen.« Aufgeräumt wurde auch in der Westfront, nachdem der bisherige Volkskommissar der Verteidigung, Marschall der Sowjetunion Timošenko, Ende Juni an die Stelle des verhafteten Oberbefehlshabers, Armeegeneral Pavlov, getreten war. Schon der gemeinsam mit dem Mitglied des Kriegsrates, Armeekommissar Mechlis, unterzeichnete Befehl Nr. 01 an die Truppen der Westfront vom 6. Juli 1941 war dem gesamten Führerkorps bis hinab zum Zugführer zu eröffnen und sollte allen Offizieren zur Warnung dienen.[10)] Bekanntgemacht wurde, daß Hauptmann Sbirannik, Militärarzt 2. Ranges Ovčinnikov, Militärarzt 2. Ranges Beljavskij, Major Dykmann, Bataillonskommissar Krol und der Gehilfe eines Abteilungschefs des Frontstabes, Berkovič, »für gezeigte Feigheit« und wegen Verrates dem Militärtribunal übergeben werden würden.

Der am folgenden Tage, dem 7. Juli 1941, herausgegebene und ebenfalls von Timošenko und Mechlis unterzeichnete Prikaz Nr. 02 an die Truppen der Westfront setzte die Einschüchterung des Führerbestandes fort.[11)] Nunmehr war es der Inspekteur der Pioniertruppen der Roten Armee, Major Umanec, der »wegen Nichtausführung eines Kampfauftrages und Verrates« dem Militärtribunal übergeben wurde. Sein Vergehen hatte darin bestanden, daß er es versäumte, rechtzeitig die Brücken über die Berezina bei Borisov zu sprengen, das infolgedessen in deutsche Hände fiel. Dieser Befehl wurde allen Offizieren der Westfront bis hinab einschließlich zum Range eines Zugführers und ebenso denen der gefährdeten Südwestfront sowie den Truppen des NKVD zur Kenntnis gebracht.[12)] Timošenko, in dessen Kriegsrat neben Mechlis jetzt auch der Sekretär des Zentralkomitees der Kommunistischen Partei Weißrußlands, Ponomarenko, getreten war, gab einen Tag später, am 8. Juli 1941, den ebenfalls zur Abschreckung bestimmten Befehl Nr. 03 an die Truppen der Westfront heraus, in dem die Aburteilung des Kommandeurs des Flakregimentes 188, Oberst Galinskij, und des Bataillonskommandeurs Cerkovnikov durch das Militärtribunal angekündigt wurde.[13)] Die »verbrecherische Handlungsweise« der beiden Offiziere hatte in nichts anderem bestanden, als daß es den Deutschen bei Minsk am 26. Juni 1941 durch überraschenden Vorstoß gelungen war, einen Teil des Kriegsgerätes dieses Flakregimentes zu erbeuten.

Das rücksichtslose Durchgreifen des bisherigen Volkskommissars der Verteidigung sollte beispielhaft wirken und wurde von den Kommandostellen aller Ebenen denn auch überall nachgeahmt, so etwa von der 20. Armee des Generalleutnants Kuročkin, der durch Befehl Nr. 04 vom 16. Juli 1941 in allen Einheiten bekanntgeben ließ, er habe den Kommandeur des Panzerregimentes 34, Oberstleutnant Ljapin, den Bataillonskommandeur im Panzerregiment 33, Oberleutnant Pjatin, und den Stellvertretenden Kommandeur des Aufklärungsbataillons der 17. Panzerdivision, Hauptmann Čurakov, »für Feigheit und Erzeugung von Panikstimmung« dem Militärtribunal übergeben[14)], was einem Todesurteil gleichkam. Die Marschälle der Sowjetunion Vorošilov und Budennyj standen ihrem Kollegen Timošenko natürlich in keiner Weise nach. Und dasselbe galt für den in der Roten Armee seiner Brutalität wegen gefürchteten Armeegeneral Žukov, der, so als Oberbefehlshaber der Westfront, am 13. Oktober 1941 Befehl gab, »Feiglinge und Panikmacher« auf der Stelle zu erschießen.[15] Die Militärtribunale hatten nur noch die Ausführung dieses Befehls zu garantieren. Und der Oberbefehlshaber der 43. Armee, Generalmajor Golubev, stellte allen ›Feiglingen‹ durch seinen Befehl Nr. 0179 vom 19. November 1941 in Aussicht, »wie Hunde totgeschlagen zu werden«.[16]

Am 10. Juli hatte Stalin verlangt, die ›verräterischen‹ Kommandeure der Nordwestfront, die vor dem Feinde zurückgegangen waren, zur Verantwortung zu ziehen.[17] Er machte den ganzen Frontstab und die Stäbe der Armeekorps und Divisionen für die ›Schande‹ verantwortlich und gab Weisung, mit den »Feiglingen und Verrätern« an Ort und Stelle abzurechnen. Der von ihm als neuer Oberbefehlshaber der Nordwestfront eingesetzte Vorošilov und Ždanov, Mitglied des Kriegsrates und einer der allerengsten Vertrauten Stalins im Politbüro, setzten die Forderung in die Tat um. In dem Befehl Nr. 3 vom 14. Juli 1941 wurde angeordnet, »Kommandeure (Offiziere) und Soldaten«, die aus der vorderen Linie zurückgehen, vor das Militärtribunal zu stellen und zum Tode zu verurteilen oder sie einfach »auf der Stelle zu vernichten«.[18] Ganz in diesem Sinne gehalten und noch mit Schimpfworten angereichert war der Befehl Nr. 5 des Oberbefehlshabers der Truppen der Südwestrichtung, Marschall der Sowjetunion Budennyj, vom 16. Juli 1941.[19] Am 13. Juli 1941 hatte der Vorsitzende des Präsidiums des Obersten Sowjet der UdSSR, Kalinin, das Bestätigungsrecht für den Vollzug von Todesurteilen der Militärtribunale auf eine breitere Grundlage gestellt.[20] Erschießungen von Offizieren, Politarbeitern und Rotarmisten in großem Maßstab mit und ohne Urteil waren längst überall an der Tagesordnung, als Stalin abermals eingriff, um den Terror noch weiter anzufachen.

Stalin hatte beschlossen, an dem abgesetzten und verhafteten Oberbefehlshaber der Westfront, Armeegeneral Pavlov, und seinem Stab ein Exempel zu statuieren, das die ganze Rote Armee in Schrecken versetzen und von seiner eigenen Verantwortung für den Zusammenbruch der Westfront ablenken sollte. Von ihm befohlen war ein Todesurteil gegen Armeegeneral Pavlov, gegen den Chef des Stabes der Westfront, Generalmajor Klimovskich, gegen den Chef der Nachrichtenverbindungen des Frontstabes, Generalmajor Grigor'ev, ferner gegen den Oberbefehlshaber der 4. Armee, Generalmajor Korobkov. Das von dem Vorsitzenden des Militärkollegiums des Obersten Gerichtes der UdSSR, dem blutbefleckten Armeejuristen Ul'rich, unterzeichnete Urteil war entsprechend den Weisungen Stalins formuliert, diesem dann vorgelegt und von ihm genehmigt worden[21], ohne daß auch nur formal eine Gerichtsverhandlung stattgefunden hätte. Das waren die üblichen Praktiken der Sowjetjustiz der sowjetischen Militärtribunale.

Am 16. Juli 1941 machte Stalin in seiner Eigenschaft als Vorsitzender des Staatlichen Verteidigungskomitees durch Befehl Nr. 00381 die bevorstehende Aburteilung der genannten Generale sowie des Kommandeurs des 41. Schützenkorps, Generalmajor Kosobuckij, des Kommandeurs der 60. Gebirgsschützendivision, Generalmajor Šalichov, des Regimentskommissars Kuročkin sowie des Kommandeurs der 30. Schützendivision, Generalmajor Galaktionov, und des Regimentskommissars Eliseev in der Roten Armee bekannt.[22] Vorgeworfen wurde ihnen »Feigheit, Nichtausübung der Dienstaufsicht, Unfähigkeit, Desorganisation, Überlassen von Waffen an den Feind und eigenmächtiges Verlassen der Stellung«. Daß diese Beschuldigungen nicht ganz aus der Luft gegriffen waren, läßt sich dem anscheinend am 12. September 1941 von Stalin und dem Chef des Generalstabes, Marschall der Sowjetunion Šapošnikov, unterzeichneten Befehl Nr. 001919 des Hauptquartiers des Obersten Kommandos entnehmen, in dem sich ein enthüllender Passus befindet: »An allen Fronten«, so heißt es hier, »gibt es zahlreiche Elemente, die dem Feind sogar entgegenlaufen und bei der ersten Berührung ihre Waffen wegwerfen und andere mit sich ziehen... während die Anzahl standhafter Kommandeure und Kommissare nicht sehr groß ist.«[23] Ohne Not würde Stalin ein solches Eingeständnis wohl kaum gemacht haben.

Die an eben dem 16. Juli 1941 zur Überwachung der Truppenführer aller Grade wieder eingeführte Institution der Kriegskommissare und Politruks ist ein zusätzlicher Beweis dafür, für wie unzuverlässig die politisch-moralische Haltung der Roten Armee eingeschätzt wurde. Und die Truppen des NKVD machten davon keine Ausnahme, wie das Beispiel der 23. motorisierten Schützendivision der operativen NKVD-Truppen verrät. Am 12. Juli 1941 sah sich der Politstellvertreter (Zampolit) des Divisionskommandeurs und Chef der Abteilung für Politische Propaganda der 23. motorisierten Schützendivision des NKVD, Regimentskommissar Vodjacha, mit Befehl Nr. 02/0084 veranlaßt, die unterstellten Verbände und Einheiten auf Fälle »des Nichtverstehens des Wesens des Vaterländischen Krieges der Völker der Sowjetunion gegen die deutschen Faschisten« aufmerksam zu machen.[24] Ungeachtet des von dem ›Führer der Völker‹, dem Genossen Stalin, am 3. Juli 1941 im Radio entwickelten Kriegsprogrammes für die »Tätigkeit des Sowjetvolkes und seiner ruhmreichen Roten Armee« gab es nach Vodjacha »Personen in den Reihen unserer Kämpfer und sogar des Führerbestandes, die Zweifel an unserem Sieg zum Ausdruck bringen, defaitistische Stimmungen äußern und die vermeintliche Macht der Armee des faschistischen Deutschlands rühmen, indem sie Märchen über die gute

Versorgung der deutschen Armee erzählen und sogar Zweifel an der Wahrheit unserer Presse äußern«. Bei allen solchen Gesprächen handele es sich um einen »feindlichen, allerschädlichsten Einfluß und um eine Begünstigung des Feindes«. Den Verbreitern solcher ›Lügengerüchte‹ wurde jetzt angedroht, sie würden gemäß einem am 6. Juli 1941 veröffentlichten Ukaz des Vorsitzenden des Präsidiums des Obersten Sowjet der UdSSR, Kalinin, zur Verantwortung gezogen und dem Gericht übergeben werden.

Wie muß es überhaupt um den vielbeschworenen ›glühenden Sowjetpatriotismus‹ und um den ›Massenheroismus‹, ja ganz schlicht um die Ehrbegriffe in der Roten Armee bestellt gewesen sein, so ist zu fragen, wenn die Oberbefehlshaber und Kriegsräte der Fronten und Armeen, die Befehlshaber der Militärbezirke, die Korps-, Divisions-, Regiments- und Bataillonskommandeure, der gesamte Offizierbestand der Sowjetarmee einschließlich der Kompanie-, Eskadrons- und Batteriechefs, von ihrem Obersten Befehlshaber in rüdestem Ton ›gewarnt‹ werden mußten, »jede Erscheinung von Feigheit und Desorganisation« würde »mit eiserner Hand unterbunden« und »strengste Maßnahmen würden ohne Ansehung der Person« ergriffen werden. In der deutschen Wehrmacht jedenfalls hat es selbst in der Schlußphase des Krieges ein derartiges Mißtrauen, derart beschämende Maßnahmen, nicht gegeben. »Ich mache darauf aufmerksam«, so etwa verkündete Stalin in drohendem Tone allen Sowjetoffizieren bis hin zum Regimentskommandeur, »daß künftighin alle, die den Diensteid verletzen, die Pflicht gegenüber der Heimat vergessen, den guten Ruf des Soldaten der Roten Armee besudeln, feige sind, Panik machen, eigenmächtig die Kampfstellungen verlassen und Waffen ohne Kampf an den Feind übergeben, ungeachtet ihrer Persönlichkeit schonungslos mit aller Strenge nach den Kriegsgesetzen bestraft werden.« Zugleich ließ er eine große Gruppe sowjetischer Generale verhaften. Am 28. Juli 1941 wurde der Führerbestand der Roten Armee durch Befehl Nr. 250 des Volkskommissars der Verteidigung von der Erschießung der Generale Pavlov, Klimovskich, Grigor'ev und Korobkov in Kenntnis gesetzt.[25)] Es wurde der Eindruck vermittelt, als sei die vorangegangene Farce des Militärkollegiums des Obersten Gerichtes der UdSSR eine reguläre Gerichtsverhandlung gewesen. Am 28. Oktober 1941 wurden Generaloberst Štern und Generalleutnant der Luftwaffe Smuškevič erschossen, im Februar 1942 Generalleutnant der Luftwaffe Pumpur und Generalmajor der Luftwaffe Šacht und andere Generale.

Alle bisher ergriffenen Maßnahmen waren gleichsam nur ein Vorspiel für den Befehl des Hauptquartiers des Obersten Befehlshabers Nr. 270 vom 16. August 1941, den Stalin in seiner Eigenschaft als Vorsitzender des Staatlichen Verteidigungskomitees, Molotov, als dessen Stellvertreter, und die Marschälle der Sowjetunion Budennyj, Vorošilov, Timošenko, Šapošnikov sowie Armeegeneral Žukov unterfertigt hatten und der allen Soldaten der Roten Armee verlesen wurde.[26] Wenn es noch eines Beweises bedurft hätte, daß es sich bei dem vielgerühmten ›Sowjetpatriotismus‹ und ›Massenheroismus‹ der sowjetischen Soldaten um nichts anderes als eine Propagandaphrase handelt, dann ist er in diesem grundlegenden Stalin-Befehl zu finden, der in der Militärgeschichte seinesgleichen sucht. Wie schon am 16. Juli 1941, so wurde auch jetzt wieder zugegeben, »daß in den Reihen der Roten Armee... sich wankelmütige, kleinmütige, feige Elemente befinden, wobei diese nicht nur unter den Rotarmisten, sondern auch in der Führung zu finden sind«. Die Tatsache, daß die ›feigen Elemente‹ im Mittelpunkt eines so grundlegenden Befehls standen, verrät im übrigen, daß es sich bei ihnen nicht um eine Randerscheinung gehandelt haben kann. Und worin bestand die Feigheit? Darin, daß in den sowjetischen Truppen eine Stimmung verbreitet war, eben gerade nicht ›bis zur letzten Patrone, bis zum letzten Blutstropfen‹ zu kämpfen, vielmehr entweder die Flucht nach vorn anzutreten und sich den Deutschen gefangenzugeben oder die Stellung zu verlassen und die Flucht nach hinten anzutreten. Der Stalin-Befehl Nr. 270 drohte drakonische Maßnahmen an, um die beiden Fluchtwege zu versperren.

Wiederum dienten drei Generale als abschreckende Beispiele: der in Wirklichkeit am 4. August 1941 bei Starinka durch Granattreffer gefallene Oberbefehlshaber der 28. Armee, Generalleutnant Kačalov, aus dessen Soldatentod auf diese Weise Kapital geschlagen wurde, der schwerverwundet gefangengenommene Oberbefehlshaber der 12. Armee, Generalmajor Ponedelin, sowie der Kommandeur des 13. Schützenkorps, Generalmajor Kirillov. Ihnen wurde vorgeworfen, sich in feiger Weise den ›deutschen Faschisten‹ gefangengegeben, dadurch das Verbrechen der Desertion begangen und den Militäreid gebrochen zu haben. Doch der Vorwurf traf nicht nur diese Generale allein, sondern auch die Mitglieder der Armee-Kriegsräte, die Kommandeure, politischen Funktionäre, selbst die Angehörigen der Besonderen Abteilungen, die Regiments- und Bataillonskommendeure und praktisch jeden Soldaten der Roten Armee, der sich für den ›Genossen Stalin‹ an vorderster Front nicht hatte totschlagen lassen. »Feiglinge und Deserteure müssen vernichtet werden«, wiederholte Stalin, und er befahl jetzt, »Kommandeure und Politische Leiter«, die vor dem Feinde fliehen oder sich ihm gefangengeben, »als böswillige Deserteure, als Eidbrüchige und Landesverräter« anzusehen und »an Ort und Stelle zu vernichten«. So sollten die Generale Ponedelin und Kirillov nach Kriegsgefangenschaft und fünfjähriger Untersuchung noch am 25. August 1950 vom Militärkollegium des Obersten Gerichtes der UdSSR zum Tode verurteilt und erschossen werden.[27] »Vorgesetzte und Rotarmisten«, die es vorzogen, sich gefangennehmen zu lassen, statt zu kämpfen und zu sterben, sollten »mit allen Erd- und Luftmitteln« vernichtet werden. Demgemäß wurden überfüllte Kriegsgefangenenlager, so bei Orel und Novgorod-Severskij, von der sowjetischen Luftwaffe angegriffen und bombardiert. Daß es für die Sowjetregierung keine Kriegsgefangenen, sondern nur Landesverräter gab, war in der Roten Armee spätestens seit dem Finnischen Winterkrieg allgemein bekannt, die verwerfliche Einrichtung der Sippenhaftung jedem Sowjetmenschen vertraut. Allen Angehörigen der Roten Armee wurde jetzt noch einmal ausdrücklich angedroht, die Familien sich ergebender Offiziere und Politarbeiter würden verhaftet werden und die Familien sich ergebender Rotarmisten »jede Unterstützung des Staates oder Hilfe« verlieren. Doch die Praxis sah meistens weitaus schlimmer aus.

Es war typisch für Stalin und charakterisiert die Verhältnisse in der Roten Armee, daß man nicht einen Appell an den vielbeschworenen ›Sowjetpatriotismus‹, sondern vielmehr die Verbreitung von Furcht und Schrecken als das geeignete Mittel ansah, um die Rotarmisten zum Kampf für ihr ›sozialistisches Vaterland‹ zu veranlassen. Dies zeigte sich noch in der Krise des Jahres 1942, als ungeachtet des ohnehin inzwischen perfektionierten Terrorsystems die Sowjetsoldaten aller Grade noch einmal unmittelbar in drohendem Tone von Stalin angesprochen wurden. Nachdem sich im Juli 1942 am Südabschnitt die Gefahr eines Durchbruchs der deutschen Angriffsverbände in die Tiefe des Landes hinein abzeichnete und in den deutschen Akten schon von einer »panikartigen« und »wilden Flucht« der sowjetischen Truppen die Rede war, erließ Stalin in seiner Eigenschaft als Volkskommissar der Verteidigung am 28. Juli 1942 den Befehl Nr. 227[28)], praktisch eine Vergröberung noch des Befehls Nr. 270 vom 16. August 1941. In unzweideutigen Worten wurde jetzt das Gebot in Erinnerung gebracht, ›Vaterlandsverräter‹, die sich dem Feind ergeben oder die Flucht vor ihm ergreifen, ›Panikmacher und Feiglinge‹ auf der Stelle zu liquidieren oder sie dem Militärtribunal zur Aburteilung zu übergeben. In der angeblich doch von ›glühendem Sowjetpatriotismus‹ und ›Massenheroismus‹ erfüllten Roten Arbeiter- und Bauernarmee wurde nicht nur den unteren Offiziersgraden wie Zugführern und Kompaniechefs oder selbst Bataillons- und Regimentskommandeuren, sondern ebenso allen Generalen, Divisions- und Korpskommandeuren sowie den Armeeoberbefehlshabern und ihren Kriegsräten, Kriegskommissaren und Politischen Leitern, ganz zu schweigen von der Masse der Soldaten, grundsätzlich die Begehung eines ›Vaterlandsverrates‹ zugetraut und ihnen schwere Vergeltung angedroht. Stalin befahl überdies die Formierung von Strafbataillonen »je nach Lage und Stärke« von 8000 Mann für alle wankelmütigen »mittleren und höheren Führer« und »ranggleichen Politarbeiter« und die von Strafkompanien für alle defaitistischen Unteroffiziere und Mannschaften, um ihnen Gelegenheit zu geben, »sich durch Blut von ihren Vergehen gegen das Vaterland loszukaufen«. Für die Angehörigen dieser an besonders schwierigen Frontabschnitten rücksichtslos eingesetzten Strafformationen bedeutete es in der Praxis, daß sie nur im Falle einer schweren Verwundung als amnestiert galten, im Falle einer leichten Verwundung nach der Ausheilung aber sofort wieder ins Feuer getrieben wurden. Gut bewaffnete Sperrabteilungen im Rücken der kämpfenden Truppen erhielten den Befehl, auf zurückweichende Einheiten oder Soldaten das Feuer zu eröffnen und »Panikmacher und Schwätzer auf der Stelle zu erschießen«.

Wie berechtigt es auch im Jahre 1942 noch war, bei den Angehörigen aller Rangklassen der Roten Armee einen fehlenden ›Sowjetpatriotismus‹ und ›Massenheroismus‹ vorauszusetzen, zeigte sich besonders bei den Kämpfen im Vorland des Kaukasus, nachdem deutsche Truppen die sowjetische Front bei Rostov durchbrochen hatten. Ein zusammenfassender deutscher Bericht über die Vernehmungen kriegsgefangener oder übergelaufener Soldaten, Offiziere und Politarbeiter charakterisierte das Ausmaß der politisch-moralischen Zersetzung am 1. August 1942 folgendermaßen: »Erst flohen die höheren Kommandeure, dann die Offiziere, zum Schluß die führerlosen Truppen.«[29] Es wurde zudem das massenweise Überlaufen sowjetischer Offiziere und Soldaten gemeldet. Der Oberbefehlshaber der Nordkaukasusfront, Marschall der Sowjetunion Budennyj, sah sich im August 1942 gezwungen, den Stalinbefehl Nr. 227 in einem gemeinsam von dem als Aufpasser im Stabe anwesenden Stalinvertrauten und Mitglied des Politbüros Kaganovič, ferner von Korniec, Delesev (Selesnev) und dem Chef der Politischen Verwaltung der Front, Brigadekommissar Emel'janov, unterzeichneten ›Geschlossenen Brief‹ seinen Truppen noch einmal ausdrücklich in Erinnerung zu bringen.[30] Was Stalin als Urheber des Befehls Nr. 227 über die innere Zersetzung der Truppen behauptet hatte, das fand auch nach den Erfahrungen der Nordkaukasusfront hier eine schlagende Bestätigung. Budennyj mußte zugeben, daß nach dem »ungeordneten Rückzug« vom Don die »Kommandeure und Politarbeiter von Zügen, Kompanien, Bataillonen, Regimentern und Armeen«, also das gesamte militärische und politische Führerpersonal, eben weil es selbst von Panik erfüllt war, dem Defaitismus der Soldaten kaum Einhalt geboten und den Befehl des ›Genossen Stalin‹ nicht ausgeführt hatte. Auch dieses in gewundenen Formulierungen abgefaßte Dokument gipfelte in den bekannten Drohungen, »daß die Kommandeure und Politarbeiter, die von der Furcht erfaßt sind und sich vor den Deutschen fürchten, geschlagen« und »daß... alle Feiglinge und Panikmacher, die von der Front laufen, und alle, die ihnen helfen, erschossen werden«. Es waren dies keine leeren Worte, wie denn allerorts wahllose Erschießungen selbst wegen geringfügiger Kleinigkeiten gemeldet wurden.

Die nachsowjetische Literatur, die nicht mehr anders konnte, als Stalin gewissermaßen zu opfern und viele seiner verbrecherischen Maßnahmen beim Namen zu nennen, bietet gleichwohl allen Scharfsinn auf, um gewisse

Positionen der stalinistischen Geschichtspropaganda zu behaupten. Zu den Legenden, die nicht in Frage gestellt werden, gehört die Version von dem »feigen, wortbrüchigen Überfall der Faschisten auf die nichtsahnende, friedliche Sowjetunion«, die Formel von dem »Großen Vaterländischen Krieg der Sowjetunion«, den es in dieser Form nicht gegeben hat, und von dem unterschiedslosen ›Sowjetpatriotismus‹ und ›Massenheroismus‹ der Angehörigen der Roten Armee. Die terroristischen Befehle Stalins, wie etwa die Befehle Nr. 270 und Nr. 227, werden von daher als Fortsetzung der unbegründeten Repressionen der dreißiger Jahre ausgegeben, die sich wiederum gegen Unschuldige gerichtet und die Verteidigungsanstrengungen grundlos geschädigt hätten[31)], so als sei ein ›Vaterlandsverrat‹ in großem Maßstab überhaupt nicht existent gewesen. Eine Analyse der Akten führt zu anderen Einsichten. Denn Stalin ist es nicht nur darum zu tun gewesen, Schuldige für die Katastrophe an der Front zu finden, für die schließlich er selbst die Verantwortung trug, es kam ihm vielmehr darauf an, die sowjetischen Soldaten durch Anwendung rücksichtslosen Terrors zum Kampf erst zu zwingen. Nur durch Verbreitung von Furcht und Schrecken glaubte er die Front stabilisieren zu können, sprachen doch alle Meldungen von vorn von einem moralischen Zusammenbruch der Truppen der Roten Armee, auch wenn natürlich immer wieder entsprechende Gegenbeispiele anzuführen sind. In den »Schützendivisionen aller Fronten« gebe es »zahlreiche Panikmacher und regelrecht feindliche Elemente, die gleich beim ersten Druck von seiten des Gegners die Waffen strecken und losschreien: ›Man hat uns eingekreist‹«, so heißt es in einer persönlichen Direktive Stalins noch am 12. September 1941. »Dieses führt dazu..., daß die Division die Flucht ergreift und die Technik stehen und liegen läßt.« Stalin gab des weiteren zu, »daß wir nicht sehr viele konsequente und standhafte Kommandeure und Kommissare haben«. Wie die Akten hoher Kommandobehörden aus dem Sommer und dem Herbst 1941 bezeugen, waren die Verhältnisse damit zutreffend wiedergegeben.

So wird in Berichten des Chefs der Politischen Verwaltung der 20. Armee an den Chef der Politischen Hauptverwaltung der Roten Armee, Armeekommissar 1. Ranges Mechlis, über »Massendesertionen« in der 229. und 233. Schützendivision sowie in der 13. Panzerdivision zwischen dem 13. und 23. Juli 1941 gesprochen.[32)] Von den 12000 Mann der 229. Schützendivision etwa seien 8000 Mann »spurlos verschwunden«. Die Staatsanwälte der Armee hätten Dutzende von Offizieren dem Militärtribunal übergeben, darunter Oberste und Bataillonskommandeure, die in Panik verfallen und an der Spitze ihrer Leute geflohen seien. Andere Offiziere wurden »wegen Beseitigung ihrer Rangabzeichen, Wegwerfens von Partei-Büchern (Kommissare!) und Flucht in Zivilkleidern, wegen öffentlichen Verlesens deutscher Flugblätter (ein jüdischer Kommissar), wegen Belobigung der deutschen Truppen usw. dem Gericht übergeben«. Nicht viel anders waren die

Verhältnisse in der 6. Armee der Südfront noch im Oktober 1941. Am 4. Oktober 1941 wandten sich der Oberbefehlshaber, Generalmajor Malinovskij, das Mitglied des Kriegsrates, Brigadekommissar Larin, der Chef des Stabes, Brigadekommandeur Batjunja, mit Befehl Nr. 0014 in drohendem Tone an die unterstellten Verbände.[33] Denn die Anzahl der »Vermißten« und aus »anderen Gründen abhanden« Gekommenen – besonders in der 255., 270. und 275. Schützendivision – hätten allein zwischen dem 1. September und 1. Oktober 1941 über 11000 Mann gegenüber 167 zugegebenen Kriegsgefangenen betragen. Diese Kategorien machten 67 % der Gesamtverluste aus, eine »schändliche Erscheinung« nach Malinovskij, für die er die Kommandeure (Offiziere) und Kriegskommissare uneingeschränkt verantwortlich machte.

Genaue Angaben liegen über die zum Bestand der Südwestfront gehörenden Armeen vor. Der Stab der Südwestfront (Chef des Stabes, Generalmajor Tupikov, Kriegskommissar Solov'ev, Oberst Konovanov) sah sich vor die peinliche Aufgabe gestellt, dem Chef der Hauptverwaltung Aufstellung und Ergänzung der Roten Armee, Armeekommandeur 1. Ranges Ščadenko, am 1. September 1941 eine genaue Aufschlüsselung der seit Kriegsbeginn eingetretenen Verluste aus dem Bereich der 5., 37., 26., 38. und 40. Armee zu übermitteln.[34] »Vermißt« oder aus »anderen Gründen abhanden« gekommen waren demnach nicht weniger als 94648 Soldaten, davon 3685 Offiziere, in Gefangenschaft geraten angeblich aber nur 720 Soldaten, davon 31 Offiziere. Der Oberbefehlshaber der Südwestfront, Generaloberst Kirponos, das Mitglied des Kriegsrates, Burmistenko, und der Chef des Stabes, Generalmajor Tupikov, räumten in dem Befehl Nr. 41 überdies ein, diese »schmählichen Fälle von Fahnenflucht und des Abbleibens von den Truppenteilen« würden noch verschlimmert durch die Tatsache, daß, nach einer Meldung des Chefs der NKVD-Truppen, unter Hinzurechnung der 6. und 12. Armee insgesamt 48756 Offiziere und Soldaten im rückwärtigen Frontgebiet festgenommen worden seien.[35]

Der Oberbefehlshaber der 26. Armee, Generalmajor Kostenko, das Mitglied des Kriegsrates, Brigadekommissar Kolesnikov, und der Chef des Stabes, Oberst Barenikov, machten den Kriegsrat der Südwestfront im Zusammenhang mit den überwältigenden Verlusten an »Deserteuren«, »Vaterlandsverrätern« und »Ausreißern«, denen ungeachtet aller Repressalien und Propagandamaßnahmen nicht Einhalt geboten werden konnte, in einem Schreiben unter der Nr. 00134 vom 16. September 1941 noch auf ein weiteres bedenkliches Moment aufmerksam.[36] Denn schon die Politische Verwaltung der Nordwestfront hatte unter der Nr. 0116 vom 20. Juli 1941 eine Direktive Stalins[37] zitiert, der zufolge sich unter den Rotarmisten der »westlichen Gebiete der Ukraine, Weißrußlands... der Moldau, der Bukowina und des Baltikum«, den sogenannten »Rechtsufrigen«, eine

»Massenstimmung« gezeigt hatte, »die von dem Wunsch getragen ist, nicht zu kämpfen«, sondern »nach Hause zu laufen«. In diesem Zusammenhang hatte sich das Mißtrauen Stalins sofort nicht nur auf die Masse der Rotarmisten, sondern auch, und dieses völlig zu Recht, gerade auf die »Kommandeure (Offiziere) und Politischen Leiter« erstreckt.

Alle diese »schmählichen Erscheinungen der Fahnenflucht und des Vaterlandsverrates«, die in den sowjetischen Akten immer wieder eingeräumt werden, sind vor dem Hintergrund der Tatsache zu werten, daß die Angehörigen der Roten Armee sich aller Strafandrohungen ungeachtet nicht davon abhalten ließen, sich massenweise den Deutschen gefangenzugeben. Bis Mitte August 1941 befanden sich 1,5 Millionen, bis Mitte Oktober 1941 über 3 Millionen und bis Ende 1941 über 3,8 Millionen sowjetische Soldaten aller Grade in deutscher Kriegsgefangenschaft. Insgesamt waren es 5,25 Millionen sowjetische Soldaten und Offiziere, die im Gesamtverlauf des Krieges von den Deutschen gefangengenommen worden sind. Die deutschen Kommandobehörden registrierten in der ersten Kriegsphase, »daß große Teile des Gegners keinen stärkeren Kampfeswillen aufbringen«, um dann bald zu konstatieren, »daß die Feindeinheiten einen versteiften z. T. erbitterten Widerstand« leisteten[38]), ohne daß aber die latente Neigung, sich gefangenzugeben oder davonzulaufen jemals während des Krieges völlig überwunden worden wäre. Und dies galt nicht nur 1941 und in der großen Krise des Jahres 1942, sondern auch noch in den folgenden Jahren und selbst noch in der Schlußphase des Krieges.[39])

Fragt man, wie das Ziel erreicht wurde, die wenig enthusiastischen und im Grunde desinteressierten Rotarmisten schließlich zu einem ›Widerstand um jeden Preis‹ für das Sowjetregime zu veranlassen, so gibt es hierauf nur eine Antwort. Es war die bewährte Stalinsche Methode ›stärksten Terrors und bewußter Irreführung‹, wie auch die Deutschen frühzeitig erkannten, die dieses bewirkt hatte. Allein die Methode des Terrors erwies sich als durchschlagend, und ihre Wirksamkeit wurde auch von dem Stalin gegenüber ablehnend eingestellten Generalobersten Volkogonov in seiner Stalinbiographie notgedrungen anerkannt. Massenerschießungen von Offizieren, Politarbeitern und Rotarmisten, mit oder ohne Urteil, durch Militärtribunale, Absperrabteilungen oder linientreue Offiziere, Politarbeiter oder Kommunisten und sonstige drakonische Maßnahmen standen an erster Stelle. Hand in Hand damit ging das Verbot einer Gefangengabe und die Brandmarkung eines jeden in Kriegsgefangenschaft Geratenen als eines Deserteurs und Landesverräters, verbunden mit den in der Sowjetunion üblichen Repressalien gegenüber Familienangehörigen. Hinzu trat noch eine zügellose Greuelpropaganda gegen die Deutschen und deren Verbündete, die einem jeden Rotarmisten von vornherein die Lust nehmen sollte, sich den ›Faschisten‹ gefangenzugeben.

Anmerkungen zu Kapitel 3

[1] Stalin, Über den Großen Vaterländischen Krieg, S. 171ff.
[2] Hoffmann, Die Kriegführung aus der Sicht der Sowjetunion, S. 720f.; derselbe, Kaukasien 1942/43, S. 372f.
[3] Chor'kov, Die Rote Armee in der Anfangsphase, S. 435.
[4] Soldatenzeitung, 8. 7. 1941.
[5] BA-MA, RH 21-1/471, 12. 7. 1941.
[6] BA-MA, RH 21-2/649, 14. 7. 1941.
[7] BA-MA, RH 20-18/996, 15. 7. 1941.
[8] BA-MA, RH 24-3/134, 27. 6. 1941.
[9] Ebenda, 6. 7. 1941.
[10] BA-MA, RH 21-2/v. 648, 6. 7. 1941.
[11] BA-MA, RH 21-3/v. 437, 7. 7. 1941.
[12] BA-MA, RH 21-1/471, 12. 7. 1941.
[13] BA-MA, RH 24-23/239, 8. 7. 1941.
[14] BA-MA, RH 20-9/248, 16. 7. 1941.
[15] BA-MA, RH 24-23/239, 13. 10. 1941.
[16] BA-MA, RH 24-24/336, 10. 11. 1941.
[17] Wolkogonow, Triumph und Tragödie, Bd 2/1, S. 157.
[18] BA-MA, RH 20-18/996, 14. 7. 1941.
[19] BA-MA, RH 24-3/134, 16. 7. 1941.
[20] BA-MA, RH 21-1/471, 13. 7. 1941.
[21] Wolkogonow, Triumph und Tragödie, Bd 2/1, S. 168ff.
[22] BA-MA, RH 24-48/198, 16. 7. 1941.
[23] BA-MA, RW 4/v. 329, 15. 9. 1941.
[24] BA-MA, RH 21-1/471, 12. 7. 1941.
[25] BA-MA, RH 24-3/136, 28. 7. 1941.
[26] BA-MA, RH 20-17/283, 16. 8. 1941.
[27] Kuznecov, Generaly 1940 goda.
[28] BA-MA, RH 27-3/188, 28. 7. 1942; Hoffmann, Kaukasien 1942/43, S. 476ff.
[29] BA-MA, 27759/14, 1. 8. 1942.
[30] BA-MA, RH 27-3/188 (1942).
[31] So bei Bonwetsch, Die Repression des Militärs, S. 415.
[32] BA-MA, RH 21-3/v. 437, 31. 7. 1941.
[33] BA-MA, RH 20-17/282, 4. 10. 1941.
[34] BA-MA, RH 19II/123, 1. 9. 1941.
[35] BA-MA, RH 19II/123, o. D.
[36] Ebenda, 19. 9. 1941.
[37] BA-MA, RW 4/v. 329, 20. 7. 1941.
[38] BA-MA, RH 24-23/239, 30. 7. 1941.
[39] Choffman, Istorija Vlasovskoj Armii, S. 125.

4.

Sowjetsoldaten dürfen sich nicht gefangengeben. Verhinderung der Flucht nach vorn

Die Sowjetunion als einziger Staat der Welt hatte die Kriegsgefangenschaft ihrer Soldaten zu einem Schwerverbrechen deklariert. Der Militäreid (Voennaja prisjaga),[1] der Artikel 58 des Strafgesetzbuches (Ugolovnyj kodeks) der RSFSR und sonstige Dienstvorschriften, so das Reglement für den Inneren Dienst (Ustav Vnutrennej služby) oder die »Infanterie-Kampfvorschriften der Roten Armee«, ließen keinen Zweifel daran, daß eine Gefangengabe (sdača v plen) als ›Überlaufen zum Feind‹, ›Flucht ins Ausland‹, ›Verrat‹ und ›Desertion‹ in jedem Fall mit dem Tode bestraft werde. »Gefangenschaft ist ein Verrat an der Heimat. Es gibt keine abscheulichere und betrügerische Tat«, so heißt es: »Den Verräter an der Heimat aber erwartet die höchste Strafe – die Erschießung.« Stalin, Molotov und andere führende Persönlichkeiten wie etwa Frau Kolontaj haben mehrfach auch öffentlich erklärt, in der Sowjetunion existiere allein der Begriff von Deserteuren, Landesverrätern und Volksfeinden, der Begriff von Kriegsgefangenen sei unbekannt.[2] Da es für die ›Arbeiter- und Bauernmacht‹ eine Unmöglichkeit darstellte zuzulassen, daß sich die revolutionären Soldaten der Roten Arbeiter- und Bauernarmee in die Gefangenschaft des Klassenfeindes salvierten, hatte sich die Sowjetregierung bereits im Jahr 1917 nicht mehr als Signatar der Haager Landkriegsordnung betrachtet und es im Jahre 1929 auch abgelehnt, die Genfer Konvention zum Schutz der Kriegsgefangenen zu ratifizieren. Diese Haltung den Kriegsgefangenen gegenüber gilt es im Auge zu behalten, will man ein taktisches Manöver Moskaus vom Juli 1941 verstehen, das bis in die Gegenwart hinein eine gründliche Verwirrung der Geister hervorgerufen hat.

Denn in Beantwortung einer Initiative des Comité international de la Croix-Rouge vom 27. Juni 1941[3] hatte Molotov sich unter der Bedingung der ›Gegenseitigkeit‹ bereiterklärt, Vorschläge über Kriegsgefangene und über den Austausch von Namenslisten entgegenzunehmen. Der Rat der Volkskommissare beeilte sich, bereits am 1. Juli 1941 einen »Erlaß über Kriegsgefangene« (Položenie o voennoplennych, Postanovlenie SNK SSSR No. 1798-8000 sekretno, utverždeno) zu bestätigen[4], dessen Bestimmungen über die Kriegsgefangenenbehandlung durchaus im Einklang mit den Grundsätzen der Internationalen Konventionen standen. Der Hauptintendant der Roten Armee, Generalleutnant Chrulev, setzte ferner durch Rundschreiben Nr. 017 (4488) vom Juli 1941 entsprechende Verpflegungsnormen für kriegsgefangene Soldaten der deutschen Wehrmacht fest[5]. Und die Sanitätsverwaltung der Roten Armee (Chef, Divisionsarzt Smirnov, Stellvertretender Chef der Rückwärtigen Dienste, Generalmajor Utkin) schließlich unterbreitete noch am 29. Juli 1941 einen entsprechenden Vorschlag für eine angemessene Lazarettbehandlung der verwundeten oder kranken Kriegsgefangenen der feindlichen Armeen.[6] Mit dieser bürokratischen Rückendeckung wurde der Reichsregierung am 19. Juli 1941 in einer Verbalnote der Schutzmacht Schweden unter Beifügung des »Položenie o voennoplennych« mitgeteilt, die Regierung der UdSSR sei bereit, die Bestimmungen der Haager Landkriegsordnung vom 18. Oktober 1907 über die Kriegsgefangenen anzuerkennen unter der Voraussetzung, »daß dies deutscherseits ebenfalls geschehe«.

Ein grundlegender Wandel in der Einstellung zur Kriegsgefangenenfrage also? Der weitere Fortgang läßt erkennen, daß die Sowjetregierung niemals im Ernst auch nur einen Augenblick daran gedacht hat, den kriegsgefangenen Angehörigen der Roten Armee den Schutz und die Privilegien der Haager Konvention zu verschaffen oder umgekehrt, irgendwelche Verpflichtungen in Bezug auf die deutschen Kriegsgefangenen zu übernehmen.[7)] Und daß es sich bei dem demonstrativen Verlangen nach Anerkennung der Gegenseitigkeit in der Tat um ein nur im Hinblick auf die Westmächte unternommenes Propagandamanöver gehandelt hat, wie Graf Tolstoy zutreffend urteilt[8)], um »patently a blind«, zeigen schon die verschiedenen Stalinbefehle aus denselben Tagen, insbesondere der Befehl Nr. 270 des Staatlichen Verteidigungskomitees, der Sowjetsoldaten, die sich gefangengeben, als Deserteuren die Vernichtung »mit allen Erd- und Luftmitteln« androhte. Nur eben dem Ausland gegenüber erschien es zweckmäßig, sich einen völkerrechtskonformen, zivilisatorischen Anstrich zu geben, ist doch wenig später, am 26. August 1941, auch der amerikanische Secretary of State, Cordell Hull, an die Sowjetregierung mit der Frage herangetreten, welche der Internationalen Konventionen sowjetischerseits »zur Grundlage der Behandlung der Gefangenen gemacht werden solle«.[9)] Und nach einer schon wieder verschleiernden Erklärung des Stellvertretenden Außenkommissars Vyšinskij vom 8. August 1941 ist die Sowjetregierung denn auch in der Tat niemals wieder auf die Frage einer Vereinbarung zurückgekommen. Die Anwendung der wichtigsten Klauseln der Haager Konvention, so der Austausch von Kriegsgefangenenlisten, der Zugang des Internationalen Roten Kreuzes zu den Lagern, die Zulassung des Brief- und Paketverkehrs, wurde von ihr von Anfang an strikt verweigert. Alle unter Berufung auf die sowjetischen Zusagen vom Comité international de la Croix-Rouge unternommenen Bemühungen um eine Vereinbarung oder selbst nur um eine Aussprache in Moskau wurden, wie schon analoge Bemühungen zur Zeit der Kriege der Sowjetunion gegen Polen 1939 und gegen Finnland 1939/1940, in der Folge rundweg ignoriert.

Bereits am 9. Juli 1941 hatte das Internationale Komité des Roten Kreuzes die Sowjetregierung von der Bereitschaft Deutschlands, Finnlands, Ungarns und Rumäniens, am 22. Juli auch von der Italiens und der Slowakei in Kenntnis gesetzt, Kriegsgefangenenlisten unter der Bedingung der Gegenseitigkeit auszutauschen. Am 20. August 1941 war eine erste deutsche Kriegsgefangenenliste übermittelt worden. Kriegsgefangenenlisten Finnlands, Italiens, Rumäniens wurden dem Internationalen Roten Kreuz ebenfalls übergeben und der von Molotov als Relais bestimmten Sowjetbotschaft in Ankara zugeleitet. Nicht einmal deren Empfang wurde bestätigt, geschweige denn, daß sich die Sowjetunion zu dem erforderlichen Prinzip der Gegenseitigkeit bekannt hätte. Angesichts des beharrlichen Schweigens der Sowjetregierung bemühte sich das Internationale Komité des Roten Kreuzes über verschiedene Kanäle, so über die sowjetischen Botschaften in London und Stockholm, um die Genehmigung zur Entsendung einer Delegation oder eines Delegierten nach Moskau in der Hoffnung, die vermeintlichen Mißverständnisse auf dem Wege mündlicher Verhandlungen zu beseitigen. Die immer aufs neue gestellten entsprechenden Anträge blieben ohne jede Antwort. Ebenso mußte die vom Internationalen Komité des Roten Kreuzes geschaffene Möglichkeit von Hilfssendungen an sowjetische Kriegsgefangene in Deutschland ungenutzt verstreichen, weil die Sowjetregierung auf entsprechende Ersuchen aus Genf nicht reagierte. Auch alle parallel hierzu durch die Schutzmächte, durch neutrale Staaten und selbst durch die Alliierten der UdSSR unternommenen Bemühungen um eine Vereinbarung in der Kriegsgefangenenfrage riefen in Moskau nicht die geringste Reaktion hervor. Das Internationale Rote Kreuz sah sich zu Anfang 1943 veranlaßt, die Sowjetregierung in aller Form an die am 27. Juni 1941 gegebene Zusage Molotovs zu erinnern und zugleich resignierend festzustellen, »qu'il avait offert ses services sans résultat pratique dès le début des hostilités«. Eine Änderung dieses Zustandes trat indessen auch jetzt nicht ein. Wie die Sowjetregierung die im Kriege geleisteten guten Dienste des Roten Kreuzes einschätzte, zeigte sich im Jahre 1945, als die in Berlin befindliche Delegation des IRK ›brusquement‹ ihrer Arbeitsmöglichkeiten beraubt und ohne jede Begründung in die Sowjetunion deportiert wurde.

Dies vorausgeschickt, stellt sich die Frage, welche Maßnahmen die sowjetische Führung ergriffen hat, um zu verhindern, daß Rotarmisten die Flucht nach vorn antreten, das heißt, sich dem Gegner gefangengeben. Wie immer gab es zwei Mittel, die sich gegenseitig ergänzten, das der Propaganda und das des Terrors. Mit anderen Worten, wo die Propaganda nicht hinreichte, griff der Terror ein, wer der Propaganda nicht glaubte, bekam den Terror zu spüren. Ein von der Politischen Verwaltung des Leningrader Militärbezirks 1940 herausgegebener Leitfaden für die Politagitation unter dem vielsagenden Titel »Ein Kämpfer der Roten Armee ergibt sich nicht« (N. Brykin, N. Tolkačev) faßte die für die Rotarmisten zu beachtenden Momente in dieser Frage frühzeitig zusammen.[10] Ausgehend von dem Militäreid und dem Axiom, Kriegsgefangenschaft sei ein »Verrat an der Heimat«, sei das größte Verbrechen und die größte Schande, die ein Sowjetsoldat begehen könne, wurden zunächst die Register des sogenannten ›Sowjetpatriotismus‹ gezogen. »Tod oder Sieg« sei demnach schon im Bürgerkrieg das Gesetz für jeden Kämpfer der Roten Armee gewesen, die alle

»den Tod der schändlichen Gefangenschaft« vorgezogen hätten. Die Devise »Bolschewisten begeben sich nicht in Gefangenschaft« sei für die Rotarmisten Leitschnur sowohl im Bürgerkrieg gewesen als auch in den Schlachten gegen die Japaner am Chasan-See und am Fluß Chalchin-Gol, bei der ›Befreiung‹ der westlichen Ukraine und des westlichen Weißrußland, mit anderen Worten, in dem unprovozierten Angriffskrieg gegen Polen und vor allem in den von den »englisch-französischen Imperialisten« angezettelten und organisierten Kämpfen mit den finnischen Weißgardisten, mit anderen Worten, in dem unprovozierten Angriffskrieg gegen Finnland. »Ihre heilige Militärpflicht erfüllend«, hätten »die Patrioten der sozialistischen Heimat«, »die wahren Söhne des sowjetischen Volkes« es geradezu als Selbstverständlichkeit angesehen, vor der Gefangennahme durch den Klassenfeind Selbstmord zu begehen, die letzte Kugel für sich selber aufzusparen, sich notfalls – und dies noch unter Absingen eines bolschewistischen Parteiliedes – lebendig verbrennen zu lassen.

Das zweite Argument bestand in der Ausmalung fürchterlicher Folterqualen, einem »furchtbaren Foltertod«, denen Rotarmisten in der Kriegsgefangenschaft der Kapitalisten unausweichlich ausgesetzt sein würden. Drastische Beispiele wurden vor allem aus den Kämpfen mit den »weißfinnischen Banden«, den »finnischen Halsabschneidern«, den »weißfinnischen Auswürfen der Menschheit« angeführt. Die Finnen hätten ihr ganzes Bemühen darauf gerichtet, an Kriegsgefangenen und Verwundeten »noch nie dagewesene Quälereien zu verüben, Verwundete wie auf der Insel Lassisaari bei lebendigem Leibe zu verbrennen, ihnen die Augen auszubrennen, die Bäuche aufzuschlitzen, sie mit Messerstichen zu verstümmeln«. Die Politagitatoren Brykin und Tolkačev konnten sich auf eine Rede berufen, die das Haupt der Sowjetregierung, Molotov, am 29. März 1940 vor dem Obersten Sowjet der UdSSR gehalten hatte[11] und in der er viele Beispiele für die »unerhörte Barbarei und Bestialität« der ›Weißfinnen‹ anführte. »Als die Finnen in einem Gebiet nördlich des Ladoga-Sees unsere Sanitäts-Hütten umzingelten, in denen sich 120 Schwerverwundete befanden«, so Molotov, »wurde ein Teil von ihnen verbrannt, ein Teil mit zerschlagenen Köpfen und der Rest erstochen oder angeschossen aufgefunden. Abgesehen von den tödlich Verwundeten, zeigte hier und an anderen Orten ein großer Teil der Umgekommenen Spuren von Kopfschüssen und Tötung durch Kolbenschläge sowie ein großer Teil der durch Schußwaffen Getöteten Spuren von Messerstichen, die von finnischen Frauen im Gesicht beigebracht wurden. Einige Leichen wurden mit abgehackten Köpfen gefunden, und die Köpfe waren unauffindbar. Bei der Behandlung der in die Hände der weiblichen weißfinnischen Sanitäre Geratenen wurden besondere Verspottungen und unglaubwürdige Roheiten angewandt. Die finnische Weißgarde, das Schutzkorps, schon lange von finnischen Arbeitern als Schlächter bezeichnet, zeigte ihre tierische Natur besonders deutlich in den Kriegen gegen die UdSSR. Verspottung, Verhöhnung, Folter und barbarische Methoden zur Vernichtung der Gefangenen waren bei den Finnen beliebte Handlungsweisen gegen die Sowjetkämpfer. Der Gegner schonte keinen: weder Verwundete, noch Sanitätsmannschaften, noch Frauen.« Wenn also schon hilflose Verwundete von finnischen Krankenschwestern, den Angehörigen des Lotta Svärd, massakriert worden waren, was, so die Folgerung, hätten dann erst unverwundete Kriegsgefangene zu erwarten gehabt oder in Zukunft zu erwarten?

Wer den offiziellen Beweisführungen nicht so recht Glauben schenken mochte, für den hatte die Politische Verwaltung freilich noch ein weiteres und diesmal wirklich überzeugendes Argument parat. »Solche aber, die sich aus Angst ergeben und damit die Heimat verraten, erwartet ein schändliches Schicksal«, heißt es drohend, »Haß, Verachtung und Fluch der Familie, Freunde und des ganzen Volkes sowie ein schändlicher Tod.« In der Agitationsschrift wird der Fall von zwei Rotarmisten herausgegriffen, die sich nach Rückkehr aus finnischer Kriegsgefangenschaft für ihren »Verrat« und »Eidbruch« »vor dem Sowjet-Volk verantworten« mußten und die »verdiente Strafe« erhielten. Ein Militärtribunal hatte die beiden als »Landesverräter«, »Mißgeburten« und »ekelhafte Seelen« zum Tode durch Erschießen verurteilt, denn »ein Verräter an der sozialistischen Heimat hat kein Recht, auf sowjetischer Erde zu leben«. In Wirklichkeit verhielt es sich noch ein wenig anders, denn die nach dem Friedensschluß mit Finnland am 12. März 1940 repatriierten sowjetischen Kriegsgefangenen wurden nicht etwa individuell angeklagt, sondern unterschiedslos und summarisch allein ihrer Gefangengabe wegen vom NKVD festgenommen. Man hat nie wieder etwas von ihnen gehört, sind sie doch alle bis auf den letzten Mann erschossen worden.[12)]

Die Diskriminierung der Kriegsgefangenschaft als eines Verbrechens galt, wie schon die Stalinschen Terrorbefehle zeigen, natürlich erst recht im deutsch-sowjetischen Krieg. Der Chef der Verwaltung für Politische Propaganda der Roten Armee, Armeekommissar 1. Ranges Mechlis, gab in der Weisung Nr. 20 vom 14. Juli 1941[13)] eine an der Agitationsschrift von 1940 orientierte entsprechende Sprachregelung aus. Eingangs steht der sowjetpatriotische Appell: »Du hast den Eid geleistet, bis zum letzten Atemzuge treu zu sein Deinem Volk, der Sowjetheimat und der Regierung. Erfülle heilig Deinen Eid in den Kämpfen mit den Faschisten.« Es folgt die Abschreckung: »Der Kämpfer der Roten Armee gibt sich nicht gefangen. Die faschistischen Barbaren peinigen, foltern und töten die Gefangenen viehisch. Lieber den Tod als faschistische Gefangenschaft.« Und abschließend die gewichtige Drohung: »Das Sichergeben in die Gefangenschaft ist Verrat an der Heimat.« Eine zur Unterstützung der Propagandisten und Agitatoren im Herbst 1941 verbreitete Politschrift »Faschistische

Greueltaten an Kriegsgefangenen. Nach Angaben der ausländischen Presse, Leningrad 1941« zeigte den Weg auf, wie man den Rotarmisten zunächst gutwillig die Lust nehmen konnte, sich den Deutschen gefangenzugeben. So wurde hier heuchlerisch dargetan, Deutschland »beobachte nicht die internationalen Abmachungen über die Kriegsgefangenen«, die ja in Wirklichkeit gerade von Deutschland, nicht aber von der Sowjetunion anerkannt worden waren. Kriegsgefangene stünden somit »außerhalb der Gesetze. Jeder im faschistischen Deutschland kann sie töten«. Ein Zeuge für die angeblich »tierische Behandlung der Gefangenen, der Flüchtlinge und der Bevölkerung in den besetzten Gebieten« war der unten noch genannte Kriegskommissar Mušev von der 22. Armee.[14)] Die Hauptverwaltung für Politische Propaganda der Roten Armee stellte den Rotarmisten jetzt drastisch vor Augen, was eine Gefangengabe für sie bedeuten würde: »Alle Gefangenen bedauern auf das lebhafteste, lebend in die Hände der Faschisten gefallen zu sein; der Tod ist nichts im Vergleich zu dem, was sie in der Gefangenschaft aushalten müssen«, »Die faschistische Gefangenschaft ist die Hölle, der Tod«, »Gefangenschaft bei den Faschisten bedeutet dasselbe wie einen qualvollen Tod«, «Faschistische Gefangenschaft – ein Zuchthaus, unmenschliche Qualen, schlimmer als der Tod.«

Die Beeinflussung der Angehörigen der Roten Armee in dem Sinne, sie würden in deutscher Kriegsgefangenschaft unweigerlich getötet werden[15)], begann mit Kriegsbeginn – feststellbar seit dem 23. Juni 1941[16)] – wurde als zentrale Aufgabe von dem politischen Apparat angekurbelt und intensiviert und mit eiserner Konsequenz den Krieg über durchgehalten. Doch nicht allein von einer bloßen Erschießung war die Rede, sondern in Fortsetzung der Propaganda des Finnischen Winterkrieges davon, die deutschen Soldaten würden die Kriegsgefangenen »vor ihrem sicheren Tode mißhandeln«, sie »tierisch foltern«, »furchtbar verstümmeln«, »zu Tode martern«, ihnen »Ohren und Nase abschneiden und die Augen ausstechen«, ihnen »Finger, Nase, Ohren, Kopf abschneiden oder den Rücken aufschneiden und die Wirbelsäule herausnehmen, bevor sie erschossen werden würden«.[17)] Überall verstreut in den Akten sind Hinweise auf solche angeblich begangenen Greueltaten, die 1943 in keinem politischen Unterricht oder Vortrag, in keinem ›miting‹, in keiner ›obraščenie‹ der Politarbeiter und in keiner Frontzeitung mehr fehlen durften. Zur Erhöhung der Glaubwürdigkeit mußten auch plumpe Fälschungen herhalten. So wurden schon im Juli 1941 Photographien der in den Gefängnissen von Lemberg vom NKVD zu Tausenden erschossenen Polen und Ukrainer als angeblicher Beweis für die »von deutschen Soldaten« an Kriegsgefangenen begangenen Untaten ausgegeben. Und noch andere Methoden wurden angewendet. Deutsche Kriegsgefangene wurden erschossen und an den Rückzugsstraßen liegengelassen, um Gegenmaßnahmen an sowjetischen Kriegsgefangenen zu provozieren, die ihrerseits, wie man hoffte, dann

»den Hang der Rotarmisten zum Überlaufen« bremsen würden.[18] Einzelne deutsche Kommandostellen machten tatsächlich Miene, auf derartige Provokationen hereinzufallen. Doch das Oberkommando der Wehrmacht hatte dem frühzeitig einen Riegel vorgeschoben und Vergeltungsmaßnahmen verboten, »weil sie nur unnötig zur Erbitterung des Kampfes beitragen«.

Das Schicksal, das sowjetische Kriegsgefangene in deutscher Hand angeblich zu erwarten hätten, wurde den Angehörigen der Roten Armee mit einer derartigen Eindringlichkeit vor Augen gestellt, daß die Wirkung einer solchen Propaganda nicht ausblieb. So meldeten die deutschen Kommandobehörden immer wieder, unter den Rotarmisten sei aufgrund der systematischen Bearbeitung durch ihre »Offiziere und Kommissare« die Meinung verbreitet, daß die Deutschen »jeden Gefangenen töteten«, daß »jeder russische Kriegsgefangene von uns erschossen, ja vorher mißhandelt werde«.[19] Es waren, wie sich ergab, einmal die »einfachen Naturen« unter den Soldaten, die oft mit einer Erschießung rechneten. Der bereits genannte Mediziner des Mikrobiologischen Lehrstuhles des Medizinischen Institutes in Dnepropetrovsk, Kotljarevskij, jetzt im 151. Sanitätsbataillon der 147. Schützendivision, sagte am 24. September 1941 aus, »alle seine Verwundeten, denen er als Hilfsarzt zugeteilt wurde, waren der festen Überzeugung, daß sie von den Deutschen umgebracht werden«. Diese Befürchtung wurde jedoch auch in Offizierskreisen, selbst zum Teil von höheren Offizieren und vereinzelt auch von Generalen geteilt.[20] So etwa hatten der Kommandeur der 102. Schützendivision, Generalmajor Besonov, am 28. August 1941 ebenso wie der Oberst im Stabe der 5. Armee, Načkebija, am 21. September 1941[21] und andere Offiziere unter dem Eindruck gestanden, in deutscher Kriegsgefangenschaft ihr Leben verwirkt zu haben. »Viele Offiziere und Kommandeure glaubten, daß sie in deutscher Gefangenschaft erschossen würden«, bekannte Major Elmolaev, Kommandeur des Haubitzenartillerieregimentes 464 der 151. Schützendivision am 20. September 1941.

Nun ist allgemein bekannt, daß politische Funktionäre der Roten Armee als angebliche Nichtkombattanten aufgrund der berüchtigten Kommissarrichtlinien Hitlers von der Sicherheitspolizei und dem SD und teilweise auch befehlsgemäß von der Truppe – wenngleich in relativ beschränkter Zahl und mit wachsendem Widerstreben – tatsächlich erschossen worden sind. Es erscheint jedoch notwendig, in diesem Zusammenhang anzuführen, daß es eine völlige Entsprechung auch auf sowjetischer Seite gab, wurden doch auch hier Wehrmachtangehörige, insbesondere Offiziere, deren Mitgliedschaft in der NSDAP bekannt geworden war, meist ebenfalls sofort liquidiert. Oberst Gaevskj von der sowjetischen 29. Panzerdivision bezeugte am 6. August 1941 sogar das Bestehen eines Befehls der übergeordneten Armee (4. oder 10.), demzufolge »Offiziere niederen Dienstgrades erschossen werden sollten, weil man in ihnen Hitler ergebene Offiziere vermutete«.[22)]

Kriegsgefangenschaft auf deutscher Seite konnte durchaus von unterschiedlichen Behandlungsmethoden geprägt sein, wie ein kurzer Überblick zeigen soll. Denn während beispielsweise das deutsche Heer gemäß Erlaß des Generalquartiermeisters vom 25. Juli 1941[23)] dazu überging, sowjetische Kriegsgefangene ukrainischer und bald auch weißrussischer Nationalität in ihre Heimat in den besetzten Gebieten zu entlassen – im OKH-Bereich waren es nach russischen Angaben bis zum Abstoppen der Aktion am 13. November 1941 292702, im OKW-Bereich 26068 Gefangene – und während etwa die Panzergruppe 3 den 200000. von ihr eingebrachten Kriegsgefangenen, Drjuk[24)], mit einer Belobigung nach Hause schickte und andere Verbände ähnlich handelten, begannen die Einsatzgruppen der Sicherheitspolizei und des SD ›untragbare Elemente‹, das heißt vor allem politisch und ›rassisch‹ Mißliebige physisch zu liquidieren. Diesen Mordaktionen sind auch Angehörige der Völker Turkestans und des Kaukasus zum Opfer gefallen, sehr oft gerade die unversöhnlichsten Gegner des Sowjetregimes, die nun ob ihres bisweilen exotischen Aussehens als Prototypen eines als ›asiatisch‹ oder ›mongolisch‹ mißverstandenen Bolschewismus ausgesondert wurden. Und gerade die Angehörigen dieser Minderheitenvölker wiederum waren es, die vom Oberkommando des Heeres ab Winter 1941/1942 für würdig befunden und dazu aufgerufen wurden, als Mitkämpfer und gleichberechtigte Soldaten in die im Entstehen begriffenen Nationalen Legionen der Turkestaner, Azerbajdžaner, Norkaukasier, Wolgatataren, Georgier und Armenier sowie in das Kalmykische Kavalleriekorps einzutreten und das deutsche Hoheitszeichen mit dem Hakenkreuz in den Fängen an der feldgrauen Uniform anzulegen.

Das Schicksal der sowjetischen Kriegsgefangenen in deutschem Gewahrsam ist im Winter 1941/1942 im allgemeinen bekanntlich furchtbar gewesen. Mit Recht ist es eine »Tragödie größten Ausmaßes« genannt worden, waren es doch Hunderttausende von ihnen, die in diesen Monaten an Hunger und Seuchen zugrunde gingen. Die Ursachen für dieses Massensterben sind vielfältiger Natur. Unkenntnis der Völker des Ostens, auch menschliche Gleichgültigkeit und ein aus politischer Verhetzung resultierender böser Wille mögen nicht selten mitgespielt haben, vor allem auf der unteren Ebene. In einem höheren Sinne aber war es nicht so sehr böser Wille als vielmehr das technische Unvermögen, eine Millionenmasse oft schon völlig entkräfteter Kriegsgefangener unter den Bedingungen des Winters 1941/1942 im Ostraum notdürftig zu versorgen und zu behausen, denn nach dem fast völligen Zusammenbruch des Transportsystems sah sich auch das in einem Abwehrkampf auf Leben und Tod stehende deutsche Feldheer zu dieser Zeit schwerem Mangel ausgesetzt. Vergleichend läßt sich zudem anführen, daß auch die Mortalitätsrate der sowjetischen Kriegsgefangenen in finnischem Gewahrsam fast ein Drittel der Gesamtzahl betragen hat.[25] Und es würde einfach der historischen Wahrheit widersprechen, nun ausgerechnet gerade den für das Kriegsgefangenenwesen im Generalstab des Heeres zuständigen Generalquartiermeister hierfür verantwortlich zu machen und ihn, wie geschehen, mit einer sogenannten ›Vernichtungspolitik‹ Hitlers im Osten in Verbindung zu bringen. Denn es war der Generalquartiermeister im Generalstab des Heeres gewesen, der durch Erlasse vom 6. August, 21. Oktober und 2. Dezember 1941 für alle Kriegsgefangenen in den besetzten Ostgebieten, einschließlich der Bereiche Wehrmachtbefehlshaber Ukraine und Ostland sowie Norwegen und Rumänien, Lebensmittelrationen in einer für die Erhaltung des Lebens und der Gesundheit ausreichenden Höhe festgesetzt hatte. Es stellt sich von daher allein die Frage, ob und in welchem Umfange diese Erlasse befolgt wurden oder auch nur befolgt werden konnten und warum gegebenenfalls eine Befolgung unterblieb.

Befehle und Verfügungen des Oberkommandos konnten jedenfalls nicht einfach ignoriert werden. Und es läßt sich in der Tat auch nachweisen, daß die zuständigen Befehlshaber der Rückwärtigen Heeresgebiete und Kommandanten der Rückwärtigen Armeegebiete sowie viele Lagerkommandanten sich im Rahmen ihrer begrenzten Möglichkeiten bemühten, die Lage der Kriegsgefangenen zu verbessern und irgendwelche Aushilfen zu schaffen. Wenn ihnen nur ein sehr begrenzter Erfolg beschieden war, so lag dies an den wachsenden Nachschubschwierigkeiten angesichts einer ungeheuren Gefangenenzahl und schließlich, wie gesagt, an dem völligen Zusammenbruch des Transportsystems im Winter 1941/1942, der auch die Versorgung des deutschen Ostheeres schwerstens gefährdete. Im Frühjahr 1942 aber, als das Eis brach, wurden vielfältige und energische Maßnahmen zur Verbesserung der Lage der sowjetischen Kriegsgefangenen getroffen, die bewußt an die von der Sowjetunion niemals anerkannten Bestimmungen der Haager Landkriegsordnung anknüpften. Von Frühjahr 1942 an begannen sich die Verhältnisse sowohl in OKH- als auch im OKW-Bereich Zug um Zug zu konsolidieren, so daß ein bloßes Überleben in den Lagern für die Kriegsgefangenen bald keine Frage mehr war.

Die Greuelpropaganda als wichtiger Faktor der sowjetischen Kriegsanstrengungen blieb hiervon natürlich unberührt und nahm in der Roten Armee unbeirrt ihren Fortgang[26]. Noch im Frühjahr 1943, als in allen Kriegsgefangeneneinrichtungen und Divisionen des deutschen Ostheeres längst ›Russische Betreuungsstaffeln‹ der ROA (Russkaja Osvoboditel'naja Armija, Russische Befreiungsarmee) in Stärke von 1 Offizier, 4 Unteroffizieren und 20 Mannschaften amtierten, deren Aufgabe in der Wahrnehmung der Interessen ihrer kriegsgefangenen Landsleute bestand – eine

Einrichtung übrigens, die auf die Rotarmisten nachhaltigen Eindruck machte – wurde sowjetischerseits unablässig verbreitet[27)], daß die Deutschen einen jeden Kriegsgefangenen »erhängen oder erschießen«, ihm »grausame Quälereien« auferlegen würden und, wie unlängst in Katyn, »im Rayon Smolensk, 35000 Gefangene niedergeschossen« hätten[28)], womit die Ermordung der polnischen Offiziere durch das sowjetische NKVD gemeint war. Selbst sowjetfeindlich eingestellte Rotarmisten begannen, so die deutschen Akten, »etwas stutzig zu werden, weil sie nicht wissen, ob sie bei den Deutschen erschossen werden oder nicht«[29)].

Insgesamt gesehen mußten die deutschen Truppen frühzeitig die Erfahrung machen, daß die systematische Verbreitung von Nachrichten über angebliche oder wirkliche Greuel an Kriegsgefangenen automatisch eine Versteifung des Widerstandes der Roten Armee zur Folge hatte und die Neigung der Rotarmisten, sich gefangenzugeben, nachließ. Major Solov'ev, Stabschef des Schützenregimentes 445 der 140. Schützendivision, kleidete dies in die Worte: »Die einzige Erklärung für den Widerstand der Roten Armee ist ausschließlich in dem Umstand zu suchen, daß mit einer Intensität sondergleichen von Greueltaten Angehöriger der deutschen Wehrmacht gesprochen und geschrieben wird.«[30)] Schon am 24. Juni 1941 bezeichneten Kriegsgefangene als »Grund ihres hartnäckigen Widerstandes«, es sei ihnen »eingeschärft worden:

1. Wenn sie die Stellung räumen und zurückgehen, werden sie von den politischen Kommissaren sofort erschossen.
2. Wenn sie überlaufen, werden sie von den Deutschen sofort erschossen.
3. Werden sie von den Deutschen nicht erschossen, so geschieht dies sofort dann, wenn die Roten Truppen wieder eingedrungen sind. In diesem Fall fände auch die Enteignung des Besitzes und die Erschießung von Angehörigen statt«.

Diese Worte umreißen die ausweglose Lage, in der die sowjetischen Soldaten sich in der Tat sahen.

Der sich versteifende Widerstand der Truppen der Roten Armee mag auch als eine pragmatische Erklärung für die wachsende Abneigung der deutschen Kommandobehörden gegen eine Anwendung der Kommissarrichtlinien dienen, die am 6. Mai 1942 dann endlich aufgehoben wurden. Um den Sowjetsoldaten die Furcht vor einer Gefangenschaft zu nehmen, wurde von deutscher Seite zugleich eine massive Flugblattpropaganda in Gang gesetzt.[31)] Denn die Kriegsgefangenen hatten neben schlechten bisweilen ja auch gute Erfahrungen gemacht, wie denn der Kommandeur des 8. Schützenkorps, Generalmajor Snegov, am 11. August 1941 folgendes zu Protokoll geben wollte: »Die ersten Tage in deutscher Gefangenschaft haben auf uns einen wunderbaren Einfluß gehabt. Wir merkten, daß wir zu anderen

Menschen werden. Ich und meine Kameraden haben zum ersten Mal aufrichtig miteinander sprechen können.«[32] Nachdem der Katastrophenwinter 1941/1942 überstanden war, konnten in zunehmendem Maße zudem jetzt positive Argumente angeführt werden. Voraussetzung aber für einen jeden Erfolg einer solchen Gegenpropaganda war und blieb das Erfordernis einer unbedingten Wahrhaftigkeit. Das Oberkommando der 3. Panzerarmee hatte das Oberkommando des Heeres am 21. August 1942 denn auch wissen lassen, daß das Versprechen einer guten Behandlung ohne Einhaltung dieses Versprechens auf die Dauer die ganze deutsche Frontpropaganda unglaubwürdig machen würde.[33]

Die Führung der Roten Armee versuchte, jeden Zweifel an ihren Greuelmeldungen mit terroristischen Mitteln im Keime zu ersticken. Dies galt zunächst einmal im Hinblick auf die deutsche Flugblattpropaganda, wenngleich dieselbe ähnlich wie die sowjetische Flugblattpropaganda sich anfangs durch eine ungelenke Grobheit auszeichnete und im Winter 1941/1942 dann einen ziemlichen Schiffbruch erlebte. Erst als es mit Hilfe einheimischer Landeskenner gelang, sich der Denkungsart der Sowjetsoldaten anzupassen, und als vor allem auch die Offiziere und Politarbeiter nicht mehr ausgeschlossen und bedroht, sondern persönlich angesprochen und ihnen ›goldene Brücken‹[34] gebaut und als die Flugblätter zudem als Passierscheine kenntlich gemacht wurden[35], sollten diese voll zur Geltung kommen. Die sowjetischen Führungsstellen reagierten hierauf mit Nervosität und setzten alles in Bewegung, um zu verhindern, daß deutsche Flugblätter in den Besitz der äußerst interessierten Sowjetsoldaten gelangten.[36]»Verschärft das Sammeln und die Vernichtung der faschistischen Flugblätter . . . durch die Partei- und Komsomol-Organisationen und durch den politischen Apparat der Divisionen und sorgt dafür, daß die Flugblätter nicht in die Hände der Rotarmisten kommen«, so lautete die Parole des NKVD im September 1941.[37] Schon das bloße Aufheben ›konterrevolutionärer faschistischer Flugblätter‹ war mit schweren Strafen bedroht. Im Falle des Auffindens deutscher Flugblätter im Besitz der Rotarmisten sollten die betreffenden Armeeangehörigen aufgrund von Direktiven der neueingesetzten ›Besonderen Abteilungen‹ des NKVD (Kontrrazvedka, Gegenspionage, bisher 3. Abteilung), so der Südwestfront, der 26. Armee (2. August 1941), der 9. Armee (5. September 1941, Nr. 25165), »unverzüglich verhaftet« und zur Verantwortung gezogen werden.[38] Was mit den Schuldigen geschah, darüber geben die Akten übereinstimmend Auskunft: Das Aufsammeln und Lesen deutscher Flugblätter wurde mit dem Tode bestraft.[39] Überall wurden Rotarmisten hierfür auch ohne Urteil der Militärtribunale möglichst vor versammelter Mannschaft erschossen.[40] »Wird bei einem Rotarmisten ein deutsches Flugblatt gefunden, so kommt er vor ein Kriegsgericht und wird in den meisten Fällen erschossen«, räumte der Kommandeur des 27. Schützenkorps, Generalmajor Artemenko, im September 1941 ohne Umschweife ein.[41)]

Als nicht minder abträglich für die Glaubwürdigkeit der antideutschen Greuelpropaganda erwies sich noch eine andere Informationsquelle. Es waren dies die von Stalin in einer Direktive (Nordwestfront, Nr. 0116, 20. Juli 1941) so genannten ›Verräter‹ und ›Spione‹, insbesondere die aus den »Einkreisungen in den Westgebieten der Ukraine, Weißrußlands und des Baltikum einzeln und in Gruppen zurückkehrenden Kommandeure (Offiziere), Politischen Leiter und Rotarmisten«, mit einem Wort alle Angehörigen der Roten Armee, unabhängig von ihrem Rang, die sich aus deutscher Kriegsgefangenschaft oder aus dem Hinterland zu den eigenen Truppen durchgeschlagen hatten. Sie alle wurden dem Willen Stalins entsprechend nun automatisch verdächtigt und in den Anklagezustand versetzt. Was die Führung der Roten Armee neben direkter Agententätigkeit vor allem befürchtete, war das Verbreiten »provokatorischer Gerüchte ... des Inhalts, daß angeblich das Kommando des deutschen Heeres mit Bezug auf die Kriegsgefangenen keinerlei Repressalien ergreift, sie gut ernährt und sie danach zur Arbeit in die Kolchozen entläßt«, wie der Chef der 3. Abteilung der 12. Armee, Oberst Rozin, am 15. Juli 1941 verärgert vermerkte[42)], »provokatorische Gerüchte über die Unbesiegbarkeit des deutschen Heeres, über die gute, herzliche Behandlung der gefangenen Rotarmisten durch die Deutschen«, wie es an anderer Stelle heißt. Obwohl sowjetische Kriegsgefangene auf deutscher Seite ja auch Drangsalierungen und Gewalttaten und ab Herbst 1941 einer zunehmenden Notlage ausgesetzt waren, argwöhnten doch die sowjetischen Führungsstellen, so etwa das Kursker Gebietskriegskommissariat am 23. September 1941[43)], »konterrevolutionäre Gerüchte« über eine angeblich gute Behandlung »der gefangenen Rotarmisten und der friedlichen Bevölkerung« könnten die Propagandaversionen von »den blutigen Verbrechen und tierischen Gewalttaten der Hitlerischen Menschenfresser« ins Wanken bringen.

Aus dem bei Vjaz'ma erbeuteten Aktenmaterial[44)] der Besonderen Abteilung des NKVD der 19. Armee konnten die Deutschen im Mai 1942 denn auch in der Tat eine zufriedenstellende Schlußfolgerung ziehen: »Im Gegensatz zu den berüchtigten Partisanen steht die friedliche Bevölkerung vieler Ortschaften, die die Deutschen in aufrichtiger Freude als Retter empfängt. Die in der Kriegsgeschichte wohl nur einzig dastehende Tatsache, daß ein Volk im fremdstämmigen Gegner den Befreier vom unerträglichen Joch der eigenen Regierung begrüßt, ist an und für sich schon ein vernichtendes Urteil. Seine urkundliche Bestätigung findet dieses Urteil jedoch im alles umfassenden Mißtrauen, das die vorliegenden NKVD-Akten vom ersten bis zum letzten Blatt durchdringt. Jeder Zivilist, jeder Soldat, ja selbst die unter Lebensgefahr aus deutscher Gefangenschaft geflohenen sowjetischen Wehrmachtangehörigen werden des Hochverrats verdächtigt, wobei die Verdächtigungen oft geradezu groteske Formen annehmen.«

In Ausführung der Stalindirektiven setzten seitens des Apparates des NKVD, des politischen Apparates und des Militärjustizapparates jetzt energische Maßnahmen ein, um jede Einwirkung von vorn auf die Truppe zu unterbinden und die Rückkehrer entweder zu isolieren oder unschädlich zu machen. Der Hauptmilitärstaatsanwalt der Roten Armee, Divisionsmilitärjurist Kondrat'ev, wollte in seinem Befehl Nr. 00120 vom 24. September 1941[45)] zwar noch einen Unterschied machen zwischen den angeworbenen ›direkten Verrätern‹ und den ›Verführern‹ unter den ›faschistischen Kriegsgefangenen‹, die nur »über die gute Behandlung« in der Gefangenschaft erzählten, wenngleich selbstredend beide Kategorien für ihn schon »eine große Gefahr darstellten«. Über solche Feinheiten war der maßgebliche Apparat des NKVD aber längst hinweggegangen. So etwa hatte die Besondere Abteilung der 26. Armee am 5. August 1941 bekanntgemacht, die Deutschen würden »unter der Zivilbevölkerung, unter sich ergebenden Rotarmisten und Deserteuren massenhaft Werbungen von Agenten« vornehmen und sie »zwecks Spionage und Diversion in das sowjetische Gebiet« entsenden – eine Pauschalbeschuldigung, die das Verbreiten ›provokatorischer Gerüchte‹ als selbstverständlich voraussetzte und zugleich das Mißtrauen einem jeden sowjetischen Soldaten gegenüber offenbart. Schon Armeekommissar 1. Ranges Mechlis hatte besonders unter den zurückkehrenden Offizieren grundsätzlich mit ›Spionen und Weißgardisten‹ gerechnet.[46)]

Nunmehr wurden ›schärfste Gegenmaßnahmen‹ angedroht: »Verhaftung aller aus dem von deutschen Truppen besetzten Gebiet kommenden Personen, eingehendes Verhör mit dem Ziel des Geständnisses und Übergabe an das Militärtribunal«, was gleichbedeutend war mit der Erschießung. Wie hohe Offiziere der sowjetischen 6. und 12. Armee – unter ihnen Generalleutnant Muzyčenko, Generalleutnant Sokolov, Generalmajor Tonkonogov, Generalmajor Ogurcev (6. Armee), Generalmajor Ponedelin, Generalmajor Snegov, Generalmajor Abranidze, Generalmajor Proškin (12. Armee) – am 16. August 1941 aussagten, wurden »aus deutscher Gefangenschaft entwichene Soldaten sofort erschossen«. Nach Aussage des Kommandeurs der 196. Schützendivision, Generalmajor Kulikov, erhielten zurückkehrende Offiziere »wegen Aufenthaltes auf dem Territorium des Feindes« nur mindestens 10 Jahre Lagerhaft[47)]. Schweren Verfolgungen waren zudem alle sowjetischen Soldaten ausgesetzt, die dem Zusammenbruch der Fronten und den Einkreisungsschlachten entkommen waren und sich zu den eigenen Truppen durchgeschlagen hatten. Wie Generalmajor Grigorenko schreibt[48)], wurden diese ›Eingekreisten‹ (Okruženci) »mit dem Exekutionsbefehl empfangen«: »Erschossen wurden Soldaten und Offiziere, Angehörige des Nachschubs, Infanteristen, Flieger ..., Panzerbesatzungen ..., Artilleristen..., und am nächsten Tag gerieten die, die sie füsiliert hatten, selbst in einen Kessel des Feindes und konnten das gleiche Los haben wie jene, die sie gestern erst erschossen hatten.« Nur das Fehlen einer durchgehenden Front und der Zusammenbruch einer geregelten Führung hätten buchstäblich ›Hunderttausende‹ vor einer sinnlosen Massenvernichtung bewahrt.

Es wurde auf sowjetischer Seite noch ein weiteres – psychologisches – Mittel angewendet, um Angehörige der Roten Armee von der Flucht nach vorne abzuhalten: das einem jeden Bewohner der Sozialistischen Sowjetrepubliken wohlvertraute Prinzip der Rache und Vergeltung an den Familienangehörigen (Ugolovnyj kodeks, Teil 2, Artikel 58-1›V‹). Die Verhörniederschriften enthüllen übereinstimmend, wie ängstlich sich die gefangenen sowjetischen Soldaten »einer solchen Rache der Sowjet-Machthaber« bewußt waren[49)], daß nämlich ihre Angehörigen »von den Sowjets nach Sibirien verbannt oder erschossen werden«.[50)] Und der »Kreis der schärfsten Repressalien unterliegenden Verwandten« war nach Aussage eines kriegsgefangenen Oberleutnants »sehr weit gezogen«.[51)] Oberleutnant Filipenko, 1. Ordonnanzoffizier im Stabe der 87. Schützendivision, gab bereits am 27. Juni 1941 zu Protokoll, in der Sowjetunion bestünde ein Gesetz, »wonach Verwandte des in Gefangenschaft geratenen bzw. übergelaufenen Soldaten zur Verantwortung gezogen, das heißt erschossen werden«. In einem Sammelbericht über Kriegsgefangenenvernehmungen des deutschen XXIII. Armeekorps vom 30. Juli 1941 heißt es: »Die Offiziere stehen unter der Drohung, daß alle ihre Angehörigen von der G.P.U. erschossen werden, wenn sie sich gefangengeben.« Dies war auch der Eindruck der Flugzeugbesatzung Leutnant Anoškin, Unterleutnant Nikiforov und Sergeant Smirnov: »Falls bekannt wird, daß ein Flieger in deutsche Gefangenschaft geraten sei, so hat sich dessen Familie dafür zu verantworten, sei es durch Verschicken oder durch Erschießen einzelner Familienmitglieder. Diese Angst vor der Bestrafung der Familie hält sie davon ab, überzulaufen.« Ebenso sprach Generalmajor Abranidze, Kommandeur der 72. Gebirgsschützendivision, den Deutschen am 14. August 1941 seine große Besorgnis »für das Schicksal seiner Angehörigen« aus, »wenn bekannt wird, daß er in Gefangenschaft geraten sei«.[52)] Die Generalmajore Snegov (Kommandeur des 8. Schützenkorps), Ogurcev (Kommandeur des 49. Schützenkorps), die Obersten Loginov (Kommandeur der 139. Schützendivision), Dubrovskij (Stellvertretender Kommandeur der 44. Schützendivision) und Meandrov (Stellvertretender Chef des Stabes der 6. Armee) bestätigten an eben diesem Tage das Bestehen eines Befehls vom Frühjahr 1941, wonach Angehörige eines Überläufers »mit der ganzen Strenge des Gesetzes bis zum Tod durch Erschießen bestraft werden«.

In der Roten Armee verbreitet war also schon eine Stimmung der Sorge für das Schicksal der Familienangehörigen, als Stalin durch den Befehl Nr. 270 vom 16. August 1941 nachdrücklich noch einmal die Anwendung des Prinzips der Sippenhaftung befahl. Nach dem von Stalin in seiner Eigenschaft als Vorsitzender des Staatlichen Verteidigungskomitees unterzeichneten Befehl Nr. 270[53] (Mitunterzeichner Molotov, Budennyj, Vorošilov, Timošenko, Šapošnikov, Žukov) waren, wie erwähnt, Kommandeure (Offiziere) und Politische Leiter, die in Kriegsgefangenschaft gerieten, Deserteuren gleichgestellt worden. Ihre Familien sollten demnach wie die »Familien der eidbrüchigen und die Heimat verratenden Deserteure« verhaftet, den Familien gefangener Rotarmisten »die Hilfe und Staatsunterstützung entzogen« und sie damit dem Hungertode preisgegeben werden. Die Verschickung der Offiziersfamilien in die unwirtlichen Gebiete des GULag, zudem die Konfiskation des gesamten Besitzes, wurde als Selbstverständlichkeit vorausgesetzt. Doch ließen die Politarbeiter, die den Stalinbefehl in den Einheiten erläuterten, nach Aussage des kriegsgefangenen Chefarztes Dr. Varabin und anderer sofort auch »eine schwerere Bestrafung durchblicken«.[54]

Wo immer möglich erblickten die Besonderen Abteilungen des NKVD und die Politischen Abteilungen in den Truppenteilen fortan ihre Aufgabe darin, die Heimatanschriften der gefangengenommenen Soldaten zwecks Durchführung der angedrohten Repressalien den zuständigen örtlichen NKVD-Dienststellen zu übermitteln.[55] Dies geschah beispielsweise sogar in Fällen, wenn, wie am 27. September 1941 im Schützenregiment 238 der 186. Schützendivision geschehen, Rotarmisten von einem deutschen Spähtrupp überrascht und entführt worden waren. Auch der Hauptmilitärstaatsanwalt der Roten Armee, Divisionsmilitärjurist Kondrat'ev, wies die Militärstaatsanwälte der Fronten am 24. September 1941 an, kriegsgefangene Rotarmisten in Abwesenheit zu verurteilen und »alle Maßnahmen zur Anwendung von Repressalien an den Angehörigen in die Wege zu leiten«. Der Militärstaatsanwalt der 286. Schützendivision erhielt am 15. Dezember 1941 sogar einen Verweis des Stellvertretenden Abteilungschefs der Hauptmilitärstaatsanwaltschaft, Militärjurist 1. Ranges Varskoj (Nr. 08683), weil er es versäumt hatte, die Anschrift der Verwandten des wegen versuchten ›Vaterlandsverrates‹ erschossenen Rotarmisten Panst'jan zur Vornahme der gesetzlichen Repressalien an der Familie zu übermitteln.[56]

Die ganze Brüchigkeit der Redensarten von einem angeblichen ›Sowjetpatriotismus‹ und ›Massenheroismus‹ in der Roten Armee zeigte sich in dem repräsentativen Befehl Nr. 0098 der Leningrader Front vom 5. Oktober 1941, den Armeegeneral Žukov, das Mitglied des Kriegsrates und Sekretär des Zentralkomitees Ždanov, die Mitglieder des Kriegsrates Admiral Isakov und Kuznecov sowie Generalmajor Semaško unterzeichnet hatten.[57]

Anlaß war ein ›beispielloser Vorgang‹ des im Abschnitt bei Sluck-Kolpino eingesetzten 289. Selbständigen MG-Bataillons, wo deutsche Soldaten erschienen waren und mit den Rotarmisten Gespräche angeknüpft hatten, um sie zum Überlaufen zu bewegen. Diese ›verbrecherische Verbrüderung‹ auf dem Schlachtfeld wurde nun von Žukov in gewohnt brutaler Weise zum Anlaß genommen, um nun gleich alle Truppen der Leningrader Front zu verdächtigen und zu bedrohen. Nicht nur die unmittelbaren Vorgesetzten und Politischen Leiter der betreffenden Soldaten, die diese Verhandlungen nicht unterbunden hatten, wurden als »Helfershelfer und Verbrecher an der Heimat«, als »Helfershelfer der faschistischen Ungeheuer«, dem Militärtribunal übergeben und erschossen. Auch die Mitarbeiter der Politischen Abteilungen und der Besonderen Abteilungen des NKVD auf der Ebene des betreffenden Bataillons, des Befestigungsbereiches, der 168. Schützendivision und der 55. Armee wurden einer drakonischen Bestrafung zugeführt. Um jeden Versuch des »Verrats und der Schurkerei« künftig schon im Keime zu ersticken, schreckte selbstredend auch Žukov nicht vor einer Verfolgung der Familienmitglieder zurück, er befahl: »Die Besondere Abteilung des NKVD der Leningrader Front hat unverzüglich Maßnahmen zur Verhaftung und Übergabe an das Gericht der Familienmitglieder von Verrätern an der Heimat zu ergreifen.« Wenn Soldaten der Roten Armee vielfach nichts anderes übrig blieb, als bis zur Selbstvernichtung zu kämpfen, so sind die tieferen Antriebskräfte hierfür oft in solchen und ähnlichen verbrecherischen Befehlen der sowjetischen Führung, nicht aber in den ideellen Beweggründen eines sogenannten ›Sowjetpatriotismus‹ zu suchen.

Anmerkungen zu Kapitel 4

[1] BA-MA, RH 2/2411, 3. 1. 1939.
[2] Hoffmann, Die Geschichte der Wlassow-Armee, S. 135 ff.
[3] Rapport du Comité international de la Croix-Rouge, S. 435.
[4] BA-MA, RW 2/v. 158, 1. 7. 1941.
[5] Ebenda, 3. 7. 1941.
[6] Ebenda, 29. 7. 1941.
[7] Hoffmann, Die Geschichte der Wlassow-Armee, S. 136 ff.
[8] Tolstoy, Victims of Yalta, S. 33 ff.; vgl. Hoffmann, Die Kriegführung aus der Sicht der Sowjetunion, S. 721.
[9] BA-MA, RW 2/v. 158, 26. 8. 1941.
[10] PAAA, Pol. XIII, Bd 10, o. D.
[11] BA-MA, RH 19III/381, 29. 3. 1940.
[12] Pozdnjakov, Sovetskaja agentura v lagerjach voennoplennych.
[13] BA-MA, RW 4/v. 329, 18. 10. 1941.
[14] BA-MA, RH 24-23/239, 14. 10. 1941; BA-MA, RH 24-24/336, Obraščenie.
[15] BA-MA, RH 20-6/489, 25. 6. 1941; BA-MA, RW 4/v. 330, 17. 6. 1942.
[16] BA-MA, RH 20-9/251, 23. 6. 1941; BA-MA, RH 21-3/v. 437, 24. 6. 1941.
[17] BA-MA, RH 21-1/471, 23. 7., 29. 7. 1941; BA-MA, RH 24-23/239, 30. 7. 1941; BA-MA, RH 24-3/134, Juni 1941.
[18] BA-MA, RH 21-1/481, 22. 2. 1942; BA-MA, RW 4/v. 330, 23. 2. 1942.
[19] BA-MA, RH 21-1/471, 29. 7. 1941.
[20] BA-MA, RH 21-1/472, 16. 8. 1941.
[21] BA-MA, RH 21-1/473, 21. 9. 1941.
[22] Vgl. Kapitel 2, Anm. 79.
[23] Grif sekretnosti snjat, S. 333 f.
[24] BA-MA, RH 24-3/135, 4. 9. 1941.
[25] Hoffmann, Die Geschichte der Wlassow-Armee, S. 141 ff.
[26] BA-MA, RH 21-1/481, 21. 3. 1942.
[27] BA-MA, RH 21-3/v. 472, 19. 4. 1943.
[28] BA-MA, RH 21-3/v. 496, 9. 12. 1943.
[29] BA-MA, RH 21-2/v. 708, 3. 8. 1942.
[30] BA-MA, RH 24-4/91, 24. 6. 1941.
[31] BA-MA, RH 24-3/135, 11. 9. 1941.
[32] PAAA, Pol. XIII, Bd 12, Teil II, 14. 8. 1941.
[33] BA-MA, RH 21-3/v. 782, 21. 8. 1942.
[34] Hoffmann, Kaukasien 1942/43, S. 116 ff.
[35] BA-MA, RH 21-3/437, 7. 8. 1941.
[36] BA-MA, RH 21-1/471, 12. 7. 1941.
[37] BA-MA, RH 20-17/283, 19. 9. 1941.
[38] Ebenda, 29. 9. 1941.
[39] BA-MA, RH 21-2/v. 648, 12. 7. 1941; BA-MA, RH 24-3/134, 4. 8. 1941; BA-MA, RH 20-4/672, 28. 8. 1941.
[40] BA-MA, RH 24-17/152, 13. 8. 1941.
[41] BA-MA, RH 21-1/473, September 1941.
[42] BA-MA, RH 21-1/471, 15. 7. 1941.
[43] BA-MA, RW 4/v. 330, 23. 9. 1941.
[44] Ebenda, Mai 1942.
[45] BA-MA, RH 20-2/1121, 24. 9. 1941.
[46] BA-MA, RW 4/v. 329, 15./20. 7. 1941.
[47] BA-MA, RH 20-17/283, 1. 10. 1941.
[48] Nekritsch/Grigorenko, Genickschuß, S. 280.

[49] BA-MA, RH 24-28/10, o. D.
[50] BA-MA, RH 24-17/152, 2. 7. 1941.
[51] BA-MA, RH 20-17/282, 28. 7. 1941.
[52] PAAA, Pol. XIII, Bd 12, 14. 8. 1941.
[53] BA-MA, RH 2/2425, 16. 8. 1941.
[54] BA-MA, RH 2/2411, 16. 4. 1942.
[55] Ebenda, November 1941.
[56] BA-MA, RW 2/v. 158, 15. 12. 1941.
[57] BA-MA, RH 2/2425, 5. 10. 1941.

5.

Der Terrorapparat. Wie ›Massenheroismus‹ und ›Sowjetpatriotismus‹ erzeugt wurden

Es ist bisher schon deutlich geworden, daß die Rote Armee außer auf dem militärischen Führungsapparat noch auf einer weiteren Säule beruhte, dem autonomen politischen Apparat, der über einen eigenen Dienstweg verfügte und dem Chef der Hauptverwaltung für Politische Propaganda (ab Juli 1941 Politische Hauptverwaltung), dem berüchtigten Armeekommissar 1. Ranges Mechlis, unmittelbar unterstand. Hinzu kam, im Verborgenen arbeitend, aber desto gefährlicher, noch eine weitere unheilschwangere Einrichtung, der Terrorapparat des NKVD, der mit der Roten Armee organisatorisch nichts zu tun hatte, seine Weisungen vielmehr vom Volkskommissariat des Inneren unter Berija empfing. Das Herrschaftssystem der Sowjetunion war, wie gesagt, von dem einfachen Prinzip getragen, daß derjenige, der der Propaganda keinen Glauben schenkte, den Terror zu spüren bekam. Und auch in der Roten Armee war institutionell hierfür bestens vorgesorgt.

Das nicht ganz unbegründete Mißtrauen Stalins in die Zuverlässigkeit des ›Kommandobestandes‹, das heißt des Führungspersonals, und der Truppen der Roten Armee überhaupt, hatte am 16. Juli 1941 in der Armee, am 20. Juli in der Seekriegsflotte, schwerwiegende organisatorische Folgen nach sich gezogen. Denn mit diesem Tage wurde in allen Korps, Divisionen, Regimentern, in den Stäben militärischer Unterrichtsanstalten und Einrichtungen, ebenso in den technischen Truppen der Panzerbataillone und Artillerieabteilungen, ab Dezember auch in den Schützenbataillonen, das »Institut der Kriegskommissare« (Voennye kommissary), in allen Kompanien, Batterien, Schwadronen, Eskadrillen in entsprechender Funktion das »Institut der Politischen Leiter« (Političeskie rukovoditeli, politruki) eingerichtet, die sich zur Erfüllung ihrer Aufträge der Politischen Abteilungen bedienten. Auf der Ebene der Armeen und Fronten übernahmen als Mitglieder der Kriegsräte hohe Parteifunktionäre dieselben Aufgaben. Entsprechend den durch Erlaß des Vorsitzenden des Präsidiums des Obersten Sowjet der UdSSR, Kalinin, am 16. Juli 1941 bestätigten »Gesetzlichen Bestimmungen über die Kriegskommissare in der Roten Armee«[1)] verloren die Kommandeure und Einheitsführer am selben Tage die ihnen bisher zustehenden politischen Funktionen, die nun in vollem Umfange ihre bisherigen Stellvertreter in Angelegenheiten der Politpropaganda als Kriegskommissare oder Politische Leiter übernahmen.

Diesen in ihrer Mehrheit ›militärisch vollkommen ungebildeten‹ Funktionären in der Armee wurde jedoch nicht nur die politische Verantwortung, sondern auch ›die Verantwortung für die militärische Arbeit‹, die Verantwortung ›in militärischer Beziehung‹ übertragen. Formal zwar nur ›gleichberechtigt‹ neben den Kommandeuren stehend, waren sie diesen in der Praxis jedoch übergeordnet und in Wirklichkeit deren Aufpasser, hatten sie doch das Recht und die Pflicht, die »Ausführung aller Befehle des höheren Kommandobestandes streng zu kontrollieren« und »dem Oberkommando und der Regierung von Kommandeuren und politischen Arbeitern Kenntnis zu geben, die des Namens eines Kommandeurs und politischen Arbeiters unwürdig sind und die durch ihre Führung die Ehre der Roten Armee verletzen«. Ein Truppenführer selbst in der Stellung eines Divisionskommandeurs durfte auch in operativen und taktischen Fragen von sich aus nicht eine Entscheidung mehr treffen, sah sich vielmehr in die Rolle eines ausführenden Organes, eines bloßen Militärspezialisten, gedrängt. Denn alle Befehle des Kommandeurs ohne die Unterschrift des Kriegskommissars, der ›Partei und Regierung in der Roten Armee‹ vertrat, waren ungültig, die Befehle des Kommissars oder Politruks ohne Unterschrift des Kommandeurs oder Einheitsführers aber gültig und mußten in jedem Falle ausgeführt werden. Wie der Divisionskommissar der 280. Schützendivision, Martinov, am 5. Juni 1942 aussagte, wurde ein militärischer Befehl erst vollziehbar, wenn der Kommissar das allein von ihm verwaltete Dienstsiegel aufgedrückt hatte.

Welche Bedeutung dem politischen Apparat in der Roten Armee zukam, zeigte nicht nur die beherrschende Stellung der Kriegskommissare, sondern auch der große Personalumfang der ihnen zur Verfügung stehenden Politischen Verwaltungen und Abteilungen. So etwa wird der Personalbestand der Politischen Abteilung (politotdel) einer Schützendivision sowohl von dem Kommandeur des Schützenregimentes 436, Major Kononov, und dem Chef der Operationsabteilung der 137. Schützendivision, Hauptmann Nagelmann, als auch von dem Funktionär des zentralen Apparates des NKVD, Žigunov, übereinstimmend mit 25 Personen angegeben: Divisionskommissar, Chef der Politischen Abteilung und 23 weitere Mitarbeiter. Die Politische Abteilung übertraf damit zahlenmäßig das Personal des militärischen Divisionsstabes. Zieht man zudem die politischen Organe der Regimenter, Bataillone, Kompanien in Betracht, so ergibt sich einschließlich der Partei- und Komsomolsekretäre und der Politinstrukteure, aber ausschließlich der zahlreichen V-Männer und Spitzel und der einfachen Partei- und Komsomolmitglieder, eine Gesamtstärke von 559 hauptamtlichen Funktionären.

Der Aufgabenbereich des politischen Apparates wurde in einem von dem Armeekommissar 1. Ranges Mechlis im Anschluß an den Befehl Nr. 270 des Hauptquartiers des Obersten Befehlshabers am 19. August 1941 herausgegebenen »Programm für die Kommissare und Politischen Leiter in Leningrad« näher präzisiert.[2] Der Kriegskommissar war »neben dem Kommandeur« danach eindeutig auch der »militärische Führer seiner Abteilung«. Er hatte nicht nur den gesamten Mannschaftsbestand, sondern auch die Kommandeure, Einheitsführer und Offiziere zu überwachen und zu bespitzeln und hierbei »mit den Stellen der Militärstaatsanwälte und

Tribunale und der Besonderen Abteilungen zusammenzuarbeiten«. Die Kriegskommissare und Politischen Leiter hatten die ›bedingungslose Erfüllung‹ aller Kampfaufträge sicherzustellen und waren dafür verantwortlich, daß die Soldaten mit ›Tapferkeit‹ und ›unerschütterlicher Bereitschaft‹ »bis zum letzten Blutstropfen mit den Feinden unserer Heimat kämpfen«. Sie also in erster Linie waren es, die die Rotarmisten ohne Rücksicht auf Verluste in das Feuer jagten. Zugleich war der Kommissar verpflichtet, einen »rücksichtslosen Kampf mit den Feiglingen, Panikmachern und Deserteuren zu führen, indem er mit harter Hand die revolutionäre Ordnung und Kriegsdisziplin wiederherstellt«. Dies bedeutete, mit anderen Worten, einen jeden Soldaten unabhängig von seinem Rang, beim Versuch des Überlaufens (oder der Gefangengabe) oder bei Sichtbarwerden von ›Angriffsmüdigkeit‹ »auf der Stelle zu erschießen«. Ebenso bedeutete dies die ›mitleidlose‹ Vernichtung der »Feigen und Panikmacher, Mutlosen und Deserteure«, das heißt aller, »die selbständig ohne Befehl die Stellung verlassen«. Mit feigen Kommandeuren im Gefecht sollte gemäß Stalinbefehl Nr. 270 verfahren werden. »In den Reihen der Roten Armee«, so der Appell von Mechlis an die Kriegskommissare, »gibt es und darf es keinen Platz geben für Kleingläubige, Feiglinge, Panikmacher, Deserteure und Mutlose.«

Ihre überragende Rolle in der Roten Armee als Aufpasser und Antreiber brachte es für die Kommissare und Politischen Leiter mit sich, daß die Masse der Soldaten in ihnen einen Gegenstand der Furcht und Abneigung erblickte. Dies galt insbesondere auch für die in ihrer Führerstellung eingeengten und oft auch persönlich bedrohten Offiziere, die den Deutschen gegenüber mit ihrem Urteil dann jedenfalls nicht zurückhielten. So sprach sich der Kommandeur des 49. Schützenkorps, Generalmajor Ogurcev, der das Sowjetregime im übrigen »als den größten Volksbetrug der Weltgeschichte« geißelte[3)], am 11. August 1941 »mit größter Bitterkeit über die Zusammenarbeit mit seinem politischen Kommissar« aus, der, obwohl über »keine militärische Kenntnis« verfügend, doch mit »unbegrenzten Vollmachten« ausgestattet und »in allen Fragen entscheidend« gewesen sei. Dadurch seien die Kampfhandlungen »erheblich zuungunsten des Korps« beeinflußt worden. Stets habe der Kriegskommissar mit einer Anzeige gedroht.

Ebenso berichtete der Kommandeur der 139. Schützendivision, Oberst Logionov, am 14. August 1941 von der zwischen einem Offizier und einem Kommissar bestehenden tiefen und »nur durch Angst und Terror« überbrückten Kluft. Der Divisionskommandeur der 43. Schützendivision, Generalmajor Kirpičnikov, sah am 30. September 1941 die Kommandeure von den Kommissaren an »Händen und Füßen« gebunden und »in ihrer Schaffenskraft und ihrem operativen Denken« geradezu erstickt.[4)] »Wie das Verhältnis ist«, so die ›resignierte‹ Antwort des Hauptmanns der Luftstreitkräfte (Kriegsingenieur) Ogrisko am 19. September 1941[5)], »können Sie sich wohl vorstellen. Wenn Sie bedenken, daß auf einen jeden militärischen Führer ein politischer Kommissar oder Kontrolleur kommt . . . In der Armee kommt auf 2 Soldaten im allgemeinen ein dritter, der als Mitglied des Komsomol der Partei oder des NKVD diesem Apparat dient. Im Offizierskorps ist das Verhältnis 1 : 1«. Und dies bestätigte der Oberbefehlshaber der 19. Armee und der ganzen bei Vjaz'ma eingeschlossenen Kräftegruppierung (19. Armee, 20. Armee, die in ihrem Bestand aufgegangene 16. Armee, 32. Armee, 24. Armee, Operative Gruppe Boldin), Generalleutnant Lukin[6)], aufgrund eigener Erfahrungen: Ein Armeeführer sei »auch nicht zu einem selbständigen Schritt« mehr in der Lage. »Er ist von Kommissaren, Spitzeln und seinem Kriegsrat umgeben . . . Auch die Generäle haben ihre Spitzel, die Regimentskommandeure haben sie usw.«. Wenn solches allgemein schon im Hinblick auf den noch relativ ›offen‹ arbeitenden politischen Apparat galt, was mußte dann erst über den im Geheimen arbeitenden eigentlichen Terrorapparat in der Roten Armee, das NKVD, zu sagen sein, der im folgenden einer näheren Betrachtung unterzogen werden soll.

Über das für die Millionenmorde, für das System der Konzentrationslager (GULag) und für die fortwährende Bedrückung und Terrorisierung der Bewohner des Sowjetstaates zuständige und verantwortliche NKVD (Narodnyj Komissariat Vnutrennych Del, Volkskommissariat des Inneren), das sich zur Ausübung seiner Funktionen entsprechender Unterorgane und der Sondertruppen bediente, ist bereits so viel geschrieben worden, daß sich allgemeine Ausführungen an dieser Stelle erübrigen. Nur eine kleine, aber bezeichnende Meldung aus der Anfangsphase des Krieges über die Arbeitsweise dieser verbrecherischen Organisation sei hier nachgetragen. Der Chef des Amtes Ausland/Abwehr des Oberkommandos der Wehrmacht, Admiral Canaris, hatte im Juli 1941 einen Bericht über die Besichtigung des sowjetischen Botschaftsgebäudes in Paris, also einer exterritorialen diplomatischen Einrichtung, vorgelegt.[7)] Demnach hatte sich ergeben, daß ein Seitenflügel der Pariser Botschaft »als Zentrum der GPU eingerichtet war mit Vorrichtungen für Folterung, Exekution und für die Beseitigung von Leichen«, ein in der Geschichte der Diplomatie zivilisierter Staaten wohl einzigartiger Vorgang. Der Bericht spricht die Vermutung aus, »daß seinerzeit hier auch die Leichen der verschiedenen weißrussischen Generäle in Paris beseitigt wurden, die vor einigen Jahren auf geheimnisvolle Weise in Paris verschwunden sind«.

Am 16. Juli 1941, als Stalin die bevorstehende Aburteilung der verhafteten Generale des Stabes der Westfront und einiger in Kriegsgefangenschaft geratener Generale bekanntmachte, wurde von ihm auch der Beschluß gefaßt, neben dem ›Institut der Kriegskommissare und Politischen Leiter‹ den Apparat des NKVD, genauer die Besonderen Abteilungen (Osobye otdely) des NKVD, in der Roten Armee zu restituieren. Eine Verordnung des Staatssicherheitsausschusses vom 17. Juli 1941 unterstellte die erst im März 1941 in das Volkskommissariat der Verteidigung als 3. Abteilung (Otdel 3. Upravlenija NKO) eingegliederten Besonderen Abteilungen wieder dem NKVD unmittelbar[8)] – ein alles andere als nur administrativer Vorgang, den der Volkskommissar Berija durch Erlaß vom 18. Juli 1941 näher erläuterte und mit den »ruhmreichen tschekistischen Traditionen«, das heißt mit den großen Erfahrungen bei der Ausübung des Massenterrors begründete.

Es ist bezeichnend, daß die Existenz der mit unbegrenzten Vollmachten ausgestatteten terroristischen Geheimorganisation ›Osobyj otdel‹ in der Roten Armee[9)] bis in die Gegenwart hinein so gut wie unbekannt geblieben und etwa in der westdeutschen Publizistik immer nur von sogenannten ›politischen Kommissaren‹ (gemeint Kriegskommissaren und Politischen Leitern) die Rede ist. Und gerade diese Filiale des NKVD hatte in den Streitkräften eine Aufgabe von höchster Wichtigkeit zu erfüllen, sie war beauftragt zu »einem erbarmungslosen Kampf mit Spionage und Verräterei in den Verbänden, Liquidation der Deserteure unmittelbar in dem der Front benachbarten Streifen«, zu »einem erbarmungslosen Kampf gegen die feindliche Geheimarbeit feiger Verräter und Deserteure«. Dementsprechend erhielten die Besonderen Abteilungen aller Ebenen bis einschließlich zu den Divisionen (Divizionnyj Osobyj otdel) die Befugnis, Deserteure aus dem Stande der Soldaten, Unteroffiziere und in unaufschiebbaren Fällen der Offiziere jederzeit zu verhaften und erforderlichenfalls auf der Stelle zu erschießen. Verhaftung der Angehörigen des »mittleren, höheren und höchsten Führerbestandes« war an sich an die vorherige Genehmigung durch die Besondere Abteilung des NKVD der betreffenden Front gebunden – ein allerdings kaum mehr als formales Hindernis, da, wie auch Major Kononov aussagte, diese Genehmigung ›grundsätzlich erklärt‹ und meist auch erst nach der Erschießung eingeholt wurde. In der Praxis war es dann so, daß »der Divisionskommandeur nachher kurz Mitteilung erhielt, wenn einer seiner Offiziere erschossen worden ist«.

Besondere Abteilungen des NKVD existierten auf der Ebene der Fronten, Armeen, Korps und Divisionen, während sich im Regimentsstab ein ›Bevollmächtigter‹ des Chefs der Besonderen Abteilung der Division mit seinen Mitarbeitern befand. Zum Zwecke der Bewachung der Verhafteten und zur Durchführung der Erschießungen verfügte die Besondere Abteilung der Division über ein eigenes Schützenkommando in Zugstärke. Es handelte sich bei den Besonderen Abteilungen, deren Personal zudem das Recht »jeglicher Kontrolle und Einsichtnahme in sämtliche Schriftstücke«

und der Teilnahme an allen Dienstbesprechungen hatte, um eine Organisation, deren Wirksamkeit primär auf einem alle Verästelungen der Armee durchdringenden Spitzelsystem beruhte. Der Befehl Nr. 40 des Chefs der Besonderen Abteilung des NKVD der 51. Selbständigen Armee, Brigadekommissar Pimenov, vom 25. Oktober 1941[10)] vermittelt eine Vorstellung davon, in welchem Umfange die ›Sowjetpatrioten‹ der Roten Armee einer Bespitzelung und Denunziation unterworfen waren. Denn Pimenov führte in drohendem Tone Klage darüber, daß in Ausführung des Stalinbefehls Nr. 270 und zusätzlicher NKVD-Befehle in der 276. Schützendivision immer noch kein »Massengeheimdienst«, kein »großangelegtes Auskunftsnetz«, kein »dichtes Netz von Nachrichtenagenten«, keine »arbeitsfähigen Zellen-Agenturen« durch »operative« Kundschafter, V-Männer und Agenten geschaffen worden seien. Während doch in jeder Kompanie neben einem »Residenten« mindestens acht »Agenten« (agenty osvedomiteli) angesetzt werden sollten[11)], hätte sich, wie er monierte, in einer bestimmten Kompanie dieser Division in vorderer Linie nur ein einziger Spitzel befunden, so daß die »klassenfeindlichen«, »konterrevolutionären«, »verbrecherischen Elemente« ungehindert ihre »Wühlarbeit« betreiben konnten.

Das Aktenmaterial der Besonderen Abteilung des NKVD der 19. Armee unter dem Oberst (der Staatssicherheit) Korolev gibt einigen Aufschluß über die durchschnittliche Tagesarbeit des übrigens auch die Kriegskommissare und Politischen Leiter überwachenden NKVD: Sie bestand, kurz gesagt, in der Entlarvung, Verhaftung und Liquidierung der ›Verräter‹. Ständig mußten ›viele hundert Anzeigen‹ von Kompaniespitzeln gegen die Soldaten ausgewertet werden. Zwischen dem 25. und 27. Juli 1941 wurden durch die Besondere Abteilung allein einer Division und deren Bewachungskommando ›bis zu 1000 Frontflüchtlinge‹ festgenommen. Und so lauteten einige wahllose Einzeleintragungen: »Vor versammelter Mannschaft sind 7 Mann erschossen worden ... Erschossen wurden weiterhin ohne Gerichtsurteil 5 Mann: 3 Deserteure und 2 Vaterlandsverräter, die den Versuch machten, zum Gegner überzulaufen. Erschossen wurden laut Urteil des Kriegstribunals 3 Deserteure, 16 Selbstverstümmeler, 2 Überläufer und 2 Mann wegen eigenmächtigen Verlassens des Schlachtfeldes.« »Am 29. August d. J. wurde vor versammelter Mannschaft der Kommandeur des 3. Bataillons des 400. Schützenregimentes, Jurgin Fedor, Mitglied der Allrussischen Kommunistischen Partei, erschossen. Jurgin hatte den Angriffsbefehl des Regimentskommandeurs, Major Novikov, nicht ausgeführt.«

Welche Methoden üblich waren, läßt sich auch einer zufällig aufgefundenen ›Sondermitteilung‹ der Besonderen Abteilung des NKVD der 264. Schützendivision an den Chef der Besonderen Abteilung des NKVD der 26. Armee, Major (der Staatssicherheit) Valis', über die erste Kampfhandlung des Schützenregimentes 1060 entnehmen.[12)] Als die jungen Soldaten der 4. Kompanie des 2. Bataillons versagten, eröffneten schwere Maschinengewehre das Feuer auf sie und töteten mindestens 60 von ihnen: »Der Kommandeur und der Politische Leiter erschossen alle, die versuchten, sich zu ergeben.« Einem Brief des Schriftstellers Stavskij an den ›lieben Genossen Stalin‹ zufolge wurden allein in der 24. Armee im Raum um El'nja innerhalb weniger Tage des August 1941 nach Angaben des Oberkommandos und der Politabteilung 480 – 600 Soldaten »wegen Fahnenflucht, Panikmacherei und anderer Verbrechen erschossen«.[13)] Angesichts solcher Größenordnungen sind die Akten denn auch angefüllt mit Angaben über Einzel- und Massenerschießungen in den Verbänden der Roten Armee. »Verblüffend hoch ist die Zahl der täglichen Hinrichtungen wegen Fahnenflucht und Selbstverstümmelung«, lautete ein deutsches Auswertungsergebnis. Kein Wunder also, daß, wie es an einer Stelle heißt, sich schon das bloße Bestehen der Besonderen Abteilungen »lähmend auf die Offiziere und Soldaten« auswirkte oder, wie die kriegsgefangenen Generale Snegov und Ogurcev und andere hohe Offiziere den Deutschen gegenüber bekannten: »Die Angst vor der gespenstischen Macht des NKVD war nicht zu überwinden«, »Bei allen Offizieren herrscht eine große Angst dem NKVD gegenüber.«[14)] Dies räumte auch der an sich den systemtreuen Offizieren zuzurechnende Oberbefehlshaber der 6. Armee, Generalleutnant Muzyčenko, am 9. August 1941 bereitwillig ein: »Das NKVD ist ein furchtbares Organ, das jeden von uns in jedem Augenblick vernichten kann.«[15)] Einer, der den Vorgängen nahestand, der Divisionskommissar der 176. Schützendivision, Filev, brachte die Funktion der Besonderen Abteilungen auf folgenden kurzen Nenner: »Jede konterrevolutionäre Tätigkeit wird sofort unbarmherzig mit drakonischen Mitteln unterdrückt.«[16)]

Die weitgehende Beschneidung der Befugnisse der Offiziere zugunsten der wiedereingeführten Kriegskommissare und Politischen Leiter und die Einrichtung des von der Armee unabhängigen Geheimapparates des NKVD erschienen Stalin noch nicht ausreichend genug, um die von ihm mit Mißtrauen beobachteten Streitkräfte gebührend in Schach zu halten. Aufgrund des Befehls Nr. 001919 des Hauptquartiers des Obersten Kommandos, unterzeichnet am 12. September 1941 von Stalin und Marschall Šapošnikov[17)], sollten innerhalb von fünf Tagen in jeder Division sogenannte Absperrabteilungen (Zagraditel'nye otrjady) aus »zuverlässigen Kämpfern«, aus »zuverlässigen, standhaften, ergebenen Kommandeuren, politischen Führern, Unterkommandeuren und Soldaten«, wie es an anderer Stelle heißt, in Bataillonsstärke gebildet werden. Diese gut bewaffneten, auch mit einigen Panzern und Panzerwagen ausgestatteten Absperrabteilungen erhielten die Befugnis, ein eigenmächtiges Zurückweichen der Fronttruppen mit Waffengewalt zu verhindern und alle in Panik geratenen Soldaten, die sich dem Kampf entziehen wollten, niederzuschießen.

Dem Ausführungsbefehl Nr. 04/00378 des Oberbefehlshabers der 19. Armee, Generalleutnant Lukin, und des Mitgliedes des Kriegsrates, Divisionskommissar Šeklanov, vom 15. September 1941 läßt sich entnehmen, daß es sich bei den Absperrabteilungen durchaus nicht nur um Formierungen von Fall zu Fall, sondern tatsächlich um etatmäßige und ›selbständige‹ Einheiten gehandelt hat. Neben diesen ständigen Absperrabteilungen der Divisionen, »1 Kompanie auf 1 Regiment«, aufgestellt auf der Höhe der Artilleriestellungen, sind aber schon im Juli 1941 ad hoc aufgestellte Absperrabteilungen der Regimenter (Polkovye Zagraditel'nye otrjady) nachweisbar. Nach Aussagen des Regimentskommandeurs, Major Kononov[18], erhielten diese vor Kampfhandlungen zur Tarnung jeweils in wechselnder Zusammensetzung aus Partei- und Komsomolmitgliedern gebildeten Abteilungen den Auftrag, alle ›Feiglinge‹, das heißt alle diejenigen zu erschießen, »die aus irgendwelchen Gründen nicht blindlings vorwärtsstürmen«. Im rückwärtigen Gebiet der Armeen, besonders auf Straßen und an Kreuzungspunkten, waren überdies getarnte Sperrkommandos »des Kriegskommissars und des Vorsitzenden der Besonderen Abteilung« postiert, um verdächtige Soldaten aufzugreifen, sie in die ›Sonderlager des NKVD‹ zu überführen, wo sie ›überprüft‹, d. h. meist erschossen wurden.

Die Absperrabteilungen erhielten in der Krise des Jahres 1942 eine Erneuerung. Denn Stalin kam in seinem bekannten Befehl Nr. 227 vom 28. Juli 1942 auf diese bewährte Einrichtung zurück und unterstrich seine Forderung noch mit einem von ihm selbst und dem jetzigen Chef des Generalstabes, General Vasilevskij, herausgegebenen Zusatzbefehl vom 31. Juli 1942.[19] Unter der Leitung von Angehörigen der Besonderen Abteilungen waren demnach unmittelbar hinter jede Division gut ausgerüstete Absperrabteilungen in Stärke von je 200 Mann zu entsenden und den Kriegsräten der Armeen zu unterstellen. Auch sie wiederum hatten im Falle ungeordneter Rückzüge »Panikmacher und Feiglinge auf der Stelle zu erschießen«. Rechnet man zu den Politischen Verwaltungen und Abteilungen, zu den Besonderen Abteilungen, zu den Absperrabteilungen noch die Justiz der Militärstaatsanwaltschaften und der Militärtribunale sowie die durch Befehl Nr. 227 eingeführten Strafbataillone und Strafkompanien hinzu und berücksichtigt man zudem die von diesen Organen angewendeten barbarischen Methoden, so begreift man etwas von den wahren Antriebskräften des sogenannten ›Massenheroismus‹ und des ›Sowjetpatriotismus‹ der Soldaten der Roten Armee im ›Großen Vaterländischen Krieg der Sowjetunion‹. Gerade die angewandten Methoden bedürfen aber noch einer genaueren Beachtung.

Allgemein gilt hier die Feststellung, daß die unmenschliche Behandlung der sowjetischen Soldaten sich nur durch ihre Perfektion von der Behandlung auch der sowjetischen Zivilbevölkerung im Kriegsgebiet unterschied.

Das Stichwort hatte Stalin gegeben, als er am 3. Juli 1941 dazu aufrief, dem Feind »kein Kilogramm Getreide, keinen Liter Benzin« zu überlassen und »alles wertvolle Gut ... das nicht abtransportiert werden kann ... unbedingt« zu vernichten. Dies wurde der Bevölkerung durch den sowjetischen Rundfunk am 7. Juli 1941 noch einmal besonders eingeschärft.[20] Vernichtet werden sollten das gesamte rollende Material, alle Rohstoffvorräte, der gesamte Treibstoff, jedes Kilogramm Getreide und jedes Stück Vieh. Eine Verwirklichung des nunmehr proklamierten Zerstörungsprinzips bedeutete, daß damit auch die Lebensgrundlagen der Zivilbevölkerung unweigerlich zerstört wurden. Und ebenso mußte der gleichzeitig entfachte völkerrechtswidrige Partisanenkrieg unabsehbare Konsequenzen heraufbeschwören und die Bevölkerung der Gefahr härtester Repressalien seitens der deutschen und verbündeten Truppen aussetzen.

Schon am 29. Juni 1941 hatten der Rat der Volkskommissare und das Zentralkomitee der VKP [b] Anweisung gegeben, alle Kräfte der ›sowjetischen‹ Bevölkerung zum Kampf gegen die Deutschen zu mobilisieren und einen umfassenden Volkskrieg im Hinterland des Feindes zu organisieren.[21] Welches Gesicht dieser ›Volkskrieg‹ tragen sollte, mag stellvertretend für viele ähnlich lautende Aufrufe[22] eine Direktive des Zentralkomitees der Kommunistischen Partei [b] Weißrußlands vom 1. Juli 1941[23] verdeutlichen, die der im Entstehen begriffenen ›Partisanenbewegung‹[24] folgende Aufgaben übertrug: »Jede Verbindung im Hinterland des Gegners zu vernichten, Brücken und Straßen zu sprengen oder zu beschädigen, Treibstoff- und Lebensmittellager, Kraftfahrzeuge und Flugzeuge anzuzünden, Eisenbahnkatastrophen zu arrangieren, Feinde zu vernichten, ihnen weder Tag noch Nacht Ruhe gebend, sie überall zu vernichten, wo man sie erwischt, sie mit allem zu töten, was man zur Hand hat: Beil, Sense, Brecheisen, Heugabeln, Messern ... Bei der Vernichtung der Feinde schreckt nicht davor zurück, beliebige Mittel anzuwenden: Erwürgt, zerhackt, verbrennt, vergiftet den faschistischen Auswurf.« Nach einer Aussage des festgenommenen Partisanen Kozlov vom 1. Oktober 1941 hatte das Mitglied des Zentralkomitees der Partei Kazalapov aus Chol'm überdies dazu aufgefordert, deutsche Soldaten und Verwundete »vor der Erschießung durch Verstümmelung noch zu quälen«.[25]

Es waren nicht nur die zum Teil zwangsweise, unter der Androhung der Erschießung[26], aus der männlichen Bevölkerung rekrutierten Partisanenabteilungen und Partisanengruppen, die jetzt einen völkerrechtswidrigen, zu Geist und Buchstaben der Haager Landkriegsordnung in einem krassen Widerspruch stehenden Freischärlerkrieg eröffneten. In verantwortungsloser Weise wurde die gesamte Zivilbevölkerung einbezogen, wie schon ein Aufruf verrät, den der Oberbefehlshaber der Westfront, Marschall der Sowjetunion Timošenko, und mit ihm das Mitglied des Kriegsrates, Bulganin, am 6. August 1941 an alle Einwohner »der vom Feinde besetzten Gebiete« richtete.[27] »Überfallt und vernichtet die deutschen rückwärtigen Verbindungen, Transporte und Kolonnen, verbrennt und zerstört die Brücken, zerreißt die Telegraphen- und Telephonleitungen, zündet Häuser und Wälder an«, wurden »die Arbeiter, Bauern und alle Sowjetbürger« aufgefordert. »Schlagt den Feind, quält ihn zu Tode durch Hunger, verbrennt ihn durch Feuer, vernichtet ihn durch die Kugel und Handgranate ... Für die Ausführung der Zerstörungen im Rücken des Feindes verwendet weitgehendst die örtlichen Mittel, verwendet Hilfsmittel, welche Sprengstoff verlangen ... Zündet die Lager an, vernichtet die Faschisten wie tolle Hunde.« Alles leicht gesagt von denjenigen, die sich in Sicherheit wußten; die Folgen hatte das Volk zu tragen. Denn keine Armee in der ganzen Welt, die gegen eine solche Art der Kriegführung nicht die härtesten Repressalien ergriffen haben würde.

Manche Flugblätter wandten sich eigens an die russischen Frauen.[28] Mit der Behauptung, die deutschen Soldaten »töten kleine Kinder vor den Augen der Mütter, sie schlitzen die Bäuche der schwangeren Frauen auf, schneiden die Brüste von nährenden Müttern ab, vergewaltigen Frauen, Mütter und Schwestern und treiben sie in Freudenhäuser«, wurden die Frauen, die »lieben Bürgerinnen«, zur Begehung völkerrechtswidriger Akte von höchster Gefährlichkeit aufgerufen. Für diejenigen Frauen aber, die, wie die Mehrheit von ihnen, in den besetzten Gebieten nichts mehr herbeisehnten als die baldige Einkehr halbwegs erträglicher Lebensverhältnisse, hatten die Sowjets eine versteckte Drohung parat: »Wir sehen uns bald wieder, wir werden bald wieder mit Euch beisammen sein!« Jeder wußte, was das zu bedeuten hatte. Agenten waren beauftragt, »genaue Listen« aller Personen zusammenzustellen, die in irgendeiner Weise mit den Deutschen verkehrten oder vielleicht auch nur sich einer deutschen Einquartierung nicht hatten entziehen können.[29] Wie Oberleutnant Kovalev von der 223. Schützendivision aussagte, wurde die Bevölkerung überdies zu Arbeitsverweigerungen aufgerufen.[30] Felder, Wälder und Gebäude sollten in Brand gesetzt werden. Die Landbevölkerung sollte das Getreide verbrennen, landwirtschaftliche Geräte zerstören, die Arbeiterschaft in den Städten die Maschinen vernichten und die Werksanlagen niederlegen. »Es lebe unser großer Stalin!«, riefen Timošenko und Bulganin der Bevölkerung zu[31], die aufgefordert wurde, sich selbst ihrer letzten Lebensmöglichkeiten zu berauben.

Um der von Stalin am 3. Juli 1941 proklamierten und von den Partei- und Staatsorganen durch Direktive des Zentralkomitees und des Rates der Volkskommissare schon am 29. Juni 1941 eingeführten Politik der ›verbrannten Erde‹ Nachdruck zu verleihen, wurden sogenannte ›Vernichtungsbataillone‹ (Istrebitel'nye batal'ony) aus Partei- und Komsomolmitgliedern und systemtreuen Elementen formiert.[32] Ihre Aufgabe bestand darin, in den vom Feind bedrohten Zentren und Städten des Landes Zerstörungen in größtmöglichem Umfange durchzuführen. Auf Befehl des Hauptquartiers des Obersten Befehlshabers bildete man unter der Leitung der Hauptverwaltung für Militäringenieurwesen und im Zusammenwirken mit den Frontstäben, etwa in Char'kov, Kiev und in anderen Städten, auch operative Pioniergruppen zu dem alleinigen Zweck, alle wichtigen Objekte und Häuser in der Region zu sprengen oder zu unterminieren.[33] Von Generaloberst Volkogonov wurde zudem der Befehl Nr. 0428 des Hauptquartiers des Obersten Befehlshabers vom 17. November 1941 veröffentlicht.[34] In diesem für seine ›Grausamkeit‹ charakteristischen ›schrecklichen Befehl‹ ordnete Stalin an, in jedem Regiment besondere Brandstifterkommandos zu formieren, die, auch im Falle eines erzwungenen Rückzuges, gemeinsam mit Partisanen und Diversanten alle menschlichen Siedlungen und Behausungen im deutschen Hinterland in einer Tiefe von 40 – 60 Kilometern und 20 – 30 Kilometern rechts und links der Straßen ohne Ausnahme »vollständig zu zerstören und niederzubrennen« hatten. Zusammengefaßte Kräfte der Luftwaffe und der Artillerie sollten sich an diesem Zerstörungswerk beteiligen. Irgendeine Rücksichtnahme auf die hier ja auch lebende Bevölkerung, die ihres letzten Unterschlupfes beraubt und in die eisigen Schneewüsten hinausgejagt wurde, gab es nicht. »Dörfer und Häuser brannten immer dort, wo keine Deutschen waren«, schreibt Volkogonov. »Wo sich Okkupanten befanden, war es nicht einfach, Feuer zu legen ... Die verwitterten Bauernhöfe loderten hell, Mütter drückten angsterfüllt die weinenden Kinder an sich. Ein Stöhnen lag über den leidgeprüfen Dörfern der Heimat.« Der den Front- und Armeestäben übermittelte Stalinbefehl ist offenbar schon vorfristig befolgt worden, wie von den Deutschen erbeutete Dokumente über das ›systematische Niederbrennen‹ zeigen. So etwa erteilte der Chef des Stabes des Schützenregimentes 1322, Major Žarkov, dem 1. Bataillon schon am 17. November 1941 den Kampfauftrag, in der kommenden Nacht die Dörfer bei Barykovo, Lutovinovo und Krjukovka niederzubrennen und die Menschen (Soldaten und Zivilpersonen), die die Häuser verlassen wollten, mit Handgranaten und Feuerwaffen zu vernichten.[35]

Die Gefühllosigkeit Stalins den Leiden der Bevölkerung gegenüber zeigte sich auch in einem Befehl, den er am 21. September 1941 dem vor Leningrad befehlsführenden Armeegeneral Žukov, den Mitgliedern des Kriegsrates Ždanov und Kuznecov sowie dem Repräsentanten des NKVD Merkulov erteilt hatte.[36] Der Anlaß ist nicht verbürgt und auch nicht gerade glaubwürdig. Jedenfalls hatten die Genannten gemeldet, die deutschen Truppen würden »Greise, Greisinnen, Frauen und Kinder« nach Leningrad vorausschicken mit der Bitte an die Bolschewisten, Leningrad zu übergeben und Frieden zu schließen. Stalin reagierte in gewohnter Weise mit ›extremer Grausamkeit‹ und mit der Drohung, daß diejenigen »in unseren Reihen«, die Hemmungen hätten, »gegen diese Art von Abgesandten« das Feuer zu eröffnen, »vernichtet werden müssen, denn sie sind gefährlicher als die deutschen Faschisten«. Sein ›Ratschlag‹, in Wirklichkeit ein von dem Chef des Generalstabes der Roten Armee, Marschall der Sowjetunion Šapošnikov, übermittelter Befehl, lautete: »Keine Sentimentalitäten, sondern dem Feind und seinen Helfern, den freiwilligen und den unfreiwilligen, in die Zähne schlagen ... Schlagt mit aller Kraft auf die Deutschen und ihre Abgesandten ein, wer sie auch sein mögen. Mäht die Feinde nieder, ganz gleich, ob sie freiwillige oder unfreiwillige Feinde sind. Keine Gnade den deutschen Halsabschneidern und ihren Abgesandten, wer sie auch sein mögen.« Den Kommandeuren und Kommissaren der Divisionen und Regimenter in Leningrad ist dieser Feuerbefehl Stalins gegen Greise, Frauen und Kinder umgehend übermittelt worden.

Die unmenschliche Haltung Stalins und seines Regimes der eigenen Bevölkerung gegenüber zeigte sich vollends, nachdem die deutschen Truppen 1943 den Rückzug angetreten hatten und sowjetische Truppen Zug um Zug die bisher besetzten Gebiete zurückgewannen. Den Truppen der Roten Armee auf dem Fuße folgten überall Grenztruppen und die Truppen des NKVD zur Sicherung des Hinterlandes, die die Aufgabe hatten, »tschekistische Maßnahmen« zu ergreifen, um »das gesamte von den Okkupanten befreite Territorium«, insbesondere die Städte und bewohnten Punkte, »bis zum letzten von feindlichen Elementen und ihren Helfern«, von »Agenten des Feindes und sonstigen feindlichen Elementen«, zu säubern, die Situation zu ›normalisieren‹ und ›wiederherzustellen‹ und eine ›revolutionäre Ordnung‹ im Rücken der kämpfenden Front zu schaffen.[37)] Was dies zu bedeuten hatte, zeigte die Praxis der sowjetischen Sicherheitsorgane mit hinreichender Klarheit: Die Erschießung aller Einwohner und Bewohner ohne Rücksichtnahme auf Alter und Geschlecht, die ein wenn auch nur leidliches Verhältnis zur deutschen Besatzungsmacht oder deren Soldaten unterhalten hatten. Es waren Hunderttausende, die den Säuberungsmaßnahmen der Organe des NKVD jetzt zum Opfer fielen, eine Größenordnung, die mit der Anzahl der Opfer der Einsatzgruppen der Sicherheitspolizei und des SD auf deutscher Seite vergleichbar ist, wenn sie dieselbe nicht gar übertraf.

Ein furchtbares Schicksal erwartete die kaukasischen Völker der Kalmyken, Karačajer, Čečenen, Ingušen, Balkaren, Teile des kabardinischen Volkes sowie die Krimtataren ihrer Zusammenarbeit mit der deutschen Besatzungsmacht wegen.[38)] Nach ersten, schon tiefgreifenden blutigen Säuberungswellen wurden diese Völker auf Beschluß Stalins, des Politbüros des Zentralkomitees der VKP [b] und des Staatlichen Verteidigungskomitees (GKO) 1943/1944 aus ihren angestammten Wohnsitzen gerissen und entweder in die Konzentrationslager der unwirtlichen Gebiete Sibiriens und nördlich des Polarkreises oder aber nach Mittelasien deportiert, dort zerstreut, ihrer Volkspersönlichkeit somit entkleidet und fortan praktisch als Sträflinge behandelt. Zehntausende sind diesem von Chruščev 1956 so genannten ›Massenverbrechen‹, an dem er selbst beteiligt gewesen war, zum Opfer gefallen, einem Verbrechen, das unter Anwendung ebenso heimtückischer wie brutaler Methoden verübt wurde mit den üblichen Begleiterscheinungen von Erschießungen und systematischem Auseinanderreißen von Familien. Es liegt hier eindeutig der Tatbestand des Völkermordes vor, nach der Definition der 1948 abgeschlossenen, 1954 auch von der Regierung der UdSSR ratifizierten United Nations Genocide Convention (Convention on the Prevention and Punishment of the Crime of Genocide).

Wer schon der eigenen Zivilbevölkerung gegenüber so schonungslos verfuhr, der konnte natürlich auch den eigenen Soldaten gegenüber keine Schonung kennen. Es läßt sich dies an vielen Eigentümlichkeiten erweisen. Eine verbreitete Erscheinung in der Roten Armee war es zum Beispiel, daß Soldaten sich vor ernsthaften Angriffen selbst Verletzungen beibrachten, um sich den Kampfhandlungen zu entziehen. Die in allen Truppenteilen anzutreffenden Selbstverstümmeler wurden, wie sich den Akten immer wieder entnehmen läßt, in der Regel erschossen, ob mit oder ohne Urteil der Militärtribunale, war für sowjetische Verhältnisse unerheblich. Die schon im Jahre 1941 beträchtliche Anzahl von Verurteilungen wegen Selbstverstümmelung stieg im Jahre 1942 sprunghaft an, in der Kalininfront, der Südwestfront und Nordfront von Januar bis Mai 1942 fast um das Doppelte, in der Nordwestfront in demselben Zeitraum um das Neunfache. Nicht etwa den Umstand, daß sich in der ›Etappe‹, das heißt in den Feldlazaretten und Militärkrankenhäusern des Hinterlandes, »manchmal Hunderte von Selbstverstümmelern« befanden, sondern daß nur wenige solcher Fälle im vorderen Frontbereich, in den Verbandplätzen (PPM) und Sanitätsbataillonen (MSB), ermittelt wurden, nahm der Hauptmilitärstaatsanwalt der Roten Armee, Korpsjurist Nossov, am 18. Juli 1942 zum Anlaß des Einschreitens. Durch seinen Befehl Nr. 0110 wurden die Militärstaatsanwälte der Fronten und Armeen angewiesen, nicht, wie bisher immer, erst nachträglich tätig zu werden, sondern schon in der Zeit der Vorbereitung oder unmittelbar nach Beginn aktiver Kampfhandlungen einige Selbstverstümmeler zu überführen, sie zu verurteilen und sie anschließend, um ein Höchstmaß von Abschreckung zu erzielen, sofort »vor versammelter Mannschaft« zu erschießen.[39] Einschüchterung – das war auch auf diesem Felde das Prinzip, um unter den Soldaten der Roten Armee ›Massenheroismus‹ und ›Sowjetpatriotismus‹ zu erzeugen. Im Unterschied zu den Verhältnissen in der deutschen Wehrmacht, wo Soldaten nur im Ausnahmefall der Begehung sogenannter Selbstverstümmelungen verdächtigt wurden[40]), richtete sich in der Roten Armee der Verdacht von vornherein grundsätzlich gegen die breite Soldatenmasse. Selbst in verwundetem oder krankem Zustand noch sollten sie dem von Generalleutnant Chrulev unterzeichneten Befehl des Volkskommissars der Verteidigung Nr. 111 vom 12. April 1942 zufolge bis in die Sanitätseinrichtungen hinein als Selbstverstümmeler verdächtigt und verfolgt werden.

Das der sowjetischen Sklavenhaltergesellschaft eigene System der Nichtachtung von Menschenleben tritt deutlich zutage bei dem von der Roten Armee praktizierten Angriffsverfahren, der Taktik der ›menschlichen Dampfwalze‹, die nach Generalmajor Grigorenko unter der ›unmenschlichen Devise‹ stand: »Menschenleben dürfen nicht geschont werden.«[41]) Generaloberst Volkogonov hat Tausende von operativen Dokumenten des Obersten Befehlshabers Stalin durchgesehen und nicht in einem einzigen von ihnen einen Hinweis darauf gefunden, daß es darauf ankomme, Menschenleben zu schonen, die gestellten Ziele mit einem Minimum von Opfern zu erreichen, die Soldaten nicht in unvorbereitete Angriffe zu werfen. Ganz im Gegenteil verlangte Stalin Erfolge »um den Preis beliebiger Opfer« (cenoj ljubych žertv), wie er etwa in einem Befehl »sowohl Generaloberst Eremenko als auch Generalleutnant Gordov verpflichtete, keine Kräfte zu schonen und nicht vor irgendwelchen Verlusten zurückzuschrekken«. »Opfer, massenweise Opfer« waren ihm gleichgültig und zählten einfach nicht, wenn nur der erstrebte Erfolg eintrat.[42]) Und so führte er, nach Volkogonov, die Streitkräfte zum Siege »um den Preis unaussprechlicher Verluste«. Woher kommt es, so Volkogonov, »daß unsere Verluste zwei- bis dreimal so hoch waren wie die des Gegners?«[43]) – eine noch untertreibende Frage, da nach den Erfahrungen der finnischen Armee die sowjetischen Verluste schon im Winterkrieg die finnischen ›vorsichtig geschätzt‹ um das Fünffache übertroffen hatten: »Ohne jede Rücksicht auf Verluste ist die Infanterie in Massen gegen die finnischen Stellungen getrieben worden.«[44]) Diese Relation bestätigten Autoren der ausgehenden Sowjetzeit, als sie, sehr zum Mißvergnügen des stalinistischen Voenno-istoričeskij Žurnal (4/1991), klarstellten, »daß unsere Armee im vergangenen Krieg Verluste erlitt, die fünfmal so hoch und noch höher waren als die der Hitlerarmee«[45]).

Das bereits im Winterkrieg in der Roten Armee angewandte Angriffsverfahren, das sich von demjenigen aller anderen Armeen unterschied, wiederholte sich in vergröberter Form während des deutsch-sowjetischen Krieges, entsprechend der dem Chef der Politischen Hauptverwaltung, Armeekommissar 1. Ranges Mechlis, zugeschriebnenen Devise: »Sie können nicht alle töten!« »Mißlingt der erste Angriff, so führt stures Festhalten am Auftrag oft zum Verbluten der russischen Infanterie im Abwehrfeuer«, heißt es in einem deutschen Erfahrungsbericht aus dem Jahre 1941. Und die Majore Anikin und Goračev vom 10. Schützenkorps umschrieben dieses Angriffsverfahren am 10. März 1943 im Kuban'–Brückenkopf folgendermaßen: »Wenn einmal die Durchführung befohlen ist und sich die Durchführbarkeit dieses Befehls als unmöglich herausstellt, so werden trotz höchster Verluste die Rotarmisten immer wieder in den Kampf an derselben Stelle gejagt.«[46] Wie konnte dies auch anders sein in einer Armee, in der schon die Armeeführer persönlich bedroht wurden. Stalin war in der letzten Dekade des Juli 1941 auf das Äußerste darüber erregt, daß die Deutschen Smolensk eingenommen hatten, sah er doch die Gefahr eines strategischen Durchbruchs auf Moskau heraufziehen. Im Auftrage des Hauptquartiers des Obersten Befehlshabers befahlen der Chef des Stabes des Oberkommandos der Westrichtung, General Malandin, und das Mitglied des Kriegsrates, Bulganin, dem Oberbefehlshaber der 16. Armee, Generalleutnant Lukin, dessen Truppen eingeschlossen waren, am 20. Juli 1941 die Wiedereinnahme der Stadt Smolensk um jeden Preis: »Der Befehl des Hauptquartiers ist durch Sie nicht ausgeführt worden ... Antworten Sie! ... Der Befehl ist auf jeden Fall bis zum Letzten auszuführen. Für die Nichtausführung werden Sie arretiert und dem Gericht übergeben.«[47] Einen entsprechenden Befehl hatte auch der Oberbefehlshaber der ebenfalls bei Smolensk eingeschlossenen 20. Armee, Generaloberst Kuročkin, erhalten.[48] Der schwerverwundete Generalleutnant Lukin vermittelte den Deutschen einen Eindruck davon, in welcher Form die Angriffe nun abliefen. Die demoralisierten Soldaten seien ›vorgetrieben‹ und bei den vergeblichen Versuchen ›immer wieder‹ zu Zehntausenden geopfert worden. »Die Truppen greifen nur unter dem härtesten Zwang der politischen Organe an«, so auch die Erfahrung des bereits genannten Regimentskommandeurs, Major Kononov.

Für das Bild derartiger Angriffe seien aus der unübersehbaren Menge einige entsprechende Zeugnisse angeführt.[49] »Von den eingesetzten Kräften in Stärke von etwa 700 Mann sind von dem ersten Vorstoß nur 70 – 80 zurückgekommen«, so etwa der Chef des Stabes der 46. Schützendivision, ein Oberst, am 24. Juli 1941. »Der zweite Vorstoß mit einem neu herangekommenen Bataillon ist ... ebenso verlustreich gewesen.«[50] Das deutsche IX. Armeekorps meldete am 2. August 1941, die feindlichen Angriffe würden »trotz stärkster Verluste außerordentlich zähe geführt ... Durch eigene Beobachtung und durch Gefangenenaussagen wurde festgestellt, daß die russische Infanterie durch MG–Feuer von rückwärts und mit der Pistole von den Kommissaren in den Kampf getrieben wird.«[51] »Seit 5 Tagen versuchen wir anzugreifen«, vertraute der gefallene Oberleutnant des 2. Bataillons der 5. Gardeschützenbrigade, Sergeev, am 17. April 1943 seinem Tagebuch an: »In den Kompanien sind 6 – 8 Mann geblieben.« Und am 1. Mai 1943: »Wir greifen mit altem Erfolg an, haben bloß viele Leute verloren.«[52] Was eine so abartige Angriffstaktik für die Soldaten der Roten Armee bedeutete, dafür mögen die Aussagen einiger gefangener Überlebender der 105. Schützenbrigade vom 11. Juli 1941 stehen[53]: »Am 7. 7. wurde die Brigade zum erstenmal bei dem Angriff auf Baškino eingesetzt«, so das Vernehmungsprotokoll. »Bei diesem ersten Angriff wurde das I. Bataillon fast vollständig aufgerieben ... Das Angriffsgelände soll bereits durch die vorangegangenen Angriffe der 12. Garde-Division mit Toten übersät gewesen sein. Nachdem das Bataillon sich nach dem ersten Angriff wieder gesammelt hatte, erschienen der Brigade-Kommandeur (ein Oberst) und der Brigade-Kommissar. Sie ließen alle Komsomolzen und Parteimitglieder heraustreten und bildeten aus ihnen die 1. Kompanie, die bei dem nächsten Angriff in zweiter Linie vorgehen und alle diejenigen erschießen sollte, die zurückgingen oder sich hinlegten. Auf Befehl des Kommissars wurden 3 Rotarmisten erschossen ... Bei dem nächsten Angriff am 9. 7. traten abermals sehr starke Verluste ein, so daß die Reste der Brigade gegen Mittag zu einem Bataillon zusammengefaßt wurden, das wiederum zu einem erneuten Angriff auf Baškino eingesetzt wurde. Von diesem Angriff kehrten am Abend des 9. 7. beim Versammeln des Bataillons nur noch 60 Mann zurück. Das Angriffsgelände stellte ein furchtbares Bild durch die große Zahl der Leichen dar, insbesondere in den Mulden lagen durch Volltreffer überall Teile von menschlichen Körpern umher, so daß kein Rotarmist sich diesem grausamen Anblick entziehen konnte.«

Erwähnenswert sind noch einige weitere Praktiken des Kampfverfahrens in der Roten Armee, etwa daß vor Angriffen, wenn irgend möglich, Schnaps ausgegeben wurde.[54] Als Folge hiervon gingen die Rotarmisten in dichter Zusammenballung vor und erlitten hohe Verluste. Anders als die deutsche war die sowjetische Infanterie oft nicht einmal mit Stahlhelmen ausgerüstet und dem Risiko schwerer Kopfverletzungen somit schutzlos preisgegeben. Schon in den Kämpfen mit den Japanern am Chasan-See und mit den Finnen im Winterkrieg waren Panzerbesatzungen in ihren Kampfwagen zuweilen mit Schlössern eingeschlossen worden.[55] Eine solche Einsperrung sowjetischer Soldaten wurde 1941 deutscherseits auch in Bunkern festgestellt.[56] In den Luftstreitkräften bestand das Verbot, mit Fallschirmen über deutschem Gebiet abzuspringen.[57] Häuser, so ein Befehl der 322. Schützendivision an den Kommandeur des Schützenregimentes 1087, Major Romanenko, vom 16. Januar 1942, sollten auch in brennendem Zustand weiter verteidigt werden.[58] Es spielte keine Rolle, wenn die Rotarmisten in den Flammen umkamen. In diesen Zusammenhang schließlich gehört auch, was Marschall der Sowjetunion Žukov nach dem Kriege dem hierüber sprachlosen amerikanischen General Eisenhower offenbarte, daß nämlich »wenn wir an ein Minenfeld kommen, unsere Infanterie genauso angreift, als wenn dasselbe nicht dort wäre«.[59] Die entstehenden Menschenverluste wurden als Selbstverständlichkeit hingenommen.

Das ganze System der Mißachtung von Menschenleben fand auch Ausdruck in der Art und Weise, wie von 1943 an mit dem zwangsgestellten Personalersatz in den wiedereingenommenen Gebieten umgesprungen wurde. Hierzu muß man sich vergegenwärtigen, daß die Bevölkerung des Kaukasus, der Kosakengebiete an Terek, Kuban' und Don wie auch in der südlichen Ukraine im allgemeinen ein besonders gutes Verhältnis zu den deutschen Truppen unterhalten hatte[60] – vom sowjetischen Standpunkt aus eine Haltung des Verrates und der Feindseligkeit. Die Zwangsaushebung aller Männer in wehrfähigem Alter unmittelbar nach der Wiedereinnahme dieser Gebiete war somit ein Teil der gegenüber der Bevölkerung gemeinhin ergriffenen Straf- und Racheakte. Wie sich dem Befehl Nr. 052 der 3. Gardearmee vom 23. Februar 1943 entnehmen läßt[61] und wie auch Major Genštaba Žilov vom Stabe der 58. Armee aussagte[62], war die Mobilmachung der männlichen Bevölkerung nach ersten wilden Rekrutierungen durch die Fronteinheiten den Korps- und Divisionskommandeuren überlassen worden, die Gelegenheit erhalten sollten, die hohen Personalausfälle in ihren Verbänden bequem wieder auszugleichen. In der Praxis wurden Ortskommandanten eingesetzt, die die männliche Bevölkerung unter hohen Strafandrohungen aufriefen und dann begannen, die Städte und Ortschaften mit Hilfe der Besonderen Abteilungen des NKVD und sonstiger NKVD-Organe systematisch nach ›wehrfähigen‹ Mannschaften zu durchkämmen[63] und die Aufgegriffenen noch »in der gleichen Nacht« rücksichtslos einzuziehen.[64] Wehrpflichtig und wehrfähig waren alle Männer bis zu 50, teilweise auch bis zu 60 Jahren[65] und grundsätzlich alle Jugendlichen in der Regel bis einschließlich Jahrgang 1927, bisweilen auch 1928, also auch die 16-jährigen und manchmal 15-jährigen, in verschiedenen Divisionen unter Verfälschung des Geburtsdatums.[66] Entsprechend dem Stalinwort, daß es in diesem Kriege keine Untauglichen geben dürfe, wurden nur »offensichtlich Kranke und Krüppel« zurückgestellt, selbst Körperbehinderte aber in vielen Fällen als ›wehrfähig‹ herangezogen. Die jungen Leute wurde je nach Einschätzung entweder sofort in die Fronteinheiten gesteckt oder den Strafeinheiten zugeführt, so daß, wie es an einer Stelle heißt, »die Strafkompanien zum größten Teil aus jungen und jüngsten Jahrgängen bestehen«.[67]

Meist nur notdürftig oder überhaupt nicht ausgebildet, teilweise in Zivilkleidung und nur schlecht bewaffnet und unzureichend verpflegt, wurden diese Menschen an vorderster Front sofort in den Kampf geworfen und gegen die deutschen Maschinengewehre getrieben. Immer wieder registrierten die deutschen Kommandostellen, so zum Beispiel auf der Halbinsel Taman' und anderswo, wie der Gegner seine Verbände ohne Aufklärung und Vorbereitung, Welle um Welle, unter »außerordentlich hohen Verlusten« gegen ausgebaute und voll abwehrbereite deutsche Stellungen anrennen ließ. Ein ungenannter sowjetischer politischer Offizier im Range eines Hauptmannes vermerkte denn auch in seinem Tagebuch am 4. März 1943 sehr zutreffend: »In der Umgegend sind die jungen Leute ... mobilisiert und gleich als Kanonenfutter in den Kampf geschickt.«[68] »Die hohen blutigen Verluste«, so übereinstimmend die Meinung sowjetischer Überläufer und Kriegsgefangener, »denen dieser nichtausgebildete und am Kampf für die Sowjet-Union nicht interessierte, zwischen Front und Sperrkommando kämpfende Ersatz naturgemäß unterworfen ist, werden bewußt getragen, da die Sowjet-Union an der Erhaltung dieser faschistisch verseuchten, somit eine Gefahr für die Stimmung der Roten Armee bildenden Elemente kein Interesse mehr hat.« Die deutschen Truppen trugen diesen unmenschlichen und völkerrechtswidrigen Methoden wenigstens insofern Rechnung, als sie bewaffnete Zivilpersonen nicht als Freischärler, sondern als Kriegsgefangene ansahen und behandelten, sofern diese sich in Gefechtsordnung und neben regulären Soldaten der Roten Armee befunden hatten.

In Beantwortung der bekannten Rede Churchills in Fulton am 5. März 1946 hatte Stalin in einem in dem Parteiorgan Pravda am 14. März 1946 veröffentlichten Auslandsinterview klargestellt, daß »die Sowjetunion in den Kämpfen mit den Deutschen und zudem infolge der deutschen Okkupation und der Verschickung von Sowjetmenschen zu deutscher Zwangsarbeit unwiederbringlich ungefähr (okolo) sieben Millionen Menschen«, das heißt demnach Militär- und Zivilpersonen, verloren hatte.[69] Diese Zahl erfuhr aus propagandistischen Gründen in der Folgezeit mehrfach noch eine drastische Erhöhung. So wurde die von dem Mitglied des Politbüros und stalinistischen Parteidoktrinär Suslov 1965 schon auf 20 Millionen vergrößerte[70] und für die Brežnev-Ära verbindliche Gesamtzahl an Militär- und Ziviltoten der UdSSR von dem sowjetischen Staatspräsidenten Gorbačev am 9. Mai 1990 auf 27 Millionen erhöht. Bei 8 Millionen 668 Tausend von ihnen hat es sich um Angehörige der bewaffneten Streitkräfte, einschließlich der Angehörigen der Inneren Truppen, der Grenztruppen und der Organe der Staatssicherheit (gosbezopasnosti) gehandelt.[71] Ein Jahr später, am Vorabend der Jubiläumsfeiern, dem 21. Juni 1991, verstieg sich ein sowjetischer Historiker, Professor Dr. Kozlov, gar zu der Behauptung: »Die UdSSR zahlte mit 54 Millionen Kriegstoten.«[72] Eine Auseinandersetzung mit offensichtlichen Spekulationen wird kaum zu einem verläßlichen Ergebnis führen. Und wie der österreichische Militärhistoriker, Universitätsdozent Dr. Magenheimer, überdies zutreffend feststellte, »liegt die Vermutung nahe, daß man einen Großteil der Ziviltoten den Repressalien, Liquidationen und Deportationen des stalinistischen Systems, nicht zuletzt den Zwangsrepatriierungen bei und nach Kriegsende 1945, die auf ausdrücklichen Wunsch Stalins erfolgt sind, wird zuschreiben müssen«.[73]

Stalin persönlich auch war es, der bei Kriegsende durch Befehl an die Oberbefehlshaber der 1., 2. Weißrussischen, der 1., 2., 3. und 4. Ukrainischen Fronten und an die »Genossen Berija, Genossen Merkulov, Genossen Abakumov, Genossen Golikov, Genossen Chrulev, Genossen Golubev« die Einrichtung riesiger NKVD/NKGB-Lager mit einem Fassungsvermögen für eine Million Personen für »ehemalige Kriegsgefangene und repatriierte Sowjetbürger« gefordert hatte. Was aber speziell die Zahl der Militärtoten angeht, so sei in Erinnerung gebracht, daß sich die Sowjetunion nicht nur mit dem Deutschen Reich, sondern zwischen 1939 und 1945 auch mit folgenden Staaten im Kriegszustand befunden oder diese mit Waffengewalt angegriffen hatte: Polen, Finnland, Italien, Rumänien, Ungarn, Slowakei, Kroatien, Iran, Bulgarien und Japan. Wenn schon Generaloberst Volkogonov die sowjetischen Verluste als zwei- bis dreimal so hoch wie die des Gegners veranschlagt, sie tatsächlich allein im Winterkrieg gegen Finnland ›vorsichtig geschätzt‹ aber das Fünffache des Gegners betragen hatten und sich das Verhältnis zwischen 1941 und 1945 weiter negativ verschoben haben dürfte, so müssen die Ursachen hierfür primär auf sowjetischer Seite zu suchen sein.

Die Sowjetunion hatte die Haager Landkriegsordnung nicht anerkannt und die Genfer Kriegsgefangenenkonvention nicht ratifiziert, um zu verhindern, daß Sowjetsoldaten sich in die Gefangenschaft des Gegners salvierten. Kriegsgefangene galten grundsätzlich als ›Landesverräter‹ und ›Deserteure‹, die mit allen Mitteln zu Lande und aus der Luft vernichtet werden sollten, wie sie denn von den sowjetischen Luftstreitkräften in den Lagern auch gezielten Bombenangriffen ausgesetzt gewesen waren. Für die Verluste unter den Kriegsgefangenen war, so auch die Meinung des Internationalen Komitees des Roten Kreuzes, ursächlich also die Sowjetregierung selbst verantwortlich, was die Deutschen aber nur insoweit zu entlasten vermag, als die Behandlung auf ihrer Seite nicht von Gleichgültigkeit und bösem Willen, sondern von der Macht der Umstände diktiert gewesen war. Die in der Roten Armee während der ganzen Dauer des Krieges üblichen Einzel- und Massenerschießungen haben des weiteren unter den Soldaten Verluste hervorgerufen, die nur schwer zu bestimmen sind, allgemein aber gewaltig gewesen sein müssen. Und endlich hat die Barbarei sowjetischer Angriffsverfahren Hekatomben von Menschenleben gekostet. Durch diese von der sowjetischen Führung kaltherzig einkalkulierten Angriffsmassaker unterschied sich die Rote Armee von den Armeen aller anderen Länder, einschließlich der deutschen. Und man braucht nur daran zu erinnern, wie ernsthaft etwa schon vor dem Ersten Weltkrieg im deutschen Reichsheer um eine Theorie für die Durchführung möglichst menschenschonender Infanterieangriffe gerungen worden war und daß das blinde Drauflosstürmen auf einen abwehrbereiten Gegner damals schon geradezu als verboten galt.

Allen Gegenmaßnahmen zum Trotz hatten sich bis Ende 1941 über 3,8 Millionen, insgesamt während des Krieges 5,245 Millionen Sowjetsoldaten, nach amtlicher Definition ›Landesverräter‹ und ›Deserteure‹, den Deutschen gefangengegeben. Zwei Millionen von ihnen sind vorwiegend im ersten Kriegswinter an Hunger und Seuchen zugrundegegangen. Eine große Anzahl ist von den Organen der Sicherheitspolizei und des SD in völliger Verblendung auch erschossen worden.[74] Eine Million sowjetischer Soldaten aber hatte freiwillig Kriegsdienste auf deutscher Seite genommen und sich zum Kampf gegen das Sowjetregime auf deutscher Seite bewaffnen lassen. Unter solchen Umständen stellt sich denn auch die Frage, wie man im Ernst von einem »Großen Vaterländischen Krieg der Sowjetunion« sprechen kann. Welche Berechtigung hat zudem die stereotype Redeweise eines angeblichen ›Massenheroismus‹ und ›Sowjetpatriotismus‹ der sowjetischen Soldaten, wenn es der Anwendung der verwerflichsten Zwangsmittel bedurfte, um die Rotarmisten in den Kampf zu treiben? »Ich wiederhole, die militärische Niederlage war das Resultat des Unwillens der Armee zu kämpfen«, schrieb der ehemalige Leutnant Oleg Krasovskij von der 16. Schützendivision ›Kikvidze‹, später Adjutant des Generalmajors der ROA Blagoveščenskij und bis zu seinem Tode 1993 Chefredakteur des vom Russischen Nationalverein herausgegebenen Almanach VEČE., im Hinblick auf 1941.[75] Nach Generalleutnant Professor Pavlenko sind die Fragen des deutsch-sowjetischen Krieges von der Sowjethistoriographie »skrupellos verfälscht« worden. Und es hat den Anschein, als gehörten zu diesen Fälschungen in erster Linie gerade jene geschwollenen Propagandaformeln, die die Geschichtsliteratur über den deutsch-sowjetischen Krieg bis in unsere Tage hinein durchziehen.

Anmerkungen zu Kapitel 5

[1] BA-MA, RH 21-2/650, 16.7.1941.
[2] BA-MA, RH 20-17/282, 9.8.1941.
[3] PAAA, Pol. XIII, Bd 12, Teil II, 11.8., 14.8.1941.
[4] PAAA, Pol. XIII, Bd 13, 30.9.1941.
[5] BA-MA, RH 21-2/v. 658, 19.9.1941.
[6] BA, R 6/77, 14.12.1941.
[7] PAAA, Handakten Ritter 29, Rußland, 20.7.1941.
[8] PAAA, Pol. XIII, Bd 8, o.D.
[9] BA-MA, RH 22/271, 12.7.1941.
[10] BA-MA, RH 20-17/283, 25.10.1941.
[11] BA-MA, RH 24-5/110, 14.8.1941.
[12] BA-MA, RH 20-17/283, 21.9.1941.
[13] Wolkogonow, Triumph und Tragödie, Bd 2/1, S. 179.
[14] PAAA, Pol. XIII, Bd 12, Teil II, 30.8.1941.
[15] PAAA, Handakten Etzdorf, Bd 24, 9.8.1941.
[16] Vgl. Kapitel 1, Anm. 25.
[17] BA-MA, RW 4/v. 329, 12.9.1941, auch für das folgende.
[18] Vgl. Kapitel 2, Anm. 28.
[19] BA-MA, RH 27-3/188, 19.8.1942; Wolkogonow, Triumph und Tragödie, Bd 2/1, S. 280.
[20] BA-MA, RH 24-3/134, 16.7.1941.
[21] Byčkov, Partizanskoe dviženie, S. 47.
[22] BA-MA, RW 2/v. 158, 27.7.1941; BA-MA, RW 4/v. 330, 1941.
[23] Zaroždenie i razvitie, S. 53f.
[24] BA-MA, RH 22/271, 15.7.1941.
[25] Ebenda 1.10.1941.
[26] BA-MA, RH 21-3/v. 472, 30.6.1942.
[27] BA-MA, RH 21-3/v. 437, 6.8.1941.
[28] BA-MA, RH 24-3/136, 12.11.1941.
[29] BA-MA, RH 24-3/135, 13.8.1941.
[30] BA-MA, RH 20-17/282, 26.8.1941.
[31] BA-MA, 20-17/332, 3.3.1942.
[32] Bilenko, Istrebitel'nye batal'ony; Kirsanov.
[33] Starino, Ėto bylo tajnoj.
[34] Wolkogonow, Triumph und Tragödie, Bd 2/1, S. 240f., S. 260f. (Prikaz Stavki Verchovnogo Glavnogo Komandovanija No. 0428).
[35] BA-MA, RH 24-24/336, 17.11.1941; BA-MA, RH 21-1/481, 12.12.1941.
[36] Wolkogonov, Triumph und Tragödie, Bd 2/1, S. 238 (»Žukovu, Ždanovu, Kuznecovu, Merkulovu«).
[37] Pograničnye vojska, S. 473, S. 490.
[38] Hoffmann, Kaukasien 1942/43, S. 456ff.
[39] BA-MA, H 20/290, 18.7.1942; Methodik für die Untersuchungsführung bei einzelnen Arten von Vergehen während der Kriegszeit, 1. Untersuchung bei vorsätzlichen Selbstverstümmelungen, ebenda.
[40] BA-MA, H 20/290, o.D.
[41] Hoffmann, Die Kriegführung aus der Sicht der Sowjetunion, S. 780f.
[42] Volkogonov, Stalin als Oberster Befehlshaber, S. 491f.
[43] Volkogonov, Verchovnyj Glavnokomandujuščij, S. 3, Archiv des Verf.
[44] BA-MA, RH 19III/381, 1940.
[45] Gareev, O mifach starych i novych, S. 46.
[46] BA-MA, 34691/2, 10.3.1943.

[47] BA-MA, RH 21-2/649, 20. 7. 1941.
[48] BA-MA, RH 24-5/110, 30. 7. 1941.
[49] Vgl. auch den Text deutscher Flugblätter, BA-MA, RH 21-3/v. 782.
[50] BA-MA, RH 21-3/437, 24. 7. 1941.
[51] BA-MA, RH 21-2/650, 2. 8. 1941.
[52] BA-MA, RH 20-17/487, 26. 7. 1943.
[53] BA-MA, RH 21-2/707, 11. 7. 1942.
[54] BA-MA, RW 4/v. 329, 3. 8. 1941; BA-MA 27759/15, 21. 12. 1942.
[55] BA-MA, RH 19III/380, 15. 1. 1940.
[56] BA-MA, RH 24-3/134, 23. 6. 1941; BA-MA, RH 24-17/152, Juni 1941.
[57] BA-MA, RH 24-3/134, 16. 7. 1941.
[58] BA-MA, RH 24-24/336, 16. 1. 1942.
[59] Eisenhower, Crusade in Europe, S. 467.
[60] Hoffmann, Kaukasien 1942/43, S. 430ff.
[61] BA-MA, RH 24-3/146, 5. 3. 1943.
[62] BA-MA, RH 20-17/457, 12. 2. 1943.
[63] Ebenda, 19. 6. 1943.
[64] BA-MA, RH 24-3/146, 2. 2. 1943.
[65] BA-MA, RH 24-3/147, 12. 3. 1943.
[66] BA-MA, RH 21-3/v. 496, 19. 10., 29. 10., 22. 12. 1943.
[67] Ebenda, 14. 10. 1943.
[68] BA-MA, RH 24-3/147, 21. 3. 1943.
[69] Interv'ju tov. I. V. Stalina.
[70] Magenheimer, Massenrepressalien, Bevölkerungsverluste und Deportationen, S. 540.
[71] Grif sekretnosti snjat, S. 129.
[72] Kozlov.
[73] Tepljakov, Tragedija plena.
[74] Hoffmann, Die Kriegführung aus der Sicht der Sowjetunion, S. 730; derselbe, Die Geschichte der Wlassow-Armee, S. 140f.
[75] Krasovskij, 22 ijunja 1941 goda, S. 7.

6.
Grundfragen der Sowjetpropaganda und deren Werkzeuge

Der 22. Juni 1941 hatte die internationale Situation der Sowjetunion von Grund auf verändert und sie von dem Odium ihrer bisherigen Partnerschaft mit Deutschland mit einem Schlage befreit. Denn durch das »in höchstem Grade amoralische und verbrecherische Abkommen« vom 23. August 1939 hatte sich Stalin, wie Dašičev dies formuliert, zum »Komplizen der faschistischen Aggression« gemacht. »Der deutsch-sowjetische Nichtangriffspakt vom 23. August 1939«, schon für den Sozialisten Rossi über jeden Zweifel erhaben, »war ein Angriffspakt gegen Polen... Das Geheimabkommen bewies... auf juristischer Ebene, daß dieses Verbrechen zu zweit begangen wurde, nämlich von Deutschland und Rußland... Die deutsch-sowjetischen Abkommen vom August/September 1939 hatten die Aufteilung Osteuropas zur Grundlage.«[1] Vom ersten Tage des deutsch-polnischen Krieges, dem 1. September, an hatte die Sowjetunion unmittelbar militärische Beihilfe zur Zerschlagung der Republik Polen geleistet, indem sie bereitwillig einem Ersuchen des Chefs des Generalstabes der deutschen Luftwaffe nachkam und durch den Rundfunksender in Minsk Peilzeichen für die in Polen operierenden deutschen Kampfflugzeuge gab. Am 3. September 1939 hatte die Sowjetregierung ihre ›unbedingte‹ Zustimmung zur Einnahme der ihr in Moskau zugesprochenen ›Interessensphäre‹ gegeben, seit dem 10. September mit dem deutschen Botschafter in Moskau, Graf von der Schulenburg, die technischen Modalitäten hierfür verabredet und am 17. September einen unprovozierten und vertragsbrüchigen Angriffskrieg in den Rücken des um seine Existenz ringenden Polen begonnen.

Die deutsch-sowjetischen Militärverhandlungen vom 20. September 1939 in Moskau gipfelten in einem Protokoll, in welchem die deutsche Wehrmacht sich verpflichtete, »notwendige Maßnahmen« zur Verhinderung »etwaiger Provokationen und Sabotageakte durch polnische Banden und dergleichen« in den der Roten Armee zu übergebenden Städten und Orten zu treffen. Die Rote Armee ihrerseits verpflichtete sich, die »nötigen Kräfte zur Vernichtung polnischer Truppenteile und Banden« auf dem Rückzugsweg deutscher Truppen zur Verfügung zu stellen. »Ein einziger Schlag gegen Polen«, so Volkskommissar Molotov, der verantwortliche Leiter der sowjetischen Politik, am 31. Oktober 1939 in einer Rede vor dem Obersten Sowjet, »erst seitens der deutschen, dann seitens der Roten Armee, und nichts blieb übrig von dieser Mißgeburt des Versailler Vertrages, die ihre Existenz der Unterdrückung nichtpolnischer Nationalitäten verdankt hatte.«[2] Auf ausdrücklichen Wunsch Stalins hin, der in einem Telegramm an Reichsaußenminister von Ribbentrop am 27. Dezember 1939 von einer »durch Blut« gefestigten »Freundschaft der Völker Deutschlands und der Sowjetunion« sprach, sollten nicht einmal Reste einer staatlichen Existenz Polens mehr bestehen bleiben, und jede nationale Widerstandsregung der Polen sollte in gegenseitiger freundschaftlicher Abstimmung schon im Keime erstickt werden. Der auf Kosten Polens und anderer souveräner Staaten abgeschlossene deutsch-sowjetische Grenz- und Freundschaftsvertrag vom 28. September 1939 hat die gemeingefährliche Zusammenarbeit der beiden großen Mächte besiegelt.

Nachdem die polnische Frage in sowjetischer Sicht – und zwar ›endgültig‹ – ›geregelt‹ war, wollte die Sowjetregierung, wie Stalin erklärte, sofort an die Lösung des ›Problems‹ der baltischen Staaten gemäß Protokoll vom 23. August 1939 herantreten, das heißt sie begann die souveränen Republiken Estland, Lettland und Litauen ungeachtet der bestehenden Verträge massiv unter Druck zu setzen und deren Unabhängigkeit Zug um Zug unter Anwendung politischen Terrors und der Androhung militärischer Gewalt zu erdrosseln. Finnland, das in Übereinstimmung mit dem deutsch-sowjetischen Vertrag vom 23. August 1939 ebenfalls als der ›Interessensphäre‹ der UdSSR zugehörig betrachtet wurde, war zweifellos ein ähnliches Schicksal zugedacht wie Polen und den baltischen Staaten[3)], nur nahm der unprovozierte, völkerrechtswidrige Angriffskrieg gegen Finnland infolge des hartnäckigen finnischen Widerstandes einen unerwarteten Verlauf, so daß die Sowjetregierung, um der drohenden Verwicklung mit den Westmächten zu entgehen, ihre Ziele Finnland gegenüber zurückstecken und sich – einstweilen – mit der Annexion großer Gebietsteile in Karelien begnügen mußte. Auf der Grundlage des deutsch-sowjetischen Abkommens vom 23. August 1939 nahm die Sowjetunion im Frühjahr 1940 auch Rumänien gegenüber eine aggressive Haltung ein. Das Oberkommando der an der sowjetisch-rumänischen Staatsgrenze konzentrierten sowjetischen 12. Armee und der mechanisierten Reitergruppe unter Generalleutnant Čerevičenko hatte am 26. Juni 1940 bereits Befehl zu einem Überraschungsangriff auf Rumänien erteilt, als die Regierung in Bukarest der ultimativen Forderung der Sowjetregierung nach Abtretung Bessarabiens und der Nordbukowina auf dringenden Ratschlag Deutschlands hin nachgab und der Ausbruch eines kriegerischen Konfliktes unterblieb.

Die Vereinbarungen Stalins mit Hitler hatten unmittelbar also zur Folge gehabt, daß die Sowjetunion Angriffskriege gegen Polen und Finnland führte, daß sie im Bunde mit Deutschland die Souveränität und Unabhängigkeit des polnischen Staates auslöschte, daß Rumänien unter Kriegsandrohung zu gewaltigen Landabtretungen gezwungen wurde und die Selbständigkeit der baltischen Republiken Estland, Lettland und Litauen unter indirekter oder direkter Gewaltanwendung beseitigt und diese Länder in das Sowjetimperium inkorporiert wurden. Polen war von der Sowjetregierung als eine ausschließlich die Sowjetunion und Deutschland angehende Frage ausgegeben und den Westmächten Großbritannien und Frankreich das Recht zu einer Einmischung in die polnischen Angelegenheiten grundsätzlich bestritten worden. Denn, so wurde in Moskau verbreitet, England und Frankreich, die über »Hunderte Millionen von Kolonialsklaven ungeteilt herrschen«, hätten überhaupt nicht die moralische Qualität, »von der Freiheit der Völker« zu sprechen. Die für die Kriegserklärung an Deutschland gegebene Begründung der Westmächte wurde denn auch als bloßer Vorwand zur Verschleierung der wahren Motive und Ziele bezeichnet, die in nichts anderem zu suchen seien, als in der Aufrechterhaltung des alten, von den Westmächten in Versailles geschaffenen und allein ihnen nutzbringenden Gleichgewichtes in Europa, das gerade zu beseitigen, den Worten Stalins zufolge, der eigentliche Sinn des deutsch-sowjetischen Vertrages gewesen war. Es sei ihnen allein um die Ausschaltung des erstarkenden Deutschland als gefährlichsten Konkurrenten auf dem Weltmarkt zu tun gewesen.

England und Frankreich wurden von der Sowjetregierung als Urheber eines imperialistischen Krieges gebrandmarkt und für seine Fortführung und Ausweitung verantwortlich gemacht. So bezeichnete denn auch Molotov in seiner Rede vor dem Obersten Sowjet am 31. Oktober 1939 das von den Westmächten vorgebrachte Motiv für eine Weiterführung des Krieges gegen Deutschland, den Kampf gegen den auch in der Sowjetunion bis 1939 und ab 1941 wiederum mit allen Mitteln bekämpften ›Faschismus‹, als eine sinnlose und verbrecherische Dummheit und Grausamkeit oder, wie die Pravda am 30. September 1939 schrieb, »ein von Provokateuren und ehrlosen Politikern an den Völkern begangenes Verbrechen«. Und Stalin, die offizielle Meinung zusammenfassend, erklärte der Pravda in einem Interview am 29. November 1939[4)]: »1. Nicht Deutschland hat Frankreich und England angegriffen, sondern Frankreich und England haben Deutschland angegriffen und damit die Verantwortung für den gegenwärtigen Krieg auf sich genommen; 2. Nach dem Ausbruch der Feindseligkeiten hat Deutschland Frankreich und England Friedensvorschläge gemacht, und die Sowjetunion hat die Friedensvorschläge Deutschlands öffentlich unterstützt, weil sie dachte und immer noch denkt, ein rasches Ende des Krieges würde die Lage aller Länder und Völker radikal erleichtern; 3. Die herrschenden Kreise Frankreichs und Englands haben Deutschlands Friedensvorschläge und die Bemühungen der Sowjetunion nach rascher Beendigung des Krieges in verletzender Weise zurückgewiesen. Das sind die Tatsachen.«

Die Partnerschaft und Komplizenschaft Stalins und Hitlers zeigte sich nicht nur darin, daß die Sowjetunion aktiver Mithandelnder war bei der gewaltsamen Umgestaltung der staatlichen Verhältnisse in Osteuropa, sondern daß sie das Deutsche Reich auch in seinem Kampf gegen die Westmächte politisch, wirtschaftlich und militärisch aktiv unterstützte. Die maritime Hilfeleistung für die deutsche Seekriegführung gegen England, die auf Geheiß Moskaus von der Kommunistischen Partei Frankreichs unternommene Sabotierung der französischen Kriegsanstrengungen[5)], das durch keinerlei Rücksichten gehemmte Bestreben der Sowjetregierung, die durch die Waffenerfolge Deutschlands in Europa geschaffene Lage völkerrechtlich zu sanktionieren, und schließlich die gigantischen strategischen Wirtschaftslieferungen an das Reich – alle diese Vorgänge sind bereits hinreichend bekannt und brauchen an dieser Stelle nicht mehr wiederholt zu werden. Nur einige markante Äußerungen seien angeführt, um die Haltung des Sowjetstaates zu charakterisieren.

Da es in sowjetischer Sicht allein die Westmächte waren, die eine Fortsetzung des Krieges wünschten, wurde die Besetzung Dänemarks und Norwegens durch die deutschen Truppen im Frühjahr 1940 als ein berechtigter Gegenzug gegen die von Großbritannien und Frankreich betriebene Ausweitung des Krieges auf Nordeuropa gewertet. Molotov hatte der Reichsregierung am 9. April 1940 in aller Form das Verständnis der Sowjetunion für die, wie er sich ausdrückte, Deutschland »aufgezwungenen ... Verteidigungsmaßnahmen« ausgesprochen und ihr hierbei »vollen Erfolg« gewünscht. Die auflagenstärksten Zeitungen der UdSSR, das Parteiorgan Pravda, das Regierungsorgan Izvestija und das Gewerkschaftsorgan Trud, kommentierten die Vorgänge in Skandinavien in der Weise, daß sie schrieben, England und Frankreich seien in die neutralen Gewässer der skandinavischen Länder ›eingefallen‹, um Deutschlands militärische Lage zu unterminieren. Angesichts der Tatsache, daß die Westmächte »die Souveränität der skandinavischen Staaten verletzt«, die »Kriegshandlungen auf Skandinavien ausgedehnt« hätten, sei eine Diskussion der Rechtmäßigkeit des Deutschland ›aufgewungenen‹ Vorgehens eine ›Lächerlichkeit‹. England und Frankreich hätten die »ganze Schwere der Verantwortung für die Ausdehnung der Kriegshandlungen nach Skandinavien auf sich genommen«. In seiner Rede vor dem Obersten Sowjet am 31. Juli 1940 erklärte Molotov in aller Offenheit, ohne indirekte Unterstützung durch die UdSSR hätte Deutschland seinen Machtbereich nicht auf Skandinavien und Westeuropa ausdehnen können.

Auch für die deutschen Angriffe auf die neutralen Länder Holland und Belgien fand die Sowjetregierung nur verstehende und verteidigende Worte. Pravda und Izvestija, von Stalin persönlich instruiert, verwiesen darauf, es hätte schon lange zu den Plänen des anglo-französischen Blockes gehört, auch Holland und Belgien »in den imperialistischen Krieg hineinzuziehen«. Deutschland habe infolgedessen vor der Notwendigkeit gestanden, einen Gegenschlag gegen den von den Westmächten geplanten Einmarsch in das Reichsgebiet zu führen. Nicht Deutschland, sondern England und Frankreich hätten somit »zwei weitere kleine Länder in die Flammen des imperialistischen Krieges« gestoßen. Ebenso wurde die deutsche Westoffensive gegen Frankreich in Moskau 1940 durchaus nicht als ›Einfall faschistischer Truppen‹, sondern als eine meisterhaft angelegte und durchgeführte strategische Operation gefeiert. Als Frankreich niedergeworfen war, sprach Molotov dem deutschen Botschafter Graf von der Schulenburg »die wärmsten Glückwünsche der Sowjetregierung zu diesem glänzenden Erfolg der deutschen Wehrmacht« aus. Die Sowjetunion hatte sich in der Rolle eines ›wertvollen Sekundanten‹ Deutschlands begriffen, und Botschafter Graf von der Schulenburg berichtete nach Berlin, die Verlautbarungen des sowjetischen Presse- und Propagandaapparates während der Operationen in Frankreich hätten den »besten Erwartungen« der Deutschen entsprochen. Molotov sollte mehrfach, so in seiner Rede vom 31. Juli 1940 und in seinen Unterredungen mit Hitler im November 1940, daran erinnern, daß die deutsch-sowjetischen Abkommen von 1939 »nicht ohne Einfluß auf die großen deutschen Siege gewesen seien«.

Die Komplizenschaft Stalins und Hitlers auf dem Weg in den Zweiten Weltkrieg und in der ersten Kriegsphase war, wie eingangs erwähnt, mit dem 22. Juni 1941 abrupt beendet. Ohne eigenes Zutun fand sich die Sowjetunion unversehens im Kreise der Staaten wieder, die sich Deutschlands zu erwehren hatten und sich im Kriege mit dem Reich befanden, eine, wie Stalin schon in seiner Rede vom 3. Juli 1941 aussprach, überaus günstige Situation, »ein ernster Faktor von langer Dauer, auf dessen Grundlage sich die militärischen Erfolge der Roten Armee im Kriege gegen das faschistische Deutschland entwickeln müssen«. Deutschland hatte sich, so Stalin, »in den Augen der ganzen Welt als blutiger Aggressor entlarvt«, aus welchem Grunde nach Stalin »die besten Menschen Europas, Amerikas und Asiens . . . der Sowjetregierung ihre Sympathien entgegenbringen, die Handlungsweise der Sowjetregierung billigen und erkennen, daß unsere Sache gerecht ist . . .« Von nun an gab es nur noch zwei klar voneinander geschiedene Kriegsparteien, die Angreifer, mit Deutschland an der Spitze, und die Angegriffenen, deren sichtbarstes Opfer jetzt ironischerweise die Sowjetunion geworden war. Diese günstige politische Lage wußte die Sowjetführung vom ersten Kriegstage an in einer noch nicht dagewesenen Hemmungslosigkeit auszunutzen, indem sie nun auch die Propaganda als Waffe voll in den Dienst der Kriegsanstrengungen stellte.

Es waren die sowjetischen Journalisten und Literaten, die Künstler und auch Historiker, die aufgerufen wurden, auf ihre Weise einen Beitrag zum Siege der Sowjetunion zu leisten. All ihren Witz und all ihr Können hatten sie aufzuwenden, um in bewährter Schwarz-Weiß-Manier ein Feindbild zu entwerfen, zu dessen Ausmalung ein jedes und selbst das verwerflichste Mittel recht war, wenn es nur dem einen Ziel diente, die Sowjetunion und die Angehörigen der Roten Armee mit Haßgefühlen gegen alles Deutsche zu erfüllen. Die »nichtsahnende, friedliche Sowjetunion«, so die bis heute kolportierte und anscheinend unausrottbare Geschichtslegende, sei von den »Faschisten heimtückisch und wortbrüchig« überfallen worden. Folgt man der Legende, so stand die Sowjetführung unter dem Schock dieses unerwarteten Treubruches ihres bisherigen Vertragsfreundes, Komplizen und Partners. Ein Schock aber zieht gemeinhin Lähmung und nicht etwa zielbewußtes, klares Handeln nach sich. Die sowjetische Kriegspropaganda indessen konnte schon an diesem 22. Juni 1941 mit einem anscheinend vorher festgelegten Programm aufwarten und zu arbeiten beginnen. Denn bereits an diesem ersten Kriegstag wurden die namhaften sowjetischen Schriftsteller unter dem Vorsitz des leitenden Funktionärs des Schriftstellerverbandes und Stalinfavoriten Fadeev zusammengerufen, um die erstaunlicherweise schon festgelegten Weisungen für eine radikale Kehrtwendung in der propagandistischen Behandlung Deutschlands entgegenzunehmen.[6)] In ›überraschender Eile‹, wie vermerkt wird, erhielten sie den Auftrag, nunmehr alle ihre Kräfte in den Dienst des jetzt entstehenden ›Heiligen Krieges‹ (Svjaščennaja vojna) zu stellen, wie dies der Verfasser sowjetischer Massenlieder, Lebedev-Kumač, in seiner wenige Tage später, am 24. Juni 1941 veröffentlichten gleichnamigen Hymne auch versprach.[7)] Wohlgesteuert brach in der Tat eine Propagandalawine los, die alles bisher Dagewesene in den Schatten stellte, die den gesamten sowjetischen Machtbereich durchdrang und tiefe Spuren auch in nichtsowjetischen Ländern hinterließ. Und die Deutschen hatten wenig Ahnung davon, was sich hier gegen sie zusammenbraute.

Aus der Zahl der Sowjetschriftsteller, die nun teilnahmen an der gegen die Deutschen gerichteten gigantischen Kriegspropaganda und die meist als Zeitungskorrespondenten zu den Front- und Armeestäben der Roten Armee abgingen, seien einige wenige besonders hervorgehoben. So zählte zu ihnen der bereits genannte, 1956 durch Selbstmord geendete Schriftstellerfunktionär Fadeev, ein ausgesprochener Parteiliterat, der seine Bekanntheit in der Sowjetunion dem 1927 entstandenen Partisanenroman »Razgrom« (Vernichtung) verdankte, eine Veröffentlichung, der 1945 der Roman »Molodaja gvardija« (Junge Garde) folgte, welcher den Kampf des ›sowjetischen Volkes‹ gegen die faschistischen Eroberer verherrlicht. Ferner wäre hier zu nennen der spätere Nobelpreisträger Šolochov, der in seinem weltbekannten Roman »Tichij Don« (Stiller Don), erschienen in vier Bänden zwischen 1928 und 1940, den Kampf zweier Welten schildert, einer guten und einer bösen, die bolschewistische dabei als die gute verstanden, und dessen Hauptbeitrag in der Propagandaschlacht des deutsch-sowjetischen Krieges neben unzähligen Artikeln in dem Parteiorgan Pravda und in dem Armeeorgan Krasnaja Zvezda in einer 1942 entstandenen Erzählung unter dem vielsagenden Titel »Nauka nenavisti« (Schule des Hasses) besteht.[8)] Ebenso vorzugsweise für Krasnaja Zvezda schrieb Simonov, der sich dem Thema des Sowjetmenschen im Kriege zuwandte, Verfasser einer Anzahl von Büchern, aber auch von Artikeln, Filmtexten,

Skizzen und dergleichen mehr.[9] Sein Kriegsgedicht »Ždi menja« (Warte auf mich), mit allen Mitteln popularisiert, wurde in der Sowjetunion Allgemeingut und erfreute sich in der breiten Menge einer ziemlichen Beliebtheit. Nicht zu vergessen ist ferner Professor Tarle, ein bekannter Historiker vorzugsweise der napoleonischen Zeit, Autor auch des zweibändigen Werkes »Krymskaja vojna« (Der Krimkrieg, 1941–1943), dessen publizistische und propagandistische Wirksamkeit während des Krieges ein Musterbeispiel ist für den Mißbrauch und die geistige Korrumpierung der historischen Wissenschaft für politische Zwecke unter dem Sowjetregime.[10]

Auch Aleksej Tolstoj gehört in diesen Zusammenhang, väterlicherseits der gräflichen Familie, mütterlicherseits der Familie Turgenev entstammend, ein begabter, etwas verschwommener Schriftsteller, der voll im Dienst des Stalinismus stand.[11] Als 1937 der Fieberwahn der ›Großen Säuberung‹ das ganze Land durchraste, war es Tolstoj, der im Ausland auf sogenannten ›antifaschistischen Kongressen‹ als Vertreter der Sowjetunion zum Zwecke der Beeinflussung der Intellektuellen des Westens auftrat. Es war gewiß auf seinen Namen nicht minder als auf seine Willfährigkeit zurückzuführen, daß er während des Krieges führend als Mitglied der »Außerordentlichen Staatlichen Kommission zur Untersuchung der Verbrechen der deutsch-faschistischen Eindringlinge und ihrer Verbündeten« in Erscheinung trat, einer Einrichtung der Kriegspropaganda, deren Zweckbestimmung weiter unten noch näher erörtert werden wird. Tolstoj erhielt für den unvollendet gebliebenen Roman »Petr Pervyj« (Peter I.) dann verdientermaßen auch den Stalinpreis. Seine Veröffentlichungen »Rasskazach Ivana Sudareva« (Erzählungen des Ivan Sudarev, 1942–1944), »Ivan Groznyj« (Ivan der Schreckliche) und »Trudnye gody« (Schwierige Jahre), vor allem aber seine zahlreichen emotionalen Propagandaartikel sollten nicht wenig zur Erweckung unguter Leidenschaften unter den sowjetischen Soldaten beitragen.

In erster Linie aber gilt es, sich an Il'ja Grigor'evič Ehrenburg (Ėrenburg) zu erinnern, der in der Kriegspropaganda der Sowjetunion die beherrschende Rolle spielte.[12] Ehrenburg ist nicht einfach abzutun mit dem Bemerken, es habe sich bei ihm eben um einen Menschen mit »schuldhafter krimineller Energie großen Ausmaßes«, um einen ›Mordhetzer‹ oder vielleicht nur um einen ›Psychopathen‹, einen Menschen mit krankhafter Veranlagung, gehandelt. Denn eine kriminelle oder psychopathische Veranlagung braucht eine schriftstellerische und journalistische Begabung keinesfalls auszuschließen. Dies in Verbindung mit mangelnder Wahrheitsliebe und dem Fehlen aller moralischer Skrupel ließen ihn jedenfalls zu dem wichtigsten Werkzeug der gegen das Deutschtum gerichteten Haßpropaganda werden. Die jahrelang von ihm mit großem Geschick betriebene politische Agitation und die opportunistische Raffinesse, mit der er nach dem Tode seines Meisters Stalin in dem Roman »Tauwetter« und in seinen Lebenserinnerungen »Ljudi, gody, žizn'« (Menschen, Jahre, das Leben) das Vergangene und seine eigene Handlungsweise umzubewerten und zu verschleiern und sich auf die neuen Verhältnisse einzustellen wußte, hat ihm auch in westlichen Ländern einen nicht zu unterschätzenden und bis in die Gegenwart hineinreichenden Kredit eingeräumt. Die Bundesrepublik Deutschland macht hiervon keine Ausnahme. Und es ist einigermaßen erschütternd zu verfolgen, wie wenig der hier verbreitete Intellektualismus die Sowjetwelt verstanden hat oder vielleicht auch nur verstehen wollte, und mit welcher Leichtigkeit man sich gerade hier über die Gebote von Anstand und Moral hinwegsetzt.

So unternahm es beispielsweise der Herausgeber der westdeutschen Ausgabe der Lebenserinnerungen, Kindler, zu suggerieren, bei der Anführung bestimmter Beispiele der Haßpropaganda Ehrenburgs habe es sich nur um die Wiederholung einer ›Goebbels-Lüge‹ gehandelt.[13] Und noch 1991 etwa stellte die CDU-Fraktion der Bezirksverordnetenversammlung in Berlin-Schöneberg den Antrag, auch das ›Schaffen‹ Ehrenburgs im Rahmen einer Ausstellung »Russen in Schöneberg« gebührend zu würdigen und die Erinnerung an diesen Journalisten und Schriftsteller zu pflegen. Anläßlich seines 100. Geburtstages 1991 ließen es sich führende deutsche Tageszeitungen nicht nehmen, seiner ehrend zu gedenken, seine »sprudelnde Schreiblust« hervorzuheben, ihn als einen »Meister der Satire«, als einen »Suchenden nach den Ursprüngen des Bösen« zu apostrophieren und seine »grandiosen Panoramabilder« zu bewundern. Vergeblich sucht man nach nur einem Wort der Erklärung für die verbrecherische Wirksamkeit Ehrenburgs während der Kriegszeit, die doch gerade für unzählige deutsche Männer, Frauen und Kinder so entsetzliche Konsequenzen gehabt hatte. Über diese Art der Tätigkeit Ehrenburgs geht auch Walter, Verfasser eines Gedenkartikels im Feuilleton der renommierten FRANKFURTER ALLGEMEINEN ZEITUNG, mit einem trockenen Satz hinweg, indem er schreibt, Ehrenburg sei »einer der aktivsten« und – in irreführender Formulierung – »markantesten Kriegspropagandisten« gewesen[14], eine Verharmlosung, der von einem, der es wußte, Heinz Nawratil, Verfasser des Werkes »Die Vertreibung der Deutschen«, in derselben Zeitung eine scharfe Abfuhr zuteil wurde[15]. Wer also war Ehrenburg?

Der 1891 in Kiev als Sohn eines jüdischen Bierbrauers geborene Ehrenburg bekannte sich zeitlebens zu seinem Herkommen und war, wie er selber schrieb, »stolz darauf, Jude zu sein«: »I am a Jew and proud of it« (Ich bin ein Jude und bin stolz darauf).[16] Einem geregelten Ausbildungsgang abhold, widmete er sich schon als Schüler nicht so sehr seinen gymnasialschulischen Pflichten als vielmehr dem Herumtreiben in der politischen

Unterwelt seiner Umgebung. Als sogenannter ›sechzehnjähriger bolschewistischer Revolutionär‹[17] emigrierte er nach Paris, um von nun an das unstete Dasein eines heimat- und wurzellosen Intellektuellen zu führen, der für Menschen, die in einem geordneten bürgerlichen Leben ehrlichem Broterwerb nachgehen, zeitlebens nur tiefe Abneigung empfand. Als Caféhausliterat in Paris bis 1917 war er Stammgast im CLOSERIE DES LILAS, wo er »tagaus, tagein saß und schrieb«. Doch von der Revolution angezogen, ging er 1917 nach Moskau, wo er sich freilich mit den neuen Machthabern wieder überwarf, so daß er abermals versuchte, in Paris Fuß zu fassen. Von der französischen Polizei indessen ausgewiesen, fand er bis 1924 seinen Aufenthalt in der ungesunden Atmosphäre des damaligen Berlin, wo er, seit 1921 in sowjetischen Diensten stehend, seinen Lebensunterhalt anscheinend als Mitarbeiter der sowjetischen Presse und vor allem als Zuträger und Spitzel der berüchtigten sowjetischen Geheimpolizei GPU (Gosudarstvennoe Političeskoe Upravlenie, Staatliche Politische Verwaltung) verdiente. Anschließend in Moskau und auch wiederum in Paris, wurde er im Spanischen Bürgerkrieg 1936–1939 als Korrespondent und Agitator nach Spanien abkommandiert, hielt sich 1939–1940 dann abermals in Paris und, nach dem Einmarsch der deutschen Truppen, mit unklarem Auftrag in Berlin auf, um seinen Wohnsitz alsdann endgültig nach Moskau zu verlegen.

Ehrenburg ist internationalen Kreisen in den zwanziger Jahren durch verschiedene Veröffentlichungen bekanntgeworden, darunter dem politischen Roman »Neobyčajnye pochoždenija Chulio Churenito i ego učennikov« (Die ungewöhnlichen Abenteuer des Julio Jurenito und seiner Schüler), der die Überwindung des Bürgertums durch die Revolution in der Ära des Ersten Weltkrieges zum Inhalt hat. In diesem Buch findet sich gleichsam als Axiom bolschewistischer Weisheit auch der Satz: »Zum Wohl der Menschheit muß gemordet werden.« In seinem 1941 erschienenen Werk »Padenie Pariža« (Der Fall von Paris) konnte Ehrenburg seinem alten »Haß auf das wohltemperierte französische Bürgertum« dann abermals freien Lauf lassen, indem er unter dem Eindruck der Erfahrungen in Spanien die Ursachen für die Niederlage Frankreichs 1940 aus der Sicht des sozialistischen Klassenkampfes beschrieb.[18] Die höchste literarische Auszeichnung, die die Sowjetunion zu vergeben hatte, der Stalinpreis 1. Klasse, war der wohlverdiente Lohn für dieses willkommene Propagandamachwerk. Diesem Elaborat in seiner ›zeitgeschichtlichen Massenwirkung‹ kaum nachstehend war der 1946 erschienene politische Roman »Burja« (Der Sturm), der infolgedessen ebenfalls mit einem Stalinpreis honoriert wurde. Durch seine Talente, seine Skrupellosigkeit, seine Auslandserfahrungen und nicht zuletzt durch seine erprobte Willfährigkeit war Ehrenburg wie kein anderer prädestiniert zur Erfüllung der wichtigsten Propagandaaufgabe, vor die Stalin sich 1941 plötzlich gestellt sah.

Denn als der deutsch-sowjetische Krieg begann, war die Sowjetpropaganda in gewissem Sinne gefangen in ihrem eigenen Garn. Es bereitete zwar keine allzugroßen Schwierigkeiten, feindselige Gefühle gegen die ›Faschisten‹ zu erwecken, hatte doch die antifaschistische Agitation seit 1939 insgeheim niemals aufgehört. Daneben aber gab es noch die ältere Lehre, derzufolge die »deutschen Arbeiter und Bauern« die natürlichen Gegner des ›Faschismus‹ seien, der ohnehin nur »mit Hilfe der Ruhrmagnaten und Sozialverräter« die Macht hätte ergreifen können. Nach dieser Theorie stand Hitler-Deutschland »noch ein anderes Deutschland« gegenüber, und die »Arbeiter und Bauern« in der Wehrmacht, so die Meinung, würden sich weigern, gegen das »Vaterland der Werktätigen«, die Sowjetunion, zu kämpfen, wenn sie nur die »Wahrheit erfuhren«. Dies erklärt auch die plumpe sowjetische Frontagitation in der ersten Kriegsphase, die von den deutschen Soldaten überhaupt nicht verstanden wurde. Parolen wie die einem sowjetischen Flugblatt entnommene: »Deutsche Soldaten! Für wen ist der Krieg gegen die Sowjetunion vorteilhaft? Nur für die Kapitalisten und Gutsherren!«[19], verpufften ohne Wirkung. »Echter Haß gegen die Wehrmacht« war in der Roten Armee, wie Ehrenburg einräumte, »am Anfang unbekannt«.[20] Hier mußten klare Verhältnisse geschaffen werden, sollte es nicht zu einer »verbrecherischen Verbrüderung« auf dem Schlachtfeld kommen oder, noch schlimmer, dazu, daß sich die Rotarmisten massenweise den Deutschen gefangengaben. Stalin kam es darauf an, »Haß, Haß und nochmals Haß« nicht nur gegen den ›Faschismus‹, sondern gegen alles Deutsche überhaupt zu erzeugen, wie Generalleutnant Wlassow berichtete, Ohrenzeuge, als Stalin nach der Schlacht bei Kiev im Kreml ein entsprechendes Ansinnen an Berija richtete.[21]

Die Aufgabe aber wurde noch weiter gefaßt. Denn der Stellvertretende Außenkommissar Losovskij brachte Ehrenburg schon in den ersten Kriegstagen zur Kenntnis, welch ausschlaggebende Bedeutung Stalin zugleich der Auslandsarbeit in Großbritannien und den USA beimaß. Das für solche Fragen zuständige Mitglied des Politbüros, Ščerbakov, erteilte ihm jetzt offiziell den wichtigen Auftrag, ›täglich‹ auch für die Alliierten im Westen zu schreiben. Angetrieben von den bestimmten Weisungen Stalins ebenso wie von den Haßgefühlen seines verdorbenen Gehirns und schlechten Herzens, begann Ehrenburg eine Betriebsamkeit zu entfalten, die, wie er selbst urteilte, nichts mehr mit ›Literatur‹ zu tun hatte, selbst in der sozialistischen Ausdeutung dieses Begriffes. In der Tat verfaßte er von nun an jeden Tag einen, oft mehrere und bis zu fünf Artikel für das Regierungsorgan Izvestija, für das Parteiorgan Pravda und vor allem für das Armeeorgan Krasnaja Zvezda, aber auch für andere sowjetische Zeitungen und – in verschiedenen Varianten – für prosowjetische Blätter im Ausland. Die Krasnaja Zvezda an erster Stelle bildete die Arbeitsgrundlage für die in der Roten Armee exzessiv betriebene Politpropaganda, und mit dumpfer

Monotonie wurden den Rotarmisten die Artikel dieses Organes eingehämmert: »Mit Ehrenburgs Artikeln legten wir uns abends hin und standen wir morgens auf.« Ehrenburgs Name war, wie es am 21. September 1944 heißt, jedem Rotarmisten bekannt: »Das Sowjetvolk betrachtet ihn als einen seiner besten Schriftsteller und größten Patrioten.«[22]

Wenn an die Truppen, wie oftmals vor Angriffen, zur Erhöhung der Kampfkraft nicht gerade Schnaps ausgegeben wurde, »las man ihnen vor Angriffsbeginn die Artikel Ehrenburgs vor«, die in unzähligen Variationen das Grundthema wiederholten, die Deutschen seien keine Menschen, sie müßten erbarmungslos vertilgt werden. Diese Stereotype, wenngleich natürlich den Intentionen der Sowjetregierung entsprechend, rief in ihrer Verallgemeinerung anscheinend selbst in der Sowjetunion bisweilen schüchterne Bedenken hervor. So wurde Ehrenburg manchmal befragt, wie man ständig nur über einen und denselben Gegenstand, die Menschenunähnlichkeit der Deutschen, schreiben könne. »Können sie wirklich solche Henker sein?«, fragten die Moskauer im Sommer 1944. Der Romancier Grossman, er selber ein engagierter Wortführer der sowjetischen Kriegspropaganda, machte es Ehrenburg wenigstens zum Vorwurf, keinen Unterschied zwischen Deutschen und ›Faschisten‹ und ›Hitleristen‹ zuzulassen.[23] Auch in westlichen Ländern regte sich Widerspruch. Als etwa die prosowjetische schwedische Zeitung Göteborgs Handelstidningen 1942 dazu überging, Ehrenburg-Artikel abzudrucken, intervenierte nicht nur die deutsche Reichsregierung, auch andere schwedische Zeitungen, so Stockholms Tidningen, Göteborgs Morgonpost und Aftonbladet, protestierten, und Dagposten schrieb: »Ehrenburg hält alle Rekorde in intellektuellem Sadismus. Wozu diese schweinische Lüge noch widerlegen und nachweisen, daß Ehrenburg den Deutschen Dinge nachsagt, die bei den Rotarmisten gang und gäbe sind.«

Es ist auch durchaus nicht so, daß Ehrenburg, dessen Artikel teilweise in die englische Sprache übersetzt wurden, in Großbritannien und den USA überall Verständnis fand. Ein bekanntes Magazin in New York etwa rief 1945 zum Protest gegen die »Grausamkeit sowjetischer Schriftsteller wie Alexei Tolstoy und Ilya Ehrenburg« auf. Und Ehrenburg selbst sah sich am 26. Oktober und 23. November 1944 veranlaßt, öffentlich gegen eine Lady Gibb in England Stellung zu nehmen, die ihm geschrieben hatte: »Sie rufen in den Herzen des russischen Volkes ein sehr, sehr altes Übel hervor, und zwar den Wunsch nach Rache, nachdem der Sieg errungen ist. Dieses alte, alte Übel ... bringt den Siegern keinen Segen ... Uns ist so sehr gelegen daran, daß Sie Ihre großen Talente im Dienste Rußlands für die Herstellung eines gerechten und dauernden Friedens einsetzen, und dieser kann niemals gegründet sein auf Selbstgerechtigkeit und dem Wunsch nach Rache.«[24] Die Sowjetpropaganda, zu dieser Zeit schon voll damit beschäftigt, die gewaltigen territorialen Kriegseroberungen abzusichern, begann Lady Gibb massiv unter Druck zu setzen, um jede Regung von Gerechtigkeit und Menschlichkeit schon im Keime zu ersticken. Ehrenburg antwortete ihr in der hassenden Sprache des Unmenschen, indem er aus dem angeblichen Brief eines Leutnants Zinčenko zitierte, der empört geschrieben haben soll: »Meine Mutter ist auch religiös, und im Namen der Religion bittet sie: 'Tötet den Deutschen mit meinem Segen'.« »Eine wilde Bestie«, so Ehrenburg, »darf man nicht bemitleiden, sondern man muß sie vernichten ... Das ist die Meinung unseres Volkes, liebe Lady.«

Seiner Stellung konnte Ehrenburg jedenfalls sicher sein. Und auch die angebliche Maßregelung durch den Ideologen des Zentralkomitees der KPdSU [b], Aleksandrov, der in dem Parteiorgan PRAVDA kurz vor Kriegsende, am 14. April 1945, einen Leitartikel veröffentlichte unter der Überschrift »Genosse Ehrenburg vereinfacht zu sehr«[25)], war nichts anderes als ein in direktem Auftrag Stalins unternommener taktischer Winkelzug, der nicht etwa gegen die Person Ehrenburgs gerichtet war, wie diesem sofort augenzwinkernd bedeutet wurde, sondern der nur der veränderten politischen Lage propagandistisch Rechnung tragen sollte. Ausgestattet mit dem – bis auf eine kurze Irritation im Jahre 1949 – uneingeschränkten Vertrauen Stalins, wurde Ehrenburg gleich nach Kriegsende als commis voyageur in die Länder Ost- und Ostmitteleuropas entsandt, mit dem wichtigen Auftrag, die kommunistische Machtübernahme dort agitatorisch vorzubereiten und zu festigen. Welcher Wertschätzung Ehrenburg sich zu dieser Zeit bei Stalin erfreute, zeigte sich, als der Außenminister der Vereinigten Staaten von Amerika, Byrnes, 1945 angesichts der sowjetischen Gewaltakte und Übergriffe in Rumänien mit der Veröffentlichung amerikanischer Korrespondentenberichte drohte. Diesen Protest beantwortete Stalin, wie überliefert ist[26)], »mit verächtlicher Handbewegung: ›Dann schicke ich Ilja Ehrenburg nach Rumänien und lasse ihn berichten, was er sieht. Sein Wort wird mehr gelten als das Eures Mannes‹«. Als Stellvertreter und das heißt in der verdeckten sowjetkommunistischen Rangordnung in Wirklichkeit als Vorsitzender der weltumspannenden Sowjetorganisation ›Weltfriedensrat‹ sollte Ehrenburg in den folgenden Jahren in den Ländern und Staaten aller Erdteile eine intensive Wühlarbeit entfalten. Die von ihm angeknüpften vielfachen persönlichen Bekanntschaften und Verbindungen ließen jetzt auch deutlich werden, in welchem Maße linke Intellektualisten, aber auch namhafte Persönlichkeiten des geistigen und politischen Lebens vieler Länder, sich gewollt oder ungewollt zu Dienern des Stalinregimes erniedrigten. Und selbst der ehemalige linke Zentrumspolitiker und deutsche Reichskanzler Dr. Wirth hat es nicht verschmäht, in der Schweiz freundlich mit Ehrenburg zu unterhandeln.

Die schriftliche Produktion in den Jahren des ›Großen Vaterländischen Krieges der Sowjetunion‹ fiel für Ehrenburg, der zeitlebens ein Vielschreiber gewesen war, wie erwähnt, insofern aus dem üblichen Rahmen, als es sich bei ihr, eigenen Worten zufolge, nicht um ›Literatur‹, selbst in bescheidener Ausdeutung, sondern um politische Agitation, das heißt politische Hetze gehandelt hat. Annähernd 3000 seiner richtungweisenden Artikel und Aufrufe sind zwischen 1942 und 1944 in einer dreibändigen Buchpublikation unter dem Titel »Vojna« (Der Krieg) eigens noch einmal zusammengefaßt worden. Ehrenburg allerdings wollte von ihnen später nicht mehr allzuviel wissen. In seinen Lebenserinnerungen »Ljudi, gody, žizn'«, die auch dazu bestimmt waren, Spuren zu verwischen, verbreitet er sich wortreich vor allem über den menschlichen Gewinn dieser Schicksalsjahre. Über die Kriegsartikel heißt es lapidar: »Was blieb mir von jenen Jahren? Tausende von gleichartigen Artikeln, die heute allenfalls ein gewissenhafter Historiker noch lesen mag.« Die Beweggründe für diese Bescheidenheit lernt verstehen, wer tatsächlich mit der »Gewissenhaftigkeit des Historikers« in diese Materie eindringt.

Und eine Analyse dieser Artikelflut ist auch ganz dazu angetan, Erinnerungen an einen anderen Artikelschreiber wachzurufen, an Julius Streicher, jenen 1940 persönlicher Verfehlungen wegen seiner Ämter enthobenen Gauleiter von Franken[27)], den Herausgeber des antisemitischen Hetzblattes Der Stürmer, das aber, wie man vielleicht hinzufügen sollte, selbst in den Kreisen der NSDAP seiner Niveaulosigkeit wegen weitgehend abgelehnt wurde. Streicher befand sich 1945/1946 unter den Angeklagten vor dem Internationalen Militärgerichtshof in Nürnberg, er wurde schuldig gesprochen und zum Tode verurteilt, weil, wie es in der Urteilsbegründung heißt, er »in seinen Woche um Woche, Monat um Monat erscheinenden Reden und Artikeln die Gedankengänge der Deutschen mit dem Giftstoff des Antisemitismus verseuchte und das deutsche Volk zu aktiver Verfolgung der Juden aufhetzte«. »Ein Leitartikel im September 1938«, so wird gesagt, »war typisch für seine Lehren, in denen der Jude als Bazillus und Pest bezeichnet wird und nicht als menschliches Wesen.« Streicher habe unmißverständlich zur Vernichtung von Juden aufgerufen.

Wenn er also unter dem Anklagepunkt 4 (Verbrechen gegen die Menschlichkeit) in Nürnberg zum Tode durch den Strang verurteilt worden ist – was ist dann erst von Ehrenburg zu sagen, der über Jahre hinweg »Woche um Woche, Monat um Monat«, ja Tag für Tag, die Gedankengänge der Völker der Sowjetunion (und auch der westlichen Länder) mit dem Giftstoff des Antigermanismus verseuchte und zu aktiver Verfolgung und Tötung der Deutschen aufhetzte – und dies nicht in einem abgelegenen Winkelblatt, sondern in den führenden Zeitungen der Sowjetunion in höchstoffiziellem Auftrag? Ist Streicher der ›Judenhetzer Nr. 1‹ gewesen, dann erscheint es nicht nur berechtigt, sondern sogar notwendig, Ehrenburg den ›Deutschenhetzer Nr. 1‹ zu nennen. »Streicher war verantwortlich für den Tod von Millionen von Juden«, schrieb Ehrenburg als Prozeßbeobachter in Nürnberg am 13. Dezember 1945.[28)] Es wird noch ausführlicher darzulegen sein, daß er Streicher nicht nur in nichts nachstand, sondern ihn in seiner Bosheit vielleicht sogar vielfach noch übertroffen hat.

Die Sowjetunion, ohne eigenes Verdienst plötzlich nicht mehr im Lager der Angreifer, sondern der Angegriffenen, bot ihren Propagandaapparat auf, um ihre bisherige Komplizenschaft mit Deutschland vergessen zu machen und sich als Verteidiger »freiheitsliebender Völker« zu präsentieren. Wie war es doch gewesen? Am 17. September 1939, nach vorheriger Absprache mit der Reichsregierung, hatten die Sowjets Polen überfallen, die Gegend östlich von Lemberg in der Nacht »bombardiert«, »polnische Truppen« »umgangen« und »vernichtet«, »polnische Infanteriedivisionen und Kavalleriebrigaden« »vernichtet«, Flugzeuge »abgeschossen«, Kriegsmaterial und Geschütze »erbeutet« oder ebenfalls »vernichtet«, Gefangene »gemacht«, Städte »eingenommen«, das Kampffeld, Wälder, Landstücke, das Land »von der polnischen Armee gesäubert« oder »gereinigt«, die Festungen Osowiec und Brest, die Stadt Białystok und andere Plätze in »feierlicher Form« aus den Händen der deutschen Truppen entgegengenommen.[29)] In Lemberg waren 8500 polnische Soldaten, darunter 100 Offiziere, zu den deutschen Truppen geflohen, um sich nicht von den Sowjets gefangennehmen zu lassen – ein glücklicher Entschluß, erwartete sie doch eine Behandlung entsprechend den Grundsätzen der Genfer Konvention und nicht der Genickschuß. Denn die 15 000 in die Hand der Sowjets gefallenen polnischen Offiziere, außer den Berufssoldaten Tausende von »Universitätsprofessoren, Ärzten, Wissenschaftlern, Künstlern, Oberschullehrern«, »die Blüte der polnischen Gesellschaft«, »die als Reserveoffiziere ihre Pflicht erfüllten«, wurden bei Katyn, in Char'kov (und an anderen Stellen) bekanntlich auf Befehl Stalins, Kalinins und der anderen Führer der Sowjetunion vom NKVD erschossen. Von 250 000 polnischen Kriegsgefangenen sind 148 000, von 1,6 bis 1,8 Millionen deportierter polnischer Zivilpersonen 600 000 in der Sowjetunion zugrundegegangen, und von 600 000 in die Sowjetunion deportierten polnischen Juden verschwanden 450 000 spurlos.[30)]

Die Sowjetregierung hatte die Westmächte beschuldigt, unter dem Vorwand der Verteidigung Polens einen imperialistischen Krieg entfacht und alsdann die Ausdehnung der Kriegshandlungen auf Skandinavien, Belgien und die Niederlande verschuldet zu haben. Sie hatte die deutschen Feldzüge propagandistisch, teilweise auch militärisch, unterstützt und diplomatisch sanktioniert, indem sie den neuen Gegebenheiten – um das Reich in Sicherheit zu wiegen – ostentativ Rechnung trug. Schon im Jahre 1939 hatte Moskau die Beziehungen zur Tschechoslowakei abgebrochen, der sie doch vertraglich zur Hilfeleistung verpflichtet war, stattdessen hatte sie die Unabhängigkeit der sezessionistischen Slowakischen Republik anerkannt. Im Mai 1941 entzog sie den Exilregierungen Norwegens, Belgiens, der Niederlande mit der Begründung, sie übten keine Souveränität mehr über ihre Länder aus, die Anerkennung, kurz darauf erfolgte der Bruch mit Griechenland und, in einer Weise, »die selbst die erfahrensten und abgestumpftesten Beobachter der Sowjetmethoden« verblüffen mußte, mit Jugoslawien, dessen Integrität und Unabhängigkeit von Moskau noch vor Monatsfrist feierlich anerkannt worden war, und dies, »noch ehe die Deutschen den Mund aufgemacht hatten«.[31)] Dies alles sollte jetzt vergessen sein. Stalin, so verkündete Ehrenburg am 8. Februar 1942, »dachte nicht daran, die Länder anderer Völker anzugreifen ... Wir bauten Städte, arbeiteten und studierten ... Wir erzogen menschliche Wesen ... Aber die Deutschen bauten Panzer«[32)] – dies in Anbetracht einer sechs- bis achtfachen Panzerüberlegenheit der Roten Armee am 22. Juni 1941.

Ehrenburg, das propagandistische Sprachrohr Stalins, schrieb am 4. Januar 1945 im Hinblick auf die seinerzeitige Politik der Westmächte und nicht etwa der Sowjetunion: »Europa und die Welt können die Moral dieser unmoralischen Politik an den Ruinen von Warschau, dem Leiden von Paris und den Wunden von London erkennen.« In Polen hatten die Sowjets geholfen, deutsche Kampfflugzeuge an ihre Ziele zu lotsen. Jetzt aber waren allein die Deutschen die ›Brandstifter‹: »Sie warfen Bomben auf Warschau und lachten sich krank.« Heimtückisch war die Sowjetunion Polen am 17. September 1939 in den Rücken gefallen. »Wir grüßen unsere Schwester Polen«, schrieb Ehrenburg am 7. November 1941 und am 14. Dezember 1941 heuchlerisch: »Noch weht der Geist von Chopin durch die Städte des gefolterten Polen ... Die Polen sagen einer zum anderen: ›Die Schönheit lebt noch. Polen lebt noch‹.«[33)] »Wir wollen Freiheit für uns und für alle Nationen«, so Ehrenburg am 1. Januar 1942: »Wir wollen nicht, daß Polen ein Land deutscher Galeerensklaven wird.« Die Kommunistische Partei Frankreichs war 1939/1940 von Moskau dazu angestiftet worden, die französischen Kriegsanstrengungen zu sabotieren. Nach der Kapitulation von Compiègne hatte die Sowjetregierung der Reichsregierung ihre Glückwünsche ausgesprochen und sich beeilt, den ›Französischen Staat‹, ›Vichy‹, diplomatisch anzuerkennen. Nun mit einem Male war Marschall Pétain nur noch ein gekaufter Verräter, ein Mietling, der ›Judas von Frankreich‹[34)], und Ehrenburg beschimpfte Reynaud und die Generale Weygand, Georges, Gamelin als ›Kapitulationisten‹ und erklärte die Volksfront und vor allem die (landesverräterischen) französischen Kommunisten als die einzig wahren Patrioten. »Die Siege von Rostov und Kalinin waren ein Todesurteil für die Leute, die den Waffenstillstand von Compiègne unterzeichneten«, heißt es am 21. März 1942.

Was die deutschen Truppen in Frankreich angeht, so herrschte unter ihnen bekanntlich die strengste Disziplin, und selbst André Malraux, Mitglied der KPF bis 1939, Schriftsteller und Minister de Gaulles, der der Résistance angehört hatte, bestätigte nach dem Kriege aus freien Stücken, er habe mit der »deutschen Wehrmacht nur gute, mit der Gestapo nur schlechte Erfahrungen gemacht«. Ehrenburg aber behauptete am 14. Juli 1941: »Die Nazimörder und -gangster marschierten auf den Boulevards«, um in Frankreich zu plündern und zu rauben, französische Kinder zu morden und die Bevölkerung mit 50 Gramm Brot am Tage dem Hungertode preiszugeben.[35] Er drohte wegen einer Nichtigkeit mit der Rache der sowjetischen Soldaten: »Für die vier verdorbenen Jacken werden sie 4000 Deutsche vernichten, die Frankreich niedergetrampelt haben.« Sein Urteil über die Deutschen, mit denen bis zu diesem Tage doch ein Grenz- und Freundschaftsvertrag bestanden hatte, faßte er am 22. Juni 1941 in folgenden Worten zusammen: »Sie haben das glückliche freiheitsliebende Frankreich geplündert. Sie haben die mit uns verwandten Nationen versklavt, die hochkultivierten Tschechen, die tapferen Jugoslawen und die talentierten Polen. Sie vergewaltigen die Norweger, Dänen und Belgier.«[36] »Die deutschen Truppen torkeln wie Betrunkene über ganz Europa: Von Boulogne bis Odessa, von Polen bis Belgien, von Norwegen bis Bulgarien«, heizte er am 2. Mai 1942 die Stimmung an. Nur wenige Tage später, am 5. März: »Sie betraten Rußland, trunken von dem Blut der Polen, Franzosen und Serben, von dem Blut alter Leute, von Mädchen und kleinen Kindern.«[37]

Ehrenburg war dazu ausersehen, die Kriegsrede Stalins vom 3. Juli 1941 propagandistisch sofort umzusetzen und das neue Programm zu verkünden.[38] »Wir haben Millionen und Abermillionen treuer Verbündeter«, schrieb er am 4. Juli 1941: »Mit uns sind alle jene, die die Freiheit und ihr Land verloren haben: Tschechen, Norweger, Franzosen, Holländer, Polen und Serben . . . Stalins Worte werden die Stadt der niedergetretenen Freiheit erreichen, das mit Füßen getretene, aber unversöhnliche Paris. Sie werden die Bauern von Jugoslawien erreichen, die Studenten von Oxford, die Fischer von Norwegen und die Arbeiter von Pilsen. Sie werden eine neue Hoffnung hervorrufen in den Herzen der Völker, die unter den faschistischen Barbaren leiden. Stalins Rede wird von der Bevölkerung Londons gehört werden, die Hunderte barbarischer Luftangriffe erlebt hat, von den Bergleuten von Wales und den Webern von Manchester . . . Unser Vaterländischer Krieg wird ein Krieg zur Befreiung Europas von dem Joch Hitlers werden.«

Mit einigen Propagandaphrasen setzte die Sowjetunion, die des Überfalls auf Finnland wegen aus dem Völkerbund ausgeschlossen worden war und dicht vor einem Zusammenstoß mit den Westmächten gestanden hatte, sich jetzt an die Spitze der mit Krieg überzogenen Länder und machte sich zu deren Sprecher. »Mit uns sind alle demokratischen Länder (zu denen sich jetzt auch die Sowjetunion rechnete), mit uns ist die gesamte fortschrittliche Menschheit«, hatte es in dem Aufruf eines am 10. und 11. August 1941 in Moskau stattgefundenen »Allslawischen Meetings« (Obraščenie Vseslavjanskogo mitinga) sogenannter Geistesschaffender geheißen.[39] »Die ganze Menschheit kämpft jetzt gegen Deutschland«, echote Ehrenburg am 24. August 1941 ohne Seitenblick auf die deutschen Kriegsverbündeten im Kampf gegen die Sowjetunion, auf Italien, Finnland, Rumänien, Ungarn, die Slowakei und Kroatien. »Wir wollen Freiheit für uns und für alle Nationen«, behauptete er am 1. Januar 1945. Und damit unter den vielen Phrasen nicht der Auftraggeber und Schirmherr vergessen wurde, setzte er gelegentlich auch Worte hinzu wie diese: »So lebe denn, Sowjetunion! Mögen Deine Völker leben, Deine Gärten, Deine Kinder, Dein Stalin!«

Am 6. November 1941, dem vielversprechenden Jahrestag des »Sieges der Großen Sozialistischen Oktoberrevolution«, fühlte Ehrenburg sich bemüßigt, den Alliierten Zensuren im Stile der kommunistischen Parteiagitation zu erteilen und sie auf den gemeinsamen Kampf zu verpflichten.[40] »Die Verteidiger von Moskau denken mit Stolz an die feste Haltung von London. Ruhm für England! . . . Wir grüßen Euch, Pioniere der Freiheit, das unbezwingbare Volk Frankreichs . . . Wir grüßen die Tschechen . . . Wir grüßen das Volk der Krieger, die Serben . . . Wir grüßen die tapferen Griechen . . . Wir grüßen die unermüdlichen Norweger . . . Wir grüßen die gelassenen Holländer . . . Wir grüßen die fleißigen Belgier . . . Wir grüßen unsere Schwester Polen . . . Wir grüßen das Arsenal der Freiheit – Amerika.« Und damit kein Zweifel darüber bestand, daß diese Völker und Länder von nun an in der Schuld der Sowjets standen, fügte er hinzu: »Moskau kämpft . . . für Euch, ferne Freunde, für die Menschheit und für die ganze Welt.«

Im Jahre 1930 hatte kein Geringerer als Winston Churchill[41] von dem ›Pestbazillus‹ Lenin geschrieben, mit dem es »in Bezug auf Lebensvernichtung von Männern und Frauen . . . kein asiatischer Eroberer, kein Tamerlan oder Dschingis Khan« aufnehmen könne. Für Churchill hatten sich mit dem Siege des Bolschewismus »die Grenzen Asiens und die Zustände der finstersten Zeitalter . . . vom Ural bis zu den Pripjetsümpfen« vorgeschoben, war Rußland »in einem endlosen Winter inhumaner Doktrinen und übermenschlicher Barbarei erstarrt«. Und diese, nach Churchill »niederträchtige Affenschande von Bolschewismus« hatte, wie Ehrenburg den Völkern der Welt am 29. Januar 1942 weismachte, nun eine Fackel erhoben[42]: »Wir haben die Fackel zum Himmel erhoben . . . die Fackel unserer Kultur und der Kultur, die wir zu Recht als Besitz der ganzen Menschheit betrachten. Das ist die Fackel des antiken Griechenland, der Renaissance, des achtzehnten Jahrhunderts – alles dessen, was die Menschheit der Sklaverei, Stagnation und dem Atavismus entgegengesetzt hat. Es gibt ein leuchtendes moralisches Prinzip in unserem Kampf gegen Deutschland ... das Prinzip der Vernunft, der geistigen Reinheit, Freiheit und Würde.« Eine solche Phraseologie ist vor dem Hintergrund der Tatsache zu sehen, daß an der Spitze der Sowjetunion Stalin stand, »der größte Verbrecher aller Völker und Zeiten«, der mit Hilfe der von ihm eingesetzten Kreaturen Jagoda, Ežov, Berija, Kruglov, Abakumov, Kobulov, Serov, Dekanozov, Merkulov, Canava und anderer eine Herrschaft aufgerichtet hatte, die an jedem beliebigen Tag über das »Los ausnahmslos aller Bürger des Landes nach seinen blutigen Launen bestimmen konnte«.[43)]

Propagandistisch hatte die Sowjetunion spätestens seit dem 3. Juli 1941 die Position vertreten, sie sei militärisch unvorbereitet und von dem bevorstehenden deutschen Angriff nicht unterrichtet gewesen, sie führe daher einen reinen Verteidigungskrieg und verfolge keine expansiven Ziele. Die Geschichtslegende von dem »heimtückischen faschistischen Überfall auf die nichtsahnende, friedliebende Sowjetunion« ist nachweislich unwahr und hat heute keinen Bestand mehr. Von den vielen Propagandalügen sollen daher auch nur einige beispielhaft angeführt werden, so wenn Ehrenburg am 23. November 1944 behauptete: »Wir brauchen keinen ›Lebensraum‹«, oder am 30. November 1944: »Die Welt blickt auf die Rote Armee als einen Befreier ... (die Sowjetunion) bürdet ihre Ideen niemandem auf«, oder am 11. Januar 1945: »Wir wollen unsere Ideen, unsere Gebräuche niemandem aufzwingen«, oder am 24. Mai 1945, nachdem der Sieg errungen war: »Wir gewannen diesen Krieg, weil wir Eroberungskriege hassen.«[44)]

In dem Maße, wie der Krieg sich seinem Ende näherte und die Rote Armee tief in das Kerngebiet Europas hinein vordrang, mischten sich in die rein defensiven Rechtfertigungen jedoch immer mehr offensive Töne. Die Sowjets, sich ihrer gewaltigen Stärke bewußt, begannen politische Forderungen anzumelden, was in der Weise geschah, daß die Propagandaformel von einer großen ›Befreiungsmission‹ der Roten Armee aufgebracht und der Weltöffentlichkeit präsentiert wurde.[45)] Im Oktober 1944, als Sowjettruppen die Reichsgrenze in Ostpreußen überschritten, tauchten bei Ehrenburg die ersten entsprechenden Passagen auf, so wenn er am 12. Oktober 1944 schrieb: »Wir retteten die europäische Kultur ... Unser Volk ist positiv interessiert am Schicksal der europäischen Kultur. Das Sowjetland bringt keine Isolationalisten hervor.« Am 12. April 1945 klang es schon deutlicher: »Es ist Zeit festzustellen, daß die Siege der Roten Armee Siege des Sowjetsystems sind. Wir lenken die Aufmerksamkeit auf die Tatsache, daß es unser Volk war, welches Europa und die Welt vom Faschismus errettete.« Oder am 17. Mai 1945 in fast kitschiger Weise[46)]:

»Wir erretteten die menschliche Kultur, die aus alter Zeit stammenden Steine Europas, seine Wiege, sein arbeitendes Volk, seine Museen und Bücher. Wenn England dazu bestimmt ist, einen neuen Shakespeare hervorzubringen, wenn neue Enzyklopädisten in Frankreich erscheinen... Wenn der Traum eines goldenen Zeitalters jemals Wirklichkeit werden sollte, dann wird dies deshalb geschehen, weil die Soldaten der Freiheit Tausende von Werst marschierten, um das Banner der Freiheit, der Brüderlichkeit und des Lichtes aufzupflanzen... Das ist der Grund dafür, warum nicht nur in unserem Land, sondern überall in der Welt Stalins Name mit dem Ende der Nacht und dem ersten Morgen des Glückes verbunden ist.« Am 12. Juli 1945 lesen wir in derselben Tonart: »Die Sowjetunion hat die Völker Europas gerettet. Stalin rüttelte jedermanns Gewissen wach... Wir lieben Stalin.«[47)]

Die Sowjetunion, die angeblich sogar das Schicksal von Prag, Paris und Rom entschieden hatte, war, so Ehrenburg am 10. Januar 1946, im Bewußtsein der Nationen nunmehr »nicht nur ein geographisches, politisches, sondern auch ein moralisches Konzept«[48)], mit anderen Worten also, durch militärische Siege war sie für alle Staaten zu einem Vorbild geworden, woraus sie dann von selbst das Recht ableitete, sich auch ihrerseits in andere Länder einzumischen. Stalin denke nicht daran, »andere Länder anzugreifen«, er denkt daran, »eine neue Welt zu errichten«, hatte Ehrenburg am 8. Februar 1942 geschrieben.[49)] Nun, da der Sieg errungen war, konnte Stalin beginnen, seine Träume von »einer neuen Welt«, »einem neuen Europa«, zu verwirklichen, einem Europa, wie Ehrenburg sofort erklärte, in dem alle »Mikroben des Faschismus« beseitigt werden. Und wer waren die »Mikroben des Faschismus«? Als ›Faschisten‹ wurden von nun an nicht nur die Deutschen, die Anhänger Hitlers, verstanden, sondern alle diejenigen, die sich den Herrschafts- und Bolschewisierungsplänen der Sowjets aus den unterschiedlichsten Motiven heraus entgegenstellten, alle diejenigen, die Begriffe von »Regierung, Reform und Fortschritt« anders verstanden als die Kommunisten, vor allem das verhaßte Bürgertum aller Schattierungen, die Befürworter des Rechtsstaates nach westlicher Tradition, der ganze »geistige Untergrund anscheinend ordentlicher Leute«. Stalin hatte das politische Ziel gewiesen, Ehrenburg und seinesgleichen machten sich daran, es in gewohnter Weise zu propagieren.

Wenige Tage nachdem die deutsche Wehrmacht bedingungslos kapituliert hatte, am 17. Mai 1945, schrieb Ermašev[50)]: »Der Zusammenbruch des Hitlerreiches befreit die Menschheit nicht automatisch von all den Gefahren, mit denen die dunklen Kräfte des Faschismus und der Reaktion die Welt bedrohen können« – zukunftsweisende und keineswegs unbedeutende Worte. Denn was sich hier ankündigte, war ein wichtiges Anliegen der Sowjetregierung, der dringende Wunsch nämlich, die »faschistischen Verbrecher«, die »Kriegsverbrecher«, auf das strengste bestraft zu sehen. Durch Veranstaltung eines internationalen Schauprozesses nach bewährtem Muster unter führender Beteiligung der Sowjetunion sollte eine abschreckende Wirkung auf alle als »Nachfolger Hitlers und Mussolinis« apostrophierten Kräfte der ›Reaktion‹, das heißt auf die potentiellen Gegner der stalinistischen Herrschaftsansprüche, erzielt werden.

Der bereits genannte Historiker Professor Tarle begründete das von Stalin beanspruchte Recht zur Gestaltung »der Zukunft der friedensliebenden und freiheitsliebenden Nationen« mit angeblichen Erfahrungen der Vergangenheit und in herausfordernder Sprache am 8. Februar 1945 mit folgenden Worten[51)]: »Aber die große Rolle des Sowjetvolkes ist nicht damit beendet, daß es die Menschheit von dem tödlichen deutschen Albdruck befreit. Die vorübergehend in den Untergrund abgedrängte Fünfte Kolonne lebt noch in der Welt. Nazis und Halbnazis existieren noch immer und bereiten sich darauf vor, die Arbeit, die sie in Europa und darüber hinaus so lange und erfolgreich betrieben, wiederaufzunehmen. Die europäischen – und nicht nur europäischen – Demokratien sehen sich in den kommenden Jahren einem sehr, sehr außergewöhnlichen Kampf gegenüber, denn der Faschismus hat nicht die geringste Absicht abzutreten . . . Hier trifft er jedoch wieder auf dasselbe unüberwindliche Hindernis: die Sowjetunion, das Sowjetvolk. Der Sieg der Sowjetunion in dem Großen Vaterländischen Krieg schafft eine feste Basis für den Triumph der Weltdemokratie. Das unsterbliche Verdienst von Stalins Strategie und der Kämpfer der Roten Armee besteht darin, daß sie die Zivilisation der Welt gerettet haben. Diejenigen, die begreifen, daß der Kampf für Freiheit und Demokratie selbst nach der Niederlage der Hitlerischen Kriegsmaschine fortgesetzt werden muß bis zur vollständigen moralischen und politischen Niederlage des Faschismus, sehen mit tiefem Vertrauen auf die UdSSR.«

Deutlicher brauchten die Expansionsabsichten Stalins kaum noch ausgesprochen zu werden. Hier war eine Fortsetzung der Aggressionen gemeint, die mit dem Pakt mit Hitler am 23. August 1939 begonnen hatten und jetzt zum dritten Male eine andere Gestalt erhielten. In gewissem Sinne war hier auch das bis in die Gegenwart hinein gültige Stichwort für die Aktivisten und geistigen Helfershelfer des ›Sozialismus‹ ausgegeben: Kampf gegen den ›Faschismus‹, so wie er von den Sowjets verstanden wurde. Wer sich also den aggressiven Plänen des sowjetischen Sozialismus entgegensetzt, ist nach dieser Definition jetzt eben ein ›Faschist‹ oder ›Nazi‹, zu dessen Bekämpfung ein jedes Mittel recht ist. »Wer immer ein Gebiet besetzt, erlegt ihm auch sein eigenes gesellschaftliches System auf«, hatte Stalin dem Vertrauten Titos und Partisanenführer Djilas 1945 eröffnet, »Jeder führt sein eigenes System ein, so weit seine Armeen kommen. Es kann gar nicht anders sein.« In Wirklichkeit aber begann die Sowjetpropaganda bereits im Frühjahr 1945 über diese Grenzen hinauszuwirken. Und dies erklärt die warnenden Worte Winston Churchills, der in seiner berühmten Rede in Fulton im März 1946 darauf hinwies, daß »fern von Rußland die Fünfte Kolonne des Kommunismus am Werke ist«, die eine ›wachsende Bedrohung‹ für den Frieden und die gesamte ›christliche Zivilisation‹ darstellt.

Anmerkungen zu Kapitel 6

[1] Hoffmann, Die Sowjetunion bis zum Vorabend des deutschen Angriffs, S. 76ff.
[2] Izvestija, 1. 11. 1939; Istorija Velikoj Otečestvennoj vojny, Bd 1, S. 249.
[3] Myllyniemi, Die baltische Krise, S. 153.
[4] Pravda, 30. 11. 1939; Suworow, Der Eisbrecher, S. 63f.
[5] Topitsch, 1993, Stalins Krieg, S. 92ff.
[6] Bol'šaja Sovetskaja Ėnciklopedija, Bd 27, S. 180; Sterzel, Dichter sangen Stalin zum Siege.
[7] Bol'šaja Sovetskaja Ėnciklopedija, Bd 14, S. 229.
[8] Ebenda, Bd 29, S. 451.
[9] Ebenda, Bd 23, S. 400f.
[10] Ebenda, Bd 25, S. 279.
[11] Ebenda, Bd 26, S. 50.
[12] Ebenda, Bd 30, S. 233.
[13] Ehrenburg, Menschen, Jahre, Leben, S. 33.
[14] Walter, Slalom eines Lebens.
[15] Nawratil, Mörderische Propaganda.
[16] Ehrenburg, To the Jews, 24. 8. 1941, in: Russia at War, S. 209f.
[17] Die Lebensdaten Ehrenburgs werden im folgenden kritisch umrissen anhand seiner Selbstbiographie »Ljudi, Gody, Žizn'«, fünf Bücher, Moskau 1966/67.
[18] Ėrenburg, Padenie Pariža, Moskau 1941.
[19] Flugblatt »Deutsche Soldaten!«, Archiv des Verf.
[20] Ehrenburg, Menschen, Jahre, Leben, S. 25.
[21] Pozdnjakov, Andrej Andreevič Vlasov, S. 293.
[22] Soviet War News, 21. 9. 1944.
[23] Dies und das folgende nach »Ljudi, Gody, Žizn'«, vgl. Anm. 17.
[24] Soviet War News, 1. 2. 1945, 26. 10. 1944, 23. 11. 1944.
[25] Aleksandrov, Ehrenburg is Over–Simplifying. Soviet Public Opinion and the Situation in Germany, in: Soviet War News, 19. 4. 1945.
[26] Kogelfranz, »So weit die Armeen kommen. . .«.
[27] Der Prozeß gegen die Hauptkriegsverbrecher, Bd I, S. 340, S. 343; Bd V, S. 136; Bd XVIII, S. 223.
[28] Soviet Weekly, 13. 12. 1945.
[29] BA-MA, RW 6/v. 98, Teil 1, 18. 9. 1939; BA-MA, RW 6/v. 98, Teil 2, 22. 9., 23. 9., 24. 9., 25. 9. 1939.
[30] Hoffmann, Die Sowjetunion bis zum Vorabend des deutschen Angriffs, S. 83f.
[31] Gafencu, Vorspiel zum Krieg im Osten, S. 257.
[32] Russia at War, S. 252.
[33] Ebenda, S. 185, S. 189.
[34] Ebenda, S. 143ff., S. 162ff., S. 195ff.
[35] Ebenda, S. 176.
[36] Ebenda, S. 202.
[37] Ehrenburg, Hatred, ebenda, S. 131.
[38] Ebenda, S. 204.
[39] BA-MA, RH 24-3/134, 10./11. 8. 1941.
[40] Russia at War, S. 184ff.
[41] Churchill, Nach dem Kriege, S. 70ff., S. 99, S. 157, S. 261f., S. 265.
[42] Russia at War, S. 112.
[43] Wolkogonow, Triumph und Tragödie, Bd 2/2, S. 197.
[44] Soviet War News, 23. 11., 30. 11. 1944, 11. 1., 24. 5. 1945.
[45] Ebenda, 12. 10. 1944, 12. 4. 1945.
[46] Ebenda, 17. 5. 1945.

[47] Ebenda, 12. 7. 1945.
[48] Ebenda, 10. 1. 1946.
[49] Russia at War, S. 253f.
[50] Soviet War News, 17. 5. 1945.
[51] Ebenda, 8. 2. 1945.

7.
Beiderseitige Greueltaten und ihre Probleme

Ein gewichtiges Argument in der sowjetischen Kriegspropaganda stellten die Greueltaten dar, die auf deutscher Seite tatsächlich oder auch nur angeblich verübt worden sind. Eine wachsende Flut von Beschuldigungen wurde vorgebracht, berechtigte und unberechtigte. Sie sind, will man den rechten Maßstab gewinnen, vor dem Hintergrund überdimensionaler sowjetischer Menschheitsverbrechen zu sehen. So gilt es, den Spreu vom Weizen zu trennen und an den hervortretenden Beispielen die Berechtigung der sowjetischen Anschuldigungen zu untersuchen und zu prüfen, welche politischen Absichten sich hinter der Propagandakampagne verbargen. Denn bevor die Deutschen in der Sowjetunion oder in den von ihr annektierten Gebieten auch nur eine Untat begehen konnten, hatten die Bol'ševiki von sich aus bereits Millionen und Abermillionen unschuldiger Menschen vernichtet. Der Terror als eine feststehende Einrichtung des sowjetischen Herrschaftssystems hatte unmittelbar nach der Oktoberrevolution eingesetzt und nicht nur die soziale, sondern vielfach auch die physische Liquidierung ganzer Klassen zum Ziel, die Ausrottung des Adels, der Geistlichkeit, des Bürgertums, aber auch der Anhänger nichtbolschewistischer sozialistischer Parteien wie der Menševiki und der Sozialrevolutionäre, ganz zu schweigen von denen bürgerlicher Parteien wie etwa der vielgeschmähten konstitutionellen Demokraten (›Kadetten‹).

Noch Jahre nach dem Umsturz, am 19. März 1922, hatte Lenin in einem an Molotov gerichteten und nur für die Mitglieder des Politbüros bestimmten geheimen Schreiben erklärt: »Je mehr Vertreter der reaktionären Geistlichkeit und der reaktionären Bourgeoisie wir in diesem Zusammenhang erschießen können, desto besser.« In seinem 1930 erschienenen Buch NACH DEM KRIEGE zitierte Winston Churchill eine statistische Untersuchung von Professor Sarolea, der zufolge die bolschewistischen ›Diktatoren‹ allein bis 1924 folgende Personen ermordet haben: »28 Bischöfe, 1219 Geistliche, 6000 Professoren und Lehrer, 9000 Doktoren, 12950 Grundbesitzer, 54000 Offiziere, 70000 Polizisten, 193290 Arbeiter, 260000 Soldaten, 355250 Intellektuelle und Gewerbetreibende, 815000 Bauern«. »Diese Zahlen«, so Churchill, »werden von Mr. Hearnshaw, King's College, London, in seiner glänzenden Einleitung zu A SURVEY OF SOCIALISM bestätigt. Sie enthalten natürlich nicht die ungeheuere Einbuße der russischen Bevölkerung an Menschenleben, die infolge von Hungersnot zugrunde gingen.«

Wenn solches schon unter dem von Churchill als ›Pestbazillus‹ apostrophierten Lenin geschehen konnte, was muß dann erst unter Stalin geschehen sein, einem ›Ungeheuer‹ nach Meinung seines Biographen, Generaloberst Professor Volkogonov, wie es in der Weltgeschichte seinesgleichen sucht. Es bedarf in diesem Zusammenhang nur einer Erinnerung an die Hauptphasen des Stalinterrors. So sind im Zeitraum der Zwangskollektivierung der Landwirtschaft seit 1929 und in dem in Verbindung hiermit sorgfältig geplanten und organisierten Hunger-Holocaust von 1932/1933, dem verschwiegenen Völkermord an dem ukrainischen Volk, übereinstimmenden Schätzungen und demographischen Untersuchungen zufolge zwischen sieben und zehn Millionen Menschen beseitigt worden.[1] Die bereits zu Beginn der Dreißiger Jahre einsetzenden Massenerschießungen sogenannter ›Volksfeinde‹, die in dem Fieberwahn der ›Großen Säuberung‹ 1937 bis 1939 gipfelten, haben weitere fünf bis sieben Millionen Menschen ihres Lebens beraubt.[2] Sie sind erschossen worden oder in dem System des GULag zugrunde gegangen. Etwa eine Million Menschen kam im Gefolge der Annexion Ostpolens und der baltischen Republiken zwischen 1939 und 1941 ums Leben. Der auf Befehl Stalins hin sofort nach Kriegsbeginn 1941 vorgenommenen Erschießung aller der Spionage verdächtigten Personen und der auf sein Geheiß hin vorgenommenen Niedermetzelung politischer Gefangener durch die Organe des NKVD vor dem Rückzug sind unzählige – nach Feststellungen eines Untersuchungsausschusses des amerikanischen Kongresses unter dem Vorsitz des Abgeordneten Charles J. Kersten allein in der Ukraine 80000 bis 100000 – Menschen zum Opfer gefallen.[3] Die Leichen der Hingemordeten wurden in den weiter unten aufgeführten ukrainischen Städten und in anderen Orten überall in der Ukraine, in Weißrußland und in den baltischen Republiken aufgefunden.[4] Schauplatz solcher Massaker waren auch solche Zentren wie Brest, Minsk, Kaunas, Wilna, Riga, um nur einige Stätten beispielhaft zu nennen. Massenerschießungen fanden aber auch im tiefen Hinterland statt, so in Smolensk, Berdičev, Uman', Stalino, Dnepropetrovsk, Kiev, Char'kov, Rostov, Odessa, Zaporož'e, Simferopol', Jalta, im Kaukasus und anderswo..

Nicht zu vergessen sind zudem die hohen Menschenverluste infolge der vom Politbüro des Zentralkomitees der VKP [b] und vom Rat der Volkskommissare 1941 organisierten Deportation der Wolgadeutschen und der übrigen Deutschstämmigen aus der Ukraine, von der Krim und aus dem Kaukasus, die unter unmenschlichen Methoden vonstatten ging und den Tatbestand des internationalen Verbrechens des Genocide ebenso erfüllte wie die im Jahre 1943/1944 vorgenommene Deportation der Völker der Kalmyken, Karačajer, Čečenen, Ingušen, Balkaren, von Teilen des kabardinischen Volkes sowie der Krimtataren.[5] Weiter oben ist bereits auf das den deutschen Einsatzgruppen der Sicherheitspolizei und des SD vergleichbare Exekutivinstrument der Grenztruppen und Sondertruppen des NKVD hingewiesen worden, die den regulären Truppen der Roten Armee auf dem Fuße folgten und eine ›Massensäuberung‹ unter der Bevölkerung in den wiedereingenommenen Gebieten durchführten.[6] Es waren, wie gesagt, Hunderttausende von Menschen, die im Zuge der nun einsetzenden Vergeltungs- und Säuberungsmaßnahmen von den Organen des NKVD erschossen worden sind[7], allein in der kurzfristig in sowjetischer Hand befindlich gewesenen Stadt Char'kov im März 1943 eingehenden deutschen Erhebungen zufolge nicht weniger als 4000, ohne Rücksichtnahme auf Alter und Geschlecht.[8]

Im gesamten Gebiet der Sowjetunion hatte der Sozialismus seine mörderischen Spuren hinterlassen. »Mehr als 100000 unmarkierte Massengräber sind in der Sowjetunion verstreut«, so der ukrainische Forscher Carynnyk, »das ganze Land ist auf Gebeinen aufgebaut«, jede einzelne Stadt und jeder einzelne Landstrich hatte »eigene Massengräber«.[9] In der Ukraine sind allein bei Bykovnia (Bykivnia), im Darnica-Wald und in Bielhorodka unfern von Kiev die sterblichen Überreste von 200000 bis 300000 Männern, Frauen und Kindern aufgefunden worden, die städtischen Friedhöfe Kievs waren gefüllt mit Erschossenen. Massengräber wurden bei Dnepropetrovsk, bei Char'kov (Pjatichatka, Planquadrat 6, jüdischer Friedhof)[10], bei Žitomir, Odessa, Poltava, Vinica, Doneck aufgedeckt, um nur wenige markante Stätten zu nennen. In Weißrußland werden 102000 Opfer in den Massengräbern bei Kuropaty unfern von Minsk, insgesamt in der Umgebung von Minsk 270000 Opfer vermutet. Für Großrußland seien Smolensk und Katyn (der Wald von Kozy Gory) genannt, wo die Leichen von 50000 Erschossenen seit 1935 auf Förderbändern transportiert wurden[11], für den Ural Sverdlovsk und Gori. Dem Nobelpreisträger Sacharov zufolge gibt es im Ural keine einzige Kreisstadt ohne Massengräber – und dies nicht nur dort. In stillgelegten Bergschächten bei Lyssaja Gora nahe von Čeljabinsk verschwanden in den dreißiger Jahren die Leichen 300000 erschossener Männer, Frauen und Kinder.[12] Die Schergen des Bolschewismus verrichteten ihr Mörderhandwerk aber auch in Mittelasien, am Altaj, im Fernen Osten bis hin nach Sachalin.

Im Umkreis der in der Sowjetunion bestehenden 80 ›Konzentrationslagersysteme‹ mit Hunderten von Einzellagern unter der Verantwortung des GULag, so bei Vorkuta und Karaganda, war der Boden mit den Leichen ermordeter ›Volksfeinde‹ buchstäblich gedüngt. Allein in den Konzentrationslagern bei Kolyma starben mindestens drei Millionen Menschen an den entsetzlichen Lebensbedingungen bei Temperaturen bis zu minus 60°. »Gaskammern ähnlich denen von Auschwitz waren in Vorkuta schon seit 1938 in Betrieb«, so der britische Historiker Graf Tolstoy in seinem Buch ›Victims of Yalta‹.[13] Die technischen Grundlagen zur Herstellung und Verwendung giftiger Gase in großem Maßstab – eine chemische Industrie – sind in der UdSSR in der Tat seit den zwanziger Jahren schnell entstanden.[14] Man erinnert sich in diesem Zusammenhang auch der von der deutsch-russischen Gesellschaft ›Bersol‹ in Trock bei Samara während der Zusammenarbeit der zwanziger Jahre errichteten Fabrik zur Erzeugung von Giftgas und der dortigen Schule für die Ausbildung und Technik des Gaskampfes unter der Tarnbezeichnung ›Tomka‹ (Torski).

Über die Gesamtzahl der unter der Sowjetmacht Ermordeten herrscht insofern Übereinstimmung, als es sich hier um wahre Hekatomben von Menschenleben gehandelt hat. Der russische Historiker Medvedev, ein ehemaliger Dissident, der sich 1992 den Kommunisten wieder angenähert hat, wollte 1989 40 Millionen Opfer von Repressivmaßnahmen zugestehen und gelangte aufgrund eigener Recherchen zu einer Zahl von immerhin mindestens 15 Millionen Toten. Der amerikanische Historiker Conquest veranschlagte die Todesopfer allein des Stalinterrors nach eingehenden Analysen auf 20 Millionen, hielt zehn Millionen weitere Tote aber für wahrscheinlich.[15)] Demgegenüber rechnete der Nobelpreisträger Solženicyn mit 40 Millionen, während andere Sachverständige sogar auf eine Gesamtzahl von bis zu 68 Millionen Menschen gelangen, die dem Sozialismus der Sozialistischen Sowjetrepubliken zum Opfer gefallen sind, »die Toten des Zweiten Weltkrieges nicht mitgerechnet«.[16)] Die Zahl von 40 Millionen Todesopfern wird mehrfach genannt, wie denn einer Meldung auch des WELT-NACHRICHTENDIENSTES vom 30. Juni 1993 zufolge »dem Diktator J. V. Stalin nach vorsichtigen Schätzungen etwa 40 Millionen Menschen zum Opfer fielen«.[17)]

Die in diesen Dimensionen noch nicht dagewesenen Massenverbrechen sind in der Sowjetunion begangen worden, bevor die deutsche Wehrmacht und die ihr verbündeten Armeen, gefolgt von den Einsatzgruppen der Sicherheitspolizei und des SD, 1941 auf den Plan traten, welche letztere nun ihrerseits im Osten eine Blutspur zogen. Über die Untaten auf deutscher Seite ist bereits eine so reichhaltige Literatur, wenngleich unterschiedlicher Qualität, erschienen, und sie sind so eingehend nach allen Aspekten hin erörtert worden, daß es an dieser Stelle genügen muß, nur noch auf die Hauptverfahrensarten kurz einzugehen, die seitens des Apparates des Reichsführers SS zur Beseitigung der rassisch-ethnisch oder politisch Mißliebigen im Ostraum angewendet wurden: Die Tötungshandlungen der im Rücken der Heeresfronten operierenden Einsatzgruppen der Sicherheitspolizei und des SD und die Vernichtungsaktionen oder das Massensterben in den Konzentrationslagern des ehemaligen polnischen Staatsgebietes: Treblinka, Sobibor, Belzec, Majdanek, Auschwitz. Vor allem Auschwitz hat sich als Sinnbild nationalsozialistischer Greueltaten tief in das öffentliche Bewußtsein eingegraben, obwohl es bis lange nach dem Kriege und auch im Nürnberger Prozeß gegen die ›Hauptkriegsverbrecher‹ noch keineswegs den heutigen Symbolcharakter aufwies. Mit dem Namen des ›Vernichtungslagers Auschwitz‹ in erster Linie verbindet sich auch die Vorstellung von Gaskammern zur systematischen Massenvernichtung von Menschenleben. Es soll die Frage erörtert werden, wie das Wissen um das Bestehen solcher Gaskammern aufgekommen ist.

Am 25. November 1942 veröffentlichte die NEW YORK HERALD TRIBUNE nach vorangegangenen Pressekonferenzen einen Bericht unter der Überschrift: »Wise sagt, Hitler habe 1942 die Ermordung von 4000000 Juden befohlen.« So sensationell diese von dem Präsidenten des AMERICAN JEWISH CONGRESS, Dr. Wise, in Umlauf gebrachte Meldung auch war, das State Department schenkte ihr wenig Glauben, und die amerikanische Regierung und selbst Präsident Roosevelt weigerten sich, irgendwelche Konsequenzen aus ihr zu ziehen.[18] Die Sowjetunion aber, voll in der Haßcampagne gegen Deutschland begriffen, nahm diese Nachricht begierig auf und versuchte, ihr einen amtlichen Anstrich zu geben, indem das Volkskommissariat des Äußeren der UdSSR am 19. Dezember 1942 eine Erklärung herausgab über die »Ausführung eines Planes der hitlerischen Behörden, die jüdische Bevölkerung in den besetzten Gebieten Europas zu vernichten«.[19] Einige amerikanische Zeitungen sollen bereits 1942 von »über zwei Millionen vergaster Juden« geschrieben haben, was allerdings nicht bestätigt werden kann. Auf jeden Fall aber fand sich in der britischen Zeitung THE PEOPLE (Sunday, October 17 1943) unter Berufung auf eine Erklärung des INSTITUTE OF JEWISH AFFAIRS in den Vereinigten Staaten eine unscheinbare Notiz, der zufolge Hitler bis dahin mehr als drei Millionen der europäischen Juden ermordet haben sollte.[20]

Von Giftgas war hier noch nicht die Rede, nur von der Vernichtung durch »planned starvation, pogroms, forced labour und deportations«. Die Anwendung von Giftgas zu Tötungszwecken wurde in der Sowjetunion im Zusammenhang mit dem in Char'kov im Dezember 1943 veranstalteten Schauprozeß, dem ersten ›Kriegsverbrecherprozeß‹ gegen Deutsche überhaupt, einem breiten Publikum zu Bewußtsein gebracht[21], nachdem frühere Erwähnungen noch nicht recht durchgedrungen waren. In dem gegen die deutschen Kriegsgefangenen Hauptmann Langheld, SS-Untersturmführer Ritz und Unteroffizier Rezlaw am 15. Dezember 1943 in Char'kov eröffneten Prozeß vor dem Militärtribunal der 4. Ukrainischen Front wurde der Einsatz sogenannter »Mordwagen durch die Deutschen zur Vernichtung sowjetischer Bürger« zur Sprache gebracht und in die sowjetische Kriegspropaganda damit endgültig eingeführt.[22] Der als Prozeßberichterstatter anwesende sowjetische Schriftsteller und Propagandist Tolstoj, Mitglied der ›Außerordentlichen Staatlichen Kommission zur Feststellung und Untersuchung der Verbrechen der deutsch-faschistischen Eindringlinge‹, verbreitete in mehreren für die Auslandspropaganda bestimmten Kommentaren zudem irreführend, ›Mordwagen‹ (Seelentöter, Dušegubki) seien auf »Befehl des Oberkommandos der deutschen Armee zur Massenvernichtung friedlicher Bewohner im deutsch besetzten Territorium« eingesetzt worden. Der hier unternommene Versuch, die deutsche Wehrmacht mit derlei Dingen in Verbindung zu bringen, war freilich absurd und entsprach in keiner Weise den Tatsachen. Aber die schon in dem Kommuniqué der ›Außerordentlichen Staatlichen Kommission‹ vom 7. August 1943 im Fall Stavropol' genannten ›Mordwagen‹[23] waren in der Propaganda doch nun ein feststehender Begriff geworden. Zu Erhöhung der Glaubwürdigkeit trat in diesem Prozeß als Zeuge sogar ein SS-Obersturmbannführer Heinisch auf, der vom Hörensagen gewußt haben wollte, »der Tod durch Gas sei schmerzlos und humanitär«.

Das Vorhandensein sogenannter ›Mordwagen‹ wurde in den zahlreichen Untersuchungsberichten der ›Außerordentlichen Staatlichen Kommission‹ fortan als bekannt vorausgesetzt und immer wieder erwähnt, so zum Beispiel in einem Kommuniqué vom 23. März 1944 unter der Überschrift ›They murdered 2,000,000 People‹,[24] in welchem in Anlehnung anscheinend an das in den USA gegebene Stichwort verbreitet wurde, die Deutschen hätten in den besetzten Gebieten der Sowjetunion zwei Millionen Menschen, neben Zivilpersonen vor allem Kriegsgefangene, »durch Gas in ›Mordwagen‹ oder durch Torturen bis zum Tode umgebracht«. Die Gasangelegenheit gewann neuen Auftrieb, nachdem sowjetische Truppen die Grenzen des damaligen Generalgouvernements Polen überschritten und im August 1944 das Konzentrationslager Majdanek eingenommen hatten. Der sowjetische Schriftsteller und Propagandist Simonov, der diesem Ereignis in offiziellem Auftrage eine ausführliche Berichterstattung widmete, behauptete bereits am 17. August 1944 in einem seiner Artikel, in dem Vernichtungslager Lublin seien außer den Mordwagen des gewöhnlichen Typs zu Tötungszwecken, der von Ehrenburg so genannten ›Gaswagen-Methode‹, erstmals auch ortsfeste, als Desinfektionskammern getarnte Gaskammern eingesetzt worden.[25] Über die in Majdanek angeblich vorgenommene Vergasung von Menschen ließ Simonov sich in einem Artikel unter der Überschrift »Nazi-Gaskammern« am 24. August 1944 ausführlich, jedoch ohne stichhaltige Beweise aus, wobei er einschränkend zugleich auch feststellte oder jedenfalls nicht vorenthielt: »Nebenbei bemerkt, Cyclon (das Tötungsgas) ist in Wirklichkeit ein Desinfektionsmittel.«[26]

Der am 28. September 1944 veröffentlichte Bericht der ›Außerordentlichen Staatlichen Kommission‹ über das Konzentrationslager Majdanek, The Maidanek Inferno[27], setzte als Haupttötungsart, abgesehen von Torturen, Massenerschießungen an die erste Stelle, erwähnte neben den ›Mordwagen‹ dann ebenfalls das Vorhandensein von ›Gaszellen‹, die auf ihre Funktionstüchtigkeit hin von den Sowjets auch technisch untersucht worden seien. Die eigentliche Informationsquelle scheinen die Aussagen von Zeugen des NKVD gewesen zu sein, und auf dieser Grundlage gelangte das amtliche sowjetische Kommuniqué denn auch zu recht widerspruchsvollen Schlußfolgerungen. Denn einmal, so läßt sich entnehmen, sei die Tötung der Menschen durch Giftgas mehr die Ausnahme gewesen und vor allem in Fällen von Krankheit und körperlicher Erschöpfung – zudem in relativ begrenztem Umfang – zur Anwendung gelangt. Andererseits setzte die ›Außerordentliche Staatliche Kommission‹ aber voraus, in den fast drei Jahren des Bestehens des Konzentrationslagers Majdanek seien Hunderttausende von Personen durch Gas vergiftet worden. Dieser Widerspruch erfährt keine Erklärung, doch gilt es, sich des Historikers Helmut Krausnick zu erinnern, der es schon 1956 für angebracht gehalten hatte zu erwähnen, daß Majdanek »kein Lager sofortiger Vernichtung darstellte«. So hatte sich auch die kommunistische Polnische Kommission zur Untersuchung der Kriegsverbrechen in Majdanek auf eine Gesamtzahl von 200000 Opfern festlegen wollen.[28)]

Größere Bedeutung noch als dem Konzentrationslager Majdanek wurde in der Sowjetpropaganda verständlicherweise dem Konzentrationslager Auschwitz zugemessen. Vergleicht man nun die Berichterstattung über das Konzentrationslager Auschwitz mit der über das Konzentrationslager Majdanek, so wird ebenfalls deutlich, daß Erschießungen und Torturen als Tötungsart in der Sowjetpropaganda bis Kriegsende die Hauptrolle, Vergasungen nur eine untergeordnete Rolle gespielt haben. Schon in dem Rapport, den das Mitglied des Kriegsrates der 1. Ukrainischen Front, der (politische) Generalleutnant Krajnjukov, am 30. Januar 1945, drei Tage nach der Einnahme des Lagers, an den Sekretär des Zentralkomitees Malenkov in Moskau richtete, heißt es denn beispielsweise nur: »In Auschwitz wurden, nach vorläufigen Aussagen der Häftlinge, Hunderttausende von Menschen zu Tode gequält, verbrannt, erschossen.«[29)] Von einer Vergasung, die doch sensationell genug gewesen wäre, ist hier nicht die Rede. Und selbst das schließliche Kommuniqué der ›Außerordentlichen Staatlichen Kommission‹ über Auschwitz weist in dieser Hinsicht eine bezeichnende Textabweichung auf.[30)] Denn in der am 7. Mai in dem Parteiorgan PRAVDA veröffentlichten russischen Fassung dieser sowjetamtlichen Mitteilung wurde von der Tötung durch »Erschießen, Hunger, Vergiften und ungeheuere Mißhandlungen« gesprochen, in der am 24. Mai 1945 von der sowjetischen Botschaft in London herausgegebenen Propagandazeitschrift SOVIET WAR NEWS, in der englischen Fassung also, von »Erschießungen und ungeheueren Torturen«. Von ›Vergiften‹ wird hier nicht mehr gesprochen, obwohl der Fall Auschwitz von der Sowjetpropaganda doch weidlich ausgenutzt und das Konzentrationslager Auschwitz zutreffend als weitaus schrecklicher denn Majdanek hingestellt wurde. Zwar erwähnte der Bericht (soobščenie) der ›Außerordentlichen Staatlichen Kommission‹ vom 7. Mai 1945 über Auschwitz in Analogie schon zu dem Bericht über Majdanek die Existenz von Gaskammern (gazovye kamery, gas chambers) in räumlicher Nähe zu den Krematorien. So seien ab Sommer 1943 insgesamt vier Krematorien in Verbindung mit solchen Gaskammern in Auschwitz vorhanden gewesen. Doch standen diese Gaskammern erstaunlicherweise nicht im Mittelpunkt des sowjetischen Propagandainteresses. Ihre Existenz sei überhaupt als so wenig bekannt vorausgesetzt worden, daß sie zur Täuschung selbst der ahnungslosen Opfer von den Deutschen noch als ›Bäder für besondere Zwecke‹ (banjami osobogo naznačenija, baths of special designation) ausgegeben werden konnten.[31)]

Als Tötungsarten wurden in dem sowjetamtlichen Kommuniqué über Auschwitz in erster Linie also ›Erschießungen und ungeheuere Torturen‹ angeführt. Vergasungen wurden, wie in Majdanek, zwar erwähnt, und es wird sogar vorgerechnet, in den vier, später fünf Krematorien hätten während der gesamten Dauer theoretisch angeblich 5121000 Leichenverbrennungen vorgenommen werden können. In der sowjetischen Propaganda rangierten Gasvergiftungen indessen hinter Vivisektionen, medizinischen Experimenten an lebenden Menschen und ähnlichen Untaten. Auch haben sie, wie sich den kürzlich veröffentlichten Protokollen der Verhöre der ›Auschwitz-Ingenieure‹ Prüfer, Sander und Schultze durch Organe des NKVD im Jahre 1946 entnehmen läßt, letztlich anscheinend doch nur relativ kleine Personengruppen – in der Größenordnung jeweils von einigen Hundert – getroffen. Von der Vernichtung von Juden ist in dem Kommuniqué vom 7. Mai 1945 übrigens nicht die Rede, sondern von der von Bürgern aus der Sowjetunion und aus vielen anderen europäischen Staaten. Die Untersuchungsergebnisse der ›Außerordentlichen Staatlichen Kommission‹ über Majdanek und Auschwitz wurden dem Internationalen Militärgerichtshof in Nürnberg als Anklagedokumente der Sowjetunion vorgelegt, aufgrund des Artikels 21 des Londoner Statutes ebenso wie die Untersuchungsergebnisse über Katyn als regierungsamtliches Beweismaterial der Sowjetunion vorbehaltlos akzeptiert und von dem Ankläger, Oberjustizrat Smirnov, in der Sitzung vom 19. Februar 1946 vorgetragen.[32)] Der Internationale Militärgerichtshof hat sich in der Vergasungsfrage dennoch eine bemerkenswerte Zurückhaltung auferlegt und in der Urteilsbegründung vom 30. September 1946 nur lapidar verkündet: »Von diesen (nämlich von den Gaskammern mit Öfen zum Verbrennen von Leichen) wurden einige tatsächlich zur Ausrottung von Juden als Teil der ›Endlösung‹ des jüdischen Problems verwendet.«[33)]

Der Internationale Militärgerichtshof in Nürnberg, dessen fragwürdige Kompetenz, Zusammensetzung und Praktiken an dieser Stelle nicht zur Erörterung stehen, konnte sich hierbei auch auf die allgemein als glaubwürdig empfundenen Aussagen des SS-Richters, Sturmbannführer Dr. Morgen, und des Stellvertretenden Amtschefs des Hauptamtes SS-Gericht und Chefrichters des Obersten SS- und Polizeigerichtes, Oberführer Dr. Reinecke, vom 7. und 8. August 1946 stützen. Die genannten SS-Richter und andere hatten 1943/1944 im Auftrage Himmlers langwierige Ermittlungen gegen die Kommandanten und das Bewachungspersonal von sieben bis zehn Konzentrationslagern, aber nur wegen dort vorgekommener ›Unregelmäßigkeiten‹, durchgeführt[34], in deren Verlauf sie durch Zufall den systematischen Vernichtungsaktionen auf die Spur gekommen waren. Morgen war in Lublin 1943 mit der Existenz eines entsprechenden »Geheimen Sonderauftrages des Führers von höchster Wichtigkeit« bekanntgeworden und im Zusammenhang hiermit 1944 in Auschwitz mit dem Bestehen von Gaskammern (getarnt als ›Groß-Badeeinrichtungen‹) in Verbindung mit Krematorien zur Menschenvernichtung in dem von ihm so genannten ›Vernichtungslager Monowitz‹. Der Umstand, daß nach dieser unter Eid gemachten Aussage selbst führende Kreise der SS von den Vernichtungsaktionen offenbar keine Kenntnis gehabt hatten, war für die Anklagebehörde übrigens einer der Gründe, um von einem Kreuzverhör dieses Zeugen der Verteidigung Abstand zu nehmen, sollte doch die Pauschalanklage gegen alle Angehörigen der SS um jeden Preis aufrechterhalten werden.

Das Auschwitzproblem in allen seinen Aspekten ist in unseren Tagen im Inland und Ausland Gegenstand einer intensiven, im allgemeinen mit Kenntnis und Scharfsinn geführten publizistischen Debatte geworden, auch wenn manche Kreise den gebotenen Rahmen in politischer Absicht eifernd überschreiten. Diese Auseinandersetzung spielt sich weniger in der ›offiziellen‹ Literatur als vielmehr in mehr abgelegenen Publikationen ab, und sie wird nicht wenig beeinträchtigt durch amtlich dekretierte Denk- und Formulierungsverbote, über deren Einhaltung das politische Denunziantentum argwöhnisch wacht. Die hierin liegende Behinderung der freien Erörterung eines bedeutenden zeitgeschichtlichen Problems, so mißlich sie heute auch manchmal sein mag, wird auf die Dauer freilich keinen Bestand haben. Denn erfahrungsgemäß läßt sich die freie Geschichtsforschung durch strafrechtliche Maßnahmen nur zeitweise behindern. Historische Wahrheiten pflegen im Verborgenen fortzuwirken und sich endlich dennoch Bahn zu brechen. Im Hinblick auf das Auschwitzproblem geht es im übrigen auch gar nicht um die ›offenkundige‹ Tatsache einer grausamen Verfolgung und Vernichtung der Angehörigen des jüdischen Volkes, die sich jeder weiteren Diskussion entzieht, sondern es geht einzig und allein um die Frage des angewandten Tötungsmechanismus und um die Frage, wieviele Menschen den Verfolgungen zum Opfer gefallen sind. Und in dieser Hinsicht zeichnen sich allerdings wichtige Erkenntnisse ab, so daß manche Korrekturen gängiger Vorstellungen unumgänglich werden dürften.

Wenn selbst heute beispielsweise noch eine Gesamtzahl von sechs Millionen Todesopfern als Ausdruck unbestreitbarer historischer Fakten, eines feststehenden Axioms, hingestellt wird, dann erhebt sich die Frage, wann und wo diese Sechsmillionenzahl denn überhaupt aufgekommen ist und worauf sie beruht. Gerichte in der Bundesrepublik, die nicht etwa das ›Leugnen‹, was ein fehlgegriffener Ausdruck ist, sondern ein bloßes Nichtglaubenkönnen, das Vorbringen von Zweifeln an der Berechtigung dieser Zahl, als Straftatbestand werten und verfolgen, sind, zur Rede gestellt, nicht in der Lage, eine Antwort hierauf zu erteilen.[35] Es fordert dies einige Ausführungen heraus.

Nachdem die Truppen der sowjetischen 60. Armee das Gelände des Konzentrationslagers Auschwitz am 27. Januar 1945 besetzt hatten, dauerte es, sieht man von einigen unbestimmt gehaltenen Meldungen ab, bis zum 1. März 1945, daß eine sowjetamtliche Erklärung vorlag, in der auf der Grundlage dubioser Untersuchungen nunmehr behauptet wurde, in diesem Konzentrationslager seien »mindestens fünf Millionen Menschen vernichtet worden«. Die am 30. Januar 1945 von Generalleutnant Krajnjukov an Malenkov gemeldete Zahl hatte jetzt also eine gewaltige Erhöhung erfahren und war so groß geworden, daß selbst die Sowjetpropaganda es für geboten hielt, sie wieder ein wenig zu reduzieren. So ist in dem am 7. Mai 1945 in dem Parteiorgan Pravda veröffentlichten Kommuniqué der ›Außerordentlichen Staatlichen Kommission‹ nur mehr von »über vier Millionen Bürgern« die Rede, die in Auschwitz ihr Leben verloren hätten. Diese Viermillionenzahl blieb im sowjetischen Machtbereich (Sowjetunion und Volksrepublik Polen) als feststehende Größe unangefochten bis zum Jahre 1990, obwohl selbst der unter dem Eindruck des sowjetischen ›Beweismaterials‹ (Dokument USSR-008) stehende Internationale Militärgerichtshof in Nürnberg in seiner Urteilsbegründung vom August 1946 nur noch drei Millionen Opfer in Auschwitz hatte anerkennen wollen.[36] Unerfindlich blieb, wie sich diese Viermillionenzahl eigentlich berechnete und aus welchem Grunde sie in westlichen Ländern – von der Justiz in Westdeutschland sogar noch bis zum Jahre 1990 – als zutreffend hingestellt werden konnte.

Im April 1990 endlich hatte der Direktor des Staatlichen Museums in Auschwitz, Dr. Franciszek Piper, der überhaupt mehr zu wissen scheint, als er manchmal zu erkennen gibt, die auf 19 Gedenksteinen in 19 Sprachen angebrachten Inschriften zur Erinnerung an die in Auschwitz ermordeten vier Millionen Juden heimlich entfernen lassen. Doch auch die von ihm nunmehr genannte Zahl von 1 – 1,2 Millionen sollte nur kurzen Bestand haben und wurde bald auf 800000 reduziert.[37] 74000 Todesopfer, wohlgemerkt nur unter den ›arbeitsfähigen Deportierten‹, sind aus den Registern der in sowjetischen Archiven freigegebenen ›Sterbebücher‹ (Totenbücher) zu bestätigen. Sie machen freilich nur einen Teil der Gesamtopferzahl aus, deren wirkliche Höhe aber im Dunkeln bleibt. Die Differenz von 726000 Toten wurde jüngsten Meldungen zufolge nach Auswertung der »verfügbaren technischen Daten«, also, ähnlich wie in dem sowjetischen Kommuniqué vom 7. Mai 1945, nach der angenommenen Kapazität der Krematorien in Auschwitz, etwas summarisch hinzugerechnet. Daher konnten auch diese Zahlen letztlich nicht als erwiesen gelten. Heute gibt Jean Claude Pressac eine Gesamtzahl von 631000 - 711000 Auschwitztoten an.

Der Internationale Militärgerichtshof in Nürnberg, der mit den Falsifikaten der sowjetischen ›Außerordentlichen Staatlichen Kommission‹ methodisch irregeführt worden war, stimmte allerdings hinsichtlich der Gesamtopferzahl des jüdischen Volkes mit der sowjetischen Kriegspropaganda überein. Denn obwohl selbst der britische Hauptankläger, Sir David Maxwell-Fyfe, Zweifel an der Glaubwürdigkeit sowjetischer Zahlen durchblikken ließ, als er am 21. März 1946 hypothetisch von drei Millionen jüdischer Todesopfer sprach[38)], und obwohl kurz zuvor, am 3. Januar 1946, der ehemalige SS-Hauptsturmführer Wisliceny aus dem Judenreferat des Reichssicherheitshauptamtes in Nürnberg ausgesagt hatte, SS-Obersturmbannführer Eichmann (Abteilungsleiter im Amt IV) habe ihm gegenüber im Februar 1945 vier bis fünf Millionen genannt[39)], bezifferte der Internationale Militärgerichtshof die Anzahl jüdischer Todesopfer in seiner Urteilsbegründung mit sechs Millionen. Er stützte sich hierbei auf eine andere Aussage aus dem Reichssicherheitshauptamt, nämlich auf die eidesstattliche Erklärung (Affidavit) des ehemaligen SS-Sturmbannführers Dr. Hoettl (Dokument PS-2738 vom 26. November 1945)[40)], dem der Judenreferent Eichmann anläßlich einer Unterredung in Budapest zu Ende August 1944, »nach dem Einschenken von Barack, dem ungarischen Marillengeist«, von insgesamt sechs Millionen getöteter Juden erzählt haben soll. Hoettl hatte, wie er angibt, »bereits vor dem deutschen Zusammenbruch« (das heißt im Frühjahr 1945) »nähere Angaben darüber an eine amerikanische Stelle im neutralen Ausland (Allen Dulles in der Schweiz)« gemacht[41)], so daß es zumindest erklärbar ist, wenn diese Zahl schon im September 1945 in dem US-Lager Freising kursieren konnte, von den empörten Gefangenen aber nicht geglaubt wurde. Als der hier einsitzende Hoettl das im August 1944 von Eichmann Gehörte jetzt noch einmal wiederholte, wurde seine Aussage vom CIC sofort zu Protokoll genommen. Die von Eichmann angegebenen Zahlen werden indessen »nach den Erkenntnissen der Geschichtswissenschaft« »eindeutig als zu hoch angesehen«, und auch Dr. Hoettl selbst spricht heute von der Neigung des ihm seit 1938 bekannten Eichmann zu Übertreibungen.

Läßt sich also zusammenfassen, daß die Sechsmillionenzahl erst im Frühjahr 1945 zu amerikanischer Kenntnis gelangt ist, so operierte die sowjetische Kriegspropaganda mit ihr jedenfalls schon Monate früher. Wie anders ist es nämlich zu erklären, daß der führende Sowjetpropagandist Ilja Ehrenburg bereits am 4. Januar 1945 – also fast einen Monat vor der Befreiung des Konzentrationslagers Auschwitz mit dort doch angeblich fünf Millionen Todesopfern – in einem Aufsatz unter der Überschrift »Noch einmal – Erinnere Dich!« – folgendes mit anscheinend größter Selbstverständlichkeit verbreiten konnte: »Frage irgendeinen deutschen Gefangenen, warum seine Landsleute sechs Millionen unschuldiger Menschen vernichteten, und er wird ganz einfach antworten: ›Warum, Sie sind Juden‹.«[42] Bereits am 5. Oktober 1944 hatte Ehrenburg seine Thesen in einem Aufsatz eingeführt: »Sie (die Deutschen)«, so schrieb er, »machten auch keinen Versuch, ihre Taten in Polen zu tarnen, wo sie ›Vernichtungslager‹ in Maidanek, Sabibur, Bolzyce und Treblinka errichteten und Millionen – ich wiederhole Millionen – wehrloser Menschen abschlachteten.« Indem er den heute gängigen entsprechenden Propagandabegriff aufbrachte, fügte er bezeichnenderweise hinzu: »Wenn die Deutschen Millionen von Juden töteten, so ist die Tatsache, daß diese Juden waren, nur für ›Rassisten‹ von Wichtigkeit. Für menschliche Wesen ist es von Wichtigkeit, daß die Opfer menschliche Wesen waren.« Die verleumderische Schlußfolgerung lautete dann: »Hunderttausende (von Deutschen) sind schuldig an Verbrechen und Millionen der Komplizenschaft.«[43] Wie ist es zudem zu erklären, daß Ehrenburg am 15. März 1945 – sechs Wochen nach der Befreiung von Auschwitz, da sich die Gesamtopferzahl der Sowjetpresse vom 1. März 1945 zufolge doch um fünf Millionen auf nunmehr insgesamt 11 Millionen erhöht haben müßte – in einem Aufsatz unter dem Titel »Wölfe waren sie – Wölfe bleiben sie« unbeirrt abermals verbreiten konnte: »Die Welt weiß jetzt, daß Deutschland sechs Millionen Juden getötet hat«[44], – eine Behauptung, von der die Welt damals eben überhaupt nichts wußte. Die stereotype Wiederholung einer bereits am 4. Januar 1945 erstmals aufgekommenen und behaupteten Gesamtzahl von sechs Millionen Ermordeter – und dieses in dem für englischsprechende Leser bestimmten Propagandaorgan SOVIET WAR NEWS – läßt eine wichtige Schlußfolgerung zu, die Schlußfolgerung nämlich, daß es sich bei den sechs Millionen, ebenso wie am 7. Mai 1945 bei den Auschwitzer vier Millionen, um eine Zahl der Sowjetpropaganda gehandelt hat, dazu bestimmt, die Öffentlichkeit und vor allem das Denken in den angelsächsischen Ländern zu beeinflussen.

Wir wissen heute, daß die Meldungen über Greueltaten der Nationalsozialisten in der westlichen Welt wohl Eingang gefunden haben, dort aber nicht ohne weiteres geglaubt wurden. In Großbritannien war der Begriff ›Auschwitz‹ wie Gilbert nachweist, bis zum Juni 1944 unbekannt. Als zu dieser Zeit zwei entkommene Flüchtlinge, Vrba und Wetzler, von Vergasungen berichteten[45], wurde ihnen nicht geglaubt, und die Alliierten lehnten hieran geknüpfte jüdische Forderungen ab. Sie vertraten die Auffassung, die jüdischen Organisationen seien »einem bewußten Täuschungsmanöver der Nazis auf den Leim gegangen«. Und noch im November 1945 notierte der Vorsitzende des jüdischen Weltkongresses, Chaim Weizmann, in seinen Memoiren entmutigt: »Die englische Regierung wollte sich die Auffassung nicht zu eigen machen, daß sechs Millionen Juden in Europa getötet worden sind.«[46)]

Für die sowjetische Propaganda, der es darum zu tun war, von den eigenen Untaten abzulenken, ergab sich in dieser Hinsicht ein reiches Betätigungsfeld. Ehrenburg, wie erwähnt, war frühzeitig mit der Aufgabe betraut worden, die Öffentlichkeit in den USA und in Großbritannien den sowjetischen Einflüsterungen geneigt zu machen. Als prominenter sowjetischer Jude erschien er auch besonders prädestiniert, um als Bindeglied der Sowjetunion zu den so einflußreichen Juden in den USA zu fungieren, obwohl er selbst früher einmal eher antisemitisch in Erscheinung getreten war. Noch am 12. Oktober 1941 hatte er beispielsweise in Abrede stellen wollen, daß der Nationalsozialismus prinzipiell gegen alle Juden eingestellt sei.[47)] Er schrieb damals: »Sie sagen: Wir sind gegen die Juden. Das ist eine Lüge. Sie haben ihre eigenen Juden, die sie begünstigen. Diese Juden haben Pässe, die mit den Buchstaben ›W. J. ‹ gekennzeichnet sind, was ›wertvoller Jude‹ (gemeint wohl Geltungsjude) bedeutet.« Schon am 24. August 1941 also hatte er in einem Artikel »An die Juden« »als russischer Schriftsteller und Jude« sehr beziehungsreich an die Juden des noch neutralen Amerika appelliert: »Juden! Die wilden Bestien haben uns niedergedrückt! ... Wir werden denen nicht vergeben, die indifferent sind. Wir werden die verfluchen, die ihre Hände waschen. Kommt England zu Hilfe! Kommt der Sowjetunion zur Hilfe!«[48)] In seinen Erinnerungen berichtet er, er habe im Sommer 1943 den Auftrag erhalten, »an die amerikanischen Juden ein Schreiben über die Bestialitäten der deutschen Faschisten« zu richten, um die »dringende Notwendigkeit« einer baldigen Zerschlagung Deutschlands, das heißt – darum ging es konkret – einer baldigen Eröffnung der zweiten Front zu unterstreichen.[49)]

In eben diesen Lebenserinnerungen versuchte Ehrenburg seine Haßorgien gegen die Deutschen mit folgendem Argument zu begründen: »Ich bekam Seife in die Hände, die aus den Leichen jüdischer Füsilierter hergestellt worden war. ›Rein jüdische Seife‹ war darauf gestempelt.«[50)] Und dann ganz beiläufig: »Doch wozu daran erinnern. Tausende von Büchern sind darüber geschrieben worden.« Nicht Tausende von Büchern sind darüber geschrieben worden, sondern der sowjetische Ankläger, Oberjustizrat Smirnov, hatte vor dem Internationalen Militärgerichtshof am 19. Februar 1946 des langen und breiten und auf der Basis fabrizierten Materials (USSR-196, USSR-197, USSR-393) die Anklage vorgetragen, die Deutschen hätten aus den Leichen ermordeter Juden fabrikmäßig Seife hergestellt.[51)] Diese bis in unsere Tage hinein kolportierte und geglaubte sowjetische Propagandabehauptung entbehrt jedoch jeder Grundlage, und selbst das israelitische Dokumentationszentrum Jad Vashem in Jerusalem sah sich im Jahre 1990 zu einem Dementi veranlaßt, indem es erklärte: »Es gibt kein Dokument, das beweist, daß die Nazis aus menschlichem Fett Seife gemacht hätten.«[52] Der Fall beweist nur, wie langlebig Legenden sein können und mit welcher Vorsicht und Kritik Beschuldigungen aufzunehmen sind, die ihren Ursprung in den trüben Quellen sowjetischer Propaganda und zumal in den Schreibereien von Ilja Ehrenburg finden.

Die auf die Dauer unumgängliche Anpassung politisch-historischer Darstellungen an wirklich beweisbare Tatsachen, ein Prozeß, der anscheinend erst in Gang kommt, darf natürlich nicht darüber hinwegtäuschen, daß ungeheuerliche Greueltaten an der jüdischen Bevölkerung begangen worden sind, und zwar einmal, wie gesagt, durch die Einsatzgruppen der Sicherheitspolizei und des SD in den besetzten sowjetischen Gebieten und zum anderen durch die damit beauftragten Gruppen des Lagerpersonals der SS in den Konzentrationslagern des damaligen Generalgouvernements. Der sowjetische Ankläger in Nürnberg, Oberjustizrat Smirnov, der mit seinen Kollegen bestrebt war, die Behauptungen der sowjetischen Kriegspropaganda in das Verfahren vor dem Internationalen Militärgerichtshof einzuführen, erlaubte sich am 19. Februar 1946 pauschale Beschuldigungen gegen das gesamte deutsche Volk zu erheben, als er von »Hunderttausenden und Millionen Verbrechern« unter den Deutschen sprach.[53] In Wahrheit jedoch hatte sich der Genocide an den Juden hinter einem Vorhang strikter Geheimhaltung vollzogen. Wenn selbst die britische Regierung den ohnehin erst 1944 einlangenden entsprechenden Berichten keinen Glauben schenkte und wenn die sonst nicht gerade zimperliche westalliierte Kriegspropaganda kein Wort hierüber verlor, ja wenn selbst führende Kreise der SS nicht eingeweiht gewesen waren und beispielsweise die Untersuchungskommissionen des Hauptamtes SS-Gericht erst nach langwierigen Ermittlungen eher durch Zufall einer systematischen und massenweisen Menschenvernichtung in Lublin und Auschwitz auf die Spur gekommen sind, dann sollte man der oft vorgebrachten Unwissenheit von Vertretern anderer Bereiche des zerklüfteten Machtapparates des hitlerischen Deutschland einigen Glauben schenken. Denn anders wäre es ja beispielsweise kaum zu verstehen, wie etwa der berüchtigte SS-Brigadeführer Ohlendorf, der als Chef der Einsatzgruppe D der Sicherheitspolizei und des SD in der Ukraine eigenem Geständnis nach mindestens 90000 Juden ermordet hatte[54], 1945 als Ministerialdirektor Verwendung in der den Siegermächten gegenüber doch auf einige Reputation bedachten Geschäftsführenden Reichsregierung unter Großadmiral Dönitz finden konnte.

Himmler soll den Kreis der für die ›Endlösung‹ unmittelbar Verantwortlichen im April 1943 als auf 200 SS-Führer beschränkt bezeichnet haben.[55] Und Dr. Hoettl sprach in seinen Affidavit davon, Eichmann habe ihm gesagt, die ganze Aktion sei ein ›Großes Reichsgeheimnis‹. Der amerikanische Völkerrechtler, Professor Dr. Dr. de Zayas, und einige amerikanische und britische Autoren machen heute denn auch keinen Hehl aus ihrer Auffassung, daß die »Personenzahl, die während des Krieges vom Holocaust wußte, äußerst begrenzt« gewesen war.[56)] De Zayas schreibt: »Immer mehr Historiker gelangen zu der Einsicht, daß die Kenntnis des Holocaust während des Krieges viel begrenzter war, als man bisher glaubte«. Und besonders galt dies für die Masse des deutschen Volkes. Eine Verheimlichung des Genocide aber war schon deshalb zwingend erforderlich gewesen, weil, wie etwa der in Nürnberg in allen Anklagepunkten freigesprochene Ministerialdirektor Dr. Fritzsche aussagte, das deutsche Volk Hitler die Gefolgschaft verweigert haben würde, wenn es von dem Mord an den Juden gewußt hätte, zumindest aber in seinem Vertrauen zu Hitler zutiefst erschüttert worden wäre.[57)] Nach Fritzsche soll der die Lage doch immer nüchtern einschätzende Reichspropagandaminister sich »äußerst erbittert« über die Parteinahme vieler Deutscher für die Juden geäußert haben, eine Aussage, die aus den Tagebüchern des Dr. Goebbels anläßlich der Deportation der Berliner Juden auch bestätigt wird. Daß die Deutschen schon mit einer bloßen Verfolgung der Juden nicht einverstanden gewesen sein können, geht auch aus der von dem amerikanischen Ankläger Dodd am 13. Dezember 1945 zitierten Rede Himmlers in Posen hervor[58)], in der dieser in seiner lasterhaften Diktion folgendes zugegeben hatte: »Und dann kommen sie alle an, die braven 80 Millionen Deutschen, und jeder hat seinen anständigen Juden. Es ist ja klar, die anderen sind Schweine, aber dieser eine ist ein prima Jude.«

Wenn die Deutschen von den grausigen Vorgängen hinter ihrem Rücken, die sie niemals gebilligt haben würden, nicht einmal Kenntnis gehabt hatten, dann können sie für sie auch nicht verantwortlich gemacht werden. Daß in der Hauptsache Staatsangehörige des Großdeutschen Reiches in diese Untaten verstrickt waren, ist hier kein Gegenbeweis, weil ja mit derselben Logik sonst auch das russische Volk für die von der Sowjetmacht verübten Massenmorde an Millionen und Abermillionen die Verantwortung tragen müßte oder das georgische Volk, weil, abgesehen von dem Georgier Džugašvili (Stalin), die Georgier Berija, Dekanozov, Canava, Goglidze, Ruchadze, Karanadze und andere als führende Funktionäre den Apparat des NKVD prägten oder, um den Faden fortzuspinnen, selbst das jüdische Volk, weil, wie dies auch die aus der Sowjetunion stammende jüdische Autorin Sonja Margolina in ihrem jüngst erschienenen Band »Das Ende der Lügen« hervorhebt, Juden im Bolschewismus zum ersten Male in der Geschichte nicht nur als Opfer, sondern auch als Täter in Erscheinung getreten sind.[59)] Daß es sich bei Trockij, Kamenev, Sinov'ev, Joffe, Krestinskj, Radek und unzähligen anderen der führenden bolschewistischen Funktionäre um Juden gehandelt hat, ist allgemein bekannt. Das im Smol'nyj tagende Zentralkomitee war 1918 im Volksmund geradezu »Judenzentrale« genannt worden, und die bolschewistische Herrschaft in den zwanziger Jahren trug nach Sonja Margolina »tatsächlich gewisse ›jüdische‹ Züge«.

Weniger bekannt ist der verhältnismäßig hohe Anteil von Juden an den Organen des bolschewistischen Terrors (Čeka, GPU, NKVD). Schon für die Massakrierung der Zarenfamilie und deren Gefolge waren, abgesehen von Lenin, der mit Trockij-Bronštejn den Befehl erteilt hatte, noch andere Juden verantwortlich[60], so Sinov'ev, der die Erschießung befürwortete und das Telegramm mit dem Ersuchen um Bestätigung an Lenin weiterleitete, Sverdlov, Vorsitzender des Zentralen Exekutivkomitees in Ekaterinburg, der den Mordbefehl Lenins aufsetzte, Beloborodov, Vorsitzender des »Uralischen Gebietssowjet der Arbeiter-, Bauern- und Soldatendeputierten«, der das Mordprotokoll (»rasstreleni bili«) unterzeichnete, und vor allem der Anführer des Mordkommandos Jurovskij, der, was aber zwei seiner Komplizen dann später für sich selber in Anspruch nahmen, den Kaiser Nikolaj II., die Kaiserin Aleksandra Feodorovna und den Thronfolger Aleksej am 17. Juli 1918 im Ipatev-Haus eigenhändig ermordet haben will. Nach dem von Jurovskij am 18. Juli 1918 in Ekaterinburg unterzeichneten Namensverzeichnis des ›Kommandos zur besonderen Verwendung‹ der ›Außerordentlichen Kommission‹ (Črezvyčajnaja Komissija)[61] waren mindestens zwei weitere Angehörige des zehnköpfigen Kommandos ebenfalls Juden, nämlich Izidor Edel'štejn und Viktor Grinfel'd, die übrigen waren entweder Russen oder deutsch-österreichische Kriegsgefangene: A. Fišer, E. Feketi, Nikulin, P. Medvedev, S. Vaganov, V. Vergaeš, L. Gorvat. Unter den in diesem Spisok aufgeführten Mördern befindet sich auch der Ungar Imre Nagy (Imre Nad), der spätere Ministerpräsident während der ungarischen Revolution von 1956, der auch in der Zwischenzeit noch eng mit der Geheimpolizei GPU/NKVD zusammengearbeitet hatte, bis ihn dann schließlich selbst das Schicksal ereilte.[62]

Obwohl Stalin den Einfluß der Juden allmählich eindämmte und viele von ihnen als ›Trockisten‹ harter Verfolgung aussetzte, waren sie zur Zeit des Zweiten Weltkrieges doch überall noch in führenden Stellungen zu finden. Einer der engsten Mitarbeiter Stalins bis zum Ende seiner Tage war Lazar Moisseevič Kaganovič, Hauptverantwortlicher neben anderen für »einen beispiellosen Völkermord – der sorgfältig geplanten Ermordung von sieben bis neun Millionen ukrainischer Bauern während der Hungersnot 1932–1933«.[63] Kaganovič war »verantwortlich für den Tod einer ganzen Generation von Intellektuellen« und eigenhändiger Unterzeichner von Exekutionsbefehlen für 36000 Menschen. Er hatte »seine Hand bei der Ermordung von Millionen dabei« und, so Medvedev, mehr Verbrechen auf dem Gewissen »als die, die in Nürnberg 1946 gehängt wurden«. Außer Stalin, Vorošilov, Molotov, Mikojan, Kalinin hatte auch Lazar Kaganovič den Befehl zur Erschießung der 15000 polnischen Offiziere unterschrieben, ein Verbrechen, das schon für sich genommen nach Nürnberger Maßstäben für die Verhängung eines Todesurteils ausgereicht haben würde. Der Chef der Politischen Hauptverwaltung, Armeekommissar 1. Ranges Lev Sacharovič Mechlis, war der Organisator des Terrors in der Roten Armee.[64] Generaloberst Abakumov, der sich mit einer ganzen Gruppe jüdischer Mitarbeiter umgeben hatte, ein enger Vertrauter Berijas, der seinerseits von dem General des NKVD Sudoplatov, als »Jude von Geburt« bezeichnet wurde[65], war einer der Hauptverantwortlichen für die ungeheuren Verbrechen im Bereich des NKVD/MVD. Der NKVD-General Rajchmann, in den dreißiger Jahren Chef der von Ežov ob ihrer besonderen Brutalität gerühmten Gebietsverwaltung des NKVD in Char'kov, hatte 1940 maßgeblichen Anteil an der Erschießung der kriegsgefangenen polnischen Offiziere im Fall ›Katyn‹. Armeegeneral Černjachovskij war als Oberbefehlshaber der 3. Weißrussischen Front verantwortlich für Greueltaten an der Zivilbevölkerung und an Kriegsgefangenen in Ostpreußen. Die Reihe ließe sich weiter fortsetzen.

Wenn, auch nach Margolina, die aktive Mitwirkung vieler Juden in den sowjetischen Terrororganen geradezu ein eigenes Kapitel darstellt, so lassen sich andererseits hieraus doch niemals Rückschlüsse auf eine Verantwortung des jüdischen Volkes als solches für die begangenen Verbrechen des Bolschewismus ziehen. Nicht die Völker – Deutsche, Russen, Georgier, Letten oder auch Juden und andere – sind für die begangenen Greueltaten verantwortlich, sondern immer nur Einzelpersonen. Und was speziell das deutsche Volk angeht, so wird niemand behaupten können, daß es zu seinen Traditionen gehörte, eine friedliche Bevölkerung zu verfolgen und umzubringen. Wenn hier von Traditionen die Rede ist, dann sind es solche politischer Natur, wie sie in neuerer Zeit von dem Jakobinertum der Französischen Revolution begründet worden sind. Es sind die Traditionen des Convents, der in seinem Wahn 1793/1794 die ›totale Vernichtung‹ der Vendeé gefordert und durchgeführt hatte, die Ausrottung der Bevölkerung durch die Guillotine, durch ›Massenertränkungen‹, ›senkrechte Deportationen‹, ›republikanische Hochzeiten‹, und ähnliche Errungenschaften der ›glorreichen Revolution‹. Nicht Franzosen als solche haben damals 250000 Menschen massakriert, sondern ›republikanische Citoyens‹, nicht die Deutschen, sondern Nationalsozialisten, Gefolgsleute Hitlers und Himmlers, haben in unserer Zeit entsprechende Untaten begangen und ebensowenig Russen, Georgier, Letten oder Juden, sondern Kommunisten, die Gefolgsleute eines Lenin und Stalin, die Einpeitscher des sowjetischen Sozialismus.

Es kommt hinzu, daß die Täter auf deutscher Seite im Gegensatz zu denen auf sowjetischer Seite, so weit man ihrer habhaft werden konnte, streng zur Verantwortung gezogen worden sind. Denn selbst Präsident Gorbačev erlaubte es wohl, manche Verbrechen beim Namen zu nennen, keinesfalls aber die Verbrecher, geschweige denn, auch nur einen von ihnen vor Gericht zu stellen. Zbigniew Brzezinski, der frühere Sicherheitsberater des Präsidenten der Vereinigten Staaten, wollte, wie er noch unlängst schrieb, mit wachsendem Ärger folgendes festgehalten wissen: »Hitlers Verbrechen werden immer noch gerecht bestraft. Aber in der Sowjetunion gibt es buchstäblich Tausende von ehemaligen Killern und ehemaligen Folterern, die von offiziellen Pensionen leben und den verschiedenen revolutionären Festlichkeiten, geschmückt mit ihren Medaillen, beiwohnen.«[66)] Teilweise sei es so, daß sie sich ihrer Untaten auch noch rühmten. Die Geheime Staatspolizei und die SS seien in Nürnberg zu verbrecherischen Organisationen erklärt worden, so betonte Brzezinski, und er fügte hinzu, es sei an der Zeit, auch das NKVD/KGB und vielleicht die Kommunistische Partei der Sowjetunion ebenfalls zu verbrecherischen Organisationen zu erklären.

Anmerkungen zu Kapitel 7

1) Zlepko, Der ukrainische Hunger-Holocaust, S. 15ff.
2) Katell, Sowjet-Presse gibt zu: 40 Millionen Stalin-Opfer.
3) Zayas, Die Wehrmacht-Untersuchungsstelle, S. 347f.
4) Hoffmann, Die Kriegführung aus der Sicht der Sowjetunion, S. 781.
5) Derselbe, Kaukasien 1942/43, S. 458f.
6) Pograničnye vojska, S. 473, S. 490.
7) Tolstoy, Victims of Yalta, S. 400.
8) BA, R 6/52, 31. 3. 1943.
9) Carynnyk, The Killing Fields of Kiev.
10) Schaworonkow, Charkow ein zweites Katyn.
11) Schaworonkow, »Nach den Hinrichtungen gab es Alkohol«.
12) »300000 Tote im Goldbergwerk«.
13) Tolstoy, Victims of Yalta, S. 398.
14) Posdnjakov, Die chemische Waffe, S. 408ff.
15) Conquest, The Great Terror, S. 525ff.
16) Katell, Sowjet-Presse gibt zu: 40 Millionen Stalin-Opfer; Ströhm, Wie viele Millionen Opfer?; Fuhr, Waren die Bolschewisten Konterrevolutionäre?
17) Die Opfer des Stählernen: 40 Millionen in 30 Jahren.
18) Laqueur, Breitman, Der Mann, der das Schweigen brach, S. 131ff.
19) Soviet War News, 10. 5. 1945.
20) Nach Gilbert, Auschwitz and the Allies, Faksimile.
21) The Kharkov Trial, in: Soviet War News, 23. 12., 30. 12. 1943.
22) Wilhelm, Die Einsatzgruppe A, S. 546ff.
23) Der Prozeß gegen die Hauptkriegsverbrecher, Bd VII, S. 628f. Von sogenannten »Murder Gas vans« war schon im Krasnodar-Prozeß vom 14. 7. 1943 die Rede, vgl. Soviet War News, 22. 7. 1943.
24) Soviet War News, 23. 3. 1944.
25) Ebenda, 17. 8. 1944.
26) Ebenda, 24. 8. 1944.
27) Ebenda, 28. 9. 1944.
28) Krausnick, Zur Zahl der jüdischen Opfer, S. 18.
29) Protokolle des Todes.
30) More terrible than Maidanek, in: Soviet War News, 1. 3. 1945; Oswiecim (Auschwitz). The Camp where the Nazis murdered over 4,000,000 People, ebenda, 24. 5. 1945.
31) Vgl. Anm. 29.
32) Der Prozeß gegen die Hauptkriegsverbrecher, Bd VII, S. 641.
33) Ebenda, Bd XXII, S. 43.
34) Ebenda, Bd XX, S. 524, S. 545ff., S. 555ff., S. 562f.; auch Lippe, Nürnberger Tagebuchnotizen, S. 428ff.
35) »Das Vorhaben liberaler Bundestagsabgeordneter, die Behauptung unter Strafe zu stellen, daß die mit dem Namen Auschwitz verbundenen Verbrechen ganz oder zum Teil erlogen seien, ist so absurd, daß man zunächst zurückschreckt, sich darauf überhaupt einzulassen. Gibt es in der zivilisierten Welt auch nur ein einziges Beispiel für den Straftatbestand der Leugnung eines historischen Faktums? Wie begreift sich eigentlich ein Staat in seinen Aufgaben, wenn da Überlegungen möglich sind, den Unfug eines bösartigen historischen Bildungsmangels mit Strafen zu bedrohen?«, Busche, So treibt man Schindluder. Die beabsichtigte Strafnorm gegen das Leugnen von nationalsozialistischen Verbrechen. Doch eine solche Strafnorm wurde in der BRD tatsächlich Wirklichkeit, vgl. Neue Juristische Wochenschrift. Vgl. auch Schlußbetrachtung, Anm. 2.

[36] Der Prozeß gegen die Hauptkriegsverbrecher, Bd XXII, S. 563.
[37] Maillo, Neue Erkenntnisse über Auschwitz.
[38] Der Prozeß gegen die Hauptkriegsverbrecher, Bd IX, S. 675.
[39] Lippe, Nürnberger Tagebuchnotizen, S. 84.
[40] Der Prozeß gegen die Hauptkriegsverbrecher, Bd XXXI, S. 86.
[41] Kaufmann, »Auschwitz-Lüge« – Auschwitz-Wahrheit, S. 16ff.
[42] Ehrenburg, Once Again – Remember!, in: Soviet War News, 4. 1. 1945; ebenda, 5. 10. 1944.
[43] Ebenda, 5. 10. 1945.
[44] Ebenda, 15. 3. 1945.
[45] Gilbert, Auschwitz and the Allies, S. 272, S. 397, S. 399f.
[46] Weizmann, Memoiren, S. 642.
[47] Russia at War, S. 220.
[48] Ebenda, S. 209.
[49] Ėrenburg, Ljudi, Gody, Žizn', Bd 5, S. 126.
[50] Ebenda, S. 30.
[51] Der Prozeß gegen die Hauptkriegsverbrecher, Bd VII, S. 656ff. Vgl. auch Zaslavskji, The Human Soap Factory, in: Soviet Weekly, 19. 7. 1945.
[52] Deutsche Presse-Agentur, 24. 4. 1990, Archiv des Verf.
[53] Der Prozeß gegen die Hauptkriegsverbrecher, Bd VII, S. 660.
[54] Ebenda, Bd XXXI, S. 40.
[55] Lippe, Nürnberger Tagebuchnotizen, S. 217.
[56] Zayas, The Wehrmacht Bureau on War Crimes, S. 397ff.
[57] Der Prozeß gegen die Hauptkriegsverbrecher, Bd XVII, S. 200f.
[58] Ebenda, Bd III, S. 559.
[59] Margolina, Das Ende der Lügen, S. 47, S. 143.
[60] Imperator Nikolaj i ego Sem'ja; Diterichs, Ubijstvo Carskoj Sem'i; Radsinski, Nikolaus II., S. 356, S. 373.
[61] Črezvyčajnaja Komissija, Archiv des Verf.; Raboče – Krest'janskoe Pravitel'stvo, ebenda.
[62] Vgl. auch Heresch, Nikolaus II. Feigheit, Lüge und Verrat.
[63] Carynnyk, The Killing Fields of Kiev, S. 25.
[64] Wolkogonow, Triumph und Tragödie, Bd 1/2, S. 69, S. 253f., S. 258, S. 278.
[65] Sudoplatow, Erinnerungen und Nachdenken, Archiv des Verf.
[66] Brzezinski, Crime but no Punishment.

8.

Sowjetische Untaten werden den Deutschen zugeschrieben

Wiederholt man vor diesem allgemeinen Hintergrund noch einmal die Frage, in welcher Weise Untaten auf deutscher Seite von der sowjetischen Kriegspropaganda für ihre Zwecke ausgenutzt worden sind, so gilt es sich zu erinnern, daß alle Gegner der Sowjetunion grundsätzlich immer auch der Begehung von Greueltaten bezichtigt werden. Es war dies in dem unprovozierten sowjetischen Angriffskrieg gegen Polen, gegen die ›Weißpolen‹, im September 1939 ebenso der Fall gewesen wie in dem unprovozierten sowjetischen Angriffskrieg gegen Finnland, gegen die ›weißfinnischen Banden‹, die ›finnischen Halsabschneider‹, die ›weißfinnischen Auswürfe der Menschheit‹, im November 1939. Den Rotarmisten war, wie erwähnt, eingetrichtert worden, eine Kriegsgefangenschaft im Gewahrsam dieser Staaten sei gleichbedeutend mit einem »furchtbaren Foltertod« durch einen entmenschten Gegner. Zwischen den Deutschen und deren Verbündeten wurde auch 1941 propagandistisch ein Unterschied nicht gemacht. Die offizielle Propagandaparole »Tod den deutschen Okkupanten!« fand ihre Ergänzung in der Propagandaparole »Tod den finnischen Okkupanten!«.[1] In dem als Antwort auf den Fall ›Katyn‹ am 19. April 1943 vom Präsidium des Obersten Sowjet der UdSSR herausgegebenen Erlaß »Betreffend Maßnahmen zur Bestrafung deutsch-faschistischer Verbrecher« wurden die italienischen, rumänischen, ungarischen, slowakischen und finnischen »faschistischen Gewaltverbrecher« ganz natürlich miteinbezogen.

So war es denn auch folgerichtig, wenn ein Kommuniqué der ›Außerordentlichten Staatlichen Kommission‹ vom 24. August 1944 unter der Überschrift »Finnland demaskiert« die »finnisch-faschistischen Eindringlinge« der Begehung schwerster Verbrechen auf dem »Territorium der Karelofinnischen Sozialistischen Sowjetrepublik« bezichtigte.[2] Die »Regierung und das Oberste Militärkommando von Finnland« hätten die gesamte ›sowjetische‹ Bevölkerung der besetzten sowjetischen Gebiete, »Männer, Frauen, alte Leute und Kinder«, in Konzentrationslager überführt, wo den »ungeheuerlichen Torturen der finnischen Henker« 40 Prozent der Insassen, allein in Petrozavodsk 7000 Menschen, zum Opfer gefallen und in Massengräbern verscharrt worden seien. Ebenso wie im Winterkrieg seien die sowjetischen Kriegsgefangenen auch im Fortsetzungskrieg von den »finnischen Weißgarde-Banditen« massakriert worden. Das politische Ziel Finnlands hätte eben in einer »vorsätzlichen Vernichtung der sowjetischen Bevölkerung« gelegen. Dem Kommuniqué beigefügt war eine Liste mit den Namen finnischer Kriegsverbrecher, finnischer Henker, die sich aus allen militärischen Rängen der finnischen Armee, vom General an abwärts, und aus vielen finnischen Zivilpersonen zusammensetzte.

Ähnliche Beschuldigungen wie gegen Finnland hatte die ›Außerordentliche Staatliche Kommission‹ am 22. Juni 1944 gegen Rumänien geschleudert, dessen Regierung es unternommen habe, die Bevölkerung der Gebiete zwischen Bug und Dnjestr (›Transdnistria‹) – Russen, Ukrainer und Moldauer – zu vernichten und das Land auszuplündern.[3] Am 19. Oktober 1941 seien in Odessa allein 25 000 Zivilpersonen von den »rumänischen Henkern« in Pulvermagazinen lebendigen Leibes verbrannt, insgesamt in Odessa und den Konzentrationslagern der Region 200 000 Menschen »erschossen, zu Tode gefoltert oder verbrannt« worden. Wortführer der Verleumdungen war auch in dieser Hinsicht Ehrenburg, der die Königlich Rumänische Armee schon am 7. September 1941 eine Bande von »lausigen Soldaten und syphilitischen Offizieren«, eine ›Unterwelt‹, genannt hatte und im Hinblick auf das Schicksal der rumänischen Juden am 11. Oktober 1945 in einem Artikel »Begegnung mit Rumänien. Wiedergeburt eines Volkes« behauptete, die rumänischen ›Faschisten‹ hätten von 800 000 Juden in Rumänien 500 000 abgeschlachtet.[4] Für Ehrenburg war natürlich auch die Königlich Italienische Armee in Rußland nichts anderes als eine »Bande von Räubern und Mördern«. »Im kommenden Jahrhundert«, so meinte er am 7. November 1941 in einem Artikel »Liebe und Haß«, »werden die Italiener nicht in der Lage sein, nach Osten zu blicken, ohne in ihren Schuhen zu quäken.«[5] Und selbst die neutrale Schweiz, dieses nach Ehrenburg »winzige Fossil« im Herzen Europas, bekam nach Kriegsende das Entsprechende zu hören. Die amtliche Nachrichtenagentur TASS verbreitete am 21. Juni 1945, 9000 in der Schweiz internierte Sowjetbürger (die aus Deutschland dort Zuflucht gesucht hatten) würden von den Schweizer Behörden »unerträglichen Bedingungen« unterworfen und mit Schußwaffengebrauch bis hin zum Mord »in derselben brutalen Weise behandelt wie bei den Hitleristen«.[6]

Als eine »der schrecklichsten Untaten der deutsch-faschistischen Eroberer«, als »methodischer Mord an den friedlichen Bewohnern der Stadt«, wurde in der Sowjetunion die im September 1941 beginnende Blockade der Stadt und Festung Leningrad hingestellt. Leningrad, »das majestätische Sankt Petersburg«, »die schönste Stadt der Welt«, »in der jeder Stein geheiligt ist«, wurde, wie Ehrenburg am 8. Oktober 1941 schrieb, von Berlin, der Stadt »der Pöbelhaftigkeit, der Kasernen und Bierhäuser«, der ›häßlichsten‹ von allen, bedrängt.[7] Und doch, wie heuchlerisch wirken alle beweglichen Klagen angesichts der harten Tatsache, daß die Belagerung, Beschießung und Aushungerung einer befestigten und verteidigten Stadt und Festung noch immer zu den gebräuchlichen und unbestrittenen Methoden der Kriegführung gehörte und völlig im Einklang mit dem gültigen Kriegsvölkerrecht stand. Auch sowjetische Truppen haben die Methode der Belagerung ohne jedes Bedenken angewendet und versucht, die von ihnen eingeschlossenen gegnerischen Städte, wie 1945 etwa Königsberg, Breslau und Berlin, mit allen zur Verfügung stehenden Feuermitteln niederzukämpfen. Der einstige Verteidiger von Leningrad, Marschall der Sowjetunion Žukov, rechnete es sich 1945 denn auch zur Ehre an, zwischen dem 21. April und 2. Mai nicht weniger als 1 800 000 schwere Artilleriegranaten auf das verteidigte Berlin abgefeuert zu haben. »Räuchert die Ratten von Königsberg aus«, so lautete die offizielle Sowjetparole am 15. Februar 1945.[8]

Die Menschenverluste in dem blockierten Leningrad waren in der Tat überaus hoch, und niemand, der die schrecklichen Einzelheiten kennt, wird sich des Mitgefühls für die Opfer dieser Belagerung verschließen können. Allein es war Krieg, die Belagerung eine völkerrechtlich zulässige Kriegsmaßnahme und, wie Jurij Ivanov, Schriftsteller und Vorsitzender der Kaliningrader Sektion des Russischen Kulturfonds und Mitherausgeber des KENIGSBERGSKIJ KUR'ER (Königsberger Kurier), 1992 schreibt: »Als ich in Leningrad hungerte und mich von Rattenfleisch ernährte, wurden dem fetten Funktionär Ždanov Tag für Tag seine Schnitzel per Flugzeug in die Stadt gebracht.«[9] Auch im Hinblick auf die Opfer dieser Belagerungen gibt es einen bemerkenswerten Unterschied. Denn über die Opfer von Leningrad wurden Bücher geschrieben, auf dem Leningrader Friedhof (Piskarevskoe Memorial'noe Kladbišče) finden feierliche Kranzniederlegungen und Gedenkfeiern statt – die Opfer von Königsberg, meist alte Leute, Frauen und Kinder, sind verscharrt und vergessen. Dabei sind 90000 der 120000 Zivilpersonen, die den Sowjets im April 1945 in die Hände fielen, den eingehenden Erhebungen der Königsberger Medizinprofessoren Schuberth und Starlinger zufolge verhungert oder an Seuchen gestorben[10], nicht während der Belagerung, sondern nach dem Ende der Kampfhandlungen und des Krieges überhaupt, unter sowjetischer Verwaltung, wofür es keine wie auch immer geartete völkerrechtliche Begründung gibt.

Die sowjetische Propaganda, die schon die Belagerung und Beschießung der Stadt Leningrad als kriminelle Handlung ausgibt, unterschlägt im übrigen vollständig, daß die Sowjetunion auch sonst niemals die geringste Rücksichtnahme auf eine zivile Bevölkerung gekannt hat, wenn es ihren politischen oder militärischen Zwecken nur dienlich war. So hatte der Überfall auf das kleine Finnland 1939 damit begonnen, daß die sowjetischen Kampfverbände am 30. November die Wohnviertel der Städte Helsinki, Hangö, Kotka, Lahti und Wiborg überraschend mit Bomben angriffen, um die unvorbereitete Zivilbevölkerung sofort in ihrem moralischen Kern zu treffen und jeden Widerstandswillen zu lähmen.[11] »Erst in zweiter Linie«, so der finnische Erfahrungsbericht vom 13. Februar 1940, waren die »Industriezentren (Kymi- und Vuoksenindustrie) und Verkehrsknotenpunkte (Antrea, Kouvola)« das Ziel der sowjetischen Flugzeuge gewesen. Ehrenburg triumphierte am 17. August 1941, nachdem einige wenige sowjetische Störflugzeuge über Berlin erschienen waren. Er nannte die Zerstörung der Städte Lübeck und Rostock durch die Royal Air Force am

30. April 1942 »einen guten Auftakt« und kündigte zugleich an: »Wir werden auf die Bestie einschlagen, wo immer wir können.«[12)]

Für das ›Verbrechen‹ der Belagerung und Beschießung der Stadt Leningrad werden bis in unsere Tage hinein allein die Deutschen verantwortlich gemacht, doch in der sowjetischen Kriegspropaganda waren in gleichem Atemzuge immer auch die Finnen genannt worden, ja den Berichten des sowjetischen Informationsbüros zufolge waren gerade finnische Offiziere »die Hauptanstifter für diese Bombardements« gewesen. »Jetzt beschießen die Finnen Leningrad«, schrieb beispielsweise am 27. Januar 1944 in einem Artikel Tichonov, der die Finnen mit Schimpfworten nur so überhäufte: »Meuchelmörder«, »verruchte Stiefsöhne der Natur«, »Verrückte«, »wahnsinnige Kreaturen«.[13)] Nach Tichonov frohlockten die Finnen angesichts der Leiden Leningrads während der Hungerblockade, sie hätten gewünscht, Leningrad »vom Antlitz der Erde zu vertilgen«. Da ihnen dies nicht gelungen sei, hätten sie sich dem von ihnen besetzten Teil der karelischen Landenge zugewandt, wo sie gegenüber der friedlichen russischen Bevölkerung in einer Weise hausten, die »in ihrer Niederträchtigkeit, ihrer Grausamkeit und ihrem Terror selbst die grausamsten Gestapomänner« noch in den Schatten stellte.

Die sowjetische Kriegspropaganda, die die Deutschen und deren Verbündete von Kriegsbeginn an der Begehung unerhörter Greueltaten bezichtigte, geriet anfangs doch in eine gewisse Verlegenheit, als es darauf ankam, nun wirklich zugkräftige Beispiele aufzuzeigen. Zwar scheint das Wüten der Einsatzgruppen der Sicherheitspolizei und des SD gegen die jüdische Bevölkerung, wenngleich nicht in seiner Systematik, sondern mehr in seinen Umrissen, bekanntgeworden zu sein. Und Ehrenburg selbst zitierte schon am 18. Dezember 1941 einen erbeuteten deutschen Heeresbefehl[14)], der insofern aufschlußreich ist, als es den Soldaten in ihm untersagt wurde, den als ›unumgänglich‹ apostrophierten Maßnahmen der Einsatzgruppen auch nur als Zeugen beizuwohnen. Widerwillig und vielleicht unbeabsichtigt sah selbst Ehrenburg sich also gezwungen einzuräumen, daß das Niedermähen »Tausender von Bürgern« mit Maschinengewehren nicht von der Wehrmacht, sondern von den Einsatzgruppen ausging und zu verantworten war. »Es ist ein Sieg der Gestapo über die deutschen Generale«, so urteilte er, »Himmler erhielt das Monopol der Galgen, und die Gestapomänner erhielten das Privileg, Dörfer zu verbrennen, Frauen mit Maschinengewehren zu erschießen und russische Kinder zu ermorden.« Insgesamt blieben die Bezichtigungen jedoch vage, und selbst Ehrenburg wußte in den Anfangsjahren wirklich stichhaltige Vorfälle nicht anzuführen. Die Sowjetunion sah sich, was die Greueltaten angeht, in der ersten Kriegshälfte propagandistisch tatsächlich in die Defensive gedrängt. Und schon der Fall Lemberg verdeutlicht, daß es nicht ganz einfach war, den Gegner der

Begehung von Greueltaten anzuklagen, wo die Sowjetunion selber doch das Massenmorden begonnen hatte.

In Ausführung eines Befehls von Stalin, politische Gefangene nicht in die Hände der Deutschen fallen zu lassen, waren in den Tagen vor dem 30. Juni 1941 in den Lemberger Gefängnissen, so im Brigidki-Gefängnis, im Zamarstynow-Gefängnis und im Gefängnis des NKVD, rund 4000 ukrainische und polnische politische Gefangene und sonstige Zivilpersonen jeden Alters und Geschlechtes sowie eine Reihe deutscher Kriegsgefangener, teilweise nach schweren Folterungen, von Organen des NKVD planmäßig erschossen und zum Teil bestialisch ermordet worden.[15)] Diese Vorfälle wurden von der Einsatzgruppe C der Sicherheitspolizei und des SD zum Anlaß genommen, um nun ihrerseits, als sogenannte ›Vergeltung für die unmenschlichen Greueltaten‹, bis zum 17. Juli 7000 an den Geschehnissen unbeteiligte Einwohner jüdischer Herkunft in Lemberg und Umgebung zu erschießen. Dennoch – es waren die Sowjets gewesen, die in Lemberg 4000, zum Teil massakrierte Leichen ermordeter Zivilpersonen zurückgelassen hatten, ein Umstand, der von der deutschen Propaganda sofort aufgegriffen wurde.

Deutsche Pressemeldungen über die sowjetischen Greuel in Lemberg fanden eine Bestätigung in polnischen Berichten, die auf inoffiziellen Wegen nach Großbritannien gelangten und in den offiziellen Kreisen in London auch nicht in Zweifel gezogen wurden. Das Foreign Office, wie später im Falle Katyn von der sowjetischen Täterschaft sofort überzeugt, richtete an das Moskauer Außenkommissariat eine Note mit dem Ersuchen um Aufklärung, woraufhin Molotov am 12. Juli 1941 eilends ein kategorisches Dementi herausgab.[16)] Umgehend wurde die Sowjetpropaganda aufgeboten, um den demaskierenden Vorfall zu vertuschen und nunmehr die Deutschen für das Massaker verantwortlich zu machen. Lemberg war geradezu der Präzedenzfall für die sowjetische Propagandataktik, die eigenen Untaten vergessen zu machen, indem man sie grundsätzlich der deutschen Seite zuschrieb.

Die Sowjetbehörden gingen dazu über, sogenannte ›Zeugen‹ zu präparieren, ein erprobtes Verfahren, war nach den Erfahrungen der »Großen Säuberung« der dreißiger Jahre das NKVD doch in der Lage, von jedem beliebigen Zeugen jede beliebige Aussage über jedes beliebige Verbrechen zu erlangen. Auf der Grundlage solcher Falsifikate verbreitete die sowjetische Nachrichtenagentur TASS am 8. August 1941[17)] die von der amerikanischen Agentur ASSOCIATED PRESS sofort aufgenommene Meldung, deutsche ›Sturmtruppen‹ hätten in Lemberg 40 000 Menschen getötet.[18)] Solche Zeugenaussagen wurden als ›unwiderlegbar‹ hingestellt und als Beweis dafür, daß »die phantastischen Erfindungen der Hitler-Propaganda über sogenannte bolschewistische Verbrechen in Lemberg nur ein plumper Versuch sind, die beispiellosen Bestialitäten und Grausamkeiten zu verschleiern, die von den deutschen Banditen selber gegen die Lemberger Bevölkerung begangen wurden«. Als sich die Sowjetregierung 1943, nach der Entdeckung der Massengräber von Katyn, in die Enge gedrängt sah, kam sie auf die Lemberger Beschuldigungen zurück. Am 29. April 1943 behauptete das Parteiorgan Pravda in einem Beitrag unter der absurden Überschrift »Hitlers polnische Kollaborateure«, die ›deutschen Banditen‹, die ›hitlerischen Lügner‹, »operieren jetzt in genau derselben Weise, wie sie in Lemberg 1941 im Hinblick auf sogenannte Opfer des bolschewistischen Terrors in Lemberg zu operieren versuchten«. Wie im Fall Lemberg hätten sie versucht, die in Katyn von ihnen begangenen Untaten »vor die Tür sowjetischer Organisationen zu legen« und das ›sowjetische Volk‹ zu verleumden. Die Rechtfertigungsversuche wurden am 4. Januar 1945 mit der Veröffentlichung von Untersuchungsergebnissen (»The Lvov Evidence«) der ›Außerordentlichen Staatlichen Kommission‹ fortgesetzt[19)], welche dann als staatliches Beweisdokument der Sowjetunion dem Internationalen Militärgerichtshof in Nürnberg vorgelegt wurden und aufgrund des Artikels 21 des Londoner Statutes grundsätzlich als wahr und erwiesen die Anerkennung erhielten.[20)]

Als Täter kamen demnach allein die Deutschen in Frage, von dem zuvor erfolgten sowjetischen Massenmord war keine Rede. 7000 Menschen sind den Aktionen der Einsatzgruppe C in Lemberg zum Opfer gefallen. Diese Zahl wurde jetzt auf 700 000, das Hundertfache, erhöht, und zur Unterstreichung der Glaubwürdigkeit wurde folgendes behauptet: »Die hitlerischen Mörder wandten in Lemberg dieselbe Methode an, ihre Verbrechen zu verbergen, die sie anwendeten, als sie die polnischen Offiziere im Walde von Katyn töteten. Die Expertenkommission hat festgestellt, daß die Methode, die Gräber zu tarnen, vollständig identisch war mit der Methode, die angewendet wurde, um die Gräber der polnischen Offiziere zu tarnen, die von den Deutschen in Katyn getötet worden sind.« Was von diesem, vom Internationalen Militärgerichtshof in Nürnberg sanktionierten sowjetischen Staatsdokument zu halten ist, geht allein schon aus der in Nürnberg auch mündlich vorgetragenen Behauptung hervor, die Kinder der jüdischen Einwohner von Lemberg seien den Abteilungen der – bekanntlich nur im Reichsgebiet bestehenden und im übrigen unbewaffneten – Hitler-Jugend »wie üblich« als lebende Zielscheiben zur Verfügung gestellt worden[21)] oder etwa auch die Behauptung, es seien in jeder Woche 1000 flüchtige französische Kriegsgefangene, die sich geweigert hätten, für die Deutschen zu arbeiten (wozu sie nach der Genfer Konvention ja verpflichtet waren), in ein Konzentrationslager bei Lemberg gebracht worden, wo sie zusammen mit sowjetischen, britischen und amerikanischen Kriegsgefangenen und italienischen Militärinternierten drangsaliert oder erschossen wurden.

In Lemberg hatten sich die Sowjets erstmals genötigt gesehen, eigene Untaten hastig zu verschleiern. Lemberg diente ihnen dann als Alibi, als die Deutschen im Februar 1943 Massengräber polnischer Offiziere im Walde von Kozy Gory bei Katyn westlich von Smolensk auffanden, wo nach heutigem Wissen neben den Offiziersgräbern die Leichen auch 50 000 weiterer Opfer des NKVD verscharrt liegen. Und nachdem kurz darauf, im Mai 1943, auch die Massengräber von Vinica entdeckt worden waren, mußte wiederum Katyn dazu herhalten, um Vinica ungeschehen zu machen. Stalin, Molotov, Kalinin, Vorošilov, Mikojan, Kaganovič und andere führende Sowjetfunktionäre waren es, die am 5. März 1940 das Protokoll Nr. 13 einer Sitzung des Politbüros des Zentralkomitees der VKP [b] unterschrieben hatten, demzufolge 14 700 polnische Offiziere und 11 000 prominente polnische Zivilpersonen erschossen werden sollten.[22] Die Listen mit den Namen der zu erschießenden Polen hatte im Auftrage Berijas dessen Stellvertreter, der Chef der 1. Spezialabteilung des NKVD, Merkulov, zusammengestellt.

Als die polnische Regierung in London nach der Entdeckung der Massengräber von Katyn eine Untersuchung des Falles durch das Internationale Komitee des Roten Kreuzes beantragt hatte, brach die Sowjetregierung am 29. April 1943 die diplomatischen Beziehungen zur Exilregierung unter dem abenteuerlichen Vorwand von deren Komplizenschaft mit Hitler ab. Außenkommissar Molotov begründete diesen Schritt in einer Note an den polnischen Botschafter mit dem Umstand, daß beide, sowohl die polnische Regierung als auch die Hitlerregierung, das Internationale Rote Kreuz gleicherweise zu der »von Hitler erfundenen Untersuchungsfarce« eingeladen hätten und eine sowjetfeindliche Campagne »gleichzeitig in der deutschen und polnischen Presse« gestartet worden sei. Das Parteiorgan Pravda prangerte die polnische Regierung am selben Tage in beleidigenden Worten der Kollaboration mit dem »Kannibalen Hitler« und der »direkten und offenen Unterstützung der hitlerischen Henker des polnischen Volkes« an, eine Version übrigens, die auch in Linkskreisen anderer Länder sofort aufgenommen wurde, wie denn etwa Willy Brandt noch im Jahre 1945 ›Katyn‹ damit umschrieb, »daß unter den polnischen Truppen und Gruppen im Auslande offenbar faschistische Elemente Unheil anstiften konnten«.[23]

Das von Molotov in seiner Note vom 29. April 1943 ausgegebene und von der Sowjetpropaganda in tausend Variationen wiederholte Stichwort, die deutschen ›Faschisten‹ selbst hätten die polnischen Offiziere brutal ermordet, blieb als offizielle Erklärung der Sowjetunion aufrechterhalten, auch als der Hergang der Erschießung durch einen Ausschuß des amerikanischen Kongresses nach dem Kriege längst geklärt und in zahlreichen internationalen Publikationen eingehend beschrieben worden war. So etwa verbreitete sich noch im Jahre 1977 ein »angesehener sowjetischer Rechtsgelehrter«, Professor Dr. Minasjan, in seinem Buch »Meždunarodnye prestuplenija tret'ego rejcha« (Internationale Verbrechen des Dritten Reiches) über das »Blutbad der hitlerischen Henker an den polnischen Offizieren im Walde von Katyn«, das »die Völker der Welt den nazistischen Verbrechern niemals vergessen und verzeihen werden«.[24)] 1969, in der Ära des Stalinisten Breznev, wurde in dem bis dahin unbekannten weißrussischen Dörfchen Chatyn', dessen 149 Einwohner im Rahmen des Partisanenkrieges anscheinend einer Repressalie der Strafeinheiten des berüchtigten SS-Standartenführers Dr. Dirlewanger zum Opfer gefallen waren, sogar ein Beton-Ehrenmal mit pathetischen Parolen der Sowjetpropaganda errichtet.[25)] In plumper Manier sollte den meist schimmerlosen ausländischen Besuchergruppen offenbar suggeriert werden, das historische Katyn bei Smolensk sei mit dem Dörfchen Chatyn' identisch, das früher »nicht einmal auf einer detaillierten Karte zu finden« gewesen war.

Es sollte bis zum Jahre 1990 dauern, daß die Sowjetregierung es unter einer erdrückenden Beweislast für opportun hielt, die sowjetische Schuld an dem Verbrechen endlich einzugestehen. Wiederum aber wurde mit dem Geständnis eine Lüge verbunden. Denn obwohl alle bisherigen Partei- und Staatsführer der Sowjetunion einschließlich des nunmehr amtierenden Gorbačev, »die volle Wahrheit über dieses Verbrechen« gekannt hatten[26)], verbreitete die sowjetamtliche Nachrichtenagentur TASS am 13. April 1990 doch eine Erklärung des Inhalts, für Organisierung und Durchführung der »Tragödie von Katyn«, angeblich »eines der schwersten Verbrechen des Stalinismus«, sei allein das »Volkskommissariat für Innere Angelegenheiten« unter »Berija, Merkulov und ihren Handlagern«[27)], keinesfalls also die Sowjetregierung als solche verantwortlich gewesen. Erst unter der Präsidentschaft El'cyns, am 14. Oktober 1992, wurden der polnischen Regierung Dokumente mit den Namen der wahren Schuldigen übergeben: Außer Stalin war es die gesamte Staats- und Parteiführung der Sowjetunion. Selbst aber das nur halbe Geständnis Gorbačevs wurde von den in der Sowjetunion nach wie vor tonangebenden Stalinisten nicht anerkannt, und noch 1990/1991 veröffentlichte das VOENNO-ISTORIČESKIJ ŽURNAL (Militärhistorische Zeitschrift)[28)], ein für seine Geschichtsfälschungen auch in der Sowjetunion berüchtigtes offizielles Organ des Ministeriums der Verteidigung der UdSSR, eine Artikelserie, die auch jetzt noch die Version verbreitete, die Deutschen seien für dieses Schwerverbrechen an dem polnischen Volk verantwortlich gewesen.

Zur Irreführung der Weltöffentlichkeit war schon 1943 abermals die ›Außerordentliche Staatliche Kommission‹ niedergesetzt worden, die nach auffällig langer Vorbereitungszeit am 24. Januar 1944, als die liegende Schneedecke jeden Lokaltermin unmöglich machte, ein Kommuniqué unter einer vielsagenden Überschrift herausgab: »Die Wahrheit über Katyn. Bericht der Spezialkommission zur Feststellung und Untersuchung der Umstände der Erschießung der kriegsgefangenen polnischen Offiziere durch die deutsch-faschistischen Eindringlinge im Wald von Katyn.«[29] Dieses umfangreiche, von der ersten bis zur letzten Zeile erlogene sowjetische Staatsdokument behauptete, mit »unwiderlegbarer Klarheit« zu dem Ergebnis gelangt zu sein, die Massenerschießungen der polnischen Offiziere im Walde von ›Kozy Gory‹ bei Katyn hätten im Herbst 1941 zur Zeit der deutschen Besetzung stattgefunden, seien von den Deutschen vorgenommen worden, die sich hierzu »einer deutschen Militärorganisation, getarnt unter der konventionellen Bezeichnung ›Hauptquartier des 537. Pionierbataillons‹« bedient hätten. Das Kommuniqué war von Akademiemitglied Burdenko, dem Akademiemitglied und Schriftsteller Tolstoj, dem Metropoliten von Kiev und Galič Nikolaj, dem Vorsitzenden des Exekutivkomitees der Union der Rote Kreuz- und Rote Halbmond-Gesellschaften Kolesnikov sowie von namhaften sowjetischen Gerichtsmedizinern und anderen Persönlichkeiten unterzeichnet worden und sollte, wie alle Untersuchungsberichte der ›Außerordentlichen Staatlichen Kommission‹, die Anerkennung des Internationalen Militärgerichtshofes in Nürnberg finden.

Den Weg hierzu hatte Professor Trainin geebnet, führender sowjetischer Völkerrechtler, dessen Auffassungen am besten dadurch illustriert werden, daß er es am 24. Mai 1945 für zulässig und geboten erklärte, Millionen deutscher Staatsangehöriger als Arbeitssklaven in die Sowjetunion zu deportieren.[30] Denn auf Trainin, der zusammen mit Nikičenko am 8. August 1945 namens der Sowjetunion die Londoner Viermächtevereinbarung über die »Verfolgung und Bestrafung der Hauptkriegsverbrecher der Europäischen Achse« unterzeichnet hatte, ist der Artikel 21 des Statutes des Internationalen Militärgerichtshofes zurückzuführen, demzufolge alle Regierungsdokumente, also auch die Fälschungen der ›Außerordentlichen Staatlichen Kommission‹ wie die vom 24. Januar 1944 unter der Überschrift »The Truth about Katyn«, ohne jede Nachprüfung als amtliches Beweismaterial anerkannt wurden. Auf dieser Grundlage behauptete der sowjetische Ankläger, Oberst Pokrovskij, in Nürnberg am 14. Februar 1946, »daß eine der wichtigsten verbrecherischen Handlungen, für die die Hauptkriegsverbrecher verantwortlich sind, die Massenvernichtung polnischer Offiziere war, die in den Wäldern von Katyn bei Smolensk von den deutsch-faschistischen Eindringlingen vorgenommen wurde«.[31] Der Versuch, die Deutschen vor den Augen der Weltöffentlichkeit für ›Katyn‹ verantwortlich zu machen, ist zwar gescheitert, doch es sollte festgehalten werden, daß die

Sowjets in Nürnberg vorsätzlich die Ehre eines Unschuldigen und Unbeteiligten, des Oberstleutnants Ahrens, Kommandeur des Heeresgruppen-Nachrichtenregimentes 537, besudelt haben, um von dieser Bluttat der sowjetischen Regierung abzulenken.[32)]

In dem Falsifikat der sowjetischen Regierung, das als Beweisdokument USSR-54 dazu bestimmt war, die nichtsowjetischen Richter des Internationalen Militärgerichtshofes zu täuschen, verdient ein Punkt besondere Aufmerksamkeit: Die von den »gerichtsmedizinischen Experten« der Kommission »außer jedem Zweifel« vorgebrachte Behauptung, daß »die deutschen Henker bei der Erschießung der polnischen Kriegsgefangenen dieselbe Methode von Pistolenschüssen in den Hinterkopf (Genickschuß) anwandten wie bei der Massenexekution sowjetischer Bürger in anderen Städten«. Wenn mit anderen Worten die ›Außerordentliche Staatliche Kommission‹ also dieselbe Tötungsmethode wie in Katyn auch an anderen Plätzen festgestellt haben will – Katyn erwiesenermaßen aber ein sowjetisches Verbrechen gewesen ist – dann liegt der Schluß nahe, daß es sich auch anderswo nicht um deutsche, sondern ebenfalls um sowjetische Verbrechen gehandelt haben muß. Daraus wiederum ergibt sich, daß es der ›Außerordentlichen Staatlichen Kommission‹ überhaupt gar nicht um eine Aufhellung deutscher Untaten zu tun war, sondern in erster Linie darum, die eigenen sowjetischen Untaten propagandistisch dem Gegner zuzuschieben. Die Fälle ›Vinica‹, ›Char'kov‹, ›Kiev‹ und ›Minsk‹ sollten dies auch mit hinreichender Deutlichkeit erweisen.

Wenige Wochen nach der Entdeckung der Massengräber von Katyn, im Mai 1943, stießen die Deutschen bei Vinica auf weitere Massengräber, in denen etwa 10 000 ukrainische Opfer des NKVD verscharrt waren. Eine deutscherseits eingesetzte Internationale Kommission von Gerichtsmedizinern aus 11 europäischen Staaten (Belgien, Bulgarien, Finnland, Frankreich, Italien, Kroatien, Niederlande, Rumänien, Schweden, Slowakei und Ungarn) ebenso wie eine unabhängig davon eingesetze Kommission deutscher Sachverständiger für gerichtliche Medizin und Kriminalistik gelangte nach eingehenden Untersuchungen übereinstimmend zu dem Ergebnis, daß die Tötungen zwischen 1936 und 1938 durch Hinterhaupts- und Nakkenschuß (Genickschuß) in der typischen Manier des NKVD vollzogen worden waren.[33)] Diesen Befund bestätigte nach dem Kriege in vollem Umfange ein Unterausschuß des amerikanischen Kongresses unter dem Vorsitz des Abgeordneten Charles J. Kersten, der seine Ergebnisse am 31. Dezember 1954 dem Kongreß vorlegte. Nachdem die Deutschen das medizinische Untersuchungsprotokoll am 9. August 1943 veröffentlicht hatten, begann die sowjetische Regierung jedenfalls aktiv zu werden. Der Propagandaapparat wurde aufgeboten, um die Glaubwürdigkeit der medizinischen Autoritäten aus Deutschland und den anderen Ländern um jeden

Preis zu erschüttern. So fing man an, sie als »Bande von Gestapoagenten« und »gekaufte Provokateure« zu beschimpfen. Das sowjetische Informationsbüro verbreitete am 19. August 1943 unter der bezeichnenden Überschrift ›Katyn No. 2‹ eine Erklärung, derzufolge die ›deutschen Henker‹, ›Halsabschneider‹, ›blutrünstigen Bestien‹, die ›hitlerischen Schurken‹, die ›hitlerischen Kannibalen‹, die ›faschistischen Wölfe‹, ›Mörder‹, ›Banditen‹, ›Schwindler‹ und ›Marodeure‹, wie im Falle Katyn beschuldigt wurden, das Verbrechen von Vinica selber begangen zu haben und nun zu versuchen, »dem sowjetischen Volk ihre eigenen deutschen Verbrechen« zuzuschieben.[34)]

Hinter den verbalen Injurien und dem ganzen Propagandagetöse verbarg sich nur zu deutlich die Verlegenheit der Sowjets, vor der Weltöffentlichkeit abermals als Massenmörder entlarvt worden zu sein. Vinica wurde fortan zwar möglichst mit Stillschweigen übergangen, doch das Regime war alarmiert und suchte das Gesetz des Handelns jetzt an sich zu bringen und dem Gegner zuvorzukommen. Am 19. April 1943, wenige Tage nachdem die Entdeckung der Massengräber von Katyn von den Deutschen bekanntgegeben worden war, hatte das Präsidium des Obersten Sowjet der UdSSR, wie erwähnt, einen Erlaß »Betrifft Maßnahmen zur Bestrafung deutsch-faschistischer Verbrecher ...« herausgegeben, eine zunächst nur mehr ohnmächtige Geste. Doch dieser Erlaß wurde jetzt herangezogen, um den Schauprozeß von Char'kov, den ersten ›Kriegsverbrecherprozeß‹ überhaupt, in Szene zu setzen. In Char'kov hatte das NKVD unerhörte Greueltaten begangen. Allein zwischen 1937 und 1941 sind hier »Tausende und Abertausende« von Menschen durch die Gebietsverwaltung des NKVD unter Rajchmann und Selenyj, im Frühjahr 1940 auch 3891 polnische Offiziere, liquidiert und unter anderem in der Waldung ›Planquadrat 6‹ verscharrt worden. Und als sowjetische Truppen Char'kov im Frühjahr 1943 kurzfristig zurückeroberten, haben Grenztruppen des NKVD, eingehenden deutschen Ermittlungen zufolge hier in wenigen Wochen, wie erwähnt, nicht weniger als 4000 Menschen, fast vier Prozent der zurückgebliebenen Bevölkerung, unter dem Vorwurf der Zusammenarbeit mit der deutschen Besatzungsmacht erschossen, »darunter auch Mädchen, die sich mit deutschen Soldaten eingelassen hatten«. Char'kov war als Schauplatz für den vom 15. bis 18. Dezember 1943 dort veranstalteten Kriegsverbrecherprozeß aber gerade aus dem Grunde so geeignet, weil es nicht nur ein Zentrum sowjetischer Massenerschießungen in der Ukraine gewesen war, sondern weil auch die deutsche Einsatzgruppe C der Sicherheitspolizei und des SD, und zwar das Einsatzkommando 4a unter SS-Standartenführer Blobel, hier im Winter 1941/1942 Massenmorde an der jüdischen Bevölkerung in einer Größenordnung von Tausenden begangen hat.[35)]

Das nunmehrige Anliegen, den deutschen Kriegsgegner zu diskriminieren, war natürlich nur zum Teil eine juristische, in erster Linie aber eine propagandistische Aufgabe, die einer bewährten Fachkraft, dem Schriftsteller Tolstoj als einem Mitglied der ›Außerordentlichen Staatlichen Kommission‹ übertragen wurde. In mehreren, vor allem im westlichen Auslande verbreiteten Artikeln unter der Überschrift »Wir verlangen Rache«, »Warum wir sie Monster nennen«, »Nazi-Gangster stehen sowjetischen Richtern gegenüber«, nahm Tolstoj die in Char'kov verhandelten Verbrechen der Einsatzgruppe C zum Anlaß, um nicht nur die deutsche Wehrmacht, sondern die Gesamtheit des deutschen Volkes mit haßerfüllten Ausdrücken anzuprangern.[36)] Tolstoj blieb den Beweis für eine Verantwortung der deutschen Wehrmacht zwar schuldig, doch hielt er sich für berechtigt zu Sentenzen folgender Art:
»Die deutschen Armeen drangen in unser Land ein wie Monster von einem anderen Planeten. Wir sind genötigt, von diesen deutschen Menschen als von Monstern zu sprechen, selbst wenn wir nur die Tatsachen nennen, die von der Außerordentlichen Staatlichen Kommission erforscht worden sind. Im gegenwärtigen Fall betreffen die Tatsachen die Stadt Char'kov.« Er fügte hinzu: »Wir mußten Millionen Deutsche töten.« »Die Nazis täuschten Deutschland nicht«, so versuchte er schließlich das ganze deutsche Volk zu beschuldigen. »Sie sagten ganz offen: Erziehe Deine Söhne zu skrupellosen Mördern und Dieben und Deine Töchter zu erbarmungslosen Aufsehern über diejenigen, die Deine Sklaven sein werden. Bereite Dich vor auf die Welteroberung! Deutschland stimmte dem Handel zu.« Eine ebenso verlogene wie unsinnige Behauptung also, aus der sich für Tolstoj dann folgende Schlußfolgerung ergab: »Für die Verbrechen, die sie begangen hat, ist die ganze deutsche Nation verantwortlich ... Ich klage die deutsche Nation, die deutsche Zivilisation, beispielloser Verbrechen an, die von den Deutschen kalten Blutes, im Vollbesitz ihrer Fähigkeiten, begangen worden sind. Ich verlange Rache!« In grober Form somit die Vorwegnahme einer Propagandathese, deren weitreichende Wirksamkeit bis in unsere Tage hinein unangenehm zu verspüren ist.

Die sowjetische Taktik wiederholte sich dann im Falle Kiev, und sie wiederholte sich im Fall Minsk. Denn auch hier wurde die Methode gehandhabt, sowjetische Greueltaten durch deutsche Greueltaten zu überlagern. In der Nähe von Kiev, im Darnica-Wald und bei Bykovnia (Bikivnia), sind in den dreißiger Jahren 200 000 – 300 000 menschliche Leichen verscharrt worden[37)], nur ein kleiner Teil der Opfer des Sowjetregimes in der Ukraine, deren genaue Zahl vielleicht niemals mehr zu ergründen sein wird. Doch allein in der Westukraine, also in Ostpolen, soll den Schätzungen mancher Historiker zufolge zwischen 1939 und 1941 eine Million Menschen liquidiert worden sein, eine Angabe, die in diesem Falle aber vielleicht doch zu hoch gegriffen ist. Sieben bis acht Millionen ukrainischer Landbewohner sind auf jeden Fall den von Stalin und seinen Helfershelfern vorsätzlich organisierten Hungersnöten in den dreißiger Jahren zum Opfer gefallen.

Vor diesem Hintergrund ist die Tatsache zu sehen, daß Kiev andererseits auch ein Symbol für die Untaten der Einsatzgruppen der Sicherheitspolizei und des SD auf deutscher Seite geworden ist. Denn die Rote Armee hatte – ähnlich etwa wie die deutschen Truppen 1918 beim Rückzug auf die ›Siegfriedlinie‹, nur eben brutaler und in größerem Maßstab – in Kiev Sprengungen und Brandlegungen vorbereitet, die nach der Einnahme der Stadt erhebliche Verluste, auch unter der ukrainischen Bevölkerung, und starke materielle Zerstörungen hervorriefen. Als Vergeltung für diese erregenden Vorgänge sind vom Sonderkommando 4a der Einsatzgruppe C zwischen dem 29. und 30. September 1941 33 771 unbeteiligte jüdische Einwohner erschossen worden.[38)] Die auffällig exakte Anzahl von 33 771 erschossener Zivilpersonen beruht auf Angaben der Einsatzgruppe C und wurde von dieser anscheinend mehrfach, so durch Ereignismeldung Nr. 101 vom 2. Oktober 1941, nach oben durchgegeben, wenn auch lapidar und auffälligerweise »mit Stillschweigen über die Methode der Exekution und über die Stätte des Massakers der Juden von Kiev«.

Die Opferzahl blieb in der Folgezeit strittig, und es kursierten über sie in der Tat die unterschiedlichsten Schätzungen. Schon die Entscheidung des amerikanischen Hochkommissars John J. McCloy vom 31. Januar 1951 über das Gnadengesuch für den im Einsatzgruppenprozeß (Fall 9) zum Tode verurteilten Führer des Sonderkommandos 4a der Einsatzgruppe C, SS-Standartenführer Blobel, hält es für angebracht zu vermerken, »daß nach seiner (Blobels) Meinung sich die Anzahl der bei Kiev erschossenen Menschen nur auf die Hälfte der genannten Zahl belaufen habe«.[39)] So wird selbst in diesem vom »Office of the U.S. High Commissioner for Germany« herausgegebenen amerikanischen Dokument die Möglichkeit einer deutlich geringeren Opferzahl immerhin offengelassen. »Die Zahlenangaben um das Kiew-Massaker enthalten Rätsel«, meint auch Friedrich in seinem 1993 erschienenen Buch Das Gesetz des Krieges. Der polnische Wissenschaftler Wolski hat in einer von der »Société d'histoire polonaise« in Stamford CT. 1991 herausgegebenen Studie die verschiedenen Opferzahlen von Kiev miteinander einmal verglichen und ist hierbei zu bemerkenswerten Ergebnissen gelangt.[40)] Denn er stellte in den Schätzungen der Zahlen Schwankungen fest, die sich zwischen 3000 und 300 000 bewegen. Die niedrigste Zahl von 3000 entstammte der Encyclopedia of Ukraine (Ausgabe Toronto 1988), die höchste Anzahl von 300 000 verbreitete Korotych, bezeichnenderweise ein Angehöriger des NKVD/KGB und enger Mitarbeiter von Gorbačev, am 23. April 1990 ebenfalls in Toronto. 10 000 Todesopfer hatte das Grand Dictionnaire Encyclopédique Larousse

(Ausgabe Paris 1982), 50 000 – 70 000 die Bol'šaja Sovetskaja Ėnciklopedija (Ausgabe Moskau 1970), 100 000 die Encyclopaedia Judaica (Ausgabe Jerusalem 1971) verzeichnet.

Doch nicht nur über die Opferzahl, auch über die Umstände der Erschießung der in Kiev im September 1941 nach der Evakuierung noch anwesenden Juden, über die Erschießungs- und Begräbnisstätte, gibt es unterschiedliche Angaben. So sucht man den heute so symbolkräftigen Namen der Altweiberschlucht ›Babij jar‹ nordwestlich von Kiev nach Wolski in folgenden großen Nachschlagewerken noch vergebens[41]: Bol'šaja Sovetskaja Ėnciklopedija (Ausgabe Moskau 1950, 1955), Grand Larousse Encyclopédique (Ausgabe Paris 1960), Encyclopaedia Britannica (Ausgabe Chikago 1972), Enciclopedia Europea (Ausgabe Rom 1977), Enciclopedia Universal Nauta (Ausgabe Madrid 1977), Academic American Encyclopedia (Ausgabe Danburry 1991). Das Stichwort ›Babij jar‹ findet sich erstmals in der Bol'šaja Sovetskaja Ėnciklopedija (Ausgabe Moskau 1970) und in der Encyclopaedia Judaica (Ausgabe Jerusalem 1971), deren weit überhöhte Zahlenangabe von 100 000 allerdings vom NKVD aufgebracht und in dem unten noch zitierten Bericht der New York Times aus Moskau am 4. Dezember 1943 erstmals genannt worden war.

Denn im Zusammenhang mit den auf Hochtouren laufenden Verschleierungsversuchen im Fall ›Katyn‹ hatte das NKVD den bis dahin unbekannten Namen der Altweiberschlucht im November 1943 in die sowjetische Kriegspropaganda eingeführt. Bald nach der Wiedereinnahme der ukrainischen Hauptstadt wurde von den Sowjets eine Gruppe westlicher Pressekorrespondenten eingeladen, um die nunmehr als Stätte des Massakers ausgegebene Schlucht von Babij jar in Augenschein zu nehmen[42]. Die materiellen Beweise jedoch scheinen dürftig gewesen zu sein. Und eine Auswertung der zahlreichen Luftaufnahmen in unseren Tagen führte denn anscheinend auch zu dem Ergebnis, daß im Gegensatz zu den deutlich sichtbaren umfangreichen Massengräbern des NKVD von Bykovnia (Bykivnia), Darnica und Bielhorodka und im Gegensatz zu den deutlich sichtbaren Massengräbern von Katyn – abschließender Beweis übrigens für die sowjetische Täterschaft nach einem Artikel der New York Times vom 6. Mai 1989 – das Gelände der Schlucht von Babij jar zwischen 1939 und 1944, während der deutschen Besetzung, unversehrt geblieben ist. Zur Unterstreichung der Behauptung, die Deutschen hätten hier, in der Schlucht von Babij jar, »zwischen 50 000 und 80 000 jüdischer Männer, Frauen und Kinder mit Maschinengewehren erschossen«, hatte das NKVD 1943 auch drei sogenannte Zeugen präpariert, deren Erzählungen jedoch erst recht die Skepsis der Korrespondenten und vor allem die des erfahrenen Vertreters der New York Times, Lawrence, hervorriefen. Der dann am 29. November 1943 in der New York Times veröffentlichte, von den gröbsten Unwahrheiten über ›sowjetische Partisanen‹ und ›Vergasungswagen‹ schon gereinigte Artikel »50 000 Kiev Jews Reported Killed« trug deshalb den bezeichnenden Untertitel »Remaining Evidence is Scanty«[43], was einem ziemlichen Fehlschlag der Bemühungen des NKVD gleichkam. Die Präsentation sogenannter ›Augenzeugen‹ im Falle der bis dahin unbekannten Altweiberschlucht war nach Nikiforuk aber schon als ›Testfall‹, als eine Art »Generalprobe für die vom NKVD erpreßten betrügerischen Zeugenaussagen über das Massaker im Wald von Katyn« gedacht.[44] Und das NKVD beeilte sich daher, seine lädierte Glaubwürdigkeit durch Nachschiebungen wiederherzustellen.

Schon am 4. Dezember 1943 berichtete die New York Times in einem weiteren Artikel »Kiev Lists More Victims«, 40 000 Einwohner hätten den Titelseiten Moskauer Zeitungen zufolge »einen Brief an Premier Stalin« gerichtet, in dem sie »die geschätzte Zahl der in der Schlucht von Babij jar Umgebrachten und Verbrannten auf mehr als 100 000 erhöhten«.[45] Natürlich handelte es sich hier um einen Coup des NKVD, denn nur das NKVD konnte solche Briefsendungen an Stalin organisieren. Doch von nun an bildeten die vom NKVD aufgebrachten Zahlen von 100 000 ebenso wie die Altweiberschlucht Babij jar als Erschießungs- und Begräbnisstätte unveräußerliche Requisiten der Sowjetpropaganda. Wir finden sie schon im Frühjahr 1944 wieder in dem Bericht einer Spezialkommission unter der Leitung von Chruščev[46], der selber in den dreißiger Jahren bekanntlich schwere Verbrechen gegen Leib und Leben der Ukrainer begangen hatte, und in dem nun ebenfalls behauptet wurde: »Über 100 000 Männer, Frauen, Kinder und alte Leute (seien) in Babij jar« ermordet worden, 25 000 weitere in dem deutschen Zwangsarbeitslager Syrets bei Kiev, wo in Wirklichkeit nach ukrainischen Schätzungen aber nur 1000 Opfer durch Gewaltanwendung, Krankheit und Hunger zu beklagen waren.

Der Bericht der Chruščev-Kommission, der führende Partei-, Staats- und Wissenschaftsfunktionäre angehört hatten, verdient insofern Aufmerksamkeit, als in ihm außer Babij jar, Syrets und einigen unbekannteren Punkten auch Darnica genannt wird, wo die Deutschen, wie jetzt behauptet, ebenfalls »über 68 000 sowjetische Kriegsgefangene und zivile Einwohner« ermordet haben sollen. Die von der Spezialkommission Chruščevs insgesamt behauptete Zahl von 195 000 Opfern der deutschen Besatzungsmacht in Kiev kommt somit der Gesamtzahl von 200 000 – 300 000 Opfern des NKVD nahe, die in den Massengräbern des Darnica-Waldes sowie bei Bykovnia und Bielhoradka vermutet werden. Diese Zahl war denn auch die zentrale Aussage des Kommuniqués der ›Außerordentlichen Staatlichen Kommission‹ über Kiev vom 9. März 1944. Und da dieser Untersuchungsbericht ebenso wie der Untersuchungsbericht im Fall Katyn aufgrund des Artikels 21 des Londoner Statutes vom Internationalen Militärgerichtshof als sowjetisches Beweismaterial (Dokument USSR-9) anerkannt wurde, konnte der sowjetische Ankläger, Oberjustizrat Smirnov, am 14. Februar 1946 in Nürnberg behaupten[47]: »Aus dem Bericht der Außerordentlichen Staatlichen Kommission über die Stadt Kiev, der dem Gerichtshof später vorgelegt werden wird, ist zu ersehen, daß in Babje Yar während dieser furchtbaren, sogenannten Aktion nicht 52 000, sondern 100 000 Menschen erschossen wurden«, und am 18. Februar hieß es: »Mehr als 195 000 Sowjetbürger wurden in Kiev zu Tode gefoltert, erschossen und in ›Mordwagen‹ vergast, darunter 1. über 100 000 Männer, Frauen, Kinder und alte Leute in Babi Yar...« Beweise wurden nicht erbracht, der Sowjetankläger berief sich, wie im Fall Katyn, einfach auf angebliche Aussagen der vom NKVD präsentierten Zeugen.

Die Sowjets sind mit ihren Beschuldigungen im Fall Katyn in Nürnberg freilich nicht durchgedrungen, und es war nicht zuletzt auf die Assoziation von Katyn und Babij jar zurückzuführen, daß auch dieser Fall lange Jahre in Vergessenheit geriet. Vergeblich war es noch gewesen, daß etwa Ehrenburg die Geschichte der Altweiberschlucht in seinem Roman »Der Sturm« 1947 wieder aufzuwärmen versuchte. Erst als das NKVD/KGB einen sorgfältig instruierten sogenannten ›Augenzeugen‹ 1968 in einem Gerichtsverfahren in Darmstadt auftreten lassen konnte[48] – die New York Times berichtete darüber in einem Artikel am 14. Februar 1968 unter dem Titel: »At Babi Yar Only Four Spectators« – und erst nachdem Evčušenko ein ›aufreizendes‹ Gedicht und nachdem Šostakovič ein Orchesterstück über Babij jar geschrieben hatten, gewann der Begriff zusehends an Symbolkraft, was von der sowjetischen Propaganda sofort ausgenutzt wurde.

Die Sowjetbehörden benutzten die günstige Konjunktur, um auf dem NKVD-Gelände bei Bykovnia (KOU NKVD), wo sich ebenso wie bei Darnica und Bielhorodka unfern von Kiev die ausgedehnten Massengräber der Stalinzeit befanden, schließlich ein Denkmal zur Erinnerung an die hier angeblich verscharrten Opfer der »faschistischen Invasoren 1941–1943« zu errichten, die, so eine Kiever Zeitung schon 1971, »grausam zu Tode gefoltert« worden waren. Bereits im März 1989 ist die irreführende Inschrift auf den wachsenden Druck der Öffentlichkeit hin jedoch wieder entfernt worden. Denn zu dieser Zeit, am 17. März 1989, hatte die sowjetische Nachrichtenagentur TASS gemeldet, nach Feststellungen einer ›Staatlichen Kommission‹, es war nun schon die vierte ihrer Art, seien in Bykovnia und im Walde bei Darnica Massengräber mit den sterblichen Überresten von 200 000 – 300 000 sogenannten ›Volksfeinden‹ der Stalinzeit entdeckt worden. Das Organ des sowjetischen Schriftstellerverbandes Literaturnaja Gazeta hielt es im April 1989 zugleich für angebracht zu betonen, daß nicht ›die Deutschen‹, sondern die Stalinisten, »unsere eigenen Leute«, diese Massenmorde begangen hatten. Schaurige Einzelheiten über die von 1937 bis unmittelbar vor der Besetzung der Stadt durch deutsche Truppen im September 1941 andauernden Massenmorde des NKVD berichtete Carynnyk in einem Beitrag »The Killing Fields of Kiev« im Oktoberheft 1990 der vom American Jewish Committee in New York herausgegebenen Zeitschrift COMMENTARY.[49]

In Deutschland freilich werden solche Tatsachenfeststellungen ungern oder gar nicht zur Kenntnis genommen. Hier ist die selbst in Nürnberg nicht durchgedrungene Sowjetformel von 100 000 Opfern in der Schlucht von Babij jar tief in das öffentliche Bewußtsein eingefressen, wie entsprechende Zeitungsartikel aus dem Jubiläumsjahr 1991 erweisen. Am 14. September 1991 übertraf ein Wolfram Vogel in einem Gedenkartikel der Regionalzeitung SÜDKURIER sogar noch die Ausstreuungen der stalinistischen Kriegspropaganda, als er behauptete, »das Massengrab Babij Jar am Rande Kiews« hätte »rund 200 000 während der deutschen Besatzung ermordete Menschen aufnehmen müssen«.[50] Und die Präsidentin des Deutschen Bundestages, Süßmuth, nahm eine Gedenkrede in der Altweiberschlucht am 5. Oktober 1991 zum Anlaß unbegründeter Ausfälle gegen das ganze deutsche Volk[51], das mit der ohne sein Wissen und ohne seine Billigung vorgenommenen Erschießung von 33 771 oder – schlimm genug – auch nur halb so vielen Juden durch das Sonderkommando 4a der Sicherheitspolizei und des SD nichts zu tun hatte und deshalb dafür auch nicht verantwortlich gemacht werden kann. Anstoß erregt bei der Bevölkerung in Kiev hat in der Rede Süßmuths das Fehlen eines jeden Hinweises auf die bis zu 300 000 ukrainischen Opfer des Stalinterrors in den nahegelegenen Massengräbern von Bykovnia – für die Ukrainer zu dieser Zeit schon eine Sache der nationalen Ehre (»The mass graves have become a point of national honor for Ukrainians«).[52]Babij jar mußte in der Sowjetunion dazu herhalten, um Katyn, und Katyn mußte dazu herhalten, um Babij jar glaubwürdig zu machen. Der späte Erfolg der Sowjetpropaganda im Fall Babij jar hat die Stalinisten 1990/1991 sogar zu einem weiteren Versuch ermutigt, die Erschießung der polnischen Offiziere in Katyn (und an anderen Stellen) doch noch den Deutschen anzulasten, indem sie die schon genannte Artikelfolge unter dem bezeichnenden Titel »Babij jar pod Katyn'ju?« (Babij jar bei Katyn?) im VOENNO-ISTORIČESKIJ ŽURNAL zum Abdruck brachten.

Auf dem Territorium der Sowjetunion ist Minsk der letzte Platz gewesen, wo die Massenmorde des NKVD hinter denen der Einsatzgruppen versteckt werden sollten. Denn ebenso wie in Kiev sind auch in der Hauptstadt der Weißrussischen SSR zwischen 1937 und 1941 Mordtaten ungeheueren Ausmaßes geschehen. Einen Teil ihrer Opfer pflegte die Operative Verwaltung des NKVD Minsk in einem Areal nahe dem unfern gelegenen Ort Kuropaty zu verscharren, wo 1988 ausgedehnte Gräberfelder entdeckt wurden. Etwa 102 000 von insgesamt 270 000 geschätzten Opfern des

NKVD in Minsk und Umgebung[53] werden hier, in den Massengräbern von Kuropaty, vermutet. Selbst in dem Čeljuskin-Park inmitten der Stadt Minsk befand sich ein Massengrab mit den Leichen Ermordeter, über dem in der Ära des Stalinisten Brežnev eine Tanzfläche errichtet wurde. Andererseits war Minsk nach der Besetzung durch die Deutschen, ab Spätherbst 1941, auch ein Operationszentrum der Sicherheitspolizei und des SD gewesen, die ihr vornehmstes Ziel vor allem in der Vernichtung der jüdischen Bevölkerung fand. So wurden in Maly Trostinets, einem Dorf bei Minsk, und vielleicht an einigen anderen Punkten, binnen Jahresfrist Tausende einheimischer oder aus dem Reichsgebiet hierher verschleppter Juden jeden Alters und Geschlechtes erschossen oder durch vier hier anscheinend eingesetzte Vergasungswagen teilweise auch vergiftet.[54]

Wie im Fall Kiev setzten die Sowjetbehörden 1944, nach der Wiedereinnahme von Minsk, eine Spezialkommission ein, diesmal unter dem Vorsitzenden des Rates der Volkskommissare der Weißrussischen SSR, Ponomarenko, der als Leiter des Zentralen Stabes der Partisanenbewegung einer der Hauptverantwortlichen war für die Führung des völkerrechtswidrigen Freischärlerkrieges. Das am 12. Oktober 1944 veröffentlichte Kommuniqué der ›Außerordentlichen Staatlichen Kommission‹ »Minsk klagt Hitler an«[55] behauptete unter Berufung auf die Ergebnisse der Ponomarenko-Kommission, die freilich wiederum meist auf den zweifelhaften Aussagen von Zeugen des NKVD beruhten, die ›Hitleristen‹, die ›deutschen Schurken‹, hätten in Minsk und seinen Vororten etwa 300 000 Sowjetbürger durch Hunger, übermenschliche Arbeitsanstrengungen, Vergasen und Erschießen ausgerottet. Auch in Minsk wurden sowjetische Massengräber wie die im »Park für Kultur und Erholung« wieder den Deutschen zugeschrieben. Die angegebene Gesamtzahl von 300 000 würde überhaupt eher der geschätzten Zahl von etwa 270 000 Opfern des NKVD nahekommen als der Zahl der von der Sicherheitspolizei und dem SD ermordeten Juden, die im Gebiet um Minsk gleichwohl aber hoch gewesen sein muß. So sind nach unvollständigen Angaben in zufällig erhaltenen Tätigkeitsberichten allein von einer ›Gruppe Arlt‹ im Verlauf des Sommers 1942 über 17 000 einheimische oder aus Berlin und Wien stammende deutsche Juden bei Minsk ermordet worden.[56]

Anmerkungen zu Kapitel 8

[1] Winters, Schuld und Rache.
[2] Soviet War News, 24. 8. 1944.
[3] Ebenda, 22. 6. 1944, 11. 11. 1943.
[4] Soviet Weekly, 11. 10. 1945.
[5] Russia at War, S. 134, S. 186.
[6] Soviet War News, 30. 11. 1944, Soviet Weekly, 21. 6. 1945.
[7] Russia at War, S. 73, S. 85.
[8] Soviet War News, 15. 2. 1945.
[9] Rheinischer Merkur/Christ und Welt, 12. 6. 1992.
[10] Dazu Deichelmann, Ich sah Königsberg sterben; auch Wieck, Zeugnis vom Untergang Königsbergs, S. 264f.
[11] BA-MA, RH 19III/381, 13. 2. 1940.
[12] Russia at War, S. 39, S. 275.
[13] Soviet War News, 27. 1. 1944.
[14] Russia at War, S. 93f.
[15] Raschhofer, Der Fall Oberländer, S. 40.
[16] Zayas, Die Wehrmacht-Untersuchungsstelle, S. 343f.
[17] Nach Soviet War News, 29. 4. 1943.
[18] Nikiforuk, Babi Yar.
[19] The Truth about Katyn, Archiv des Verf.
[20] Der Prozeß gegen die Hauptkriegsverbrecher, Bd VII, S. 500, S. 540.
[21] Ebenda, S. 493.
[22] Kilian, Die »Mühlberg-Akten«, S. 1141f.
[23] Brandt, Der Zweite Weltkrieg, S. 42.
[24] Minasjan, Meždunarodnye prestuplenija, S. 16.
[25] Chatyn'.
[26] Frankfurter Rundschau, 15. 10. 1992.
[27] Frankfurter Allgemeine Zeitung, 31. 10. 1992.
[28] Prokopenko, Suchinin, Babij jar pod Katyn'ju?
[29] The Truth about Katyn, Archiv des Verf.
[30] Soviet War News, 24. 5. 1945.
[31] Der Prozeß gegen die Hauptkriegsverbrecher, Bd VII, S. 469.
[32] Ebenda, Bd XVII, S. 301ff.; dazu Schaworonkow, vgl. Kapitel 7, Anm. 11.
[33] Zayas, Die Wehrmacht-Untersuchungsstelle, S. 362ff.
[34] Soviet War News, 19. 8. 1943.
[35] Krausnick, Die Einsatzgruppen, S. 193.
[36] Soviet War News, 7. 10., 18. 11., 23. 12. 1943.
[37] Krushelnycky, The largest massgraves of Bykovnia, near Kiev, 300.000 victims; Stalin-Opfer in Massengrab bei Kiew; »Wer zuckt, dem geben wir den Rest«.
[38] Krausnick, Die Einsatzgruppen, S. 190.
[39] Landsberg, S. 19.
[40] Wolski, Le Massacre de Baby Yar.
[41] Friedrich, Das Gesetz des Krieges, S. 807f., S. 810.
[42] Vgl. Anm. 18.
[43] The New York Times, 29. 11. 1943.
[44] Vgl. Nikiforuk, Anm. 18; Wolski, Anm. 40.
[45] The New York Times, 4. 12. 1943.
[46] Soviet War News, 9. 3. 1944.
[47] Der Prozeß gegen die Hauptkriegsverbrecher, Bd VII, S. 504, S. 612.
[48] The New York Times, 14. 2. 1968.
[49] Kapitel 7, Anm. 8.

[50] Vogel, Wo der Genozid begann.
[51] Gedenkworte der Präsidentin, 5. 10. 1991, Archiv des Verf.
[52] Carynnyk, The Killing Fields of Kiev, S. 25.
[53] Die Welt, 6. 2. 1989; »300000 Tote im Goldbergwerk«.
[54] Wilhelm, Die Einsatzgruppe A, S. 547, S. 556.
[55] Soviet War News, 12. 10. 1944.
[56] Unsere Ehre heißt Treue.

9.
Die antideutsche Volks- und Rassenhetze

Der deutsch-sowjetische Krieg wurde sowohl von Hitler als auch von Stalin vom ersten Tage an nicht als ein in den herkömmlichen Formen geführter ›europäischer Normalkrieg‹ zwischen zwei Armeen, sondern als ein Vernichtungskrieg zweier totalitärer Staaten verstanden, der nur mit dem Untergang eines der beiden enden konnte. Die Rundfunkrede Stalins am 3. Juli 1941 wurde zwar noch als Kampf der Sowjetunion im Bunde mit dem deutschen Volk gegen den ›Faschismus‹ eingeführt, doch ging die Sowjetpropaganda umgehend dazu über, nicht nur den ›Faschismus‹, den Nationalsozialismus, zu ihrem neuen Todfeind zu deklarieren. Kriminalisiert praktisch vom ersten Kriegstage an wurde ebenso der deutsche Staat als solcher, kriminalisiert wurde die deutsche Wehrmacht, wurden alle deutschen Soldaten, und kriminalisiert wurde schließlich die Gesamtheit des deutschen Volkes. Ehrenburg vor allen anderen war es, der durch unausgesetztes Schüren des antideutschen Volks- und Rassenhasses die Soldaten der Roten Armee und die Werktätigen des sowjetischen Hinterlandes zu einem blindwütigen Kampf gegen alles Deutsche anzuspornen hatte.

Es stellt sich die Frage, welches Bild die von den sowjetischen Schriftstellern Ehrenburg, Tolstoj, Simonov, Zaslavskij, um nur einige zu nennen, von Historikern und Militärs wie Tarle, Bruevič, Veličkа und unzähligen anderen gestaltete sowjetische Kriegspropaganda von Deutschland und den Deutschen entwarf. Ehrenburg war der Wortführer, und er wollte in den Deutschen seit jeher nur ›Barbaren‹ erblicken, »die sich in die Häute wilder Tiere kleideten und ihrem Gott Wotan blutige Opfer darbrachten«.[1)] Noch in den glanzvollen Zeiten des beginnenden Mittelalters, als doch die Kaiser der Ottonen und Staufer das Reich regierten, durchstreiften sie für ihn »die Wälder, gehüllt in die Häute wilder Tiere«. Sieht man einmal von der altbekannten historischen Tatsache ab, daß Rußland und Polen von dem Erbe einer gewaltigen Ostexpansion lebten, so war es gerade die deutsche Ostkolonisation des Mittelalters, die, so Ehrenburg, »ruhmvollen Traditionen der teutonischen Ritter«, die sich in der Situation des gegenwärtigen Krieges in falscher Analogie propagandistisch gebührend anprangern ließ. »Wir kennen diese Traditionen«, rief Ehrenburg am 20. Februar 1942 aus, »Die Deutschen waren Räuber und Räuber sind sie geblieben. Früher waren sie Banditen mit Speeren und Schwertern. Jetzt sind sie Banditen mit Maschinenpistolen.« Einen Unterschied zwischen den verschiedenen deutschen Stämmen in Vergangenheit und Gegenwart erkannte Ehrenburg nicht an, die Deutschen waren für ihn immer »alle gleich«. »Es ist etwas Schreckliches um die Deutschen selbst«, schrieb er am 14. Januar 1942. »Die teutonischen Horden hatten Rom geplündert«, und die deutschen Kaufleute hätten in der alten Hansestadt Novgorod »versucht, die Russen zu betrügen«. »List und Ränke sind deutscher Stil«, so nach Ehrenburg angeblich der russische Volksmund.

Gegenstand des besonderen Hasses war ihm die geschichtliche Entwicklung Brandenburg-Preußens, ungeachtet der in der Vergangenheit zeitweise doch bestehenden engen dynastischen und politischen Verbindungen Preußens mit Rußland, auf die sich die Sowjetpropaganda immer nur zu gern berief, wenn es ihr gerade in das Konzept paßte. Brandenburg ist in dieser verzerrten Sicht ein ›Krebsgeschwür‹, eine ›Räuberhöhle‹, von der aus die Banden aufbrachen, um »die slavischen und litauischen Stämme in Pommern und Preußen« zu terrorisieren, deren Schutzherr jetzt, 1945, die Sowjetunion unter Stalin geworden sei, in Wahrheit der größte Sklavenhalterstaat der Weltgeschichte. Für Ehrenburg lag die einzige Zweckbestimmung der königlichen Residenzstadt Berlin »im Abschlachten von Menschen«, und Berlin, dieses »bösartige Geschwür«, sei jetzt »für ganz Europa und die ganze zivilisierte Menschheit (zu der sich natürlich die Sowjetunion zählte) eine tödliche Gefahr« geworden. »Es ist ein Glück für die Welt«, so fügte Ehrenburg hinzu, »daß Stalin dieses Geschwür nun mit Feuer und Schwert ausbrennt«, »daß er die Welt rettet, indem er die Wiege in Stücke stampft, in der 250 Jahre zuvor das grauenhafte preußische Monster geboren wurde.« Als Beweis für die angebliche Monstrosität Preußens werden die »Piratenangriffe« gegen Dänemark 1864, das heißt die preußisch-österreichische Bundesexekution in der schleswig-holsteinischen Angelegenheit, gegen Österreich 1866, das heißt der preußisch-österreichische Krieg um die Vormachtstellung in Deutschland, und gegen Frankreich 1870/1871 genannt, obwohl sich Preußen-Deutschland damals doch in dem Genuß einer wohlwollenden Neutralität Rußlands wissen konnte und selbst Marx und Engels von einem gerechten nationalen Verteidigungskrieg Deutschlands gegen die imperialistischen Ambitionen des napoleonischen Frankreich gesprochen hatten.

Entlarvend ist auch ein Beitrag, den Professor Tarle unter der Überschrift »Berlin war das Krebsgeschwür Europas« am 17. Mai 1945 veröffentlichte.[2] Seit über zwei Jahrhunderten, so dieser prominente sowjetische Historiker, sei durch Preußen »ein mächtiges Gangsterlager im Herzen Europas« geschaffen und in Berlin sei der Plan gefaßt worden, Europa, Rußland, zwei Kontinente, »die ganze Welt zu erobern«. Raub und Plünderung, das sei »das Hauptziel der politischen Existenz Deutschlands« gewesen. In die Reihe der historischen Persönlichkeiten, die die »Raubpläne des deutschen Imperialismus« ausbrüteten, gehörte für ihn Friedrich der Große, der immerhin mit Kaiser Peter III. und zeitweise mit Kaiserin Katharina II. im Bunde gestanden hatte, gehörten die Feldherren der Befreiungskriege, wie etwa der von ihm genannte Scharnhorst, die doch Alliierte der in der Sowjetunion so hoch im Kurse stehenden kaiserlich russischen Generale jener Jahre gewesen waren, gehörten ferner Bismarck und Moltke, die in Rußland immer einen großen Namen hatten, sowie schließlich selbst Generaloberst von Seeckt, in dessen Ära als Chef der Heeresleitung die enge und freundschaftliche Zusammenarbeit der Reichswehr mit der Roten Armee fiel. Über alle Zeitläufte hinweg habe der als solcher doch erst seit 1870/1871 bestehende ›deutsche Generalstab‹ unverrückbar an seinen imperialistischen Zielen festgehalten und das Instrument geschmiedet »für die Ausrottung von Millionen menschlicher Leben, für die vollständige Versklavung von Völkern, für die Aufrichtung der deutschen Weltherrschaft«. In welchem Gegensatz standen diese Äußerungen doch zu denen Lenins, der im Hinblick auf die Vorgeschichte des Ersten Weltkrieges einst folgendermaßen geurteilt hatte: »Drei große Räuber«, nämlich Rußland, England und Frankreich, hätten sich jahrzehntelang darauf vorbereitet, »Deutschland zu überfallen und auszuplündern«!

Vor dem Hintergrund einer solchen Verzerrung der Geschichte Brandenburg-Preußens durch diesen bekannten sowjetischen Historiker, doch zugleich zielgerichtet schon im Hinblick auf die geplanten Annexionen, setzte im Frühjahr 1945 eine gesteuerte Haßkampagne gegen die alte preußische Krönungs-, Handels- und Universitätsstadt Königsberg ein, die als bloße Hauptstadt einer agrarischen Provinz doch völlig abseits von den Zentren politischer und militärischer Entscheidungen lag. Am 8. Februar 1945 behauptete der Moskauer Rundfunk, Ostpreußen, »die Höhle des reaktionären Preußentums, Vorposten des viehischen deutschen Chauvinismus«, sei ebensowenig deutsches Land wie »das gesamte sogenannte deutsche Land östlich der Elbe«.[3)] Die Rote Armee, so wurden die Eroberungsabsichten umschrieben, sei jetzt im Anmarsch, »um eine alte historische Ungerechtigkeit zu korrigieren«. Daß die prussisch-slavischen Stämme in den preußischen Provinzen nicht etwa ›vernichtet‹ worden waren, sie sich im Lauf der Jahrhunderte vielmehr längst mit den Deutschen zu einem einheitlichen Volkskörper verschmolzen hatten und die Sowjetunion im übrigen nicht die geringsten territorialen Ansprüche in Ostpreußen besaß, tat hierbei nichts zur Sache. »Räuchert die Ratten von Königsberg aus«, lautete am 15. Februar 1945, wie erwähnt, die Parole der Sowjetpropaganda, die sonst gewohnheitsmäßig einen ebenso anklagenden wie rührseligen Ton anschlägt, wenn es zu schildern gilt, wie barbarisch Deutsche und Finnen das verteidigte Leningrad belagert und bombardiert hätten.

Die ideologische Begründung in der Sowjetpresse lieferte ein beauftragter Funktionär, Gardeoberstleutnant Veličká.[4)] »Königsberg wurde zu einer Bedrohung für die ganze Welt«, so ließ er sich am 22. März 1945 in einem Artikel »Wehe Dir Deutschland!« vernehmen: »Es ist ein Stützpunkt der deutschen Barbarei«, »seit 150 Jahren«, »Tag für Tag, Dekade für Dekade sind dort Pläne für Feldzüge, für Invasionen, für Rache ausgearbeitet worden. Deutschlands Plan, die Welt zu versklaven, ist in Königsberg entstanden.« »Die stumpfsinnigen Königsberger wurden auf ihrem blutgetränkten Reichtum fett«, so heißt es weiter und dann triumphierend: »Wir haben

Königsberg an der Gurgel!«, »Die Belagerung Königsbergs begann«, »Wie Kröten nisteten sich die Deutschen in Kellern, Katakomben, unter Ruinen und in primitiven Röhren ein«, »Königsberg ist wie ein Krimineller mit einem Gewicht um den Hals«, »Das Gewicht ihrer Verbrechen drückt die Stadt zu Boden.« »Königsberg hat der Roten Armee ins Gesicht gesehen«, so heißt es unter Anspielung auf die unten geschilderten sowjetischen Greueltaten in der Vorstadt Metgethen drohend, »und erkennt, was darin geschrieben steht«, »Jetzt winselt die Stadt und taumelt hin und her.« Auf solche Art und Weise wurden die Soldaten der Roten Armee auf die bevorstehende Einnahme der Stadt Königsberg vorbereitet. Und die Folgen hiervon waren denn auch dementsprechend. Mord, Vergewaltigung, Raub, Verfolgung und völlige Rechtlosigkeit gaben der zerstörten Stadt nach dem Fall das Gepräge. Ganze Straßenzüge wurden mutwillig niedergebrannt, bisweilen mitsamt den Bewohnern.[5] Die sowjetische Besatzungsmacht ließ in den folgenden Monaten, wie ausgeführt, 90000 der noch etwa 120000 überlebenden Einwohner in buchstäblichem Sinne des Wortes verhungern.

Die antideutsche sowjetische Haßpropaganda wurde also seit 1945 zugleich auf das Ziel gerichtet, die Expansionspolitik der Sowjetunion in Deutschland zu propagieren und vorzubereiten. So läßt sich schon seit Februar 1945 eine wachsende Stellungnahme gegen angeblich nachgiebige Tendenzen der anglo-amerikanischen Besatzungspolitik und gegen die ›heuchlerischen Beschützer‹ der ›armen Deutschen‹ in westlichen Ländern konstatieren, die es doch nun wirklich so gut wie kaum gegeben haben dürfte. Was Ehrenburg angeht, so galt dessen besondere Abneigung auch der katholischen Kirche, dem Papst und dem Heiligen Stuhl, den von ihm sogenannten »Begründern der Inquisition, den Protektoren der Jesuiten, verschlagenen Seelen, die den langen Weg von Torquemada zu Himmler zurückgelegt haben und von Loyola zum Duce«, eine mehr ihn selbst als die historischen Tatsachen treffende Formulierung. Wiederholte massive Angriffe lassen jedenfalls die sowjetische Besorgnis um eine Stabilisierung der Verhältnisse im nichtsowjetischen Besatzungsgebiet erkennen. So wurde offenbar befürchtet, der in die USA emigrierte und dort als Hochschullehrer recht angesehene frühere Zentrumspolitiker und Reichskanzler Dr. Brüning könnte mit Rückendeckung durch gewisse amerikanische und britische Kreise und unter Beihilfe der katholischen Kirche danach streben, »Hitlers Nachfolger« zu werden, um als solcher die »Rehabilitierung Deutschlands« voranzutreiben und den »deutschen Imperialismus«, mit anderen Worten Deutschland als Industrieland, vor dem Untergang zu retten.

Die Sowjetunion hatte zu dieser Zeit schon ganz andere Ziele[6], wie eine kurze, aber aufschlußreiche Bekanntmachung über die Einsetzung der ›Sowjetischen Militäradministration in Deutschland‹ vom 21. Juni 1945 erkennen läßt[7]. Denn durch Befehl Nr. 1 wurde zum Stellvertreter des Generaldirektors der Sowjetischen Militäradministration (SMA) und Oberbefehlshabers der sowjetischen Besatzungstruppen in Deutschland, Marschall der Sowjetunion Žukov, der Generaloberst des NKVD Serov ernannt, nach dem Urteil von Generaloberst Professor Volkogonov »eine der übelsten Gestalten in Berijas Umgebung«. Serov, zugleich Bevollmächtigter des NKVD der UdSSR bei der Gruppe der sowjetischen Besatzungstruppen in Deutschland, der einst 1939/1940 die Deportation von über zwei Millionen Polen, Ukrainern, Weißrussen und Juden aus dem annektierten polnischen Staatsgebiet und 1940/1941 ebenso die Deportation der baltischen Bevölkerungsgruppen unter Zerreißung der Familienbande in die Sowjetunion geleitet hatte, nahm aufgrund des Befehls Nr. 00315 des Volkskommissars Berija vom 18. April 1945 auch in Deutschland umgehend Massenverhaftungen unter der Zivilbevölkerung durch die von ihm geleiteten Operativgruppen des NKVD vor.[8] Die Verhafteten, darunter Frauen und Jugendliche, wurden als sogenanntes ›Spezialkontingent‹ in die übernommenen oder sofort eingerichteten Konzentrationslager (Special'nye lageri NKVD SSSR) überführt, wo Zehntausende von ihnen an den unmenschlichen Lebensbedingungen zugrundegingen. Die Ernennung Serovs zu der politisch ausschlaggebenden Figur des sowjetischen Besatzungsgebietes und die sofort durchgeführte brutale Ausschaltung aller, die irgendwie als oppositionell eingeschätzt wurden, ließ jedenfalls keinen Zweifel daran, welche Art von Politik die Sowjetunion in Deutschland künftig betreiben werde.

Konnte der deutsch-sowjetische Konflikt als Zusammenstoß zweier gegensätzlicher sozialistischer Systeme nur mit der völligen Vernichtung eines der beiden Kontrahenten enden, so entsprachen auch die Methoden der Kriegführung in ihrer Schonungslosigkeit vollauf dem totalitären Anspruch, der die beiden Ideologien charakterisierte. »Der vergangene Krieg war von beiden Seiten aus ein grausamer«, schrieb Jakuševskij 1993 in der Zeitschrift Novoe Vremja, »Die Methoden der Kriegführung waren bei beiden totalitären Systemen ähnlich.«[9] Geschichtliche Interpretationen, die hierzulande den Eindruck zu erwecken versuchen, als hätte sich der Konflikt an der deutsch-sowjetischen Front in humaneren Formen austragen lassen, wenn nicht Hitler und die Wehrmachtführung schon bei der Planung des Unternehmens ›Barbarossa‹ die herkömmlichen Regeln und Gebräuche des Krieges skrupellos außer Kraft gesetzt hätten, gehen an dem Kern der Dinge vorbei, da sie jede Berücksichtigung der Verhältnisse auf sowjetischer Seite vermissen lassen. Das schließt natürlich die Vermeidung unnötiger Härten auf deutscher Seite nicht aus. Und es war gewiß der kardinale Fehler Hitlers gewesen, den russischen Menschen in seinem Patriotismus und den russischen Soldaten in seiner Tapferkeit verkannt und die einzigartige Gelegenheit zur Gewinnung des russischen Volkes vertan zu haben – eine Verblendung, die das Scheitern des Krieges in Rußland unabwendbar machte.

Aber der von Hitler in seiner Ansprache vor den militärischen Führern am 30. März 1941 aufgestellte, von dem Chef des Generalstabes des Heeres, Generaloberst Halder, überlieferte und von dem Chef des Oberkommandos der Wehrmacht, Feldmarschall Keitel, in seinem Schreiben an Admiral Canaris vom 15. September 1941 sinngemäß wiederholte Grundsatz: »Wir müssen vom Standpunkt des soldatischen Kameradentums abrücken. Der Kommunist ist vorher kein Kamerad und nachher kein Kamerad. Es handelt sich um einen Vernichtungskrieg«[10)], entsprach genau den Vorstellungen, wie auch Stalin diesen Krieg von Anfang an verstanden wissen wollte. Auch Stalin hatte, um noch einmal seine richtungweisende Rundfunkrede vom 3. Juli 1941 zu zitieren, sofort unmißverständlich klargestellt, daß man »den Krieg gegen das faschistische Deutschland . . . nicht als einen gewöhnlichen Krieg betrachten« dürfe: »Es ist nicht ein Krieg zwischen zwei Armeen.« »Dies ist kein gewöhnlicher Krieg«, wie der von ihm bestellte Interpret Ehrenburg sofort echote, »Und es ist keine gewöhnliche Armee, die gegen uns kämpft«, was natürlich erst recht im umgekehrten Fall der Roten Armee galt.

In welchen Formen der Krieg sowjetischerseits geführt werden sollte, das offenbaren unzählige Beispiele sofort nach Eröffnung der Feindseligkeiten auf der ganzen Linie der Front. Noch am 9. März 1943 zitierte die britische Zeitung News Chronicle in diesem Zusammenhang Ehrenburg, der sich in einem Aufsatz darüber mokiert hatte, daß man »in einem bestimmten Land« gefallene deutsche Flieger mit allen militärischen Ehren beerdige. Er wolle sich zwar nicht in die Sitten und Gebräuche fremder Länder einmischen, so Ehrenburg in seinen Ausführungen heuchlerisch, jedoch möchte er den Engländern etwas von den russischen Umgangsformen mit den Deutschen erzählen: »Wir können die Deutschen nicht als ehrenvolle Kämpfer ansehen. In unseren Augen sind sie abstoßende, plündernde Bestien. Mit solchen Bestien verhandelt man nicht lange: Man vernichtet sie!«[11)] In diesem Sinne schrieb Ehrenburg am 17. August 1941 über einen bei Moskau gefallenen deutschen Fliegerunteroffizier: »Wenn ein Mann wie Karle (der, wie er behauptete, natürlich bei Swansea zuvor englische Kinder getötet hatte) auf dem Boden zerschellt, dann empfindest Du nicht nur Freude, sondern moralische Befriedigung.« Wie die deutschen Soldaten vom ersten bis zum letzten Tage des Krieges ihrer Menschenwürde beraubt und kriminalisiert wurden, das soll eine knappe Auswahl von Zitaten dieses führenden Propagandisten der Sowjetunion veranschaulichen. Die Chimäre von der Möglichkeit einer humanen, ›ritterlichen‹ Kriegführung im Osten fällt unter dieser Beweislast in sich selbst zusammen.

Wie also werden die deutschen Soldaten dargestellt? Schon am ersten Kriegstage, dem 22. Juni 1941, wurden die Soldaten jenes Landes, mit dem bisher doch ein Freundschaftsvertrag bestanden hatte, ›Räuber‹ genannt, die Länder plündern, Kinder ermorden und die »Kultur, Sprache und Traditionen anderer Völker zerstören«.[12] Wenn solches also schon vor Kriegsbeginn bekannt gewesen ist, so läßt sich fragen, wie kann man mit einem Land, das derartige Soldaten ausschickt, also einen Freundschaftsvertrag unterhalten? Sie sind »Mörder, die sich besonders durch die Torturen auszeichnen, die sie jetzt unseren Verwundeten zufügen«, behauptete Ehrenburg am 18. Juli 1941 und bald darauf: »Diese Kreaturen sind keine menschlichen Wesen. Sie sind schreckliche Parasiten. Sie sind schädliches Ungeziefer.« Und so lauten andere seiner Sentenzen aus dem ersten Kriegssommer 1941[13]: Die deutsche Wehrmacht sei eine »gigantische Gangsterbande« und »Gangster und Gesetzesbrecher sind niemals tapfer«, die deutschen Soldaten seien »schlimmer als wilde Bestien«. »Nein«, sagt Ehrenburg, »sie sind schlimmer als Raubtiere. Raubtiere foltern nicht aus Vergnügen« (5. September 1941), »Man schämt sich für die Erde, auf der diese Leute gingen. Wie niederträchtig sie lebten! Wie niederträchtig sie starben!« »Verglichen mit ihnen sind Kaffern und Zulus noch kultiviert« (14. September 1941). »Sie sind Perverse, Sodomiten und Süchtige in allen Formen der Bestialität«, rief Ehrenburg am 12. Oktober 1941 aus[14], »Sie ergreifen russische Mädchen und verschleppen sie in ihre Bordelle ... Sie hängen Geistliche ... Sie haben Abzeichen mit dem Motto ›Gott mit uns‹, aber mit solchen Gürteln schlagen sie ihren sterbenden Gefangenen ins Gesicht ... Kultur heißt für sie Füllfederhalter und Sicherheitsrasiermesser. Mit ihren Füllfederhaltern schreiben sie die Zahl der Mädchen nieder, die sie vergewaltigt haben. Sie rasieren sich mit ihren Sicherheitsrasiermessern und benutzen das Halsschneidemodell, um die Nasen, Ohren und Brüste ihrer Opfer abzuschneiden.«

Als der Winter 1941/1942 mit seinen harten Kältegraden hereinbrach, fand der Haß Ehrenburgs neue Befriedigung. Zu dieser Zeit, am 17. November 1941, hatte Stalin, wie dargelegt, den Befehl erteilt, alle Dörfer und Siedlungen im deutschen Hinterland ohne Rücksichtnahme auf die damit ebenfalls dem Verderben preisgegebene russische Bevölkerung vollständig zu zerstören und niederzubrennen. Menschenleben, wie sein Biograph, Generaloberst Professor Volkogonov, schreibt, »hatten für ihn noch nie gezählt. Noch Nie! Hunderte, Tausende, Millionen toter Mitbürger waren für ihn längst zur Gewohnheit geworden«.[15] Ehrenburg aber machte sich sofort zum lautstarken Fürsprecher der neuen Maßnahmen und überhaupt der unmenschlichen Befehle Stalins, die sich ja nicht nur gegen die deutschen Truppen, sondern ebenso gegen die russische Zivilbevölkerung richteten. »Diese Banditen«, so schreibt er am 11. November 1941, »sind daran gewöhnt, im Zustand der Bequemlichkeit zu rauben. Sie verlangen Zentralheizung. Die wilden Bestien sollen sich nicht in unseren Häusern aufwärmen. Laßt sie in den Schneeverwehungen überwintern, diese Düsseldorfer Handelsvertreter und Heidelberger Studenten ... Wir werden ihren Feldzug für Winterquartiere in einen Feldzug für Gräber verwandeln.« »Kämpfer, Kundschafter, Freischärler!«, so sein Aufruf vom 30. November 1941, »Wenn es irgendwo ein Haus gibt, in dem sich die Deutschen aufwärmen, so räuchert es aus!«[16)]

Dies war der Tenor in den Artikeln Ehrenburgs, nachdem Stalin am 3. Juli 1941 dazu aufgerufen hatte, dem Feinde »keinen Liter Brennstoff, kein Kilogramm Getreide« zu überlassen, sondern das Land in eine Wüste zu verwandeln. »Läden, Kornfelder und Dörfer« werden von den »Einwohnern«, gemeint waren die sowjetischen »Vernichtungsbataillone« (Istrebitel'nye batal'ony), in Brand gesteckt, behauptete er am 20. Juli 1941, »Selbst Kinder sind unter den Freischärlern zu finden.« Schulkinder vorzugsweise wurden vom Sowjetkommando als Spione über die Frontlinie geschickt, um, wie Ehrenburg sich ausdrückte, »die Flugplätze und Kolonnen« des Feindes auszukundschaften. »Russische Kinder haben gelernt, Handgranaten zu werfen«, triumphierte er am 18. November 1941, wohl wissend, was dies für die mißbrauchten Kinder bedeuten konnte, »Die deutschen Soldaten fanden nur leere Scheunen, in die Luft gesprengte Warenlager und ausgebrannte Fabriken vor. Anstelle von Häusern eroberten sie Trümmer und Schneeverwehungen.«[17)]
Schon im französisch-russischen Krieg von 1812 hatte es in Rußland zum Kriegsbrauch gehört, dem Feind beim Rückzug ein möglichst vernichtetes Land zu hinterlassen. So hatte der russische Gouverneur Rostopčin »zum starren Entsetzen« der Grande Armeé Moskau mit den meisten Gebäuden beim Rückzug niedergebrannt. »Das ist also die Art, wie sie Krieg führen!«, rief der Cabinets-Secretair Napoleons, Baron Fain, aus, »Durch Petersburgs Civilisation sind wir getäuscht worden, sie sind immer nur noch Scythen!«[18)] Zwar hatte Napoleon sich einer jeden Vergeltung an Privatpersonen widersetzt, da diese »ohnehin genug gelitten haben«. Doch beim Rückzug am 20. Oktober 1812 gab er Befehl, die öffentlichen Gebäude und Kasernen in Moskau abzubrennen und den Kreml zu zerstören. Und so war es in der Nacht des 23. Oktober geschehen: »1,8 Millionen Pfund Pulver hatten die vorzüglichsten Thürme des Kreml in die Luft gejagt.« Das Kreuz der Ehrenlegion für den kommandierenden Artillerieoffizier »allein konnte damals eine solche That belohnen«. Im deutsch-sowjetischen Krieg war es Stalin, der gleich zu Anfang befohlen hatte, den Deutschen nur ein zerstörtes Land zu hinterlassen – und umgekehrt bemühten sich auch diese bei ihrem Rückzug, alle kriegswichtigen Objekte des aufgegebenen Landes zu vernichten, wie denn Hitler am 19. März 1945 selbst für das Reichsgebiet einen entsprechenden Befehl erteilen sollte. Ehrenburg, der das Zerstörungswerk der Brandkommandos der Roten

Armee, wie es besonders in Kiev in Erscheinung getreten war, als wahre Heldentat begrüßt hatte, kommentierte die entsprechenden Handlungen der deutschen Truppen mit haßerfüllten Ausdrücken. »Die Brandstifter selbst werden brennen«, verkündete er am 20. Januar 1942 im Hinblick auf die Soldaten, die die Zerstörungsbefehle auszuführen hatten.[19] »Der halbgeröstete Körper eines Deutschen liegt unter den Trümmern des Bauernhauses. Das Gesicht ist vom Feuer zerfressen worden, aber die nackte Sohle seines Fußes ist von der Kälte rosafarben und scheint lebend ... Jetzt liegt er da wie ein Klumpen gerösteten Fleisches, ein Beispiel für Verbrechen und Strafe.«

Der Haß dieses von Stalin eingesetzten Lehrmeisters der Roten Armee war hemmungslos, frei von allen moralischen Skrupeln, von »barbarischer Wildheit« und letztlich Ausdruck eines pathologischen, anormalen Gehirnzustandes. Ehrenburg selbst machte am 16. März 1944 einmal folgendes Eingeständnis: »Wenn ich nicht genug Haß in mir hätte, würde ich mich selbst verachten. Aber ich habe genug davon in mir für ihr (der deutschen Soldaten) und mein Leben.« Solcher Art waren die Empfindungen Ehrenburgs, der die Soldaten der gegnerischen Armee vom ersten bis zum letzten Kriegstag mit allen nur erdenklichen Schimpfworten belegte, sie auf eine Stufe mit gemeingefährlichen Tieren und Mikroben stellte, um so die Notwendigkeit ihrer Ausrottung zu suggerieren. Die deutschen Soldaten ohne Ausnahme waren für ihn demnach »Kreaturen, die von den Frauen Deutschlands geboren wurden«, »Räuber in großem Maßstab«, »nicht Soldaten, sondern zügellose Räuber«, »primitive Kreaturen mit automatischen Waffen«, »grausame, rücksichtslose Kreaturen«, »verfluchte Schlächter«, »Massenmörder friedlicher Bürger«, »Schlächter, die Wehrlose mutig abschlachten«, »Kindermörder«, »Mörder russischer Kinder«, »Frauenmörder«. Und so wird der Wehrdienst der deutschen Soldaten geschildert: »Sie schänden Frauen und hängen Männer, sie saufen und schlafen ihre Orgien wie Schweine aus«, »Mord ist ein Gemeinplatz für Deutsche«, »Sie foltern Kinder, hängen alte Männer und vergewaltigen Mädchen«, »Sie foltern Kinder und quälen Verwundete«, »Wenn ein faschistischer Soldat in einem Hause keine Beute finden kann, dann tötet er die Hausfrau«, »Der Frauenkiller weiß, wie man zu morden hat«, »Er stranguliert Mädchen. Er setzt Dörfer in Brand. Er errichtet Galgen«, »Die Deutschen begruben die Menschen lebend«, »Sie begruben Kinder lebend«, »Sie töteten Millionen unschuldiger Menschen«, »Hunderttausende von Kindern sind von den Deutschen getötet worden (und dies allein in der Ukraine)«, »Sie töteten Säuglinge und brandmarkten Gefangene, sie folterten und hängten.«

»Blut klebt an den Händen eines jeden Deutschen«, rief er den Soldaten der Roten Armee am 9. Dezember 1943 zu, »Millionen wurden Verbrecher«. »Es gibt ihrer viele«, heißt es ein anderes Mal, »Unter ihnen sind Generale und Unteroffiziere, Preußen und Bayern, Fette und Magere. Aber für mich sind sie ein und dasselbe: Deutsche. Sie haben Fischaugen und lange gierige Hände.« »Massenmörder friedlicher Bürger und mit schamlosen, leeren Augen«, heißt ein weiteres Charakteristikum vom 3. Februar 1942, und ganz ähnlich lauten weitere Beschimpfungen. Zwei Jahre später, am 16. März 1944, heißt es[20]: »Dieser Schurke, groß oder gedrungen, glotzäugig, stupide und seelenlos, ist 1000 Werst marschiert, um das Leben aus einem unserer Kinder zu trampeln.« Am 16. März 1944 wurden die niedrigen Instinkte weiter aufgeputscht: »Die Deutschen stopften unsere Münder mit gefrorener Erde. Die Deutschen schlachteten uns ab. Die Deutschen, groß oder klein, die Grausamen, die Fahläugigen, mit leeren Herzen.« »Hitlers Soldaten schlachteten Millionen von Unschuldigen ab«, lesen wir am 23. März 1944 wiederum[21], »Sie foltern unsere Kinder«, und weiter: »Sie haben Millionen guter Menschen abgeschlachtet für nichts und wieder nichts, allein aus Habgier, Stupidität und angeborener Wildheit«, »Und so begann der miserable Idiot, der Ignorant, der Ausbeuter, der ›Übermensch‹ systematisch zu hängen, zu strangulieren, lebendig zu begraben und zu verbrennen«, »Unter Millionen von Deutschen ist nicht eine Handvoll von gewissenhaften Männern zu finden, die ›Halt!‹ rufen«, »Die Deutschen morden kühl und überlegt«, »Sie strangulieren, hängen und vergiften, und sie handeln so ohne Scham und Gewissensbisse.« Die Angehörigen der wohldisziplinierten deutschen Wehrmacht werden von Ehrenburg immer aufs Neue »wilde Bestien« genannt, »Bestien mit Brillen«, »gelehrte Bestien«, »wilde Tiere«, »zweibeinige Bestien«, »arische Bestien«, »Ferkel«, »Schweine aus Schweinfurt und Swinemünde«, »zweifellos wilden Bestien ähnlich«, »Raubbestien«, »tollwütige Wölfe«, »Erreger von Geschlechtskrankheiten«, »sterbende Skorpione«, »deutsche Ungeheuer«, »verhungernde Ratten, die sich gegenseitig verschlingen werden«, »Giftschlangen«. »Diese Kreaturen sind keine menschlichen Wesen«, so ermahnt Ehrenburg die Rotarmisten, »Sie sind schreckliche Parasiten. Sie sind gefährliches Ungeziefer . . . Sie müssen vernichtet werden.« Über die deutschen Soldaten der 6. Armee in Stalingrad ließ er sich 1943 so aus: »Selber Bestien, haben sie unter Bestien gelebt«, über die Verteidiger Berlins 1945: »Pestübertragende Ratten«, »Sie benehmen sich überall wie Bestien«, »Eine wilde Bestie darf man nicht bemitleiden, man muß sie vernichten.«

Was sind in der Sicht der von Ehrenburg geprägten sowjetischen Propaganda also deutsche Soldaten? Die deutsche Wehrmacht ist eine »gigantische Gangsterhorde«, »grausame tiefstehende Kreaturen«, »Millionen von Mördern«. Die deutschen Feldmarschälle sind »tollgewordene Wölfe«, »pestübertragende Ratten«, »schreckliche, schurkische Gangster«. Feldmarschall von Witzleben etwa, ein Teilnehmer an der Verschwörung gegen

Hitler vom 20. Juli 1944, habe sein ganzes Augenmerk darauf gerichtet, »Geiseln zu erschießen, Frauen zu köpfen, zu foltern und zu erhängen«. Die deutschen Generale sind »Menschenfresser«, ein deutscher Major ist »ein übelriechendes Stinktier in Majorsuniform«, die deutschen Offiziere sind »zweibeinige Bestien, die verhaftete Menschen foltern«, die deutschen Soldaten damit beschäftigt, »Leichen auszugraben und das Fleisch von den Knochen zu reißen. Sie sind leichenfressende Dämonen und Vampire«. Jeder einzelne Soldat der Waffen-SS, das versteht sich von selbst, »hat das Blut von Hunderten von Polen auf dem Gewissen«. Die deutschen Sanitätssoldaten sind »Schlächter, einen anderen Namen gibt es nicht für sie«.[22] Ein deutscher Luftwaffensoldat, äußerlich sauber und höflich, ist beispielhaft für alle, denn er »hat über 1200 Sowjetmenschen erschossen und verbrannt«. Und was die deutsche Infanterie angeht, so gibt Ehrenburg am 5. Mai 1942 die Parole aus: »Wir betrachten sie nicht als menschliche Wesen, sondern als Mörder, Henker, moralisch Entartete und grausame Fanatiker, und das ist der Grund, warum wir sie hassen.« Eine durchschnittliche deutsche Einquartierung, ein Unteroffizier, wird von ihm am 8. Juli 1943 folgendermaßen geschildert[23]: »An einem Abend kam er betrunken und ergriff Nina (15 Jahre) ... Er begann dann Hima, den kleinen Sohn der Familie, zu foltern ... Er nahm den kleinen Jungen in den Wald, schnitt seine Hände ab, quetschte seine Augen aus und brach ihm die Beine.«

Natürlich kannte eine Armee, die solches tat, keine Tapferkeit. Die U-Boot-Besatzungen sind für Ehrenburg nur ›Piraten‹, der ›Exhibitionismus‹ der deutschen Fallschirmjäger »hat nichts gemein mit menschlicher Tapferkeit«. Es sei nur eine ›Perversion‹. Der führende Propagandist der Sowjetunion, die, folgt man der in der Bundesrepublik verbreiteten Lehre, ›verzweifelt‹ für die Anerkennung der Haager Landkriegsordnung und der Genfer Konvention eingetreten sei, die sie eben gerade nicht anerkannt hatte, die angeblich eine völkerrechtsgemäße Behandlung der Kriegsgefangenen wünschte, urteilte über deutsche Kriegsgefangene bei verschiedenen Gelegenheiten, so etwa am 9. Dezember 1941 und 14. Januar 1942, folgendermaßen: »Wenn sie gefangen werden, winseln und jammern sie ... Sie schwören, sie seien unschuldig ... Die Schlächter geben vor, Lämmer zu sein«, »Sie sitzen und weinen, nicht etwa weil sie irgendwelche Gefühle haben – was für Gefühle können diese Bestien haben? – sondern weil es kalt ist.« »Ein besiegter Deutscher ist wild und unmenschlich«, so heißt es dann am 17. Februar 1942, »Im Sommer mordete er Frauen. Jetzt mordet er Kinder.« »Einen Tag, manchmal nur eine Stunde bevor sie sich ergeben«, so hetzte Ehrenburg am 17. August 1944 die Soldaten der Roten Armee auf, »foltern sie noch wehrlose Menschen zu Tode«, und am

23. November 1944: »Jeder Kriegsgefangene weiß, daß er ein Verbrecher ist ... Nachdem sie eine Schlacht verloren haben, erhängen sie Frauen oder foltern sie Kinder.«[24)]

Ehrenburg verbreitet über die deutschen Soldaten Pauschalurteile, indem er die Methode anwendet, Einzelfälle, die aber so atypisch sind, daß sie erfunden sein müssen, als beispielhaft für die Millionen Angehörigen der deutschen Wehrmacht hinzustellen. Abgesehen von »noch nicht einer Handvoll« gibt es, wie er behauptet, keine Ausnahme. An unzähligen Stellen seiner zwischen 1941 und 1945 verbreiteten Hetzschriften kommt zum Ausdruck, worum es ihm zu tun ist: Die Soldaten der Roten Armee sollten zu einem erbarmungslosen Vernichtungskrieg gegen die Deutschen aufgestachelt werden. »Unser Geschäft besteht darin, Deutsche zu töten – es kommt nicht darauf an wie«, schreibt er am 20. September 1941, und darin liegt das Geheimnis aller seiner Bemühungen. »Sie wurden in Magdeburg, Swinemünde, Schweinfurt (diese beiden Städtenamen gehören für ihn zusammen), Kaiserslautern, Lüdenscheid geboren«, heißt es am 20. Februar 1942, »Ihr Land ist dort. Aber sie werden in Kiev, Charkov, Minsk, Smolensk, Novgorod sterben. Ihre Gräber sind hier.»[25)] »Wir werden in unserem Land für alle von ihnen Platz finden«, so Ehrenburg am 29. Januar 1942, »für Soldaten und Zivilisten ... Der Boden der Ukraine wird sie aufnehmen. Sie werden begraben werden.«

»Schieße, um zu töten, Genosse!«, ermunterte er die Rotarmisten am 31. Juli 1941, und am 20. Februar 1942: »Du bist beauftragt, sie zu töten – schaffe sie unter die Erde!«, und ebenso am 16. März 1944: »Töte die Deutschen!« »Eine Bauersfrau mit einem freundlichen russischen Gesicht«, so behauptete Ehrenburg am 14. Januar 1942[26)], »sagte zu mir: Sie haben Angst, an die Front zu gehen. Einer von ihnen weinte. Er sagte zu mir: ›Bete für mich, kleine Mutter!‹ und zeigte auf die Ikone. Und ich betete wirklich auch für ihn: ›Mögest Du getötet werden, Du Teufel!‹« »Selbst die alten Leute«, so Ehrenburg, »sprechen nur einen einzigen Wunsch aus: ›Töte den ganzen Haufen von ihnen!‹« Am 11. März 1942 lobte er einen jungen Panzermann, der gar nicht mehr sagen konnte, wieviele Deutsche er getötet hatte: »Seine Worte«, so Ehrenburg, »sind von der Bescheidenheit und Kraft eines Künstlers, der gerade ein großes Gemälde vollendet hat.« »Unsere Antwort ist das Blut der Invasoren«, wiederholte Ehrenburg am 30. März 1942, »Im Winter machte es den ewigen Schnee schmelzen. Im Sommer wird es den trockenen Boden durchtränken.« Ehrenburg findet immer neue Formen zur Propagierung seiner Mordgelüste: »Der Deutsche soll getötet werden. Man muß ihn töten ... Fühlst Du Dich übel? Fühlst Du in Deiner Brust einen Albdruck? Töte einen Deutschen! Willst Du schneller nach Hause? Töte einen Deutschen! Wenn Du ein gerechter und gewissenhafter Mensch bist – töte einen Deutschen! ... Töte!« Ein Oberst erzählte ihm, was mit den Deutschen geschehen war, als die Sowjettruppen die Befestigungsanlagen von Brest erreichten: »In diesen Anlagen töteten wir sie, erstachen und schlachteten sie (... bili, kololi, rezali)!« Ehrenburg: »Das Schlangennest muß zertreten werden! Mit Schwertern wollen wir durch Deutschland marschieren ... Und wenn es mir einmal, genau wie Euch, untragbar schwer ums Herz ist, dann denke ich an das schöne Wort: Stalin!«

»Diesen Stamm (der Deutschen) vernichten wir« (ėtu porodu my uničtožaem), schrieb Ehrenburg am 25. Oktober 1942. »Die Deutschen sind keine Menschen«, heißt es zur selben Zeit in seinem berüchtigten Aufruf »Ubej!« (Töte!)[27], der unter den sowjetischen Truppen weiteste Verbreitung fand und den Rotarmisten immer wieder eingehämmert wurde: »Von nun an ist das Wort ›Deutscher‹ für uns der allerschlimmste Fluch. Von nun an bringt das Wort ›Deutscher‹ ein Gewehr zur Entladung. Wir werden nicht sprechen. Wir werden uns nicht aufregen. Wir werden töten. Wenn Du nicht im Laufe eines Tages wenigstens einen Deutschen getötet hast, so ist es für Dich ein verlorener Tag gewesen. Wenn Du glaubst, daß statt von Dir der Deutsche von Deinem Nachbarn getötet wird, so hast Du die Gefahr nicht erkannt. Wenn Du den Deutschen nicht tötest, so tötet der Deutsche Dich. Er wird die Deinigen festnehmen und sie in seinem verfluchten Deutschland foltern. Wenn Du den Deutschen nicht mit einer Kugel töten kannst, so töte ihn mit dem Seitengewehr. Wenn in Deinem Abschnitt Ruhe herrscht und kein Kampf stattfindet, so töte den Deutschen vor dem Kampf. Wenn Du den Deutschen am Leben läßt, wird der Deutsche den russischen Mann aufhängen und die russische Frau schänden. Wenn Du einen Deutschen getötet hast, so töte einen zweiten – für uns gibt es nichts Lustigeres als deutsche Leichen. Zähle nicht die Tage. Zähle nicht die Kilometer. Zähle nur eines: Die von Dir getöteten Deutschen! Töte den Deutschen! – dieses bittet Dich Deine greise Mutter. Töte den Deutschen! – dieses bitten Dich Deine Kinder. Töte den Deutschen!, so ruft die Heimaterde. Versäume nichts! Versieh Dich nicht! Töte!«

Der Haß Ehrenburgs verfolgte die deutschen Soldaten über den Tod hinaus, und immer wieder mischen sich in seine Aufrufe unverkennbare Züge moralischen Irrsinns. Dies aber muß man wissen, das Wort Ehrenburgs war das Wort der Sowjetunion, er war es, der den Willen Stalins und der Sowjetführung den Truppen der Roten Armee einprägte. »Der Mond wirft sein giftiges, grünes Licht auf den Schnee«, so begeisterte er sich in der Einleitung der 1943 erschienenen und von dem Schriftsteller J. B. Priestley enthusiastisch kommentierten britischen Ausgabe seines Kriegsbuches Russia at War[28], »auf Deutsche, Tausende und Abertausende von ihnen, manche von Granaten zerrissen, manche von Panzern zerquetscht, andere Wachsfiguren gleichend ... Ein Oberst zeigt seine alten gelben Ratten-

Fangzähne ... Deutsche sind zerstampft, zerstückelt, zerhackt ... Hier liegen Bierbrauer, Schweineschlächter, Chemiker, Henker, hier liegen Deutsche ... Fleischklumpen, die zerstörten Maschinenteilen gleichen ... Mundorgane ... Fetzen menschlicher Leiber ... Hände ohne Körper ... nackte, rosige Fußsohlen, die aus dem Schnee herausragen wie gespenstische Pflanzen.« »Nicht viele der deutschen Soldaten, die die Grenze am 22. Juni überschritten«, so triumphierte er, »haben überlebt ... Wo sind sie jetzt? Sie verfaulen in der Erde.« »Es scheint, als ob die Flüsse ihre verfaulenden Körper hinauswerfen und die Erde ihre Überreste ausspeit.« Mehrfach wendet er sich gegen den ganz ähnlich übrigens auch von sowjetischen Truppen in Ostdeutschland 1945 geübten Brauch der Gefallenenbestattung, um hieraus Folgerungen entsprechend seiner Niedertracht zu ziehen. »Die Deutschen«, so heißt es am 14. und 31. Januar 1942, »wurden nach Belieben auf den Plätzen der Städte begraben, neben der Schule oder dem Hospital. Die Deutschen wollten, daß selbst die Toten noch den Schlaf der Kinder stören.« »Sie wollten uns selbst mit ihren Gräbern noch demütigen ... Sie, die lausigen Fritzen, die Gangster und Verbrecher, wollten neben Leo Tolstoj ruhen ...« Und er fügte hinzu: »Es gibt keinen Platz für deutsche Gräber auf den Plätzen russischer Städte.« Darzustellen, welchen Widerhall die Perversitäten Ehrenburgs in der Roten Armee hervorriefen und zu welchen Taten die Rotarmisten angesporn wurden, ist ein zentrales Anliegen dieser Abhandlung. Zuvor aber bedürfen die Äußerungen noch einer näheren Beleuchtung, die Ehrenburg den nicht der Wehrmacht angehörenden Deutschen, den deutschen Männern, Frauen und Kindern, angedeihen läßt.

Ehrenburg hat niemals einen Hehl daraus gemacht, daß er einen Unterschied zwischen deutschen Militärpersonen und Zivilpersonen nicht anerkenne. Deutschland ist für ihn »eine gewaltige Gangsterorganisation«, das deutsche Volk »eine Verbrecherbande von vielen Millionen«, »eine Horde nomadisierender Piraten«.[29] Es ist tatsächlich daher auch nur eine Arbeitsteilung, die er zwischen Soldaten und Zivilisten gelten läßt: »Die Männer machen sich auf, um Beute zu suchen. Die Frauen erwarten ihre Rückkehr mit holländischem Käse, Pariser Strümpfen, ukrainischem Speck.« »Ein verfluchter Stamm«, rief er am 2. November 1944 aus, und am 12. April 1945 zählte er die Gründe auf, warum ein jeder Sowjetmensch von einem »großen, gerechten, leidenschaftlichen Haß« erfüllt sein müsse, »nicht nur einem Haß, sondern ebenso von einer tiefen Verachtung für die Deutschen«.[30] Haß und Verachtung waren für ihn eingestandenermaßen aber ein und dasselbe. Und allein eine Auswahl der an dieser Stelle von ihm angegebenen Gründe hierfür erfüllt für sich allein schon den Tatbestand des Völker- und Rassenhasses, was auch sofort in die Augen springt, wenn man anstatt von ›deutsch‹ die ethnische Bezeichnung eines anderen Volkes setzen wollte, etwa die jenes Volkes, dem Ehrenburg selber entstammte.

»Wir verachten die Deutschen, weil sie moralisch und physisch schamlos sind«, so machte er sich zum Sprecher angeblicher Gefühle der Sowjetmenschen, »Wir verachten die Deutschen wegen ihrer Stupidität«, »Wir verachten die Deutschen, weil ihnen elementare menschliche Würde fehlt«, »Wir verachten die Deutschen wegen ihrer Habgier«, »Wir verachten die Deutschen wegen... ihres Blutdurstes, der mit sexueller Perversion verbunden ist«, »Wir verachten die Deutschen wegen ihrer Grausamkeit – der Grausamkeit des Wiesels, das den Wehrlosen erwürgt«, »Wir verachten die Deutschen wegen ihrer Taten, wegen ihrer Gedanken und Gefühle, wegen ihrer Geschwüre ...«, »Wir verachten sie, weil wir Menschen sind und Sowjetmenschen dazu.« »Der Anblick deutscher Männer und Frauen«, so setzte er bekräftigend hinzu, »dreht einem den Magen um.« Ehrenburg für seinen Teil lehnte es 1945 bewußt ab, sich an irgendwelchen »Umerziehungs«-Maßnahmen zu beteiligen, an dem Unterfangen, »die Deutschen, diese menschenähnlichen Wesen, auf das Niveau zumindest in der Entwicklung zurückgebliebener Menschen zu erheben«, »ihnen beizubringen, Menschen zu sein oder zumindest Menschen zu ähneln«.[31)]

Und welche Beschreibung erhielten die Rotarmisten von den deutschen Frauen? Auch über die Frauen ebenso wie über die Soldaten gibt es für Ehrenburg nur ein pauschales Urteil: »Das Weib dieser Gattung wartet in seiner Höhle auf die Beute.« Alle ohne Ausnahme sind für ihn »blutdürstig« und »absolut schamlos«. »Was die deutschen Frauen angeht«, so Ehrenburg am 7. Dezember 1944[32)], »so rufen sie in uns nur ein Gefühl des Abscheues hervor. Wir verachten sie, weil sie die Mütter, Frauen und Schwestern von Henkern sind. Wir verachten sie, weil sie ihren Söhnen, Männern und Brüdern schrieben: ›Schicke uns einen schönen Pelzmantel!‹. Wir verachten sie, weil sie Diebe und Lockvögel sind. Wir brauchen keine dieser flachshaarigen Hyänen. Wir kommen nach Deutschland für etwas anderes – für Deutschland. Und diese spezielle flachshaarige Hexe wird uns nicht so leicht entgehen.«

Was die Frauen in Deutschland in Wirklichkeit erfüllte, war aber nicht, wie Ehrenburg so boshaft verbreitete, der Wunsch nach irgendwelchen Paketen, ganz abgesehen einmal davon, daß die vom Sozialismus unterdrückte und bis zum letzten ausgebeutete und ausgesogene Bevölkerung nichts mehr hatte, was sie herzugeben und zu verkaufen vermochte, das Absenden von Paketen von der Ostfront her überhaupt verboten und nicht möglich war. Was die deutschen Frauen erfüllte, war die zutiefst menschliche Sorge um Leben und Gesundheit der auf dem sowjetischen Kriegsschauplatz kämpfenden Männer. Ehrenburg verstand das sehr wohl, und er schlachtete dieses Moment in einer ebenso infamen wie für ihn charakteristischen Manier aus. »Hunderttausende deutscher Tote verfaulen in russischer Erde«, frohlockte er am 7. Oktober 1941. »An jedem Abend«, so schrieb er am 7. Dezember 1941[33], »sind Millionen deutscher Frauen von Angst gepeinigt. An jedem Morgen erwachen mehrere Tausend neuer Witwen in Deutschland. Der Gestank menschlichen Fleisches scheint von Osten herüberzuwehen.« »Ihr Gustav ist getötet worden«, wandte er sich am 26. November 1941 höhnisch an Frau Gertrud Holmann, »Er liegt am Volchov in einer Schneeverwehung begraben . . . Hier gibt es nichts außer weißem, mitleidlosem Schnee, und Gustav liegt in ihm tot, das Gesicht nach unten . . . Sie werden dort bis zum Frühjahr wie Fleisch im Kühlhaus liegen.«

Das Leid der Frauen und Mütter ist der Gegenstand seiner besonderen Freude und seines Spottes. »Wir können diese habgierige deutsche Hyäne sehen«, so Ehrenburg am 25. Dezember 1941, »die ihre Lippen leckt und wir werden kurz sagen: ›Meine Dame, Sie erwarteten Geschenke. Sie haben erhalten, was Sie verdienen‹ . . . Weine, deutsche Frau! . . . Und wenn Du nicht mehr weinen willst, dann tanze, scherze . . . Im Frühjahr wird der Schnee schmelzen und Du wirst den Gestank der Leichen riechen!« »Wir werden diese Weiber dazu bringen, daß sie ihre Augen ausweinen«, hatte er am 7. November 1941 verkündet. Immer wieder ergötzte Ehrenburg sich an dem Herzenskummer der Frauen, die ihre Angehörigen verloren hatten, so in abstoßender Weise am 10. Dezember 1941. Der Sohn von Frau Frieda Behl, ein deutscher Soldat, wurde erschossen, anscheinend aus dem Hinterhalt. »Jetzt weint sie«, so Ehrenburg, »und andere deutsche Frauen weinen ebenso. Weinen Sie, meine Damen . . .« In Paris wurden drei deutsche Offiziere hinterrücks erschossen, angeblich als Sühne für den doch regulär und unter Beachtung würdiger Formen abgeschlossenen Waffenstillstand von Compiègne 1940: »Frau Müller«, höhnte Ehrenburg, »trinkt ihr Sohn noch immer Champagner in den Bars von Paris? Halten Sie Ihre Trauerkleider bereit, meine Dame . . .« In Norwegen wurden vier deutsche Soldaten bei Nacht und Nebel von »mutigen Fischern« aus dem Hinterhalt beseitigt: »Die See spült eine Leiche an. Frau Schurke, trinkt Ihr Erstgeborener noch immer Aquavit in Oslo? Legen Sie einen Stapel von Taschentüchern bereit und geben Sie den Gedanken an ein Grab mit Blumen auf . . . Die Leute hassen selbst die toten Deutschen noch.« Im Piräus sprengten Freischärler ein militärisches Depot in die Luft. 18 deutsche Soldaten wurden getötet: »Frau Schuller, trinkt Ihr geliebter Sohn Muscat in Athen? . . . Die Deutschen werden ihn gewiß mit Ehren begraben . . . Aber die griechischen Frauen . . . werden auf das Grab Ihres Sohnes speien.« »Weint lauter, Frauen von Deutschland!«, ruft Ehrenburg froh bewegt, »Ihr werdet Eure Söhne nicht mehr wiedersehen, noch werdet Ihr ihre Gräber finden.«

Solange die deutschen Truppen auf sowjetischem Boden standen, konnten sich die Sowjets nur an Kriegsgefangenen und an der antisowjetisch eingestellten Bevölkerung vergreifen oder an den Einwohnern der wiedereingenommenen Gebiete, die ein vielleicht nur leidliches Verhältnis zur deutschen Besatzungsmacht unterhalten hatten. Mit dem ersten Überschreiten der Reichsgrenze im September 1944 trat die Rote Armee dann in unmittelbare Berührung auch mit der deutschen Zivilbevölkerung. Ehrenburg unternahm alle Anstrengungen, um den Rotarmisten seine Vorstellungen von einer Behandlung der Deutschen noch einmal nahezubringen. »Wehe Dir, Deutschland!«, hatte es bei ihm am 20. Januar 1942 geheißen[34)], »Wehe Dir, Deutschland!«, wiederholte er jetzt, »Wehe dem Land der Meuchelmörder!«, »Wehe dem Land der Schurken!« In einem programmatischen Artikel vom 24. August 1944 anläßlich der bevorstehenden Grenzüberschreitung legte er Wert auf die Feststellung, die Rote Armee höre mit Erreichen der Grenzen Deutschlands auf, eine Armee der Befreier zu sein.[35)] »Jetzt werden wir Richter sein«, verkündete er, doch Richtertum, das war in seinen Augen gleichbedeutend mit Rächertum. »An den Grenzen Deutschlands laßt uns noch einmal den heiligen Eid wiederholen, nichts zu vergessen ... Wir wurden an die Grenzen Deutschlands durch Stalin geführt, der weiß, was Muttertränen bedeuten. Stalin weiß, daß die Deutschen Kinder lebendigen Leibes begruben, und in der dunkelsten Stunde sagte Stalin, er werde die Schurken besiegen. Wir sagen dies mit der Ruhe eines lange herangereiften und unüberwindlichen Hasses. Wir sagen dies jetzt an den Grenzen des Feindes: »Wehe Dir, Deutschland!« »Wir haben die Hexe bei ihren Haaren gepackt, und sie wird uns nicht mehr entkommen«, heißt es am 25. Januar 1945, nachdem die sowjetische Winteroffensive ins Rollen gekommen war, »Jetzt sind wir in preußischen und schlesischen Städten.«

»Es darf keine Gnade, keine Nachsicht geben«, hämmerte er den Rotarmisten am 8. Februar 1945 ein[36)]: »Wir marschieren durch Pommern. Nun ist die Rache über die Deutschen gekommen ... Doch Deutsche bleiben Deutsche, wo immer sie sind ... Der 30. Januar ... fand die männlichen und weiblichen Deutschen heulend, jammernd, schreiend. Sie stürzen hierhin und dorthin, sie winseln unter den Granaten und Schneestürmen, die Hexen und Vampire Deutschlands. Sie rennen, aber sie können nirgendwo hinrennen ... Renne, brenne, heule Deinen Todesschrei!« In diesem Tone geht es bei Ehrenburg weiter: »Es ist keine Schadenfreude, sondern reine Freude, die mein Herz erfüllt, wenn ich die größte Piratenprovinz Deutschlands (gemeint war die friedliche Agrarprovinz Ostpreußen) in Flammen und Verwirrung sehe ... Warum bin ich nur so froh, wenn ich durch die Straßen deutscher Städte gehe?«, fragt er am 1. März 1945 in einem Aufsatz unter der Überschrift »Die Ratten verlieren die Tigerhaut«.[37)] Aber er versichert am 15. März 1945: »Wölfe waren sie und Wölfe bleiben sie.«

Und Ehrenburg, der die offizielle Linie der sowjetischen Haßpropaganda wiedergab, stand mit seiner Meinung nicht allein. »Sie sind eingefangene

Raubtiere«, schrieben Gorbatov und Kurganov am 8. März 1945 über die Deutschen, »Ihre Raubzähne sind ihnen ausgebrochen, aber ihre Bosheit ist geblieben.«[38] Und Polevoj fragte am 1. Februar 1945 einen Rotarmisten: »Was für eine Art sind sie, diese Deutschen?« – »Nichts als Bestien!«, so wie selbstverständlich die Antwort.[39] »Lassen wir sie denn heulen in den dunklen, mondlosen Nächten vor dem Ende«, schrieb Ehrenburg am 22. März 1945 über die deutschen Frauen, »Deutschland wird so viele Tränen vergießen, daß sich die scheußliche Spree zu einem breiten Strom ausweitet ... Wir sind nach Deutschland gekommen, um ihm den Garaus zu machen.«[40] »Wir werden ein Ende mit Deutschland machen«, hieß es bei ihm schon am 16. November 1944[41], und immer wieder kommt er auf dieses Anliegen zurück: »Es ist nicht damit getan, Deutschland zu besiegen. Es muß ausgelöscht werden«, so lautet die Parole in immer neuen Wendungen.

Ehrenburg, der Millionen deutscher Soldaten getötet sehen wollte, hatte diesen seinen Wunsch damit begründet, daß es sich bei ihnen ja gar nicht um Menschen, sondern um niedere Lebewesen, um Ungeziefer und Mikroben handele. Und so ist es denn auch folgerichtig, wenn er am 16. Dezember 1943 verkündete[42]: »Unter ihresgleichen betrachten die Mikroben wahrscheinlich Pasteur als einen Mörder. Aber wir wissen, daß er, der die Mikroben der Tollwut oder Pest tötet, der wahre Menschenfreund ist.« Als die Rote Armee die Reichsgrenze 1944 überschritten hatte, am 30. November 1944, versicherte er in dreistem Vertrauen anscheinend auf die Vergeßlichkeit seiner auch ausländischen Leser: »Wir predigten niemals Rassenhaß. Wir haben nicht die Absicht, alle Deutschen physisch auszurotten...«[43] Und ähnlich schrieb Zaslavskij, ein anderer Sowjetpropagandist, am selben Tage: »Die Rote Armee hat keineswegs das Ziel, alle Deutschen zu töten, denn Rassen- und Völkerhaß ist uns fremd.« Alle Deutschen zu vernichten, war natürlich schon rein technisch auch nicht möglich. Es blieb daher nur ein bescheideneres Ziel, das Ehrenburg am 8. März 1945 unmißverständlich aussprach: »Die einzige historische Mission, wie ich sie sehe, besteht bescheiden und ehrenwert darin, die Bevölkerung von Deutschland zu vermindern.«[44]

In den Herbst- und Wintertagen des Jahres 1944/1945, als die britische Besatzungsmacht in den westlichen Reichsgebieten schon ihre Mühe hatte, Racheakte eines Teiles der zur Zwangsarbeit verschleppten Russen und Polen an der deutschen Bevölkerung zu unterbinden und einem entstehenden Räuberunwesen zu steuern, das den britischen Militärgouverneur, Feldmarschall B. R. Montgomery, noch zu drakonischen Maßnahmen veranlassen sollte, hatte Ehrenburg seinem Anliegen nachhaltig und beweiskräftig Ausdruck verliehen. »Sie« (die Fremdarbeiter), so ließ er sich in einem vielleicht schon vorher veröffentlichten Artikel am 19. Oktober 1944 vernehmen[45], einen Tag bevor sowjetische Truppen die Bewohner von Nemmersdorf und Umgebung im Regierungsbezirk Gumbinnen grausam abschlachteten, »machen sich keine Kopfschmerzen darüber, was mit den Deutschen geschehen muß, ob man ihnen die Reste von Moral beibringen oder sie mit Hafermehlbrei füttern sollte. Nein. Dieses junge Europa weiß seit langem, daß die besten Deutschen die toten Deutschen sind ... Das Problem, das die Russen und Polen vermutlich zu lösen suchen, ist die Entscheidung, ob es besser ist, die Deutschen mit Äxten oder Knüppeln zu erschlagen. Sie sind nicht interessiert an einer Reform der Einwohner ... Sie sind interessiert daran, ihre Zahlen zu vermindern.« Und Ehrenburg, mit dem der Reichskanzler a. D. Dr. Wirth nach dem Kriege in der Schweiz freundliche Gespräche führte, der später zumindest im Gespräch war als Kandidat für die Verleihung des Friedenspreises des Deutschen Buchhandels, fügte hinzu: »Und es ist meine bescheidene Meinung, daß die Russen und Polen ... recht haben.«

Die hetzerischen Aufrufe Ehrenburgs wurden in der Sowjetunion millionenfach verbreitet und den Rotarmisten im Rahmen des politischen Unterrichtes, der eine zentrale Rolle bei der Kampfesvorbereitung spielte, wieder und wieder in Erinnerung gebracht[46]. Doch blieb die Erzeugung von Haßgefühlen gegen das deutsche Volk und die deutschen Soldaten nicht auf Ehrenburg und die in der Propaganda eingesetzten sowjetischen Schriftsteller und Journalisten beschränkt. Auch der militärische und politische Führungsapparat der Roten Armee nahm daran zielgerichtet Anteil, bildete der antideutsche Volks- und Rassenhaß doch einen wesentlichen Faktor im Rahmen der sowjetischen Kriegsanstrengungen. Es wird zu zeigen sein, welche Folgerungen die Angehörigen der Roten Armee aus diesen Bemühungen zogen.

Anmerkungen zu Kapitel 9

[1] Russia at War, S. 189. In diesem Kapitel wird die Fundstelle aus Platzgründen nicht mehr in jedem einzelnen Falle vermerkt. Es sei allgemein verwiesen auf die englische Ausgabe »Russia at War« und ebenfalls auf die englischsprachigen Zeitschriften »Soviet War News Weekly« und »Soviet Weekly«, die alle Angaben enthalten.
[2] Soviet War News, 17. 5. 1945.
[3] Ebenda, 8. 2. 1945.
[4] Ebenda, 22. 3. 1945.
[5] Mündliche Mitteilung auch eines Augenzeugen, des ehemaligen Politischen Offiziers (»Kommissar«) der Roten Armee Aleksandr Nekrič an den Verfasser in Freiburg, Januar 1991.
[6] Raack, Stalin Plans his Post-War Germany.
[7] Soviet Weekly, 21. 6. 1945.
[8] Kilian, Die »Mühlberg-Akten«, S. 1144ff.
[9] Jakuševskij, Rasstrel v klevernompole.
[10] Halder, Kriegstagebuch, Bd II, S. 336; Der Prozeß gegen die Hauptkriegsverbrecher, Bd XXXVI, S. 317ff.; Bd VII, S. 461f.; Bd X, S. 624f.
[11] Zayas, Die Wehrmacht-Untersuchungsstelle, S. 285f.
[12] Russia at War, S. 202.
[13] Ebenda, S. 25, S. 49ff.
[14] Ebenda, S. 220f.
[15] Wolkogonow, Triumph und Tragödie, Bd 2/1, S. 240f., S. 260f.
[16] Russia at War, S. 75, S. 83.
[17] Ebenda, S. 77f., S. 207f., S. 213.
[18] Fain, Manuscript, Bd 2, S. 71, S. 136, S. 168.
[19] Russia at War, S. 105.
[20] Soviet War News, 16. 3. 1944.
[21] Ebenda, 23. 3. 1944.
[22] Russia at War, S. 12ff., S. 53ff., S. 61f., S. 80.
[23] Soviet War News, 8. 7. 1943.
[24] Ebenda, 17. 8. 1944, 23. 11. 1944.
[25] Russia at War, S. 113f.
[26] Ebenda, S. 241f.
[27] Il'ja Ėrenburg, Ubej!, 1942, Archiv des Verf.; auch Buchbender, Das tönende Erz, Dokument 8; Zayas, Die Wehrmacht-Untersuchungsstelle, S. 434.
[28] Russia at War, Preface, S. XI.
[29] Ebenda, S. 108.
[30] Soviet War News, 12. 4. 1945.
[31] Russia at War, S. 56ff., S. 107.
[32] Soviet War News, 7. 12. 1944.
[33] Russia at War, S. 81, S. 89, S. 97, S. 186f.
[34] Ebenda, S. 105.
[35] Soviet War News, 24. 8. 1944.
[36] Ebenda, 8. 2. 1945.
[37] Ebenda, 1. 3. 1945.
[38] Ebenda, 8. 3. 1945.
[39] Ebenda, 1. 2. 1945.
[40] Ebenda, 22. 3. 1945.
[41] Ebenda, 16. 11. 1944.
[42] Ebenda, 16. 12. 1943.
[43] Ebenda, 30. 11. 1944.

[44] Ebenda, 8. 3. 1945.
[45] Ebenda, 19. 10. 1944.
[46] Hoffmann, Die Kriegführung aus der Sicht der Sowjetunion (12. Methoden des Vernichtungskrieges), S. 783 f., S. 787 f.

10.

Die Ermordung deutscher Kriegsgefangener begann am 22. Juni 1941

Die Kriminalisierung des gegnerischen Heeres setzte unmittelbar nach Kriegsbeginn ein und wurde das eigentliche Betätigungsfeld der Hauptverwaltung für Politische Propaganda der Roten Armee (GUPPKA, bald Politische Hauptverwaltung) und der ihr nachgeordneten Instanzen. »Tod dem faschistischen Gewürm«, war das Leitmotiv in der von dem Chef der Hauptverwaltung, Armeekommissar 1. Ranges Mechlis, am 14. Juli 1941 herausgegebenen Weisung Nr. 20 an die ›Abteilungschefs für Politische Propaganda bei den Verbänden und Armeen‹ und ähnlich in den Richtlinien Nr. 081 der GUPPKA, die Mechlis den ›Politruks der Kompanien und Batterien‹ am 15. Juli 1941 »zur unbedingten Durchführung« zustellen ließ. Die deutschen Soldaten wurden den Rotarmisten demnach dargestellt als »hitlerische faschistische Lumpen«, als »faschistische Barbaren«, »faschistische Raubtiere«, »faschistische Reptilien«. »Haut das faschistische Gewürm vom Himmel«, so die Parole, »Zerschmettert die Schlangennester der Feinde«, »Zermalmt zu Staub die feindlichen Horden«, »Zerschmettert die Banden Hitlers mit dem Geschoß, erdrückt sie mit Stahl, merzt sie aus mit Feuer«, »Möge das faschistische Gewürm vor Hunger verrecken.«

Solche und ähnliche Aufrufe der Hauptverwaltung wurden sofort aufgegriffen und weitergegeben, wie ein am 14. Oktober 1941 vor dem Stabe einer Schützendivision gehaltener Vortrag des bereits genannten Funktionärs Mušev von der Politischen Verwaltung der 22. Armee illustriert. Mušev diskriminierte das deutsche Heer als eine zuchtlose Bande von Räubern, Dieben und Säufern, dazu aufgerufen, »straflos zu plündern, die wehrlose Bevölkerung zu töten, Frauen zu vergewaltigen, Städte und Dörfer zu zerstören und zu verbrennen«. Und was die Diskriminierung des Gegners anging, so standen die Führungsstellen den politischen Organen der Roten Armee in keiner Weise nach. Marschall der Sowjetunion Budennyj, Oberbefehlshaber der Südwestrichtung, nannte die deutschen Truppen in seinem Befehl Nr. 5 vom 16. Juli 1941[1)] »Banden des Menschenfressers Hitler«, die Soldaten bezeichnete er als »faschistische Bestien«, »faschistisches Aas«. Für Marschall der Sowjetunion Vorošilov, Oberbefehlshaber der Nordwestrichtung (Mitglied des Kriegsrates Ždanov), waren sie gemäß Befehl Nr. 3 vom 14. Juli 1941[2)] nichts anderes als »viehische Faschisten«, »faschistische Aasgeier«, »faschistische Banditen«. Und Marschall der Sowjetunion Timošenko, der bisherige Volkskommissar der Verteidigung, Oberbefehlshaber der Westrichtung (Mitglied des Kriegsrates Bulganin), geißelte die deutschen Soldaten in einem Aufruf an die Bewohner der besetzten Gebiete vom 6. August 1941[3)] als »Hitlerbanden«, »Hitlerhorden«, »faschistische Ungeheuer«, »deutsche Räuber«, zu deren Vernichtung ein jedes Mittel recht sei. »Offiziere und Soldaten in den grünen Mänteln sind keine Menschen, sondern wilde Tiere«, heißt es in einem Flugblatt der Politischen Verwaltung der Nordwestfront am 25. März 1942[4], »vernichtet deutsche Offiziere und Soldaten, wie man tolle Hunde erschlägt.«

Die unterschiedslose Verteufelung der Soldaten des gegnerischen Heeres, wie sie in diesen und ähnlichen Verlautbarungen höchster militärischer und politischer Führungsstellen zum Ausdruck kam, fand eine klare Zielsetzung, als es galt, Rotarmisten davon abzuhalten, sich dem Gegner gefangenzugeben. Denn in der Roten Armee wurde, wie dargelegt, die These verbreitet, Sowjetsoldaten hätten in der Kriegsgefangenschaft den sicheren Tod zu erwarten. Hatte etwa der Vorsitzende des Rates der Volkskommissare, Molotov, schon nach dem Winterkrieg in seiner Rede vom 29. März 1940 vor dem Obersten Sowjet der UdSSR die angeblich »unerhörten Barbareien und Bestialitäten der Weißfinnen gegen die verwundeten und in Gefangenschaft geratenen Rotarmisten« angeprangert, so mußten solche Vorwürfe natürlich erst recht im Hinblick auf die deutsche Wehrmacht gelten. In diesem Sinne verkündete auch Mechlis am 14. Juli 1941 und ebenso am Tage darauf, die Deutschen würden ihre Gefangenen »peinigen, foltern und viehisch töten«. Der Politischen Hauptverwaltung kam es jetzt darauf an, »unversöhnlichen Haß, die Wut gegen den Feind« anzufachen und den Truppen einen »unstillbaren Rachedurst für die Greueltaten« anzuerziehen. Diesem Zweck diente auch eine in Leningrad 1941 herausgegebene Propagandaschrift »Faschistische Greueltaten an Kriegsgefangenen«, die in Verbindung mit einer entsprechenden Rede und Note Molotovs vom 6. November 1941[5] über angebliche Untaten gegenüber Kriegsgefangenen praktisch die von nun an bis 1943 und darüber hinaus[6] bis zum Kriegsende gültige Linie der sowjetischen Propaganda in dieser Frage festlegte.

Vor diesem allgemeinen Hintergrund war es denn auch nicht verwunderlich, daß schon am 3. Kriegstage, dem 24. Juni 1941, der Kriegsgefangene Počinko aussagte, die Rotarmisten seien aufgefordert worden, »keinem deutschen Soldaten Pardon zu geben, da man auf sie auch keine Rücksicht nehme und sie martere«, ihnen, wie es hieß, »Finger, Nase, Ohren, Kopf abschneide oder den Rücken aufschneide und die Wirbelsäule herausnehme, bevor sie erschossen würden«. Einer gründlichen Befragung unterworfene hohe Offiziere der sowjetischen 6. und 12. Armee waren diese Zusammenhänge bekannt, indem sie am 16. August bereitwillig einräumten, »daß die Ermordung von deutschen Kriegsgefangenen auf Grund der hetzerischen antideutschen Propaganda möglich sein könnte«. Was schließlich war auch anderes zu erwarten, wenn den Rotarmisten ständig Greueltaten wie diese in einem Flugblatt aus jenen Tagen vor Augen gehalten wurden: »Jeden Tag erschienen dort betrunkene Nazioffiziere, die die Verhafteten mißhandelten, ihnen die Augen ausstachen, die Arme zerbrachen oder abschlugen, sie zerfleischten und viele lebendig begruben«[7]?

Die Ermordung gefangener deutscher Soldaten und Verwundeter begann, ohne daß bezeichnenderweise die Haßaufrufe der Führungsstellen gegen die Eindringlinge bereits wirksam sein konnten, schlagartig am ersten Kriegstage, dem 22. Juni 1941, und zwar auf der ganzen Linie der Front. So war Leutnant Hundrieser, ein Forstreferendar im Zivilberuf, als er am Morgen des 22. Juni 1941, wenige Kilometer von der deutsch-litauischen Grenze entfernt, der Angriffswelle folgte, wie er in der kriegsgerichtlichen Untersuchung zu Protokoll gab, Augenzeuge der Ermordung von zehn zurückgebliebenen Verwundeten des Infanterieregimentes 311.[8] Bezeugt ist die Ermordung eines liegengelassenen Verwundeten des Infanterieregimentes 188 an eben diesem 22. Juni 1941 bei Jaworow[9] und die Ermordung und anschließende Beraubung einer größeren Anzahl verwundeter und kriegsgefangener Soldaten des Infanterieregimentes 192 an demselben Tage bei Jagodzin.[10] Gefangengenommene Flugzeugbesatzungen sind schon in den ersten Kriegstagen fast ausnahmslos umgebracht worden. Noch im Morgengrauen des 22. Juni 1941 ist ein bei Kedainiai mit Fallschirm abgesprungener Unteroffizier des Kampfgeschwaders 77 unmittelbar nach seiner Landung von herbeigeeilten Sowjetsoldaten erschlagen worden; aus seinem Gebiß wurde eine Goldkrone herausgetrennt.[11] Die polnische Hausfrau Maria Morocz war Augenzeugin der Erschießung eines verwundeten Fliegers, dem sie hatte Hilfe bringen wollen, durch sowjetische Soldaten bei Socho Wola.[12] Die Völkerrechtsverletzungen durch Angehörige der Roten Armee nahmen in der Tat schon in den Junitagen 1941 einen solchen Umfang an, daß hier nur wenige der kriegsgerichtlich untersuchten und durch Zeugenaussagen erhärteten Fälle aufgeführt werden können.

Am 24. Juni 1941 wurden 12 zurückgebliebene Verwundete eines mit dem Pionierbataillon 23 angreifenden Infanterieregimentes bei Suraž westlich von Białystok in einem furchtbar verstümmelten Zustand aufgefunden. Einer der verwundeten Soldaten war an einem Baum festgenagelt worden, man hatte ihm die Augen ausgestochen und die Zunge herausgeschnitten.[13] Am 25. Juni 1941 fand man Angehörige eines Spähtrupps des Infanterieregimentes 36 in Zugstärke in einem Dorf in Ostpolen zusammengetrieben und in »bestialischer Weise hingeschlachtet«.[14] In dem Festungswerk Skomorocchy nördlich von Sokal wurden am 1. Juli 1941 die tags zuvor verstümmelten Leichen des Majors Söhngen vom Infanterieregiment 7 sowie eines Oberleutnants, zweier Oberfeldwebel und anderer Soldaten aufgefunden. Eine medizinische Untersuchung durch Stabsarzt Dr. Stankeit und Feldunterarzt Wendler erbrachte den Befund, daß hier schwere Gewalteinwirkung, besonders im Augenbereich, durch glatte Schnitte vorgelegen haben muß.[15] Oberleutnant Hufnagel von der 9. Panzerdivision entdeckte an der Straße Busk-Tarnopol' nach der Grenzüberschreitung Ende Juni 1941 etwa 80 massakrierte Soldaten, darunter drei Offiziere, eines nicht genannten Infanterieregimentes.[16] Ebenfalls Ende Juni 1941 waren die Angehörigen einer bei Białystok am Übergang eines Flüßchens abgeschnittenen Vorausabteilung anscheinend des Infanterieregimentes 9 niedergemacht und verstümmelt worden.[17] Ende Juni 1941 wurden der Stab und rückwärtige Teile der 161. Infanteriedivision bei Porzecze von Sowjettruppen überfallen, bei welcher Gelegenheit eine Reihe auch verwundeter Offiziere und Soldaten in Gefangenschaft geriet. Der evangelische Wehrmachtpfarrer Klinger und der katholische Kriegspfarrer Sindersberger machten am 8. und 15. Juli 1941 als Augenzeugen folgende kriegsgerichtlichen Aussagen[18]: Leutnant Sommer und sechs Soldaten sind bei lebendigem Leibe verbrannt, Leutnant Wordell und andere Soldaten erschossen oder erschlagen und beraubt worden. Ermordet worden war zudem an einer Rote-Kreuz-Armbinde deutlich erkennbares Sanitätspersonal, darunter Oberarzt Dr. Adelhelm und Assistenzarzt Dr. Hottenroth, die mit anderen Erschlagenen aufgereiht nebeneinander lagen. Am 28. Juni 1941 haben Sowjetsoldaten in der Gegend von Minsk eine als solche deutlich gekennzeichnete Kolonne des Krankenkraftwagenzuges 127 überfallen und einen Großteil der Verwundeten und der begleitenden Sanitätssoldaten niedergemetzelt.[19] »Das entsetzliche Schreien der Verwundeten« war nach Aussage eines Überlebenden lange zu hören. Überhaupt ist neben Verwundeten schon in den ersten Kriegstagen an zahlreichen Stellen auch Sanitätspersonal völkerrechtswidrigen Gewaltakten zum Opfer gefallen.

Die vom 22. Juni 1941 an »auf der ganzen Front« zu konstatierenden ›wilden‹ Mordtaten der Angehörigen der Roten Armee an deutschen Kriegsgefangenen, so ›bestialisch‹ sie im einzelnen auch waren, sind freilich noch zu unterscheiden von den ebenfalls mit Kriegsbeginn einsetzenden Massenmorden, die vom Volkskommissariat des Inneren (NKVD) organisiert und durchgeführt wurden. Wie die Kommission des amerikanischen Kongresses unter dem Vorsitz des Abgeordneten Charles J. Kersten in ihrem Spezialbericht Nr. 4 vom 31. Dezember 1954 zusammenfassend feststellte, erschossen das NKVD und seine Handlanger »in jeder Stadt der westlichen Ukraine in den ersten Tagen des Krieges alle politischen Gefangenen mit Ausnahme von einigen wenigen, die wie durch ein Wunder gerettet wurden«. Dieser Massenmord betraf allerdings nicht nur die Insassen der Gefängnisse und Konzentrationslager der westlichen Ukraine, also Ostpolens, sondern ebenfalls die der baltischen Länder, Weißrußlands und, im Zuge des weiteren Vordringens der deutschen Truppen, auch die des tiefen sowjetischen Hinterlandes. Ukrainische, polnische, litauische, jüdische, lettische, estnische und natürlich überall auch russische Zivilpersonen jeden Alters und Geschlechtes, aber auch Volksdeutsche und andere, sind diesen vorsätzlich geplanten und kaltblütig durchgeführten systematischen Erschießungen allerorts zum Opfer gefallen. Aus der Vielzahl der Örtlichkeiten, die Schauplatz solcher Gefangenenmorde waren, seien stellvertretend genannt für Ostpolen (die Westukraine): Dubno, Luck, Dobromil', Zolkiew, Brzeznay, Rudki, Komarno, Pasichna, Ivano-Frankivsk (Stanislav), Čortkov, Rovno, Sarny, Drogobyč (Drahobych), Sambor, Tarnopol', Stalino (Jusowka) und natürlich Lemberg, für Litauen: Pravieniškies, Rumšiškes (bei Kaunas), Kaunas (Kovno), Telšiai, Globokie (östlich von Wilna), für Lettland: Riga, Dünaburg (Daugavpils), Rositten, für Estland: Dorpat, Reval. Da fast überall Liquidierungen vorgenommen wurden, ist es praktisch unmöglich, alle Mordstätten aufzählen zu wollen, erwähnt nur sei, daß in Lemberg über 4000, in Luck 1500[20], in Dubno 500 Leichen[21] aufgefunden wurden.

Das NKVD hat die Gefangenen oft aber nicht nur erschossen, sondern sie in zahlreichen nachgewiesenen Fällen, zum Teil in den Folterzellen, die integrierender Bestandteil von NKVD-Gefängnissen sind, auch gefoltert und zu Tode gequält durch Ausreißen der Fingernägel, Verbrühen und Abziehen der Haut und ähnliche Scheußlichkeiten[22], wie sie den Traditionen der Čeka Lenins entsprachen. Der Gerichtsmediziner, Stabsarzt Professor Dr. Buhtz, hat im Auftrage der Heeressanitätsinspektion in einem »Vorläufigen Bericht über das Ergebnis der gerichtsärztlich-kriminalistischen Untersuchungen bolschewistischer Völkerrechtsverletzungen im Bereiche der Heeresgruppe Nord (AOK 16 und 18)« vom 4. Dezember 1941 eine Reihe solcher Fälle aufgeführt[23]. So untersuchte er den Fall der Ermordung von drei römisch-katholischen Pfarrern in den ersten Kriegstagen in Lankiškiai, von denen einer gekreuzigt, einem anderen der Mund zugenäht worden war, oder den Fall der Ermordung von drei Ärzten und einer Krankenschwester in Panevėžys. Außer männlichen Gefangenen wurden in den ersten Junitagen oft auch Frauen und Kinder in den Gefängnissen und Lagern des NKVD liquidiert oder zu Tode gefoltert. In einem Bericht des Außenkommandos der Geheimen Feldpolizei des XXXXVIII. Armeekorps vom 1. Juli 1941, das am 26. Juni 1941 im Gefängnis von Dubno die Leichen von 550 tags zuvor Ermordeten, darunter 100 Frauen, aufgefunden hatte, heißt es[24]: »Der Anblick beim Betreten des Gefängnisses und der Zellen war grauenvoll und ist in Worte nicht zu kleiden. Über hundert Leichen, Männer, Greise, Frauen und Mädchen von etwa 16 Jahren, lagen erschossen und mit Bajonettstichen verstümmelt in den Zellen.« Der Obergefreite Steinacker vom Stabe des Divisionsnachrichtenführers 61 erklärte in seiner kriegsgerichtlichen Vernehmung[25]: »Alle Personen waren völlig entkleidet. In jeder Zelle hingen etwa drei oder vier Frauen mit dem Kopf nach unten. Sie waren mit Stricken an der Decke befestigt worden. Soweit ich mich erinnern kann, waren allen Frauen die Brüste und die Zungen herausgeschnitten worden. Die Kinder lagen zusammengekrümmt auf dem Fußboden.« Einige der Täter konnten ermittelt werden, so der NKVD-Kommissar Vinkur und die Agentin des NKVD Ėrenštejn.

Die Massakrierung von über 4000 ukrainischer und polnischer Gefangener in den Gefängnissen der Stadt Lemberg (so im Brigidki-Gefängnis, im Zamarstynow-Gefängnis und im Gefängnis des NKVD) in allen ihren schrecklichen Einzelheiten ist bereits Gegenstand eingehender kriegsgerichtlicher und gerichtsmedizinischer Erhebungen und internationaler Untersuchungen der Nachkriegszeit gewesen[26)] und bedarf hier keiner weiteren Ausführungen mehr. Der Gerichtsmediziner, Stabsarzt Professor Dr. Schneider, äußerte am 21. Juli 1941 in einem dienstlichen Schreiben an den Generalarzt Dr. Zimmer[27)]: »Es ist mir zur Gewißheit geworden, daß die in Rußland kurz vor der Räumung der Städte durch die GPU vorgenommenen Greueltaten an Ukrainern, Litauern, Letten und leider auch an gefangenen Wehrmachtangehörigen alles bisher ... Bekanntgewordene an Grausamkeit und Scheußlichkeit weit in den Schatten stellen ... Mein Assistent, welcher zwei Tage in Lemberg war, teilte mit, daß sich das Geschehene weder beschreiben noch auch nur andeuten läßt. Die Ermordeten wurden ohne jeden Zweifel vor ihrem Tode noch in sadistischer Weise gefoltert, wobei eigens dazu hergerichtete Folterkammern verwendet wurden.«

Im vorliegenden Zusammenhang erheblich ist die hier erwähnte und durch ein umfangreiches Quellenmaterial bestätigte Tatsache, daß sich unter den zivilen Opfern des NKVD-Terrors in Lemberg eben auch gefangene Wehrmachtangehörige befunden hatten. Denn auf sowjetischer Seite galt grundsätzlich die Regelung, deutsche Kriegsgefangene völkerrechtswidrig aus dem Militärressort des Verteidigungskommissariates (NKO) in das Polizeiressort des Innenkommissariates (NKVD) zu überführen, zu welchem Zweck entsprechend einer Direktive des Befehlshabers der Truppen des NKVD, Generalmajor Appolonov, vom 4. August 1941 sie schon unmittelbar nach den Vernehmungen in den Gewahrsam der Konvoj-Truppen des NKVD übergingen. Was es für Kriegsgefangene bedeutete, vom NKVD übernommen zu werden, verdeutlicht wohl am besten der Umstand, daß zum Chef der Hauptverwaltung für Kriegsgefangene und Internierte (GUPVI) später Generalleutnant des NKVD Krivenko ernannt wurde, der als Brigadekommandeur des NKVD 1940 die Erschießung der kriegsgefangenen polnischen Offiziere im Lager Ostaškov geleitet hatte.[28)]

Außer Heeressoldaten gelangten vor allem gefangene Angehörige der Luftwaffe frühzeitig in die Gefängnisse des NKVD, wo sie, beginnend mit den ersten Kriegstagen, einen gewaltsamen Tod fanden. Bereits unter den Leichenbergen des Lemberger NKVD-Gefängnisses wurden mehrere Soldaten der deutschen Luftwaffe entdeckt, und noch am 29. Juni 1941, vor der Flucht, hatten die NKVD-Kommissare Loginov und Maslov im Lemberger Militärhospital drei verwundete deutsche Flieger, davon zwei Offiziere, erschossen. Am 25. Juni 1941 wurden mehrere Besatzungsmitglieder eines bei Tarnopol' notgelandeten Bombenflugzeuges Ju 88 des Kampfgeschwaders 51, unter ihnen Oberfeldwebel Harenburg, in das dortige Gefängnis des NKVD verbracht, um dort zusammen mit anderen gefangenen Fliegern in unvorstellbar grausamer Weise ermordet zu werden[29]. Ein von dem ukrainischen Bauern Picum und einigen Frauen verborgen gehaltenes Besatzungsmitglied, Oberfeldwebel Scheurich, sowie Oberleutnant d. R. Dr. jur. Küster, ein Bürgermeister, und Gefreiter Kaluza, ein Dozent für Fotografie im Zivilberuf, beide vom Stabe des Artilleriekommandeurs 129, schilderten in einer kriegsgerichtlichen Vernehmung unter Eid ihre Eindrücke.[30] Demnach waren die Leichen der im Tarnopoler Gefängnis ermordeten Flieger teilweise gefesselt, ihnen waren die Augen ausgestochen, die Zungen, Ohren und Nasen abgeschnitten und zum Teil auch die Haut an Händen und Füßen abgezogen worden.

Ein grauenerregender Fund wurde am 27. Juni 1941 in der Zentrale des NKVD in Luck gemacht.[31] Hier lagen, wie technischer Kriegsverwaltungsrat Brügmann von der 14. Panzerdivision unter Eid bekundete, die verstümmelten Körper von vier deutschen Luftwaffenangehörigen, unter ihnen Leutnant Sturm und ein unbekannter Oberleutnant, denen die Gliedmaßen abgehackt und fürchterliche Brandverletzungen mit einem daneben aufgefundenen Lötkolben beigebracht worden waren. Zwei Sanitätsoffiziere der Luftwaffe, Oberstabsarzt Dr. Golla und Oberarzt Dr. Knak, obduzierten am 9. Oktober 1941 die Leichen von 11 deutschen Fliegern (unter ihnen ein Oberleutnant) und zwei Heeressoldaten, die im NKVD-Gefängnis von Proskurov aufgefunden worden waren.[32] Wie der Ukrainer Kolomyec, ein Aufseher des Gefängnisses, in seiner kriegsgerichtlichen Vernehmung aussagte, waren sie am 27./28. Juni 1941 eingeliefert und in der Nacht zum 4. Juli 1941 im Keller durch Genickschuß getötet worden.[33] Auch in diesem Falle konnten wie in Lemberg wenigstens einige der Täter namhaft gemacht werden: der Stellvertretende Chef des NKVD in Proskurov, der Stellvertretende Chef des NKVD-Gefängnisses und Wachkommandant Kasanšij sowie die Čekisten Vassermann, Machnevič und Lubčak. Leichen ermordeter deutscher Flieger wurden am 28. Juni 1941 auch im Gefängnis der Grenztruppen des NKVD in Slobodka entdeckt.

Wenngleich die systematischen Mordaktionen der Organe des Innenkommissariates (NKVD) von den zügellosen Mordtaten von Angehörigen der Roten Armee zu unterscheiden sind, so wurde unter dem Einfluß der nunmehr anlaufenden, ein jedes Maß sprengenden Haß- und Greuelpropaganda von Juli 1941 an eine zunehmende Flut von Völkerrechtsverletzungen auch durch reguläre Truppen der Roten Armee konstatiert. Eine Vorstellung hiervon mag eine Reihe wahllos herausgegriffener Beispiele vermitteln. So waren am 1. Juli 1941 165 verwundete und unverwundete Angehörige des II. Bataillons des Infanterieregimentes (mot.) 35 der 25.

Infanteriedivision (mot.) westlich von Broniki zwischen Rovno und Luck erschossen oder, wie sich den Untersuchungsberichten vom 2. und 5. Juli 1941 entnehmen läßt, in »viehischer Weise« erstochen oder erschlagen worden.[34] Es geschah dies, so die Aussagen einiger weniger Überlebender, vorsätzlich, nach vorausgegangener Beraubung und teilweiser Entkleidung der Soldaten, nach Fesselung der ›Dienstgrade‹ und unter den anfeuernden Rufen und der persönlichen Beteiligung einer Gruppe sowjetischer Offiziere.[35] Auch im Bereich des Infanterieregimentes 119 (mot.) wurde am 30. Juni 1941 eine unbekannte Anzahl von Verwundeten ermordet.

Am 1. Juli 1941 haben sowjetische Soldaten im Rokitnogebiet 20–30 Verwundete des Infanterieregimentes 465, unter ihnen Leutnant von Ponigau, verstümmelt und einige von ihnen lebendig verbrannt.[36] Ebenfalls ermordet worden sind 80 Verwundete der 295. Infanteriedivision, die zu Anfang Juli 1941 auf dem Gefechtsfeld bei Dabrovka (südlich von Rava Ruska) hatten zurückgelassen werden müssen.[37] Westlich von Minsk fielen zu Anfang Juli 1941 ungefähr 30 zum Teil durch Rote-Kreuz-Armbinden gekennzeichnete Angehörige einer Sanitätskompanie einem sowjetischen Massaker zum Opfer.[38] Laut Zeugenaussagen wurden am 8. Juli 1941 bei Białystok 26 Angehörige eines Stoßtruppunternehmens und bei Supraśl um dieselbe Zeit 20 in einen Hinterhalt geratene Angehörige der Panzerjägerabteilung 23 überwiegend »bis zur Unkenntlichkeit« verstümmelt.[39] Assistenzarzt Dr. Berge bezeugte, daß bei Romanovka westlich von Berdičev am 10. Juli 1941 48 Angehörige des I. Bataillons des Infanterieregimentes 111, »auch die Verwundeten und Gefangenen, durch Erschießen, Erstechen oder durch Kolbenhiebe niedergemetzelt« worden seien.[40] Mitte Juli 1941 sind in einem Waldstück bei Raja nördlich von Dorpat 17 zurückgelassene Verwundete des Infanterieregimentes 272 von den Sowjets nebeneinander gelegt und nach grausigen Verstümmelungen stranguliert oder erschossen worden.[41] Wie Oberstabsarzt Dr. Schmidt in der kriegsgerichtlichen Untersuchung unter Eid aussagte, waren in denselben Tagen 12–15 Verwundete, die vor dem Abtransport auf dem Feldflugplatz Bobrujsk dem Feind in die Hände gefallen waren, zum Teil unter entsetzlichen Quälereien, wie Heraustrennen der Augen, Abschneiden der Zungen, Zerquetschen der Hoden, getötet worden.[42]

Ein durch Zufall überlebender verwundeter Gefreiter des Artillerieregimentes 1 hatte mitansehen müssen, wie bei Are in Estland am 29. Juli 1941 uniformierte und bewaffnete Sowjetfrauen seine verwundeten Kameraden ermordeten und einem von ihnen, dem beide Beine abgeschossen worden waren, mit einem gebogenen Messer den Bauch aufschlitzten.[43] Unterarzt Dr. Stock berichtete unter Eid von der bestialischen Ermordung des Bataillonsarztes im Infanterieregiment 171, Oberarzt Dr. Reichardt, am 6. August 1941 bei Čelovka unweit von Korosten'.[44] Am 16. August 1941 meldete die 16. Panzerdivision, am Bahnhof Grejgovo seien 40 Angehörige des Infanterieregimentes 79 und einige ungarische Soldaten ermordet aufgefunden worden.[45] 48 Angehörige des Infanterieregimentes 164, unter ihnen ein Gefreiter Graf von Granier, sind, so die Meldung des Kommandeurs des III. Bataillons, Major Lenz, nach dem Gefecht bei Barišovka am 23. September 1941 augenscheinlich ermordet worden.[46] Entsetzlich war das Schicksal von Soldaten einer Artillerieabteilung, die bei Vjaz'ma zu Anfang Oktober 1941 in verwundetem Zustand dem Feind in die Hände fielen. Wie Unterarzt Dr. Sonnleitner von der 2. Sanitätskompanie der 23. Panzerdivision unter Eid aussagte, wurden sie ebenso wie 60 Verwundete in einer nahegelegenen Scheune lebendigen Leibes verbrannt.[47] Demgegenüber mutet die von dem Russen Mazel bezeugte bloße Erschießung von 11 unverwundeten und acht verwundeten Soldaten in Ržavej (Gebiet Tula) auf Befehl eines unbekannten Politruks im Herbst 1941 schon fast gnädig an.[48] Stabsarzt Professor Dr. Buhtz hatte im Bereich der Heeresgruppe Nord zwischen dem 28. August und 11. November 1941 insgesamt 44 ermordete deutsche Soldaten obduziert oder sonst gerichtsärztlich untersucht, darunter neun Flieger, 11 Infanteristen, 14 Panzerjäger und andere Soldaten und Sanitätsdienstgrade. Seinem schon erwähnten Untersuchungsbericht vom 4. Dezember 1941 ist zu entnehmen, daß der Tod bei den meisten von ihnen nicht nur durch Erschießen, sondern auch durch gräßliche Marterungen herbeigeführt sein mußte, durch Stiche, in einem Fall bei »bestialischer Mundfesselung«, stumpfe Schläge, Ausstechen der Augen, Durchschneiden der Kehle, Abschneiden oder Abhauen von Gliedmaßen, Abschneiden oder Zerquetschen der Genitalien, Verbrennen bei lebendigem Leibe.

Die am ersten Kriegstage auf der ganzen Linie der Front einsetzenden und bald sprunghaft zunehmenden Tötungen deutscher Kriegsgefangener und Verwundeter durch sowjetische Soldaten läßt die Frage entstehen, wie die Führungsstellen der Roten Armee sich diesen Vorgängen gegenüber verhielten. Es wurde bereits darauf hingewiesen, daß die Sowjetregierung in Beantwortung einer Initiative des Internationalen Roten Kreuzes und im Hinblick auf die Haltung der Westmächte sich den Anschein zu geben versuchte, als würde auch sie »unter der Bedingung der Gegenseitigkeit« die unter zivilisierten Staaten allgemein gültigen Grundsätze für eine völkerrechtsgemäße Behandlung von Kriegsgefangenen anerkennen. Der »Erlaß über Kriegsgefangene« des Rates der Volkskommissare vom 1. Juli 1941, das Rundschreiben des Hauptintendanten der Roten Armee über Verpflegungsnormen für Kriegsgefangene vom 3. Juli 1941 und der vom Chef der Hauptverwaltung Kriegsgefangene und Internierte des NKVD bestätigte Vorschlag des Chefs der Sanitätsverwaltung der Roten Armee über eine angemessene Lazarettbehandlung der Kriegsgefangenen vom 29. Juli 1941 sind jedoch – und dafür gibt es klare Beweise – nicht in die

Truppe durchgedrungen, wurden jedenfalls, wie alle Beispiele zeigen, überall gröblich mißachtet. Diese Erlasse verfolgten offenkundig den Hauptzweck einer Täuschung des Auslandes ebenso wie etwa die vielgerühmte Stalinkonstitution vom Jahre 1936, die alle nur denkbaren Menschen- und Bürgerrechte in der UdSSR proklamierte und garantierte, von denen in der Praxis auch nicht eines ins Leben trat, sondern die alle in zynischer Weise in ihr Gegenteil verkehrt wurden. Anders wäre es ja beispielsweise nicht zu begreifen, daß einem von dem Chef des Generalstabes der Roten Armee, Marschall der Sowjetunion Šapošnikov, an die Stabschefs der Fronten und Armeen gerichteten Verbot, den »Kriegsgefangenen persönliche Wertgegenstände, Geld und Papiere« abzunehmen[49)], ganz ostentativ entgegengehandelt wurde. Denn der Befehlshaber der Truppen der Krim, Vizeadmiral Levčenko (Mitglied des Kriegsrates, Korpskommissar Nikolaev, Chef des Stabes, Generalmajor Ivanov) hatte durch Befehl Nr. 091 vom November 1941 die den Kriegsgefangenen abgenommenen Geldbeträge und Wertgegenstände ganz selbstverständlich als zum Volkseigentum gehörend deklariert und gemäß der Direktive des Rates der Volkskommissare Nr. 0146 deren sofortige Herausgabe an die Organe der Sowjetischen Staatsbank angeordnet. In der Praxis wurde die Behandlung der Kriegsgefangenen nicht von den nur dem Anschein nach ernst gemeinten Direktiven und Erlassen der Zentralbehörden gesteuert, sondern von den Befehlen von Kommandeuren, Kommissaren und Politischen Leitern, die ihre Inspirationen aus den Haßparolen der sowjetischen Kriegspropaganda bezogen.

Viele Befehle, Berichte und Aussagen sowjetischer Offiziere und Soldaten lassen jedenfalls die Hemmungslosigkeit erkennen, mit der Kriegsgefangene und Verwundete einfach niedergemetzelt wurden. So hatte noch vor dem 28. Juni 1941 der Kommandeur des MG-Bataillons 36 die Erschießung aller deutschen Kriegsgefangenen bei Rava Ruska befohlen.[50)] Der Kommandeur des Gebirgsschützenregimentes 225, Major Savelin, befahl wegen bloßer Transportschwierigkeiten am 2. / 3. Juli 1941 westlich von Starozynine in der Bukowina, 400 rumänische Kriegsgefangene und einige kriegsgefangene deutsche Offiziere und Unteroffiziere zu erschießen. Als die Krankenschwester Elena Ivanovna Živilova zu Anfang Juli 1941 bei Bjel' unweit von Suchari gegen die beabsichtigte Erschießung eines verwundeten Deutschen auf dem Gefechtsfeld protestierte, wurde sie anschließend von dem zuständigen Bataillonskommissar, der bereits Ende Juni einen deutschen Kriegsgefangenen erschossen hatte, in Gegenwart von Oberleutnant Tolkač, Leutnant Chalijulin und einigen Politruks, zur Rede gestellt und ihr ein Verfahren angedroht.[51)] Man schärfte ihr den Befehl ein, alle gefangenen Offiziere künftig zu erschießen, und, wie sie aussagte: »Selbst wir Krankenschwestern sollten mit unseren ›Nagans‹ die Erschießung vornehmen.«

»Gefangene Offiziere wurden alle ohne Ausnahme erschossen«, so heißt es auch in der Niederschrift eines Rotarmisten[52], der zu seinen Eltern nach Usovka zurückgekehrt war: »Gefangenenerschießungen habe ich viele gesehen ... An einer Stelle allein waren es 30.« Bei Chomutovka hatte dieser Rotarmist beobachtet, wie ein Politruk einen verwundeten Offizier und einen verwundeten Soldaten umbrachte. Für die Denkungsart auf unterer Ebene charakteristisch ist der von Unterleutnant Efremov unterzeichnete Gefechtsbericht eines Panzers Nr. 304, dessen Besatzung von dem »heißen Wunsch beseelt war... recht viele von den faschistischen Reptilien zu vernichten«. In diesem Rapport findet sich unter dem 31. August 1941 die Eintragung[53]: »Ein Sanitätsfahrzeug mit 2 Pferden und 10 verwundeten Faschisten vernichtet.« Der Chef der 1. Kompanie, Hauptmann Gadiev, meldete am 30. August 1941: »15 Mann Verwundete erschossen« und der Politische Leiter der Kompanie, Unterpolitruk Bulanov, am 5. September 1941: »1 Sanitätsabteilung zerschlagen«.

Zahlreich sind die Dokumente, aus denen die Verantwortung auch höherer Kommandostellen für Gefangenenmorde hervorgeht. So berichtete ein Major aus dem Stabe des von Generalmajor Borisov geführten 21. Schützenkorps, auf Befehl des Korpsstabes seien am 4. Juli 1941 zwei deutsche Offiziere erschossen worden[54], und ein Kraftfahrer aus dem Stabe der 154. Schützendivision sagte aus, zu Anfang August seien 22 deutsche Kriegsgefangene nach einer Vernehmung durch den Divisionskommandeur und den Divisionskommissar durch Genickschuß getötet worden, nachdem sie zuvor ihr Grab hatten ausheben müssen.[55] Der Chef des Stabes der 26. Panzerdivision, Oberstleutnant Kimbar, und der Chef der Operationsabteilung, Major Chrapko, vermerkten im Operationsbericht Nr. 11 am 13. Juli 1941 ganz beiläufig als reine Selbstverständlichkeit die Erschießung von 80 Kriegsgefangenen: »In die Gefangenschaft begaben sich etwa 80 Menschen, die erschossen wurden« (sdalos' v plen do 80 čelovek, kotorye byli rastreljany).[56]

Daß derartige Untaten auch auf der Grundlage von Armeebefehlen erfolgen konnten, hatte Oberst Gaevskij von der 29. Panzerdivision in seiner Aussage über die Erschießung niederer deutscher Offiziere vom 6. August 1941 bezeugt.[57] Und es war denn auch ganz folgerichtig, daß, wie der sowjetische Leutnant fon Granc, Bataillonsadjutant im Schützenregiment 800, aussagte, schon vor dem Angriff auf Prokopovka am 9. September 1941 Befehl erteilt worden war, keine Gefangenen zu machen.[58] Die Erschießung der verwundeten Offiziere hatte sich der Regimentskommissar dieses Regimentes dabei persönlich vorbehalten. Wie andere kriegsgefangene sowjetische Offiziere beteuerte auch der gefangene Kommandeur der 141. Schützendivision, Generalmajor Tonkonogov, in seiner Vernehmung im August 1941, von der Erschießung deutscher Gefangener sei ihm nichts bekannt und bei der Ermordung von Verwundeten könne es sich nur um »Disziplinlosigkeiten auf dem Kampffelde handeln«.[59] Dabei ist nachträglich dann bekanntgeworden, daß gerade Generalmajor Tonkonogov selbst Befehl gegeben hatte[60], einen deutschen Offizier wegen Verweigerung der Aussage zu erschießen. Ein anderer sowjetischer General hatte dem verwundeten Feldwebel Seyboth vom motorisierten Infanterieregiment 35 am 19. September 1941 Angaben über einen von den Deutschen noch unbesetzten Ort abverlangt und, wie der Befragte unter Eid aussagte, dabei erklärt, »er würde mich langsam zu Tode quälen«, wenn die Auskunft nicht stimme.[61] Auch dieser Sowjetgeneral ist von den Deutschen später gefangengenommen worden.

Die völkerrechtlich zulässige Verweigerung von Aussagen ist in den Stäben überhaupt immer wieder und vielleicht sogar grundsätzlich zum Anlaß genommen worden, um Kriegsgefangene zu erschießen. So ist, um einige von vielen Beispielen[62] herauszugreifen, am 14. Oktober 1941 in Ilinskoe der Chef einer deutschen Pionierkompanie nach einer Bedenkzeit von 20 Minuten und nachdem er zuvor noch einen Brief an seine Angehörigen hatte schreiben dürfen, von dem Chef des Stabes der 53. Schützendivision persönlich erschossen worden, ebenso wie ein deutscher Obergefreiter auf Veranlassung von Oberstleutnant Čičerin[63], dem Chef des Stabes einer nicht näher bezeichneten Division. Obwohl entsprechende Handlungen auch der Armee-, Korps- und Divisionsstäbe immer wieder nachweisbar sind, scheint ein »allgemeiner Befehl« zur Gefangenenerschießung in dieser Phase indessen nicht bestanden zu haben, so daß die große Anzahl solcher Tötungen deutscherseits aufgrund der Aussagen sowjetischer Offiziere, Politarbeiter, Ärzte und Soldaten schon im Juli 1941 auf »Einzel- oder Sonderbefehle« der verschiedenen Befehlsstellen zurückgeführt wurde. Kriegsgefangene Offiziere und Kommissare beschuldigten sich dabei gegenseitig, solche Befehle zu erteilen[64], doch scheinen in erster Linie die Kommissare verantwortlich gewesen zu sein, die auch am ehesten Gelegenheit hatten und dazu neigten, außer den Offizieren auch ›Kapitalisten‹ oder ›Faschisten‹ zu liquidieren. Da ›die Sowjets‹, wie der Wehrmachtführungsstab am 15. September 1941 zusammenfassend feststellte[65], »vom ersten Tage des Ostfeldzuges an auf der ganzen Front bestialisch gemordet haben«, scheidet auch das manchmal gehörte Argument aus, es hätte sich eben um Vergeltungsmaßnahmen für die Anwendung der berüchtigten Kommissarrichtlinien auf deutscher Seite gehandelt, die in der Roten Armee in der Anfangsphase des Krieges freilich überhaupt nicht bekannt gewesen sind.

Die Tatsache, daß sowjetische Kommandobehörden nachweislich immer wieder Befehl erteilt hatten, nicht aussagewillige Kriegsgefangene zu erschießen, widersprach durchaus nicht dem gleichzeitigen Bemühen, eigenmächtige Erschießungen durch die Truppe zu verhindern, um die Kriegsgefangenen zu Vernehmungszwecken erst einmal zugeführt zu erhalten. Es liegt hierüber ein vielfältiges Material vor, so wenn der Kommandeur des Kavallerieregimentes 168 der 41. Selbständigen Kavalleriedivision, Oberst Pankratov, und der Regimentskommissar, Oberpolitruk Kutuzov, in der schwierigsten Phase des Winters, am 28. Dezember 1941, beanstandeten und damit zugaben, daß die untergeordneten Einheitsführer »die deutschen gefangenen Faschisten« sofort erschossen, anstatt sie dem Stab zuzuführen, wodurch die Aufklärung der Feindlage verhindert werde.[66)] Der Chef des Stabes einer nichtgenannten, anscheinend aber der 65. Schützendivision, Major Kotik, und der Kommissar des Stabes, Bataillonskommissar Kica, warnten vor Selbstjustiz und davor, gefangengenommene Soldaten und Offiziere wie bisher einfach zu erschießen, »ohne sie überhaupt auszufragen«.[67)] Da solche Fälle gehäuft insbesondere im Schützenregiment 38 auftraten, wurde dem Regimentskommandeur und dem Regimentskommissar für den Wiederholungsfall jetzt eine strenge Bestrafung angedroht. Oberst Kašanskij, Chef des Stabes der 30. Schützendivision, hatte schon zu Anfang Juli 1941 in einem Befehl auf die unbedingte Notwendigkeit verwiesen, die Kriegsgefangenen, selbst »in schwerverwundetem Zustand«, dem Divisionsstab zwecks Vernehmung zuzuleiten.[68)] Der Chef des Stabes der 62. Armee, Generalmajor Moskvin, der Kriegskommissar des Stabes, Regimentskommissar Zajcev, und der Chef der Abteilung für Feindaufklärung, Oberst German, verboten den unterstellten Verbänden (31., 87., 196., 131., 399., 112. Schützendivision, 33. Gardeschützendivision, 20. motorisierte Schützenbrigade) unter strenger Strafandrohung »eine Erschießung ganz gleich welcher Anzahl von Gefangenen auf dem Kampffeld«[69)], ließen eine spätere Erschießung damit aber anscheinend offen. Und der Chef des Stabes wohl der 14. Armee im Abschnitt von Murmansk, Oberst Malickij, und der Kommissar des Stabes, Bataillonskommissar Burylin, beanstandeten am 8. September 1941 in einem Befehl, daß die unterstellten Verbände, so die 88. Schützendivision, dazu übergegangen seien, Gefangenentransporte, ohne sie an den Stab gelangen zu lassen, unterwegs einfach zu liquidieren[70)], was jedoch nicht etwa als Verstoß gegen Humanität und Völkerrecht, sondern lediglich als ein »Mangel in der Organisation der Truppenaufklärung« beanstandet wurde.

Über die Vernehmungsmethoden in den Stäben berichtete einer, der es wissen mußte, ein gefangener Regimentskommissar, im Winter 1941/1942, es habe schon im Regimentsstab neben einer einfachen eine »schwere Vernehmung« und in den Armeestäben eine Form »allerschwerster Vernehmung« gegeben, die von der Besonderen Abteilung des NKVD vorgenommen wurde[71)]. Bei der »schweren Vernehmung« im Regimentsstab wurde der Kriegsgefangene, wenn er nicht aussagewillig war, im Beisein des Regimentskommandeurs und des Regimentskommissars »von je einem der anwesenden Soldaten am Kopf und an den Füßen festgehalten und bekam mit einem Knüppel 5–10 Schläge über Gesäß und Rücken. Ist der Gefangene danach noch nicht bereit auszusagen, so werden die Schläge etwa 5–10 Minuten in verstärktem Maße fortgesetzt. Zwischendurch wird er noch einige Male befragt. Aufgehört wird erst mit dem Prügeln, wenn der Gefangene bewußtlos oder tot ist.« Über die »schwerste Vernehmung« im Armeestab hatte Major Kijančenko vom Armeestab der 19., dann der 33. Armee, mitgeteilt, »daß die nacktausgezogenen Gefangenen vom NKVD mit Gummiknüppeln geschlagen werden und daß dabei auch die Ohren abgeschlagen werden, da auch Schläge ins Gesicht erfolgen. Außerdem werden ihnen dort die Fingernägel herausgerissen. Eine weitere Methode ist das Abschlagen der Fingerspitzen mit scharfen Messern. Um die Wirkung zu erhöhen, wird die Fingerspitze nicht mit einem Schlage abgetrennt, sondern allmählich mit mehreren Schlägen.« Bei entsprechenden Vernehmungen im Divisionsstab waren geflochtene Lederriemen gegen die hier ebenfalls entkleideten Kriegsgefangenen in Gebrauch. Hatte der Kriegsgefangene nach einer »schweren Vernehmung« eine Aussage von nur geringer Bedeutung gemacht, so wurde er auf »Befehl des Regimentskommandeurs anschließend erschossen«.

Überhaupt, war die Vernehmung erst einmal durchgeführt, so nahmen die Kommandobehörden an dem weiteren Schicksal des Gefangenen keinen Anteil mehr, sondern übergaben ihn der Besonderen Abteilung des NKVD, »von der man weiß, daß sie alle Gefangenen erschießt«. So zum Beispiel hatte auch der Intendant der 57. Panzerdivision, Rozencvejg, nach Aussage des Chefs der Operationsabteilung im Stabe der 1. Motorisierten Proletarischen Division, Oberstleutnant Ljapin, am 16. September 1941 zwei deutsche Offiziere nach der Vernehmung kurzerhand persönlich abgeknallt. Ein sowjetischer Oberst berichtete am 21. Februar 1942 von der Erschießung eines deutschen Fliegeroffiziers sogar im Beisein des Oberbefehlshabers der 3. Armee, Generalleutnant Kuznecov, und anderer hoher Offiziere des Armeestabes[72)].

Der Chef des Stabes der im Kaukasus kämpfenden 47. Armee, Oberst Vasil'ev, der Kriegskommissar des Stabes, Älterer Bataillonskommissar Makov, und der Chef der Abteilung für Feindaufklärung, Oberstleutnant Baranov, hatten unter Bezugnahme auf die üblichen Morde an Kriegsgefangenen in den Einheiten 1942 den Fall der Erschießung zweier Flieger durch die 83. Selbständige Marineschützenbrigade herausgegriffen. Den Kommandeuren und Kommissaren aller Truppenteile wurde nun nicht etwa grundsätzlich das Erschießen von Kriegsgefangenen verboten, sondern nur »das Erschießen der Kriegsgefangenen ohne Genehmigung des Kriegsrates der Armee«.[73)] Wie bei dieser Armee im übrigen mit deutschen Flugzeugbesatzungen nach der Vernehmung verfahren wurde, darüber berichtete der Verbindungsoffizier beim Operativen Stab des Verteidigungsbezirks Tuapse (TOR), Leutnant Redko, am 26. November und 1. Dezember 1942[74]: »Beim Stab der 47. Armee wurden 3 deutsche Flieger drei Tage lang verhört, sie erhielten nichts zu essen, mußten dann die Uniform ausziehen, sich selbst das Grab schaufeln und wurden erschossen.« Schon in einer Direktive des Chefs der Politischen Abteilung der 9. Kavalleriedivision an die Kommissare aller Einheiten vom Dezember 1941 heißt es: »Erklärt den Kämpfern und Kommandeuren, daß der Feind nirgends Schonung finden wird, in diesem Sinne auch bei den höheren Stäben nicht... Zur Auseinandersetzung mit ihnen kommen wir immer noch rechtzeitig. Keiner der Eindringlinge wird unser Land lebend verlassen.«[75] Die »Wehrmacht-Untersuchungsstelle für Verletzungen des Völkerrechts« gab nach Auswertung von Beutepapieren und Hunderten von Gefangenenaussagen in einer Denkschrift vom März 1942 ihrer Meinung Ausdruck: »Nicht etwa im mindesten die Besorgtheit um eine völkerrechtsmäßige Behandlung der Kriegsgefangenen, sondern ausschließlich das Interesse der um ihre Aufklärung bemühten russischen Stäbe an der Zuführung von Kriegsgefangenen« sei der Grund für das Verbot von Gefangenenmorden durch die Truppe gewesen.[76]

Und dennoch schimmert in manchen Dokumenten neben den Erwägungen rein militärischer Nützlichkeit so etwas wie ein politisches Motiv hindurch. So hatte der Oberbefehlshaber der 5. Armee, Generalmajor Potapov (Mitglied des Kriegsrates, Divisionskommissar Inkišev, Chef der Politischen Propaganda, Brigadekommissar Kol'čenko) in seinem Befehl Nr. 025 vom 30. Juni 1941 das Erschießen deutscher Offiziere und Soldaten zwar als ›vollkommen rechtmäßig‹ bezeichnet, ›selbständige‹ Erschießungen für die Zukunft zugleich aber verboten, und zwar nicht nur, um Gelegenheit zu erhalten, deutsche Soldaten zuvor zu vernehmen, sondern auch aus dem eher politischen Grund einer Begünstigung der Zersetzung des deutschen Heeres.[77] Der irrtümlicherweise anscheinend noch vom Klassengedanken erfüllte Chef der Abteilung für Politische Propaganda des 31. Schützenkorps, Brigadekommissar Ivančenko, beklagte in seinem Befehl Nr. 020 an die Politorgane der 193. Schützendivision vom 14. Juli 1941[78] nicht nur, »daß Gefangene erwürgt und totgestochen werden«, sondern auch »schändliche Fälle... der Räuberei«, das heißt die gewaltsame Fortnahme sogar von »Uhren, Taschenmessern und Rasiermessern«. Der offenbar etwas weltfremde Brigadekommissar verwies auf die politische Schädlichkeit dieses »der Roten Armee unwürdigen Verhaltens den Gefangenen gegenüber«, und er setzte den untergeordneten politischen Organen auseinander, »daß der deutsche Soldat – Arbeiter und Bauer – nicht freiwillig kämpft, daß der deutsche Soldat, wenn er sich in Gefangenschaft begibt, aufhört, ein Feind zu sein«, es also darauf ankomme, »alle Maßnahmen zur Gefangennahme von Soldaten und namentlich Offizieren zu ergreifen«.

Und in völliger Verkennung der politischen Linie und tatsächlichen Verhältnisse fügte er hinzu: »Denkt daran, daß Gefangenen erlaubt ist, alle persönlichen Sachen zu behalten, die Uniform zu tragen und sogar ihre Orden.«

Ähnlich schärften der Chef des Stabes der 21. Armee, der später repressierte Generalmajor Gordov, und der Kommissar des Stabes, Brigadekommissar Pogodin, in einem auch dem Militärstaatsanwalt und dem Chef der Besonderen Abteilung des NKVD der 21. Armee zur Kenntnis gebrachten Befehl vom 8. August 1941 den Truppen noch einmal das angebliche »Verbot der Regierung« ein, »Gefangene grob zu behandeln und sie ihrer persönlichen Habe zu berauben«, ob es sich dabei um eine »goldene Uhr« oder um »Taschentücher« handelte[79)] – eine mehr als naive Vorstellung von den üblichen Praktiken der Soldaten der Roten Armee. Das die Rote Armee ›entehrende Unwesen‹ des Marodierens sollte sofort beendet werden. Das politische Motiv klang, vielleicht schon weniger deutlich, noch in anderen Befehlen an, so wenn der Kommandeur des 6. Schützenkorps, Generalmajor Alekseev, der Kriegskommissar, Brigadekommissar Šalikov, und der Chef des Stabes, Oberst Eremin, am 23. Juli 1941 erklärten, es sei für die Führungsstellen unmöglich, Angaben über die Feindlage zu erhalten, »da viele Einheiten des Korps die Gefangenen bisher erschossen haben«.[80)] Dem Chef der Politischen Propaganda der 159. Schützendivision, Bataillonskommissar Sevast'janov, und dem Chef der Besonderen Abteilung, Rachuv, wurde für den ›empörenden Fall‹ einer eigenmächtigen Erschießung immerhin ein Verweis ausgesprochen. Zugleich wurde den Divisionskommandeuren und dem Kommandeur der Korpstruppen angedroht, es würden die für die Verletzung internationaler Regeln Verantwortlichen künftig ›strengstens‹ zur Verantwortung gezogen werden. Und noch am 2. Dezember 1941 wandte sich der Chef des Stabes der Küstenarmee in Sevastopol' durch Befehl Nr. 0086 gegen die verbreitete Praxis, Kriegsgefangene ohne vorherige Vernehmung zu ›vernichten‹. Auch er sah in dem »vielfach geübten Verfahren, Gefangene schon bei der Festnahme zu erschießen, ein Schreckmittel für den Feind, das ihn dann abhält, sich zu ergeben«.[81)]

Befehle dieser Art entstammten einer Phase des Krieges, als die alte Parole des kommunistischen Klassenkampfes »Proletarier aller Länder vereinigt Euch!« pro forma noch fortbestand. Diese Parole hatte, wie es jetzt hieß, teilweise zu ›Unsicherheiten‹ geführt und dazu, »eine gewisse Schicht von Armeeangehörigen falsch zu orientieren«. Nun, da, wie man offen zugab, es darauf ankam, »alle faschistischen Scheusale zu vernichten«, erwies es sich als tunlich, die Proletarierparole durch eine andere programmatische Parole zu ersetzen. Am 10. Dezember 1941 ordnete der Chef der Politischen Hauptverwaltung der Roten Armee, Armeekommissar 1. Ranges

Mechlis, durch Direktive Nr. 278 an, die Parole »Proletarier aller Länder...« zu streichen und fortan am Kopf aller Schriften der politischen Organe, von der Armeezeitung KRASNAJA ZVEZDA bis hin zum letzten Flugblatt, deutlich sichtbar die Parole »Tod den deutschen Okkupanten!« anzubringen[82], die der gesamten Roten Armee nunmehr als unabänderliche Richtschnur zu dienen hatte und wörtlich in diesem Sinne verstanden werden sollte.

Anmerkungen zu Kapitel 10

1) BA-MA, RH 24-3/134, 16. 7. 1941.
2) Befehl Nr. 3 des Oberbefehlshabers der Nord-West-Armee, Archiv des Verf.
3) BA-MA, RH 21-3/437, 6. 8. 1941.
4) Zayas, Die Wehrmacht-Untersuchungsstelle, S. 285.
5) BA-MA, RW 4/v. 330., 18. 1. 1942.
6) BA-MA, RH 20-17/458, 17. 2. 1943; BA-MA, RH 20-17/330, o. D.
7) Erfolge der Freischärler, Archiv des Verf.
8) BA-MA, RW 2/v. 151, 6. 11. 1941.
9) Ebenda, 5. 2. 1942.
10) BA-MA, RW 2/v. 152, 23. 11. 1941.
11) BA-MA, RW 2/v. 151, 19. 1. 1942.
12) BA-MA, RW 2/v. 152, 31. 10. 1941.
13) BA-MA, RW 2/v. 151, 5. 2. 1942.
14) BA-MA, RW 2/v. 152, 26. 11. 1941.
15) Zayas, Die Wehrmacht-Untersuchungsstelle, S. 103, S. 427 ff.
16) BA-MA, RW 2/v. 153, 17. 6. 1942.
17) BA-MA, RW 2/v. 151, 12. 2. 1942.
18) BA-MA, RW 2/v. 153, 8. 7., 15. 7. 1941.
19) BA-MA, RW 2/v. 152, 5. 2. 1942.
20) BA-MA, RH 24-3/134, 29. 6. 1941.
21) Zayas, Die Wehrmacht-Untersuchungsstelle, S. 328.
22) Wilhelm, Die Einsatzgruppe A, S. 300ff.
23) BA-MA, H 20/290, 4. 12. 1941.
24) BA-MA, RH 24-48/198, 1. 7. 1941.
25) BA-MA, RW 2/v. 153, 19. 6. 1942.
26) Zayas, Die Wehrmacht-Untersuchungsstelle, S. 333ff.
27) BA-MA, H 20/290, 21. 7. 1941.
28) Kilian, Die »Mühlberg-Akten«, S. 1142.
29) BA-MA, RW 2/v. 153, 14. 1. 1942.
30) BA-MA, RW 2/v. 151, 22. 9. 1941.
31) Ebenda, 1. 10. 1941.
32) Ebenda, 9. 10. 1941.
33) Ebenda, 28. 11. 1941.
34) Zayas, Die Wehrmacht-Untersuchungsstelle, S. 273ff.
35) BA-MA, RW 2/v. 151, 1. 7. 1941; BA-MA, RH 24-3/134, 2. 7., 5. 7. 1941.
36) BA-MA, RW 2/v. 153, 18. 6. 1942.
37) Zayas, Die Wehrmacht-Untersuchungsstelle, S. 273.
38) BA-MA, RW 2/v. 153, 8. 4. 1942.
39) BA-MA, RW 2/v. 151, 26. 1. 1942.
40) BA-MA, RH 24-48/200, 10. 7. 1941.
41) BA-MA, RW 2/v. 151, 23. 1. 1942.
42) BA-MA, RW 2/v. 153, 11. 6. 1942.
43) BA-MA, RW 2/v. 152, 30. 10. 1941.
44) Ebenda, 22. 11. 1941.
45) BA-MA, RW 24-48/200, 16. 8. 1941.
46) BA-MA, RW 2/v. 151, 29. 9. 1941.
47) BA-MA, RW 2/v. 152, 10. 3. 1942.
48) BA-MA, RW 2/v. 153, 6. 7. 1942.
49) BA-MA, RW 2/v. 158, o. D.
50) Zayas, Die Wehrmacht-Untersuchungsstelle, S. 273, S. 282.
51) BA-MA, RW 2/v. 152, 13. 10. 1941.

[52] BA-MA, RH 21-1/481, 13. 1. 1942.
[53] BA-MA, RW 2/v. 153, 30. 8. – 2. 9. 1941.
[54] BA-MA, RH 21-2/v. 647, 6./7. 7. 1941.
[55] BA-MA, RW 2/v. 153, 20. 3. 1942.
[56] BA-MA, RW 2/v. 152, 13. 7. 1941.
[57] Vgl. Kapitel 2, Anm. 79.
[58] BA-MA, RW 2/v. 153, 24. 1. 1942.
[59] Vernehmung des General-Major Tonkonogow, o. D., Archiv des Verf.
[60] BA-MA, RH 21-1/472, 16. 8. 1941.
[61] BA-MA, RW 2/v. 153, 7. 5. 1942.
[62] BA-MA, RW 2/v. 151, 17. 10. 1941; BA-MA, RW 2/v. 158, 19. 1. 1942.
[63] Zayas, Die Wehrmacht-Untersuchungsstelle, S. 282.
[64] BA-MA, RW 2/v. 158, 25. 7., 27. 7. 1941.
[65] Zayas, Die Wehrmacht-Untersuchungsstelle, S. 305.
[66] BA-MA, RW 2/v. 158, 28. 12. 1941.
[67] Ebenda, o. D.
[68] Zayas, Die Wehrmacht-Untersuchungsstelle, S. 288.
[69] BA-MA, RW 2/v. 158, 9. 9. 1942.
[70] BA-MA, RW 2/v. 151, 29. 11. 1941.
[71] BA-MA, RW 2/v. 153, 16. 4. 1942.
[72] BA-MA, RW 2/v. 158, 21. 2. 1942.
[73] BA-MA, RH 20-17/368, 1942.
[74] Hoffmann, Kaukasien 1942/43, S. 122.
[75] BA-MA, RW 2/v. 151, o. D.
[76] Zayas, Die Wehrmacht-Untersuchungsstelle, S. 306.
[77] BA-MA, RW 2/v. 158, 14. 9. 1941.
[78] Ebenda, 14. 7. 1941.
[79] Ebenda, 8. 8. 1941.
[80] BA-MA, RH 24-3/134, o. D.; BA-MA, RW 2/v. 151, 29. 11. 1941.
[81] BA-MA, RW 2/v. 158, 8. 9. 1942.
[82] BA-MA, RH 20-17/330, 10. 12. 1941; BA-MA, RH 2/2411, 26. 1. 1942.

11.

Deutsche Kriegsgefangene wurden ermordet bis zum Ende

Wenn ein ›nationales‹ Vernichtungsprinzip auch in der politischen Propaganda fortan an die Stelle des formal bisher wenigstens noch unvergessenen internationalen Klassenprinzips trat, so war dies darauf zurückzuführen, daß Stalin in seiner Rede zum 24. Jahrestag der Oktoberrevolution am 6. November 1941 in Moskau offiziell zu einem Vernichtungskrieg gegen die Deutschen aufgerufen hatte.[1)] »Nun wohl«, so hatte er auf der Festsitzung des Moskauer Sowjet den Vertretern der Partei- und gesellschaftlichen Organisationen zugerufen, »wenn die Deutschen einen Vernichtungskrieg wollen, so werden sie ihn bekommen (Stürmischer, langanhaltender Beifall). Von nun an wird es unsere Aufgabe, die Aufgabe der Völker der Sowjetunion, die Aufgabe der Kämpfer, der Kommandeure und der politischen Funktionäre unserer Armee und unserer Flotte sein, alle Deutschen, die in das Gebiet unserer Heimat als Okkupanten eingedrungen sind, bis auf den letzten Mann zu vernichten (Stürmischer Beifall. Rufe: »Sehr richtig!« Hurrarufe). Keine Gnade den deutschen Okkupanten! Tod den deutschen Okkupanten! (Stürmischer Beifall) . . . Um aber diese Ziele verwirklichen zu können, gilt es . . . alle deutschen Okkupanten . . . bis auf den letzten Mann auszutilgen (Stürmischer, langanhaltender Beifall).«

Stalins Wunsch war selbstredend Befehl, und er wurde von der sowjetischen Kriegspropaganda buchstäblich in diesem Sinne aufgefaßt und in der Roten Armee nach den bewährten Regeln der Politagitation überall verbreitet. In welcher Weise insbesondere Ehrenburg seinen Haßinstinkten nunmehr freien Lauf lassen konnte, ist bereits an anderer Stelle dargelegt worden. Bereitwillig nahm er den Appell Stalins auf, indem er in immer neuen Variationen zu einer unterschiedslosen Ermordung aller deutschen Soldaten aufforderte. »Es werden 5 Millionen . . . Leichen sein, die wir in unserer Erde verscharren«, ließ er sich am 2. Dezember 1941 vernehmen. »Wir haben jetzt beschlossen, alle Deutschen zu töten, die in unser Land eingedrungen sind«, rief er den Soldaten der Roten Armee am 3. Dezember 1941 zu, »Wir beabsichtigen, sie ganz einfach zu vernichten. Es ist unserem Volk zugefallen, diese menschenfreundliche Mission zu erfüllen. Wir setzen damit die Arbeit von Pasteur fort, der das Serum gegen Tollwut entdeckte. Wir setzen damit die Arbeit aller der Wissenschaftler fort, die die Mittel zur Vernichtung tödlicher Mikroben entdeckten.« »Die Deutschen . . . müssen in die Erde getrieben werden. Sie müssen vernichtet werden, einer nach dem anderen«, schrieb er am 22. Dezember 1941. Am 20. Februar 1942 hieß es: »Du bist beauftragt, sie zu töten – schaffe sie unter die Erde«, und am 13. März 1942 wiederum: »Ihr müßt die Deutschen vom Erdboden vertilgen.«[2)]

Wie sich den bei einem gefallenen Rotarmisten gefundenen Papieren entnehmen läßt, waren die Aufrufe Ehrenburgs 1942 in der Roten Armee tatsächlich längst Gemeinplatz geworden. So führte dieser Rotarmist bei sich ein Schriftstück »Vortragsthema für Politruks«, dem die bereits zitierten Worte Ehrenburgs zugrunde lagen[3]: »Wenn Du einen Deutschen erschlagen hast, erschlage den nächsten, den dritten ... Töte den Deutschen – das bittet Deine alte Mutter, töte den Deutschen – das fleht Dein Kind, töte den Deutschen – das ruft die heimatliche Erde. Laß keinen laufen. Töte ...« »Vernichten wir die faschistischen Scheusale bis zum letzten«, hieß es völlig sinngemäß auch in dem Leitartikel der täglich erscheinenden Armeezeitung LENINSKIJ PUT'« vom 30. November 1941[4]: »Jeder von uns muß den Befehl des Genossen Stalin in Ehren erfüllen und alle deutschen Okkupanten bis zum letzten Mann vernichten. Zehn, zwanzig, hundert faschistische Schurken zu töten – das wird von jedem Kämpfer, Offizier und Politarbeiter jetzt gefordert.« Mit den Verlautbarungen Ehrenburgs und der Politischen Hauptverwaltung stimmten die hohen Kommandobehörden der Roten Armee in jeder Hinsicht überein.

Ein gemeinsam mit dem Mitglied des Kriegsrates, dem Stellvertretenden Vorsitzenden des Rates der Volkskommissare der UdSSR, Bulganin, am 14. Dezember 1941 herausgegebener Befehl des Oberbefehlshabers der Westfront, Armeegeneral Žukov, enthielt Formulierungen wie: »Nicht ein hitlerischer Bandit, der in unser Land eingedrungen ist, darf lebend davonkommen ... Unsere heilige Verpflichtung besteht darin, grausame Rache zu üben ... und die deutschen Okkupanten alle bis zum letzten zu vernichten.«[5] Der Kriegsrat der Leningrader Front richtete am 1. Januar 1942 einen Aufruf an die Bevölkerung im deutschen Hinterland, die als »Hitler-Hunde«, »faschistische Menschenfresser« bezeichneten gegnerischen Soldaten nirgendwohin entweichen zu lassen, »außer in die Erde, in die Gräber«.[6] In diesem »unbarmherzigen Vernichtungskrieg« sei jedes Mittel recht: »Gewehr, Granate, Axt, Sense, Brecheisen«. Generalmajor Fedjuninskij, Oberbefehlshaber der 54. Armee, die Mitglieder des Kriegsrates, Brigadekommissar Sičev und Brigadekommissar Bumagin, sowie der Chef des Stabes, Generalmajor Suchomlin, verlangten in einem »Befehl an die Truppen der 54. Armee« zum Jahreswechsel 1941/1942, »das deutsche zweibeinige Getier an den Zugängen zu der großen Stadt Leningrad zu vernichten«[7] und in einem weiteren Befehl, diesmal mit dem Mitglied des Kriegsrates, Brigadekommissar Cholostov, und dem Chef des Stabes, Generalmajor Berezinskij, »die faschistischen Banditen alle bis zum letzten zu vernichten«.[8] Die Stalinparole vom 6. November 1941 war auch das Motto des am 30. Dezember 1941 zum Oberbefehlshaber der 4. Stoßarmee ernannten Generalobersten Eremenko.[9] »Ich rufe alle Angehörigen der Armee auf«, so heißt es in dem von Eremenko mit dem Mitglied des Kriegsrates, Brigadekommissar Rudakov, und dem Chef des Stabes, Generalmajor Kurassov, anläßlich der Kommandoübernahme erlassenen Tagesbefehl an die Truppen der

4. Stoßarmee, »die Befehle des großen Führers und Heerführers, Genossen Stalin, in Ehren auszuführen und alle Okkupanten bis zum letzten zu vernichten und auszurotten.«

Der Appell Stalins wurde nach den Erkenntnissen des Generals z. b. V. beim Oberkommando des Heeres in der Roten Armee allgemein denn auch so »verstanden und ausgelegt ..., daß jeder deutsche Wehrmachtangehörige – ob kämpfend oder verwundet oder gefangen – zu töten sei«.[10] Beutedokumente und Gefangenenaussagen lassen an dem Befehlscharakter der Stalinaufforderung tatsächlich keinen Zweifel. So war nach den Aussagen eines gefangenen Regimentskommissars für die Behandlung deutscher Kriegsgefangener maßgebend der »Befehl Stalins vom November 1941«, demzufolge »alle Kriegsgefangenen ... zu erschießen sind«, wenngleich dieser Kommissar zugleich die Einschränkung machen wollte, Überläufer würden als Gefangene nach hinten abgeschoben. Dem widersprach jedoch die Aussage des Armeeangehörigen Kisilov vom Schützenregiment 406. Sein Zugführer, Unterleutnant Kolesničenko, habe vor dem Angriff auf Leskij am 17. Januar 1942 folgenden Befehl des Regimentskommissars verkündet: »Es werden keine Gefangenen gemacht, alle Deutschen werden erschlagen. Keiner darf am Leben bleiben.«[11] Auch unter den Papieren eines gefallenen sowjetischen Offiziers fand sich der Hinweis auf eine entsprechende Behandlung des Themas in der bevorstehenden Parteiversammlung der 8. Batterie am 28. Dezember 1942. Demnach habe sich die im Mittelpunkt der Parteiarbeit stehende mündliche Propaganda und Agitation »besonders auf die Ausführung des Befehls des Genossen Stalin erstreckt: Alle Deutschen ... sind bis auf den letzten Mann zu vernichten«.

Thema für den Politunterricht am 10. Februar 1942, so die Aufzeichnung in dem Notizbuch des Politruks, war auch in der 5. Kompanie des 2. Bataillons des Schützenregimentes 870 der 287. Schützendivision »die von Stalin gestellte Aufgabe der Vernichtung der in unser Territorium eingedrungenen Faschisten«.[12] Nach Aussage des Leutnants Paramonov wurden aufgrund des Stalinbefehls auch Verwundete beseitigt, »da diese ja doch nicht arbeiten und keinen Nutzen bringen könnten«.[13] Oberfeldwebel (Staršij seržant) Marušak vom mechanisierten Schützenregiment 28 und andere Kriegsgefangene gaben übereinstimmend zu Protokoll, der Stalinbefehl, »es dürften keine deutschen Gefangenen mehr gemacht werden, alle deutschen Gefangenen und in Gefangenschaft geratenen deutschen Verwundeten sollten sofort erschossen werden«, sei vom 6. November 1941 an von den Politischen Leitern, bisweilen aber auch von Offizieren, in den Einheiten täglich verlesen worden.[14] Nach Rotarmist Sejbel von der 337. Schützendivision war jedem Soldaten der »abgezogene Befehl Stalins«, alle deutschen Soldaten zu vernichten, sogar ausgehändigt worden.[15] »Der Befehl

Stalins«, so der Oberfeldwebel Ščerbatjuk, Leiter der Selbständigen Nachrichtenabteilung der 351. Schützendivision, »wonach alle Deutschen zu vernichten sind, ist allgemein bekanntgegeben worden.«[16] Ščerbatjuk selbst hatte, wie er aussagte, »von zahlreichen Erschießungen und Massakrierungen gehört«.

Schon am 15. November 1941 hatte eine durch den Divisionsarzt der 20. Infanteriedivision, Oberfeldarzt Dr. Mauß, und den Bataillonsarzt, Stabsarzt Dr. Buchard, durchgeführte Untersuchung der Leichen von 70 dem Gegner bei Borovik in die Hand gefallenen Soldaten des Infanterieregimentes 90 zu dem Ergebnis geführt, daß der größte Teil von ihnen in verwundetem Zustand ermordet worden war.[17] Auf Befehl der Kommissare der 1. Motorisierten Gardeschützendivision (»gmsd«, d. i. gvardejskaja motostrelkovaja divizija) wurden zwischen dem 1. und 6. Dezember 1941 in diesem Bereich 100 und durch andere Truppenteile, so durch die 222. Schützendivision, eine Anzahl weiterer deutscher Kriegsgefangener, wie der Chef der Aufklärungsabteilung des Stabes der 33. Armee, Hauptmann Potapov, in einem Bericht festhielt, bei Naro-Fominsk erschossen.[18] 72 zum Teil verwundete Angehörige des Infanterieregimentes 76 (20. ID mot.) sind Mitte Dezember bei Budogoč westlich von Tichvin verstümmelt, ermordet und beraubt worden.[19] Der Angehörige der 250. spanischen Infanteriedivision, Amadeo Casanova, berichtete in seiner kriegsgerichtlichen Vernehmung unter Eid von der Ermordung eines verwundeten spanischen Leutnants und vierer verwundeter spanischer Soldaten am 27. Dezember 1941 nördlich von Novgorod.[20] Verwundete Soldaten der »Blauen Division« sind auch an anderer Stelle ermordet und verstümmelt worden.

»One of the worst atrocities of this terrible war«, so Sir Reginald T. Paget[21], der britische Verteidiger des vor einem britischen Militärgericht angeklagten Feldmarschalls von Manstein, war – wenigstens was die Scheußlichkeit der Tötung angeht – die systematische Ermordung der deutschen Kriegsgefangenen, insbesondere der Verwundeten, die bei dem Landeunternehmen von Feodosija in den letzten Dezembertagen 1941 in sowjetische Hand gefallen sind. Allein etwa 160 in den Lazaretten von Feodosija zurückgelassene Schwerverwundete, unter ihnen ein »in höchstem Opfermut« bei ihnen gebliebener Assistenzarzt und sechs Sanitätssoldaten der Heeressanitätskompanie (mot.) 715, aber auch einige russische Krankenpfleger, wurden von sowjetischen Soldaten, teilweise Rotflottisten, erschossen, aus dem Fenster geworfen, mit Eisenstangen erschlagen, in den Brandungswellen des Meeres dem Erfrierungstod ausgesetzt oder sonst auf grausame Weise ermordet. Die übereinstimmenden Aussagen russischer und deutscher Augenzeugen, unter ihnen Stabsarzt Burkhardt, ergeben ein eindeutiges Bild des grausigen Geschehens und deuten zugleich auf einige Verantwortliche hin.[22]

So schilderte der russische (wohl tatarische) Krankenpfleger Kalafatov unter Eid die Ermordung der in dem Lazarett gegenüber der Villa Stamboli befindlichen Verwundeten am 6. Januar 1942[23)], nachdem ein noch korrekt auftretender sowjetischer Armeeoffizier von einem haßerfüllten Oberleutnant der Schwarzmeerflotte namens Ajdanov abgelöst worden war. An anderer Stelle hatte der tatarische Krankenpfleger Bursud, der selber befürchtete, erschossen zu werden, die Ermordung deutscher Verwundeter mit Hieb- und Stichwaffen von seinem Versteck aus beobachten und »furchtbare Schreie der Deutschen« hören können. Ein auf der Straße liegender, am Oberschenkel schwerverwundeter deutscher Soldat mit inzwischen erfrorenen Gliedmaßen, »der Tag und Nacht gewimmert hatte«, wurde, so ein erschüttertes russisches Ehepaar, auf Veranlassung einer uniformierten Sowjetfrau (»Ärztin oder Kommissarin«) von herbeigerufenen Rotflottisten durch Schüsse in das Gesicht getötet.[24)]

Als der russische Arzt Dmitriev den Kommissar des 9. Schützenkorps (gemeint wohl der 9. Schützendivision) in Gegenwart anderer Kommissare vorsichtig befragte, aus welchem Grunde die Verwundeten erschossen würden, erhielt er zur Antwort, die von ihnen (den Kommissaren) gegebene Anweisung zur Erschießung beruhe »auf der Rede Stalins vom 6. November 1941, in der Stalin erklärt habe, daß alle Deutschen . . . vernichtet werden müßten«.[25)] Der Kommissar »fand es deshalb auch vollkommen in Ordnung, daß die deutschen Verwundeten vernichtet worden waren«. Auch bei Evpatorija hatten Sowjetsoldaten bei einem Landeversuch am 5. Januar 1942 deutsche Verwundete »grausam verstümmelt«.[26)]

Daß alle hier erwähnten Vorgänge nur einen kleinen Ausschnitt des Gesamtgeschehens darstellen, ist offenkundig, und dafür gibt es nicht wenige Beweise. So berichtete der technische Intendant 2. Ranges Maljuk von der auf Befehl des Chefs der Besonderen Abteilung des NKVD und des Armeekommissars der 2. Stoßarmee, Brigadekommissar Vasil'ev, vorgenommenen Erschießung von 12 deutschen Kriegsgefangenen in unmittelbarem Stabsbereich der 2. Stoßarmee bei Paporotno am 13. Januar 1942.[27)] Die allgemeine Mentalität der Truppen der Roten Armee verriet sich auch in einem vom Moskauer Rundfunk am 24. Januar 1942 verbreiteten Frontbericht des Sowjetschriftstellers Oleg Ėrberg über die Erschießung eines kriegsgefangenen deutschen Offiziers durch die »heroische Besatzung« eines sowjetischen Panzers. So habe der Panzerkommandant erklärt: »Ich will diesen Hund mit meinem Revolver von vorn erschießen, damit ich mich an seiner Angst weiden kann.«[28)] Der Chef des Stabes des Schützenregimentes 636, Major Sušinskij, meldete dem Chef des Stabes der 160. Schützendivision gemeinsam mit dem Unterpolitruk Dučkov am 4. Februar 1942 ungerührt, der Staršij seržant Kabulov habe einen verwundeten Deutschen bei Besedino »wegen seiner schweren Verletzung mit dem Bajonett erstochen«.[29] Bei Šellešaro wurden am 17. Februar 1942 30 am Vortage zurückgelassene Verwundete, wie Obergefreiter Emmerich in der kriegsgerichtlichen Vernehmung unter Eid bezeugte, in folgendem Zustand aufgefunden: »Die Augen ausgestochen, teils die Ohren, Nasen, Zungen und Geschlechtsteile abgeschnitten . . . Sie waren alle zu Tode gemartert«.[30]

Oberpfarrer Ziekur vom Stabe der 62. Infanteriedivision mußte in seiner Eigenschaft als Gräberoffizier am 24. und 25. Februar bei Trojčatyj (an der Straße Char'kov–Lozovaja) die Leichen von 42 gräßlich verstümmelten Soldaten des Infanterieregimentes 179 identifizieren.[31] »Der erste Eindruck war erschütternd«, wie er bekannte, »Bei mehreren waren die Nasen abgeschnitten und die Augen ausgestochen. Bei sehr vielen Soldaten waren die Ringfinger abgeschnitten . . . einem Soldaten waren sämtliche Finger der linken Hand abgeschnitten . . . einem der linke Arm ausgekugelt und abgerissen.« Die russische Bevölkerung, so Pfarrer Ziekur, »war über diese Verstümmelungen entsetzt und empört«.

Wie Partisanen üblicherweise mit Gefangenen verfuhren, das bezeugten zwei dingfest gemachte Täter, die Partisanen Klešnikov und Kusmenkov, vor der Gruppe Geheime Feldpolizei 570.[32] Ihren Aussagen zufolge wurden auf Befehl des Kommissars Judenkov sechs deutsche Soldaten nach dem Verhör beim Partisanenstab in Gortop bei El'nja am 27. Februar 1942, einem empfindlich kalten Tag, und nachdem sie zuvor noch ein Schneegrab hatten scharren müssen, in folgender Weise abgeschlachtet: »Sie wurden in einer Reihe aufgestellt und dann einzeln aus dieser herausgestoßen. Mit dem Bajonett erhielten sie dann einen Stich in den Rücken. Dann stürzten sich mehrere über den Niedergestochenen und stachen auf ihn weiter mit Seitenwaffen ein. Die Leichen wurden dann nach jeder Tötung beiseite geworfen, und der nächste wurde vorgenommen. Die Gefangenen wurden nur mit Hemd und Unterhose und barfuß zur Richtstätte hingetrieben. Ich selbst habe auch mehrmals zugestochen.« Der technische Intendant 2. Ranges Kalepčenko, Leiter des Bestattungskommandos des Schützenregimentes 1260 der 380. Schützendivision, sagte aus, in Griva Mitte März 1942 40 deutsche Soldaten begraben zu haben, die alle Zeichen schwerer Verstümmelungen aufwiesen.[33] Alle diese aus der Fülle herausgegriffenen Beispiele können natürlich nur eine allgemeine Vorstellung vermitteln. Nachrichten über Gefangenenmorde erreichten die Deutschen oft auch nur durch Zufall. So ist beispielsweise erst später bekanntgeworden, daß im Winter 1941/1942 ein deutscher »Verwundeten-Transportzug bei Toropec den Russen in die Hände gefallen ist. Sämtliche Verwundeten wurden auf bestialische Weise erschossen oder erstochen«.[34]

Es ist bereits angeklungen, daß die von dem Stalinregime zu verantwortende Mißhandlung der Kriegsgefangenen auch auf sowjetischer Seite nicht überall verstanden wurde und sich bisweilen, auch politisch motiviert, Widerspruch regte. Efrosinija Michajlova war am 1. März 1942 in Uspenovka Zeuge, als ein sowjetischer Major, ein Oberleutnant und ein Kommissar in ihrem Hause beratschlagten, was mit acht deutschen Kriegsgefangenen zu geschehen habe.[35] Als selbst der Kommissar dafür eintrat, sie weiter mitzuschleppen, widersprach ihm der Major: »Du kennst doch den Befehl von Stalin.« Die acht deutschen Kriegsgefangenen wurden daraufhin hinter das Haus geführt und erschossen. Im November 1941 schrie bei Komary (Sevastopol') ein sowjetischer Zugführer den Rotarmisten Demšenko an, der einem Verwundeten helfen wollte: »Laß den deutschen Teufel liegen, er wird erschossen!« Demšenko vermochte die Erschießung auch nur vorübergehend aufzuhalten, indem er vorbrachte, »der arme Verwundete könnte doch nichts dazu, und es wäre Menschenpflicht, ihn zu verbinden«.

Es waren aber nicht Humanitätserwägungen, sondern das auch in dieser Phase nach wie vor vorhandene Interesse der Kommandostellen an einer Feindaufklärung durch Gefangenenvernehmung sowie auch das sich stärker regende Argument einer zersetzenden Einwirkung auf die deutschen Truppen, die schließlich eine Neuauslegung des Stalinbefehls vom 6. November 1941 erzwangen. Denn es war ja verständlich, daß sich der Widerstand versteifen mußte, wenn der Soldat wußte, im Falle der Gefangennahme auf jeden Fall erschossen oder verstümmelt zu werden. Stalin hatte am 6. November 1941 – und so wurden seine Worte in der Roten Armee allgemein auch interpretiert – keinen Zweifel daran gelassen, daß es gelte, alle Deutschen, die in das Gebiet der Sowjetunion eingedrungen waren, »bis auf den letzten Mann zu vernichten«. Doch in dem zum Jahrestag der Roten Armee in seiner Eigenschaft als Volkskommissar der Verteidigung am 23. Februar 1942 erlassenen Befehl Nr. 55 wurde seiner vormaligen Auslassung plötzlich ein ganz anderer Sinn untergeschoben.[36] Stalin erklärte jetzt nämlich, die Annahme, die Rote Armee würde schon »aus Haß gegen alles Deutsche ... deutsche Soldaten nicht gefangennehmen«, sei eine »dumme Lüge und eine törichte Verleumdung« der im Gefühl der Achtung vor anderen Völkern und Rassen erzogenen Roten Armee – eine schamlose Behauptung angesichts der von ihm selbst in Gang gesetzten Haßpropaganda auf sowjetischer Seite. Doch unmißverständlich waren in dem Befehl Nr. 55 an sich die Stalinworte: »Die Rote Armee nimmt deutsche Soldaten und Offiziere, wenn sie sich ergeben, gefangen und schont ihr Leben. Die Rote Armee vernichtet deutsche Soldaten und Offiziere, wenn sie es ablehnen, die Waffen zu strecken ...«

Der Oberbefehlshaber der Westfront, Armeegeneral Žukov, der gemeinsam mit dem Mitglied seines Kriegsrates, Bulganin, am 14. Dezember 1941 seine Truppen dazu aufgerufen hatte, »grausame Rache zu üben« und nicht einen »hitlerischen Banditen« lebend davonkommen zu lassen, sah sich jetzt ebenfalls zu einer Kehrtwendung gezwungen. In einem an die »Kommandierenden und Mitglieder der Kriegsräte« gerichteten Befehl verboten Žukov und das Mitglied des Kriegsrates, Chochlov, im Anschluß an den Stalinbefehl Nr. 55 nunmehr das »Erschießen von Gefangenen ... allen, wer es auch sei«.[37] »Ich erkläre«, so hieß es jetzt mit einem Male, »daß der Genosse Stalin niemals von der Erschießung von Feindsoldaten gesprochen hat, wenn diese ihre Waffen niederlegen, sich gefangengeben oder freiwillig zu uns übertreten.« Einem Befehl des Armeekommissars 2. Ranges Kuznecov von der Politischen Hauptverwaltung der Roten Armee zufolge sollten die deutschen Truppen jetzt in verstärktem Maße propagandistisch bearbeitet und davon überzeugt werden, daß die Rote Armee angeblich »keinen Rassenhaß gegen das deutsche Volk kennt und nicht die idiotische Absicht hat, das deutsche Volk und Reich zu vernichten«, sie infolgedessen deutsche Soldaten und Offiziere, die sich ergeben, gefangennimmt und ihnen das Leben garantiert.[38]

Schon die Tatsache, daß die antideutsche Haßpropaganda, wie von Ehrenburg und anderen betrieben, unverändert auf vollen Touren weiterlief, strafen solche Auslassungen Lügen. Stalin selbst hatte schon in seinem Tagesbefehl zum 1. Mai 1942 wieder recht zweideutige Worte gebraucht und von der Aufgabe gesprochen, die »deutschen«, nicht etwa die »faschistischen« Eindringlinge, »bis zum letzten Mann zu vernichten, wenn sie nicht die Waffen niederlegen«.[39] Auch der in den Truppenteilen der Roten Armee 1942 verbreitete Stalinbefehl Nr. 130 rief die Soldaten zu einem unversöhnlichen Haß auf.[40] Auf die deutsche Seite waren überdies Nachrichten über angebliche Geheimbefehle Stalins hinübergedrungen, deutsche Soldaten aus praktischen Gründen nicht mehr einzeln, sondern nur noch gruppenweise gefangenzunehmen. Ebenfalls sollten Soldaten, die bis zuletzt Widerstand geleistet hatten, Flieger oder sogenannte ›Faschisten‹, erschossen werden, wie denn in der Tat in zahlreichen Berichten von der Erschießung von Offizieren, von Parteimitgliedern oder solchen Kriegsgefangenen die Rede ist, die ›faschistisches‹ Gedankengut äußerten[41] – deutliches Gegenstück zu der bis Frühjahr 1942 auf deutscher Seite teilweise praktizierten Erschießung der Kommissare und Politischen Leiter.
Die ›Wehrmacht-Untersuchungsstelle für Verletzungen des Völkerrechts‹ des Oberkommandos der Wehrmacht, die das einschlägige Material auswertete, betrachtete den ›Kurswechsel‹ seit dem 23. Februar 1942 jedenfalls als reine Propagandamaßnahme dem Ausland gegenüber und konstatierte im September 1942 »eine unablässige, nicht im geringsten Maße abklingende Folge brutalster Vergewaltigungen des Völkerrechtes. Die Methoden und die Systematik des russischen Vorgehens sind von Beginn des Feldzuges gegen Rußland an bis in den September 1942 hinein die gleichen geblieben«.[42] In der Tat nahm die Mißhandlung der Kriegsgefan-

genen ihren Fortgang, wie an einer Reihe ausgesuchter Beispiele gezeigt werden soll.

38 nach Ende der Frostperiode bei Promenaja aufgefundene Leichen deutscher Soldaten, die aneinander gefesselt waren und deren Körper »Merkmale grauenhaftester Mißhandlung« aufwiesen[43)], mochten noch vor dem 23. Februar 1942 ermordet worden sein. Ihnen waren, so der Bericht der 6. Panzerdivision an das Oberkommando der 9. Armee vom 29. April 1942, »beispielsweise die Augen ausgestochen, Nasenspitzen abgeschnitten und die Zungen herausgerissen. Andere wieder hatten die Kiefer und Gliedmaßen, wahrscheinlich durch Kolbenschläge, zertrümmert und wurden erst dann durch Pistolenschuß endgültig getötet. Einige lagen gänzlich nackt da, andere wiederum hatten nur noch Teile von Bekleidungsstücken an. Auch Strangulationsmerkmale konnten eindeutig festgestellt werden«. Nach dem 23. Februar 1942 ist auch der einzige Fall überliefert, daß ein Schuldiger, der Zugführer, Leutnant Kudrjavcev, vom Schützenregiment 1264 der 17. Gardeschützendivision, wegen Ermordung von vier deutschen Kriegsgefangenen dem Militärtribunal übergeben wurde, aber auch nur, weil er die Feindaufklärung behindert hatte. Ansonsten blieb der Stalinbefehl Nr. 55 weitgehend unbeachtet.

Oberleutnant Ševanov, Bataillonskommandeur im Schützenregiment 1129 der 337. Schützendivision, gab in der kriegsgerichtlichen Vernehmung zu Protokoll, der Chef des Stabes dieses Schützenregimentes, Major Aškinaze, habe bei Glasunovka zwischen dem 14. und 17. März 1942 einen schwerverwundeten Unteroffizier und der Regimentskommissar Kondrat'ev zwei verwundete Deutsche erschießen lassen.[44)] Von Oberleutnant Šoftijak, dem Führer des Schützenzuges der Besonderen Abteilung des NKVD der Division, habe er erfahren, alle Offiziere und schwerverwundeten Deutschen und Finnen würden grundsätzlich erschossen. Oberleutnant Nišel'skij, Kompaniechef im 3. Bataillon der 15. Schützenbrigade, sagte am 8. Juli 1942 aus, der Brigadekommandeur der 15. Schützenbrigade, Balabucha, habe ihm einen Befehl erteilt, den er selbst als »Schande und Gemeinheit« angesehen und deswegen auch nicht weitergegeben habe, den Befehl nämlich zum »Ausstechen der Augen bei deutschen Soldaten«.[45)] Und Sergeant Jurčenko vom Schützenregiment 764 der 393. Schützendivision berichtete in der Vernehmung am 20. Juli 1942, sein Bataillonskommandeur, Hauptmann Burskij, habe in Černoglasovska bei Char'kov fünf deutsche Verwundete hinter dem Spital eigenhändig mit der Pistole erschossen.[46)] Im Juli 1942 wurden in Besabetovka zwei Massengräber deutscher Soldaten des Infanterieregimentes 92 aufgedeckt, die, so der Gerichtsmediziner, Oberstabsarzt Dr. Panning von der Heeressanitätsinspektion, entweder durch Genickschuß getötet oder, wie der Kommandeur des I. Bataillons, Major Schönberg, zu Tode gequält worden waren. Nach Aussagen des Rotarmisten S. F. vom 26. September 1942 hatte der Kommissar Andropov vom Schützenregiment 851 vor einem Angriff einen anderen Kommissar als leuchtendes Vorbild hingestellt, weil von diesem bei Serafimoviči 150 italienische Kriegsgefangene liquidiert worden waren.[47] Oberleutnant Sutjagin war im Juli 1942 Augenzeuge, als bei Aleevka, zwischen Lozovaja und Char'kov, 46 deutsche Kriegsgefangene, darunter vier Offiziere, ohne Verhör erschossen wurden, nachdem sie zuvor ihr Grab selber hatten ausheben müssen.[48] Den Befehl zur Erschießung hatten der Kommandeur des Schützenregimentes 123 der 22. Schützendivision, Major Kulikov, und der Regimentskommissar Otmichalskij erteilt. Als in der Nähe befindliche sowjetische Offiziere ihre Empörung hierüber zum Ausdruck brachten, wurden sie vom Regimentskommissar Otmichalskij als Verräter bezeichnet und ebenfalls mit Erschießen bedroht.

Eindeutig geklärt worden sind die Umstände der Massenmorde bei Grišino, Postyševo und Krasnoarmejskoe, wo in den Tagen nach Stalingrad, zwischen dem 11. und 18. Februar 1943, über 600 Angehörige der Wehrmacht und verbündeter Armeen sowie Angehörige des Heeresgefolges, darunter Rote-Kreuz-Schwestern und Nachrichtenhelferinnen, entweder erschossen oder bestialisch hingemetzelt worden waren.[49] Nach unvollständigen Angaben konnten im einzelnen ermittelt werden: 406 deutsche, 89 italienische, 9 rumänische, 4 ungarische, 8 ukrainische Soldaten, 58 Angehörige der Organisation Todt, 15 Eisenbahner und 7 deutsche Zivilarbeiter. Die Untersuchung des Vorfalls begann unmittelbar nach der Wiedereinnahme des Gebietes durch die deutsche 7. Panzerdivision am 18. Februar 1943. »Sämtliche Leichen waren nackt ...«, heißt es in einem späteren kriegsgerichtlichen Untersuchungsprotokoll, »fast sämtliche Leichen waren verstümmelt ... Vielen Leichen waren Nase und Ohren abgeschnitten worden. Anderen Leichen waren die Geschlechtsteile abgeschnitten und ihnen in den Mund gesteckt worden.« Man hatte auch versucht, den Rote-Kreuz-Schwestern »in einer geradezu viehischen Weise die Brüste abzuschneiden«. Verantwortlich für diese Massaker, so der Chef einer Flakbatterie der 14. Gardepanzerbrigade, Leutnant Sorokin, war unter anderem die Politische Abteilung der dem 4. Gardepanzerkorps unter Generalmajor Polubojarov unterstehenden 14. Gardepanzerbrigade, die von dem anscheinend zuvor gefallenen Oberstleutnant Šibankov befehligt worden war.

Die übereinstimmenden Aussagen von Kriegsgefangenen, dazu aufgefundene Beutepapiere und abgehörte Funksprüche lassen also keine Zweifel daran, daß die Gefangenenmorde auch 1942/1943 fortgesetzt wurden. Es muß dabei bedacht werden, daß Untaten wie die von Feodosija, Grišino, Krasnoarmejskoe und andere immer nur entdeckt und untersucht werden konnten, wenn deutsche Truppen, was im weiteren Kriegsverlauf nur noch selten geschah, den Schauplatz solcher Massaker zufälligerweise wieder einzunehmen vermochten. Zwei Berichte mögen noch einmal verdeutlichen, welche Entmenschlichung die sowjetische Kriegspropaganda in der Roten Armee hervorgerufen hatte. So waren im Schützenregiment 875 der 158. Schützendivision Gefangenenmorde, an denen sich der Chef des Stabes, Major Borisov, und andere Offiziere persönlich beteiligten, an der Tagesordnung. Die dem Regiment angehörende Sanitäterin Sina Krasavina räumte ein, im März 1943 einen deutschen Kriegsgefangenen auf Veranlassung des Chefs der Besonderen Abteilung des NKVD, Samarin, eigenhändig niedergeschossen zu haben und darauf mit dem Orden der Roten Fahne dekoriert worden zu sein. Im Bereich einer anderen Division, so ein Augenzeuge[50)], wurden im Oktober 1943 noch gehfähige deutsche Verwundete gruppenweise in eine Schlucht geführt, »dort vor den vorher Erschossenen in Reihe aufgestellt und mit MG und MP erschossen. Ich habe die Erschießung zweier solcher Gruppen gesehen ... Im Tale sah ich auf der Exekutionsstätte ca. 200 Leichen von bereits vorher Erschossenen«.

Wie hat nun die deutsche Wehrmacht auf die ununterbrochene Folge von Mordtaten an ihren Soldaten reagiert? Es ist erwähnt worden, daß das Oberkommando der Wehrmacht schon im Juli 1941 alle Vergeltungsmaßnahmen verboten hatte, weil solche »Vergeltungsmaßnahmen angesichts der russischen Mentalität ihre Wirkung verfehlen und unnötig zur Erbitterung des Kampfes« beitragen würden. Auch der Oberbefehlshaber des Heeres, Generalfeldmarschall von Brauchitsch, stand auf dem Standpunkt, Vergeltungsmaßnahmen würden der Sowjetunion anders als den Westmächten gegenüber wirkungslos bleiben und zudem einen negativen Einfluß auf die an sich günstigen Aussichten für eine eigene Frontpropaganda in die Rote Armee hinein ausüben.[51)] Ungeachtet der »schweren Völkerrechtsverletzungen seitens der Russen« war ein diesbezüglicher Befehl an alle Divisionen des Ostheeres ergangen. Am 1. Juli 1941 wurde zugleich eine Entscheidung des »Führers und Obersten Befehlshabers« mitgeteilt, Ehefrauen der »Offiziere und Kommissare« und überhaupt alle sowjetischen Frauen, »die befehlsgemäß Waffen tragen, als Kriegsgefangene zu behandeln, wenn sie in Uniform angetroffen werden«.[52)] Dagegen sollten sie im Falle des Tragens von Zivilkleidung den völkerrechtlichen Schutz verlieren und als Freischärler gelten.
Am 5. Juli 1941 hatte der Oberbefehlshaber der 6. Armee, Generalfeldmarschall von Reichenau, den Major Turta vom Schützenregiment 781 der 124. Schützendivision standrechtlich erschießen lassen[53)], weil, wie es in dem Exekutionsbefehl heißt, diese Division »unter den Augen und mit Duldung« der »für die Untaten ihrer Untergebenen voll und ganz verantwortlichen Offiziere« seit dem 22. Juni 1941 »planmäßig deutsche Soldaten aller Dienstgrade, die verwundet oder unverwundet in ihre Hände fielen, in bisher unvorstellbar grausamer und tierischer Weise mißhandelt, ge-

quält, verstümmelt und ermordet hat«. Obwohl sich Reichenau auch der Roten Armee gegenüber eigentlich zu den herkömmlichen Grundsätzen der Kriegsgefangenenbehandlung bekannte, meinte er den »hingemordeten Kameraden« doch eine »harte und gerechte Sühne« an den Offizieren der 124. Schützendivision schuldig zu sein. Immerhin hat es sich hierbei um den zudem noch begründeten Einzelfall einer Repressalie gehandelt, die einen vielleicht sogar Verantwortlichen traf.

Denn im allgemeinen scheinen die deutschen Kommandobehörden auch im Osten von den Geboten des Völkerrechtes den Gefangenen gegenüber nicht abgerückt zu sein. Am 10. Juli 1941 etwa hatte der Bataillonsarzt des II. Bataillons des Infanterieregimentes (mot.) 53 dem Divisionsarzt der 14. motorisierten Infanteriedivision gemeldet, im Brückenkopf Dzisna seien am 8. Juli 1941 1 Offizier, 8 Unteroffiziere und 65 Soldaten seines Regimentes, teilweise in verwundetem Zustand, in Feindeshand gefallen und sie alle, wie eine Untersuchung ergab, »planmäßig auf gegebenen Befehl« durch Genickschuß, Stiche mit dem Seitengewehr und Kolbenschläge ermordet worden.[54)] Bei einer Reihe von Verwundeten wurden die »gräßlichsten Verstümmelungen« festgestellt. Als der hierüber erschütterte Oberarzt nun von seinem Fachvorgesetzten eine Anweisung erbat, wie er sich künftig verwundeten Russen gegenüber zu verhalten habe, da, wie er schrieb, »es mir nach dem Erleben dieses verbrecherischen Verhaltens des Feindes unseren Verwundeten gegenüber schwerfällt, mich weiterhin so zu verhalten, wie ich es bisher als meine Pflicht erachtet habe«, wurde ihm ein charakteristischer Bescheid zuteil. Der Chef des Generalstabes der Panzergruppe 3, Generalmajor von Hünersdorff, ließ dem Bataillonsarzt am 13. Juli 1941 mitteilen, daß »aus grundsätzlichen Erwägungen heraus von einer Abänderung des Verhaltens deutscher Soldaten gegenüber Verwundeten des Feindes nicht abgegangen werden« könne.[55)] Nur verlangte er, die Versorgung der eigenen Verwundeten darunter nicht leiden zu lassen.

Als im August 1941 nach der Ermordung und Verstümmelung von 19 deutschen Verwundeten und zwei Sanitätssoldaten in einem Rote-Kreuz-Fahrzeug dem Oberkommando der 17. Armee vorgeschlagen wurde, als Vergeltung hierfür hohe Offiziere der sowjetischen 6. und 12. Armee zu erschießen, hat der Armeeoberbefehlshaber, General der Infanterie von Stülpnagel, auch dieses Ansinnen mit ganz analoger Begründung zurückgewiesen. Und als nach dem Massaker von Grišino-Krasnoarmejskoe sich der deutschen Soldaten eine maßlose Erbitterung bemächtigte, erließ der Kommandierende General des XXXX. Panzerkorps, Generalleutnant Henrici, am 3. März 1943 eigens einen Tagesbefehl, in dem er seine Truppen ermahnte, sich wegen dieser Geschehnisse nicht zu Racheakten hinreißen zu lassen: »Wir wollen jedoch an dem soldatischen Grundsatz festhalten«, so heißt es darin, »daß der gefangene uniformierte Gegner, der keinen Kampf mehr führen kann und wehrlos ist, ins Gefangenenlager gehört.«[56]

Der Vorsitzende des Internationalen Militärgerichtshofes, Lordrichter Lawrence, hatte in Nürnberg am 22. März 1946 das von dem Verteidiger Dr. Stahmer beantragte Weißbuch der deutschen Reichsregierung über die »Bolschewistischen Verbrechen gegen Kriegsrecht und Menschlichkeit«, Erste Folge 1941, als Beweisunterlage nicht zulassen wollen. Lawrence folgte dem Verlangen des sowjetischen Hauptanklägers, General Rudenko, der es sich erlaubt hatte, die hier zusammengefaßten gerichtlichen Untersuchungsdokumente als »Erfindungen und Fälschungen« der »faschistischen Propaganda« zu bezeichnen[57], einzig und allein dazu bestimmt, »die von den Faschisten begangenen Verbrechen zu verbergen«. Da es sich bei den Opfern der untersuchten und aktenkundig gemachten Missetaten nur um deutsche und verbündete Soldaten gehandelt hat, betrachtete der Internationale Militärgerichtshof, völlig im Einklang mit dem Londoner Statut, ein solches Beweismittel als »unerheblich«. Gerade dieser Umstand rechtfertigt die Anführung wenigstens einiger der unzähligen aktenkundig gemachten Fälle über die Mißhandlung der deutschen Kriegsgefangenen, die in der Publizistik über den deutsch-sowjetischen Krieg sonst üblicherweise bewußt und methodisch der Vergessenheit anheimgegeben werden.

Anmerkungen zu Kapitel 11

[1] Stalin, Über den Großen Vaterländischen Krieg, S. 31, S. 37.
[2] Russia at War, S. 86, S. 113, S. 229, S. 234, S. 267.
[3] BA-MA, RH 21-3/v. 454, 14. 10. 1942.
[4] BA-MA, RH 2/2411, 30. 11. 1941.
[5] Moskva-frontu, S. 91.
[6] BA-MA, RH 22/271, 1. 1. 1942.
[7] BA-MA, RW 4/v. 330, 1. 1. 1942.
[8] BA-MA, RH 2/2425, 3. 4. 1942.
[9] BA-MA, RH 21-3/v. 742, 26. 2. 1942.
[10] BA-MA, RW 4/v. 330, 15. 3. 1942.
[11] BA-MA, RW 2/v. 153, 22. 1. 1942.
[12] BA-MA, RH 21-2/v. 706, 19. 4. 1942.
[13] BA-MA, RW 2/v. 158, 22. 12. 1941.
[14] Ebenda, 18. 1. 1942, 22. 12. 1941.
[15] Ebenda, 25. 1. 1942.
[16] BA-MA, RH 21-1/481, 18. 2. 1942.
[17] BA-MA, RW 2/v. 152, 17. 11. 1941.
[18] BA-MA, RW 2/v. 158, 8. 12. 1941.
[19] BA-MA, RW 2/v. 153, 19. 6. 1942.
[20] Ebenda, 19. 3. 1942.
[21] Paget, Manstein, S. 41; Zayas, Die Wehrmacht-Untersuchungsstelle, S. 308, S. 315.
[22] BA-MA, RW 2/v. 152, 31. 1., 2. 2. 1942.
[23] BA-MA, RW 2/v. 151, 14. 2. 1942.
[24] BA-MA, RW 2/v. 152, 30. 1. 1942.
[25] Vgl. Anm. 23.
[26] BA-MA, RW 2/v. 152, 10. 1. 1942.
[27] BA-MA, RW 2/v. 158, 9. 6. 1942.
[28] BA-MA, RW 2/v. 151, 24. 1. 1942.
[29] BA-MA, RW 2/v. 153, 4. 2. 1942.
[30] Ebenda, 2. 7. 1942.
[31] Ebenda, 9. 3. 1942.
[32] Ebenda, 26. 5. 1942.
[33] Ebenda, 6. 7. 1942.
[34] BA-MA, RH 21-3/v. 472, 21. 5. 1943.
[35] BA-MA, RW 2/v. 158, 7. 3. 1942.
[36] Stalin, Über den Großen Vaterländischen Krieg, S. 50.
[37] BA-MA, WO 1-6/578, o. D.
[38] BA-MA, RW 4/v. 330, 2. 6. 1942.
[39] BA-MA, RH 2/2411, 1. 5. 1942.
[40] BA-MA, RH 21-3/v. 454, 14. 10. 1942.
[41] Zayas, Die Wehrmacht-Untersuchungsstelle, S. 283, S. 299, S. 301.
[42] BA-MA, RW 2/v. 153, September 1942.
[43] Ebenda, 29. 4. 1942.
[44] Ebenda, 27. 3. 1942.
[45] BA-MA, RW 2/v. 158, 8. 7. 1942.
[46] BA-MA, RW 2/v. 153, 20. 7. 1942.
[47] Zayas, Die Wehrmacht-Untersuchungsstelle, S. 146f., S. 294.
[48] BA-MA, RH 21-3/v. 496, 5. 10. 1943.
[49] Hoffmann, Deutsche und Kalmyken, S. 108; derselbe, Die Kriegführung aus der Sicht der Sowjetunion, S. 790.

[50] BA-MA, RH 21-3/v. 496, 29. 10. 1943.
[51] BA-MA, RH 24-3/134, 16. 7. 1941.
[52] BA-MA, RH 20-4/672, 1. 7. 1941.
[53] BA-MA, RH 20-6/489, 5. 7. 1941.
[54] BA-MA, RH 21-3/437, 10. 7. 1941.
[55] Ebenda, 13. 7. 1941.
[56] BA-MA, 34561/2, 3. 3. 1943.
[57] Der Prozeß gegen die Hauptkriegsverbrecher, Bd IX, S. 754ff.

12.

Greueltaten der Roten Armee beim Vordringen auf deutschen Boden

Die Sowjetunion hatte sich geweigert, die Haager Landkriegsordnung und die Genfer Konvention anzuerkennen. Mißachtung des Kriegsvölkerrechts – das war auch der Ungeist, in welchem sich 1944/1945 die Besetzung der Ostprovinzen des Deutschen Reiches durch die Truppen der Sowjetunion vollzog. Das Eindringen der Roten Armee in Ostpreußen, Westpreußen und Danzig, in Pommern, Brandenburg und Schlesien war überall in gleicher Weise von Untaten begleitet, die in der neueren Kriegsgeschichte ihresgleichen suchen. Massenmorde an Kriegsgefangenen und an Zivilpersonen jeden Alters und Geschlechtes, Massenvergewaltigungen von Frauen, selbst von Greisinnen und Kindern, unter ekelhaften Begleiterscheinungen, in vielfacher Weise, manchmal bis zum Tode hin, mutwillige Inbrandsetzung von Häusern, Dörfern, Stadtteilen und ganzen Städten, systematische Beraubung, Plünderung und Zerstörung privaten und öffentlichen Eigentums und schließlich Massendeportationen von Männern, aber auch von Frauen und Jugendlichen, in die Arbeitssklaverei der Sowjetunion – wie üblich bei Trennung der Mütter von ihren Kindern und unter Zerreißung der Familienbande – dies waren die hervortretenden Merkmale[1)] eines Geschehens, das in flagrantem Widerspruch zu den Grundsätzen einer geregelten Kriegführung stand.

Tötungen als schwerwiegendstes Delikt geschahen auf mannigfache Art und Weise. Flüchtlingstrecks wurden von Panzern niedergewalzt oder zusammengeschossen, Männer, aber auch viele Frauen nach der Vergewaltigung, durch herabspringende Tankisten und Infanteristen erschossen, erschlagen oder erstochen.[2)] Überall in Häusern und auf Straßen wurden Zivilpersonen ermordet, in manchen Gebäuden, Forsthäusern, Scheunen und Schuppen bisweilen auch lebendigen Leibes verbrannt. Männer, die ihre Frauen und Töchter vor der Vergewaltigung zu schützen versuchten, wurden in der Regel ebenso getötet wie Frauen, die sich gegen eine Gewalttat zur Wehr setzten. Immer wieder wird von sadistischen Sexualmorden berichtet und manchmal sogar von der Schändung zuvor schon Ermordeter.[3)] Im Zuge einer sogenannten ›Entnazifizierung‹ wurden Mitglieder der NSDAP und deren Gliederungen oder sonstige ›Faschisten‹, etwa Ortsbauernführer, erschossen, vielfach auch Beamte und Angestellte der Zivilverwaltung und natürlich Angehörige der Polizei, überhaupt Uniformträger des öffentlichen Dienstes, einerlei ob Eisenbahner, Postbeamte, Feuerwehrleute, Förster, ferner Angehörige des Reichsarbeitsdienstes oder der Organisation Todt, darüberhinaus sehr oft auch sogenannte ›Kapitalisten‹ wie Gutsbesitzer, Bauern, Ladeninhaber, Hausbesitzer, ferner alle, die, wie Hitlerjungen, in irgendeiner Weise als potentielle ›Partisanen‹ angesehen wurden, und sehr oft die Bewohner von Häusern, in denen deutsche Soldaten oder Waffen gefunden worden waren. Formale Grundlage war der von dem Volkskommissar für Innere Angelegenheiten der UdSSR, Berija, herausgegebene Befehl Nr. 0016 des NKVD vom 16. Januar 1945.[4] Die Sowjets erschossen oder erschlugen während der Deportationen der ›mobilisierten Deutschen‹ (mobilizovannych nemcev) alle jene, die aus Kräftemangel nicht Schritt zu halten vermochten, und in den Folterkellern des NKVD starben viele der Verhörten unter unmenschlichen Torturen. Bisweilen wurde, wie die Beispiele Nemmersdorf 1944 und Metgethen 1945 erweisen, die Einwohnerschaft ganzer Ortschaften, Männer, Frauen und Kinder, einfach nur deswegen massakriert, weil es sich bei ihnen um Deutsche gehandelt hat.[5] Für das zügellose Treiben der aufgehetzten sowjetischen Soldateska gab es keine feststehende Regel.

Der britische Feldmarschall Montgomery, zu dem später einiges aus der sowjetischen Besatzungszone herübergedrungen war, nannte ›die Russen‹ (er meinte die Sowjets) in seinen Erinnerungen (Memoirs) »tatsächlich unzivilisierte Asiaten«, und er fügte hinzu: »Ihr Benehmen, besonders gegenüber Frauen, widerte uns an. In einigen Gegenden der russischen Zone gab es praktisch überhaupt keine Deutschen mehr. Sie waren vor dem Ansturm der Barbaren geflohen.«[6] Für den amerikanischen General Keating, der nur um die Verhältnisse in Berlin wußte, war in vielen Fällen »ihr hemmungsloses Treiben dem der barbarischen Horden von Dschingis-Khan verwandt«.[7] Und George F. Kennan bestätigte dem amerikanischen Völkerrechtler Alfred M. de Zayas mündlich noch einmal, was er in seinen Erinnerungen (Memoirs) geschrieben hatte, die Sowjets »fegten die einheimische Bevölkerung vom Erdboden in einer Art, die seit den Tagen der asiatischen Horden kein Beispiel hat«.[8]

Die Anzahl der allein in den deutschen Ostprovinzen ermordeten Kriegsgefangenen wird niemals mehr zu ermitteln sein. Doch über die Zahl der zivilen Opfer geben die Untersuchungen des Bundesministeriums für Vertriebene und des Bundesarchives aufgrund von Einwohnerstatistiken wenigstens ungefähre Vorstellungen, wenngleich die Schätzungen an der unteren Grenze liegen und sie nur die Opfer unmittelbarer Verbrechen umfassen. Demnach sind 120 000 Männer, Frauen und Kinder größtenteils von Sowjetsoldaten ermordet worden[9] und 100 000 – 200 000 weitere in Gefängnissen und Lagern zugrundegegangen. 200 000 Menschen starben während der ab 3. Februar 1945 einsetzenden Deportationen und in der sowjetischen Sklaverei[10] und unendlich viele – in Königsberg allein 90 000 – an den unmenschlichen Lebensbedingungen unter sowjetischer Militärverwaltung in der nachfolgenden Okkupationszeit. Extrem hoch war auch die Rate derer, die ihrem Leben aus Verzweiflung selbst ein Ende machten. Die ungeheuren Menschenverluste, die durch unmittelbare Gewaltanwendung oder in den Gefängnissen, Konzentrations- und Vernichtungslagern in Polen, Jugoslawien und in der Tschechoslowakei eingetreten sind, sollen in diesem Zusammenhang dabei ebenso außer Betracht bleiben wie die mindestens 65 000 Zivilpersonen, die in den sowjetischen Konzentrationslagern (special'nye lageri, speclager' NKVD SSSR) der Besatzungstruppen (okkupacionnych vojsk) an Hunger und Seuchen zugrundegingen.[11)]

Was insbesondere die Verhältnisse in Böhmen und Mähren angeht, so sei an dieser Stelle der Aufruf zitiert, den schon am 3. November 1944 der Befehlshaber der tschechischen Exil-Streitkräfte, General Ingr, über den britischen Rundfunk verbreitet hatte: »Wenn unser Tag kommt, wird die ganze Nation dem alten Kriegsruf der Hussiten folgen: Schlagt sie, tötet sie, laßt niemanden am Leben! Jedermann sollte sich bereits jetzt nach der bestmöglichen Waffe umsehen, die die Deutschen am stärksten trifft. Wenn keine Feuerwaffe zur Hand ist, sollte man irgendeine sonstige Waffe vorbereiten und verstecken – eine Waffe, die schneidet oder sticht oder trifft.«[12)] In Befolgung dieses und ähnlicher Aufrufe sind ab Mai 1945 270000 wehrlose Deutsche in der ČSR teilweise viehisch ermordet worden. Allgemein wurde in den sogenannten ›Vertreibungsgebieten‹ eine Gesamtzahl von 2,2 Millionen ›ungeklärter Fälle‹ geschätzt[13)], die in ihrer Mehrheit bei weiterer Begriffsauslegung als ›Verbrechensopfer‹, das heißt als Opfer des antideutschen Genocides, anzusehen sind.

Die vorliegende Darstellung befaßt sich primär mit dem Verantwortungsbereich der Roten Armee, die schon in Jugoslawien 1944 freilich schwere Verbrechen gegen die Zivilbevölkerung begangen hatte. Es geht darum zu erweisen, daß Stalin, das Politbüro und die Mitglieder des Staatlichen Verteidigungskomitees, die politische und militärische Führung der Roten Armee, die nachgeordneten Heeres- und Truppenführer und die ihnen unterstehenden Offiziere aller Grade die unmittelbare Verantwortung für alles Geschehene tragen, indem sie, insbesondere die Befehlshaber und sonstige Offiziere, ihre Truppen von der Begehung von Völkerrechtsverbrechen nicht nur nicht abhielten, vielmehr sie hierzu noch aufriefen und solche Gewaltakte duldeten, förderten und in großem Umfange selber an ihnen teilnahmen. Eine besondere Verantwortung trifft die Oberbefehlshaber der 3. Weißrussischen Front, Armeegeneral Černjachovskij, und der 1. Weißrussischen Front, Marschall der Sowjetunion Žukov, und ihre Kriegsräte, deren verbrecherische Befehle im Wortlaut oder auszugsweise vorliegen. Entsprechende Befehle der Oberbefehlshaber der 2. Weißrussischen Front, Marschall der Sowjetunion Rokossovskij, und der 1. Ukrainischen Front, Marschall der Sowjetunion Konev, sind offenbar nicht erbeutet worden, aber die Verhältnisse in ihren Verantwortungsbereichen waren keine anderen. Grundsätzlich waren sie ebenso wie Černjachovskij und Žukov jedenfalls verantwortlich für die durch Goko Nr. 7467 ss vom 3. Februar 1945 angeordnete und durchgeführte Deportation friedlicher Einwohner zur Sklavenarbeit in die Sowjetunion, ein Humanitätsverbrechen, für das in Analogie Alfred Rosenberg und Fritz Sauckel vom Internationalen Militärgerichtshof in Nürnberg zum Tode und Albert Speer zu 20 Jahren Gefängnis verurteilt worden sind.

Die Rote Armee befand sich, was die militärische Disziplin angeht, tatsächlich schon 1944 in dem Zustand einer zunehmenden Verwilderung. Bei der Wiedereinnahme altsowjetischer Gebiete, der Ukraine etwa, aber auch in Polen, in den baltischen Ländern, in Ungarn, in Bulgarien, Rumänien und Jugoslawien, nahmen Übergriffe und Gewaltakte gegenüber der einheimischen Bevölkerung einen solchen Umfang an, daß die sowjetischen Kommandobehörden sich gezwungen sahen, energische Maßnahmen zu ergreifen.[14)] So hatte der Oberbefehlshaber der 4. Ukrainischen Front, Armeegeneral Petrov, in dem Befehl Nr. 074 vom 8. Juni 1944 die »empörenden Ausschreitungen« von Armeeangehörigen seiner Front auf dem sowjetischen Territorium der Krim angeprangert, »die sogar bis zu bewaffneten Raubzügen und Ermordungen von Ortseinwohnern gehen«.[15)] Er nannte die schuldigen Soldaten, einschließlich ihrer Offiziere, »Banditen«, »Gauner« und »bewaffnete Verbrecher«, die, »die Hilflosigkeit der Zivilbevölkerung« ausnutzend, das Ansehen der Roten Armee schändeten. Ganz ähnlich ist in einer Weisung Nr. 0017 des Chefs der Politischen Verwaltung der 1. Ukrainischen Front, Šatilov, vom 6. April 1944 die Rede von den »Plünderungen«, »terroristischen Anschlägen«, »Mordtaten« der »dreist gewordenen Marodeure« und »Verbrecher« aus »vielen Truppenteilen und Dienststellen«, begangen an der Bevölkerung der Westgebiete der Ukraine, also Ostpolens, und vielfach unter Duldung der politischen Funktionäre.[16)] Wie gespannt die Lage in Polen gewesen sein muß, verdeutlicht das Tagebuch eines gefallenen Offiziers der 2. Gardeartilleriedivision des 5. Artilleriekorps der 1. Baltischen Front, Jurij Uspenskij. »Bei uns spricht man sehr feindlich über die Polen«, schreibt dieser sehr nachdenkliche Offizier über die Verhältnisse in Wilna, »Man sagt sogar, daß sie alle erhängt werden müßten, und dazu sagt man noch die Kultur-Phrase: ›Das polnische Volk ist geschichtlich zum Leben gar nicht geeignet‹.«[17)]

Ein Vorfall, wie die am 1. November 1944 vom Chef des Generalstabes der deutschen 16. Armee gemeldete ›Völkerrechtsverletzung‹[18)], kann für das nichtdeutsche Gebiet gewiß nicht verallgemeinert werden, zeigt aber doch, zu welchen Untaten manche Rotarmisten inzwischen schon fähig waren. Drei lettische Soldaten des deutschen Heeres vernahmen am 20. September 1944 hinter den sowjetischen Linien in einem Wäldchen des Gesindes Araji der Gemeinde Grünhof unfern von Mitau um 10 Uhr ein »unmenschliches Schreien, Stöhnen und Röcheln« und beobachteten aus einem Versteck heraus folgendes: »Die Schreie rührten von einer dem Augenschein nach etwa 20–30jährigen, völlig nackten Frau her, die anscheinend nach Art der Kreuzigung auf einer hölzernen Unterlage befestigt war, Rücken nach oben, das Gesicht der Unterlage zugewandt, welche im Winkel von

45° an einen Baum gelehnt war. Der Körper der Frau war auf dieser Unterlage schräg nach rechts geneigt, die Arme seitlich ausgestreckt und anscheinend befestigt, die Handflächen nach oben, die Beine zusammenliegend, bis zum Erdboden reichend. Ich halte es für möglich, daß der Körper auf durch die bretterartige Unterlage getriebenen Nägeln, ja vielleicht durch solche gehalten wurde. Um diese Stelle herum gingen von Zeit zu Zeit etwa 2 bis 4 Rotarmisten, aus der Ferne nur als Uniformträger unbekannter Dienstgrade erkennbar, ohne stehen zu bleiben, wohl aber sich anscheinend an den Qualen der Frau, deren eigentliche Ursache nicht zu erkennen war, ergötzend. Sie bewegten sich meistens zu zweien im Abstand von 10 m von der Frau, um diese, soweit ich erkennen konnte, herumgehend, sonst aber keine Bewegung verratend, woraus ich entnehmen zu können glaubte, daß Quälereien dieser Art bei ihnen durchaus nicht ungewöhnlich sind. Wir alle drei haben das Schreien etwa zwei Stunden lang gehört. Es dauerte im wesentlichen ununterbrochen an und verstummte gegen Ende dieser Zeit allem Anschein nach durch Ermattung der Frau. Das Schreien war derart unmenschlich, daß einer von uns, dessen Familie nicht den Sowjets entfliehen konnte, für eine Weile die Herrschaft über seine Nerven verlor, obwohl wir alle drei altgediente Soldaten der ehemaligen lettischen Armee sind. Wir schließen daraus, daß die Schmerzen der Frau ganz unmenschlich gewesen sein müssen.« Eine Hilfeleistung erwies sich als ausgeschlossen.

In den nichtdeutschen Ländern sind die sowjetischen Kommandobehörden, wenngleich oft vergeblich, noch gegen die Ausschreitungen und Plünderungen der Angehörigen der Roten Armee gelegentlich eingeschritten. Im deutschen Reichsgebiet entfiel jede Hemmung. So hatte der Korpskommandeur des 43. Schützenkorps, Generalmajor Andreev, seinen Soldaten in Polen zu Anfang Januar 1945 für den Fall von Übergriffen noch mit dem Militärtribunal gedroht, um in seiner Belehrung dann zugleich fortzufahren: »Wenn wir erst in Deutschland sind, werde ich über solche Dinge kein Wort verlieren.«[19] Die Grundhaltung der Rotarmisten nach Überschreiten der Reichsgrenze war geprägt von der Haßpropaganda der I. Ėrenburg, A.N. Tolstoj, E.V. Tarle, M.A. Šolochov, K.M. Simonov, A.A. Fadeev und vieler anderer, an die hier noch einmal erinnert werden soll. »An den Grenzen Deutschlands«, schrieb Ehrenburg, der Wortführer der Hetzer, am 24. August 1944, »laßt uns noch einmal den heiligen Eid wiederholen, nichts zu vergessen ... Wir sagen dies mit der Ruhe eines lange herangereiften und unüberwindlichen Hasses, wir sagen dies an den Grenzen des Feindes: Wehe dir, Deutschland!«[20] »Wir werden totschlagen«, so der unmißverständliche Aufruf Ehrenburgs an die Rotarmisten in der Frontzeitung UNIČTOŽIM VRAGA (Vernichten wir den Feind) am 17. September 1944.[21] »Wir werden ein Ende mit Deutschland machen«, schrieb er am 16. November 1944, »Es ist nicht damit getan, Deutschland zu besiegen: Es muß ausgelöscht werden.« »Es darf keine Gnade, keine Nachsicht geben«, wiederholte er am 8. Februar 1945. »Die einzige historische Mission, wie ich sie sehe«, so Ehrenburg noch am 3. März 1945, »besteht bescheiden und ehrenwert darin, die Bevölkerung von Deutschland zu vermindern.«

Die in der PRAVDA, in den IZVESTIJA, in KRASNAJA ZVEZDA, in KRASNOARMEJSKAJA PRAVDA und in den Frontzeitungen verbreiteten Artikel und Aufrufe Ehrenburgs und anderer Hetzer wurden den Truppen von den zahlreichen Kadern der Politorgane – und dies noch verstärkt vor Angriffen – eingehämmert und immer wieder zu Bewußtsein gebracht. In den deutschen Städten fanden sich Schilder mit der Aufschrift: »Rotarmist, Du stehst jetzt auf deutschem Boden – die Stunde der Rache hat geschlagen!«[22) »Erzittere Deutschland! ... Erzittere verfluchtes Deutschland! Wir werden Dich mit Feuer und Schwert durchziehen und in Deinem Herzen den letzten Deutschen, der russischen Boden betreten hatte, erstechen«, schrieb die Frontzeitung BOEVAJA TREVOGA (Kampfalarm) am 20. Oktober 1944. Es war aber durchaus nicht etwa so, daß, wie in Fortführung der Sowjetpropaganda auch heute noch kolportiert wird, die Sowjetsoldaten von vornherein erfüllt gewesen wären von infernalischen Haß- und Rachegefühlen, sondern solche Gelüste mußten in ihnen systematisch, mit Vorbedacht und kaltem Kalkül erst hervorgerufen werden. Die Rotarmisten wurden aufgehetzt in ganz bestimmter Absicht. Denn Stalin und die militärische und politische Führung der Roten Armee waren sich sehr wohl des oft mangelnden ›Sowjetpatriotismus‹ und der zunehmenden Kriegsmüdigkeit der Sowjetsoldaten bewußt, und da man nicht an die höheren menschlichen Empfindungen appellieren konnte, mußten die niederen Instinkte geweckt werden, um ein maximales Maß an Kampfanstrengungen zu erzielen. Die »Geschichte des Großen Vaterländischen Krieges der Sowjetunion« macht keinen Hehl hieraus, wenn es in ihrer Darstellung heißt, »daß man keinen Feind besiegen kann, wenn man ihn nicht aus vollster Seele haßt«. Aus diesem Grunde sei es eine der wichtigsten Aufgaben der politischen Arbeit, der Kommandeure und Politarbeiter, gewesen, die Sowjetsoldaten zu einem »glühenden Haß gegen die faschistischen Okkupanten« zu erziehen.[23) Und zu diesem Ziel waren denn auch die verwerflichsten Mittel recht.

Der bekannte Germanist und ehemalige Politoffizier jüdischer Herkunft, Major Kopelev, Zeuge vielfacher Untaten, läßt in den Kriegserinnerungen »Aufbewahren für alle Zeit« seinen Vorgesetzten, den Chef der 7. Abteilung der Politverwaltung der 50. Armee, Oberstleutnant Sabaštanskij, sprechen[24): »Was ist zu tun, damit der Soldat Lust zum Kämpfen behält? Erstens: Er muß den Feind hassen wie die Pest, muß ihn mit Stumpf und Stiel vernichten wollen. Und damit er seinen Kampfwillen nicht verliert, damit er weiß, wofür er aus dem Graben springt, dem Feuer entgegen in die Minenfelder kriecht – muß er zweitens wissen: Er kommt nach

Deutschland und alles gehört ihm – die Klamotten, die Weiber, alles! Mach, was Du willst! Schlag drein, daß noch ihre Enkel und Urenkel zittern! ... Lange nicht jeder wird Kinder töten ... Aber wenn Du schon davon anfängst: Laß die, die es in blinder, leidenschaftlicher Aufwallung tun, auch kleine Fritzen töten ...« Es war dies die Einstellung nicht von Soldaten, sondern von Räubern und Mördern. Vergeblich versuchte Kopelev seinen Genossen ins Gewissen zu reden: » ... und wir alle – Generäle und Offiziere – verhalten uns nach Ehrenburgs Rezept ... Und stell Dir vor, was wird später aus unseren Soldaten, die zu Dutzenden über eine Frau herfielen? Die Schulmädchen vergewaltigten, alte Frauen ermordeten? ... Das sind Hunderttausende von Verbrechern, künftigen Verbrechern, grausame und dreiste mit den Ansprüchen von Helden«. Denunziert von den eigenen Genossen, wurde Kopelev verhaftet und wegen Beleidigung der Roten Armee und Begünstigung der Deutschen jahrelang den Konzentrationslagern des GULag zugeführt.

Dem Eindringen der Truppen der Roten Armee in Deutschland war eine »systematische, propagandistische Aufwiegelung« vorausgegangen, »in der der Haß gegen alles Deutsche in einer bisher unvorstellbaren Weise« angefacht werden sollte, wie der Chef der Abteilung Fremde Heere Ost des Generalstabes des Heeres, Generalmajor Gehlen, nach Analyse der erbeuteten sowjetischen Dokumente am 22. Februar und 23. März 1945 feststellte.[25)] Es war aber nicht nur die Agitation des politischen Apparates, die die Sowjetsoldaten dazu aufrief, grausame Rache an den Deutschen zu nehmen. Die militärischen Kommandobehörden standen demselben in keiner Weise nach. Auch von seiten der Stäbe der Fronten und Armeen waren Tagesbefehle ergangen, deren Inhalt allgemein als Aufforderung zum ›Morden und Rauben‹ ausgelegt und aufgefaßt werden mußte. Der durchschnittliche Rotarmist wurde jedenfalls nicht in Zweifel darüber gelassen, daß er in Deutschland freie Hand haben würde und mit der Zivilbevölkerung und ihrem Besitz nach Belieben umspringen könne. Die im Oktober 1944 erstmals erteilte, nach Major Košalov vom Stabe der 3. Ukrainischen Front im Januar 1945 erneuerte und auch mündlich gegebene Erlaubnis Stalins, Feldpostpakete und Beutegut (Generale 16 kg, Offiziere 10 kg, Unteroffiziere und Mannschaften 5 kg) in die Sowjetheimat zu schicken[26)], mußte bei labilen Elementen Räuberinstinkte wachrufen und wurde, wie Feldpostbriefe und Kriegsgefangenenaussagen beweisen, tatsächlich so verstanden, daß »Plünderung durch die oberste Führung ausdrücklich gestattet« sei.

An die »niedrigsten Instinkte der breiten Masse der Rotarmisten« appellierte der von dem Oberbefehlshaber, Armeegeneral Černjachovskij, dem Mitglied des Kriegsrates, Generalleutnant Chochlov, und dem Chef der Politischen Verwaltung, Generalmajor Razbijcev, vor Betreten ostpreußischen Bodens im Oktober 1944 erlassene Tagesbefehl an die Truppen der 3. Weißrussischen Front.[27] Die Überschreitung der Reichsgrenze wurde nunmehr zum Anlaß genommen, um die Sowjetsoldaten mit der von der Sache her unzutreffenden Behauptung aufzuputschen, die deutschen Soldaten hätten »das russische Kind gemordet, die Frau, Braut und Schwester vergewaltigt, die Mutter und den Vater erschossen«. »Die Qualen der Gemordeten, das Stöhnen der lebendig Begrabenen, die unstillbaren Tränen der Mütter«, so der Kriegsrat der 3. Weißrussischen Front in seinem Tagesbefehl, »fordern Euch zu schonungsloser Rache auf... Möge der blutrünstige, verhaßte Feind, der uns so viel Leid und Qualen zugefügt hat, erzittern und in den Strömen seines eigenen schwarzen Blutes ertrinken.« Wenn, wie hier deutlich wird, schon die führenden Kommandobehörden die Begehung von Racheakten jetzt als ›heilige Pflicht‹ hinstellten, dann war es nicht verwunderlich, daß erst recht die nachgeordneten Befehlsstellen »die sinnlosen Greuel und Zerstörungen nicht nur geduldet, sondern die ihnen unterstellten Truppenteile dazu noch aufgefordert« haben. So beispielsweise wurde im Auftrage des Divisionskommandeurs, Oberst Eliseev, im 1. Bataillon des Schützenregimentes 557 der 153. Schützendivision zu Anfang Oktober 1944 folgendes bekanntgegeben[28]: »Wir marschieren nach Ostpreußen. Den Rotarmisten und den Offizieren werden folgende Rechte eingeräumt: 1. Jeden beliebigen Deutschen zu vernichten, 2. Plünderung des Eigentums, 3. Vergewaltigung der Frauen, 4. Brandschatzung, 5. Die Soldaten der ROA werden nicht gefangengenommen. Jede Patrone für sie ist unnütz. Sie werden erschlagen bzw. mit den Füßen zertrampelt.« Auch der Kommandeur der 352. Schützendivision hatte den Rotarmisten in einer Ansprache erklärt, sie hätten jetzt Gelegenheit, »an den Deutschen Rache zu nehmen«.[29]

Nach deutschen Ermittlungen waren für die in Ostpreußen, im Kreise Goldap, schon im Herbst 1944 begangenen Scheußlichkeiten als »die eigentlichen geistigen und tatsächlichen Hauptschuldigen . . . in vollem Umfange« verantwortlich[30]: der Oberbefehlshaber der 31. Armee, Generaloberst Glagolev, und die Mitglieder seines Kriegsrates, Generalmajor Karpenkov, Generalmajor Lachtarin und Generalmajor Rjapasov, sowie auch besonders der Kommandeur der 88. Schützendivision, Oberst Kovtunov, und einige weitere namentlich genannte Offiziere. Als Verantwortliche für Erschießungen, Vergewaltigungen und sinnlose Zerstörungen im Memelgebiet, so in Heydekrug, werden genannt: der Kommandeur der 87. Gardeschützendivision, Generalmajor Tymčik, und der Kommandeur der 2. Gardeartilleriedivision, Oberst Kobcev, deren Truppenteile sich schon auf sowjetischem Boden »durch ihre Ausschreitungen und Raubzüge« hervorgetan hatten. Dies sind natürlich nur einige zufällig überlieferte Namen aus der langen Reihe der Verantwortlichen.

Was sich im Herbst 1944 in Ostpreußen an »Übergriffen und bestialischen Greueltaten« abgespielt hatte, waren auch keine Einzelerscheinungen, vielmehr wiederholten sich diese Vorgänge in riesigem Maßstabe in den deutschen Ostprovinzen nach Beginn der sowjetischen Winteroffensive am 13. Januar 1945. Niemand wird einen Heeres- oder Truppenführer tadeln können, wenn er in der zu diesem Zweck immer leicht phrasenhaften Sprache von Tagesbefehlen seine Soldaten vor entscheidenden Kämpfen zu Tapferkeit und unbedingtem Siegeswillen aufruft. Wenn aber, wie geschehen, der Oberbefehlshaber der 1. Weißrussischen Front, Marschall der Sowjetunion Žukov, an die niedersten Haß- und Rachegefühle appellierte, wenn er fast unverhüllt und im Wissen darum, wie seine Worte von den Politorganen interpretiert wurden, zur Begehung von Gewaltakten an der Zivilbevölkerung aufforderte, dann setzte er sich nicht zuletzt auch in Widerspruch zu den Traditionen des russischen Heeres. Gerade ein Vorbild russischen Soldatentums wie der Kaiserlich Russische Feldmarschall Graf Suvorov-Rymnikskij, mit dem Sowjetmarschall Žukov sich bisweilen zu Unrecht vergleichen ließ, hatte, so etwa bei Warschau 1794, den Wehrlosen und Besiegten gegenüber immer Großmut und Schonung walten lassen und seine Truppen bei jeder Gelegenheit an die Soldatentugenden erinnert.[31)]

Žukov aber, der schon am 14. Dezember 1941 zu unterschiedsloser Vernichtung aller von ihm als ›hitlerische Banditen‹ geschmähten deutschen Kriegsgefangenen aufgerufen hatte, erließ vor Beginn der Winteroffensive im Januar 1945 einen Tagesbefehl, den auch die Mitglieder des Kriegsrates der 1. Weißrussischen Front, Generalleutnant Telegin, Generaloberst der Artillerie Kazakov, Generaloberst der Flieger Rudenko und der Chef des Frontstabes, Generaloberst Malinin, unterzeichneten.[32)] In diesem Tagesbefehl »An die Soldaten, Unteroffiziere, Offiziere und Generale der Truppen der 1. Weißrussischen Front« heißt es unter Bezugnahme auf die von »unserem geliebten Stalin« gestellte ›historische Aufgabe‹, »dem faschistischen Tier in seiner eigenen Höhle den Garaus zu machen«, unter anderem: »Die Zeit ist gekommen, mit den deutsch-faschistischen Halunken abzurechnen. Groß und brennend ist unser Haß! Wir haben die Qualen und das Leid nicht vergessen, welche von den hitlerischen Menschenfressern unserem Volke zugefügt wurden. Wir haben unsere niedergebrannten Städte und Dörfer nicht vergessen. Wir gedenken unserer Brüder und Schwestern, unserer Mütter und Väter, unserer Frauen und Kinder, die von den Deutschen zu Tode gequält wurden. Wir werden uns rächen für die in den Teufelsöfen Verbrannten, für die in den Gaskammern Erstickten, für die Erschossenen und Gemarterten. Wir werden uns grausam rächen für alles. Wir gehen nach Deutschland, und hinter uns liegen Stalingrad, die Ukraine und Weißrußland. Wir gehen durch die Asche unserer Städte und Dörfer, auf den Blutspuren unserer Sowjetmenschen, die zu

Tode gequält und zerfetzt wurden vom faschistischen Getier. Wehe dem Land der Mörder!... Für den Tod, für das Blut unseres Sowjetvolkes sollen die faschistischen Räuber mit der vielfachen Menge ihres gemeinen schwarzen Blutes bezahlen!... Diesmal werden wir das deutsche Gezücht endgültig zerschlagen!«

Nicht anders gehalten war der Appell, mit dem sich Armeegeneral Černjachovskij am 12. Januar 1945 an die Truppen der 3. Weißrussischen Front wandte[33]: »Gnade gibt es nicht – für niemanden, wie es auch keine Gnade für uns gegeben hat... Es ist unnötig, von den Soldaten der Roten Armee zu fordern, daß Gnade geübt wird. Sie lodern vor Haß und Rachsucht. Das Land der Faschisten muß zur Wüste werden, wie auch unser Land, das sie verwüstet haben. Die Faschisten müssen sterben, wie auch unsere Soldaten gestorben sind.« Es waren immer allgemein die Deutschen selbst, die unter dem Begriff ›Faschisten‹ verstanden wurden.

Unmittelbare Folge dieser vom Politapparat dann nach allen Regeln des Agitprop verbreiteten und kommentierten Aufrufe war nach den Feststellungen des Oberkommandos des Heeres im Bereich verschiedener sowjetischer Armeen der Befehl zur »Erschießung oder Erschlagung aller gefangenen deutschen Soldaten (auch der Verwundeten)«. Ebenfalls war unter Verletzung des Völkerrechtes befohlen, »Angehörige des Volkssturmes nicht als militärische Einheit, sondern als Partisanen anzusehen und daher zu erschießen«. Die deutsche Nachrichten-Aufklärung konnte aus verschiedenen Frontbereichen immer wieder Funksprüche auffangen[34], die die Tatsache solcher Gefangenenmorde unbestreitbar machen.

So wurde am 27. Januar 1945 folgender Befehl an einen unbekannten Verband abgehört: »Gefangene sind nicht zu machen, es ist ein untragbarer Zustand, jeder Feind muß getötet werden.« Am 4. Februar 1945 wurde aus dem Raum um Zakopane (4. Ukrainische Front) gemeldet: »Ich habe 35 Gefangene gemacht, darunter 2 Oberleutnante, sie sind erschossen worden.« Ein Verband der 2. Weißrussischen Front setzte am 20. Januar 1945 diesen Funkspruch ab: »Ich weiß nur, daß 15 Gefangene gemacht wurden. Jedoch keiner kam an, sie wurden alle auf dem Wege erschossen.« Und ein Verband der 70. Armee derselben Front meldete am 9. Februar 1945: »Heute haben wir nur 30 Mann gefangengenommen... Wir haben sie alle erschlagen, wie wir es mit den anderen auch getan haben.« Im Bereich der 39. Armee der 3. Weißrussischen Front wurde am 13. Februar 1945 aus Mandeln bei Königsberg folgender Befehl erteilt: Wenn sie (die Deutschen) »in Massen kommen, sind keine Gefangenen zu machen«. Ebenfalls im Bereich dieser Front meldete die 331. Schützendivision ihrem Korpsstab aus dem Raum Heilsberg-Landsberg am 30. Januar 1945: »22 Gefangene habe ich gemacht, darunter einen Abteilungskommandeur. Die übrigen habe ich umgelegt ...« Und am 2. Februar 1945 hieß es: »Habe Gefangene gemacht, 14 Mann. Einen habe ich zu Ihnen geschickt, 13 erschossen.« Auch die 129. bzw. 269. Schützendivision der 3. Armee meldete dem übergeordneten Stab im Bereich der 3. Weißrussischen Front aus dem Raum um Mehlsack am 19. Februar 1945 einen größeren Gefangenenmord. Diese Division erhielt den Befehl, alle Kriegsgefangenen zu erschießen: »Vedro an Uzor«: »Vernichten Sie die, auch wenn Sie sie lebendig bekommen.«[35)]

Wie die Appelle der Kommandobehörden in die Tat umgesetzt wurden, das mag an dem folgenden Einzelbeispiel verdeutlicht werden. So hatte der Kommandeur der 72. Schützendivision, Generalmajor Jastrebov, jedem Rotarmisten vor Betreten des Reichsgebietes volle Handlungsfreiheit gewährt und zugleich Befehl erteilt, sämtliche Gefangenen zu erschießen.[36)] Dieses wurde von dem Regimentskommandeur des Schützenregimentes 14 dieser Division, Oberstleutnant Korolev, noch einmal ausdrücklich bestätigt. Der Kommandeur des 3. Bataillons, Oberleutnant Vasil'ev, der seine Untergebenen am selben Tage hiervon unterrichtet hatte, vergewaltigte am 29. Januar 1945 in Stöblau bei Krappitz ein junges Mädchen unter Waffenbedrohung der verzweifelten Mutter und ließ anschließend sechs bis sieben kriegsgefangene Soldaten erschießen.[37)] Einheiten der 72. Schützendivision ermordeten allein in Burgwasser bei Krappitz am selben Tage 18 Einwohner, darunter einen Säugling, und in Krappitz 12 Luftwaffenhelfer mit ihrem Feldwebel durch Genickschuß. Nach Wiedereinnahme des Gebietes entdeckten die deutschen Truppen »zahlreiche ermordete deutsche Soldaten und Zivilisten«.

Was die Haßpropaganda bei den Rotarmisten angerichtet hatte, das fand einen unverfälschten Widerhall in erbeuteten Feldpostbriefen[38)], von denen einige hier angeführt werden sollen. Geschrieben sind sie von Angehörigen motorisierter Einheiten der Feldpostnummer 20739 im Zeitraum des Januar–Februar 1945 in Ostpreußen. »Wir maschieren jeden Tag weiter vorwärts durch Ostpreußen«, so schrieb etwa Smolkin an seine Eltern in Smolensk, »und wir nehmen Rache an den Deutschen für alle ihre Schandtaten, die sie an uns verübt haben ... Es ist uns jetzt alles erlaubt zu tun mit den deutschen Schurken.« Ein unbekannter Rotarmist schrieb am 29. Januar 1945 an seine Freundin bei Kalinin: »Und wie freut sich das Herz, wenn man durch eine brennende deutsche Stadt fährt. Endlich schlagen wir die Deutschen in ihrem eigenen Lande, in ihrem verfluchten Schlupfwinkel. Wir nehmen Rache für alles und unsere Rache ist gerecht. Feuer um Feuer, Blut um Blut, Tod um Tod!« »Die Deutschen reißen alle aus, fürchten sich vor unserer Rache«, so steht es in einem Brief, den Laptev am 30. Januar 1945 in das Gebiet Tiraspol' schrieb, »aber nicht jedem gelingt es zu entkommen. Soll die deutsche Mutter den Tag verfluchen, an dem sie einen Sohn geboren hat. Sollen die deutschen Frauen jetzt die Schrecken des Krieges verspüren. Sollen sie das, was sie den anderen Völkern zugedacht haben, jetzt selbst erleben.« Solche Phrasen waren fast wörtlich den Hetzartikeln Ehrenburgs entnommen.

»Die Zivilbevölkerung flieht jetzt nicht mehr«, schrieb Klimov am 30. Januar 1945 in das Gebiet Vladimir, »Was sich da im allgemeinen abspielt, ist geradezu unheimlich.« Und Ivanišev ließ seine Frau bei Tambov am 31. Januar 1945 wissen: »Wir haben fast ganz Ostpreußen besetzt. Wir übernachten in ihren Häusern und treiben die Deutschen hinaus in die Kälte ... Allerhand Beute machen wir, alles schöne Sachen ...« »Jetzt führen wir Krieg im wahrsten Sinne des Wortes«, so Poletaev am 1. Februar 1945 an seine Eltern in Alma Ata, »zerschmettern die Scheusale in ihrem Schlupfwinkel in Ostpreußen ... Jetzt können auch unsere Soldaten sehen, wie ihre Unterkünfte brennen, wie ihre Familien umherirren und ihre Schlangenbrut mit sich schleppen ... Sie hoffen wohl, am Leben zu bleiben, aber für sie gibt es keine Gnade.« Die Rotarmistin Nina schrieb am 1. Februar 1945 an ihre Mutter Demidova bei Kostroma: »Von den Deutschen sind nur Greise und Kinder da, junge Frauen sehr wenig, und auch die werden totgeschlagen. Überhaupt, was hier geschieht, das läßt sich weder sagen noch beschreiben ... Gestern betrat ich einen Bahnhof. Da habe ich es nicht aushalten können, bin einfach weggelaufen. Die Kinder stürzten sich förmlich auf mich.« »Deutsche Frauen gibt es genug«, so Jefimenko am 3. Februar 1945, »Man braucht sie nicht zu überreden, einfach den Nagan angesetzt und das Kommando ›Hinlegen‹, erledigst das Geschäft und gehst weiter.« In einem Brief an einen Hauptmann Kljušin vom selben Tage steht geschrieben: »Wir räuchern hier die Preußen aus, daß die Federn fliegen. Unsere Jungens haben bereits alle deutschen Frauen ›ausprobiert‹. Überhaupt gibt es viel Beute.« In dem Brief eines unbekannten Rotarmisten wird der Ungeist der Haßpropaganda auf eine Formel gebracht: »Deutsche Frauen und Kinder, die in unsere Hände geraten, töten wir durch Kopfschuß. Das ist unsere Rache für alles, was sie bei uns in zwei Jahren zerstört haben.«[39)]

Es erübrigt sich, das hieb- und stichfeste Beweismaterial durch die schier unübersehbare Menge übereinstimmender Aussagen von Kriegsgefangenen und Überläufern vervollständigen zu wollen, die das Geschehen durch Schilderungen immer neuer schrecklicher Einzelheiten anreichern und variieren. Nur wenige Aussagen mögen zur Illustrierung dienen. So hatte der Staršij seržant Razygraev von der 358. Schützendivision als Augenzeuge folgendes zu Protokoll gegeben[40)]: »Der Adjutant der II. Abteilung Artillerieregiment 919, Oberleutnant Pugatschew, nahm sich 3 Mädchen von etwa 18 Jahren (hiervon eine Polin), schleppte sie in sein Zimmer und vergewaltigte sie nacheinander. Danach übergab er die Mädchen den Rotarmisten, welche ihrerseits die Mädchen nach schweren Mißhandlungen ... mehrfach vergewaltigten. Eines von den Mädchen wurde daraufhin erschossen. Die Zivilbevölkerung gilt als Freiwild, jeder kann machen mit ihr, was er will. Auch besteht freies Plünderungsrecht. Der sowjetische jüdische Propagandist Ilja Ehrenburg ist der Hauptverfechter dieser Behandlungsmethode gegenüber der deutschen Bevölkerung.« Ein kriegsgefangener Rotarmist der 343. Schützendivision »sah die ersten Ermordeten in Sensburg. Es waren zwei ältere Frauen. Die nächsten Ermordeten sah er einige Kilometer ostw. Sensburg ... Auf dem Wege von dort nach Osten sah er auf dem Wege immer wieder Ermordete, darunter eine vergewaltigte Frau, etwa 5 km vor Johannisburg. Sie lag da mit aufgehobenen Röcken und eingestecktem Peitschenstiel ... Der Gefangene sagt zwar, daß er sehr viele Ermordete gesehen habe, eine Zahl kann er jedoch nicht angeben, eine solche Zahl lasse sich schwer abschätzen. Auf dem Wege zwischen Sensburg und Johannisburg seien auf jedem Kilometer Ermordete zu sehen gewesen. Sehr viele Rotarmisten erzählten offen, wieviele Zivilisten sie ermordet und dabei Frauen zuerst vergewaltigt hätten. Viele erzählten, daß sie bei Betreten deutscher Häuser gleich die erste beste Frau ins Bett geworfen, sie in Gegenwart der übrigen Familie vergewaltigt hätten ... Der letzte habe dann die betreffende Frau erschossen.« Ein namentlich nicht genannter anderer Angehöriger der 343. Schützendivision führte solche Untaten auf einen Befehl Stalins zurück, der, wie seine Genossen ihm am 31. Januar 1945 in einem von ihnen eingeäscherten Dorf bei Johannisburg mitteilten, »befohlen haben sollte, daß die Rotarmisten in Ostpreußen hausen könnten wie sie wollten. Von der Führung sei gesagt worden, sie könnten Städte und Dörfer verwüsten und Frauen vergewaltigen. Wenn ein deutsches Mädchen Widerstand leistete, sollten sie es unter Bedrohung mit der Pistole vergewaltigen, auch ruhig 5–6 Mann hintereinander und es anschließend durch einen Pistolenschuß in den Kopf töten«.

Selbst Jurij Uspenskij, der bereits genannte Offizier der 2. Gardeartilleriedivision, ein an sich grüblerischer, fast philosophisch veranlagter, von ›humanistischen‹ Idealen erfüllter Mann, längst des Krieges müde und die Opfer und Zerstörungen beklagend, ist von der Haßpropaganda doch nicht unberührt geblieben. Befriedigt vertraute er seinem Tagebuch in dem brennenden Insterburg am 24. Januar 1945 an: »Das ist die Rache für alles, was die Deutschen bei uns angerichtet haben. Jetzt werden ihre Städte vernichtet, und ihre Bevölkerung erfährt jetzt, was das bedeutet: Krieg!« »Wir hassen Deutschland und die Deutschen sehr«, bekannte er am 27. Januar 1945 in Starkenberg, »in einem Hause z. B. haben unsere Jungs eine ermordete Frau mit 2 Kindern gesehen. Auch auf der Straße sieht man oft ermordete Zivilisten ... Gewiß, es ist unwahrscheinlich grausam, die Kinder zu töten ... Aber die Deutschen haben diese Greueltaten verdient.« Aus dem Teufelskreis der sowjetischen Haßpropaganda kehrt der im Februar im Samland gefallene Uspenskij doch immer wieder auf den Boden einer, wenngleich sozialistisch deformierten Menschlichkeit zurück, so als er in Fuchsberg bei Königsberg Einzelheiten von der vielfachen Vergewaltigung von Frauen und selbst von 13–15jährigen Kindern (teilweise im Hause eines sowjetischen Divisionsstabes) erfuhr, von Mordtaten und Grausamkeiten »gegenüber der friedlichen Bevölkerung«, von Brandstiftungen und all den vielen Akten des Vandalismus. »Furchtbare Greueltaten werden auf der Erde begangen«, schreibt er am 7. Februar 1945 in Kraussen bei Königsberg, »es ist fürchterlich.« »Die Zivilbevölkerung sieht erbärmlich aus«, notierte er am 13. Februar. »Sie wandelt erschöpft, ängstlich und verhungert umher. Die Greise und alten Frauen sind völlig hilflos... Was die Soldaten anbelangt, so haben sie nicht ein klein wenig Mitleid. Es bieten sich furchtbare Bilder. Oh Gott, was doch alles in der Welt geschieht!«

Aufgehetzt von der sowjetischen Kriegspropaganda und den Kommandobehörden der Roten Armee hatten Soldaten der 16. Gardeschützendivision des 2. Gardepanzerkorps der 11. Gardearmee in der letzten Dekade des Oktober 1944 damit begonnen, die bäuerliche Bevölkerung in dem Einbruchsraum südlich von Gumbinnen abzuschlachten.[41)] An dieser Stelle haben die Deutschen nach der Wiedereroberung ausnahmsweise einmal genauere Untersuchungen anstellen können. Allein in Nemmersdorf sind mindestens 72 Männer, Frauen und Kinder erschlagen, Frauen und selbst kleine Mädchen vorher vergewaltigt, einige Frauen an Scheunentore genagelt worden. Nicht weit davon fiel eine größere Anzahl Deutscher und bisher in deutschem Gewahrsam befindlicher französischer Kriegsgefangener durch sowjetische Mörderhand. Überall in den Ortschaften der Umgebung wurden die Leichen bestialisch ermordeter Einwohner gefunden, so in Bahnfelde, Gut Teichhof, Alt Wusterwitz, dort in einem Stall auch die Überreste mehrerer lebendigen Leibes Verbrannter, und in anderen Ortschaften.[42)] »Am Straßenrand und in den Höfen der Häuser lagen massenhaft Leichen von Zivilisten...«, berichtete Oberleutnant Dr. Amberger, »Unter anderem sah ich zahlreiche Frauen, die man... vergewaltigt und danach mit Genickschuß getötet hatte, zum Teil lagen daneben auch die ebenfalls getöteten Kinder.«[43)] Über seine Beobachtungen in Schillmeyszen bei Heydekrug im Memelland, in das am 26. Oktober 1944 Verbände des 93. Schützenkorps der 43. Armee der 1. Baltischen Front eingedrungen waren, berichtete der Kanonier Erich Czerkus vom Artillerieregiment 121 in seiner kriegsgerichtlichen Vernehmung folgendes[44)]: »An einer Scheune fand ich meinen Vater, mit dem Gesicht zur Erde liegend und mit einer Einschußstelle im Genick... In einer Stube lagen ein Mann und eine Frau, die Hände auf den Rücken gefesselt und beide mit einer Leine zusammengebunden... In einem weiteren Gehöft erblickten wir 5 Kinder mit ihren Zungen auf einen großen Tisch angenagelt. Von meiner Mutter fand ich trotz angestrengter Suche keine Spur ... Unterwegs erblickten wir 5 Mädchen, mit einer Leine zusammengebunden, die Kleidung fast vollständig entfernt und den Rücken stark aufgerissen. Es hatte den Anschein, als ob die Mädchen eine längere Strecke geschleift worden waren. Außerdem sahen wir an der Straße einige total überwälzte Trecks.«

Es ist aussichtslos, alle schrecklichen Einzelheiten schildern oder gar einen vollständigen Überblick über das Geschehen anstreben zu wollen. So mag eine Reihe ausgewählter Beispiele eine Vorstellung von dem Vorgehen der Roten Armee in den Ostprovinzen auch nach Wiederaufnahme der Offensive im Januar 1945 vermitteln. Das Bundesarchiv hat in seinem Bericht über ›Vertreibung und Vertreibungsverbrechen‹ vom 28. Mai 1974 genaue Angaben aus sogenannten Auswertungsbogen über Greueltaten in zwei ausgewählten Landkreisen, und zwar in dem ostpreußischen Grenzkreis Johannisburg und dem schlesischen Grenzkreis Oppeln, veröffentlicht. Folgt man diesen amtlichen Untersuchungen, so wurden als hervorgehobene Verbrechen im Kreise Johannisburg[45)], dem Abschnitt der 50. Armee der 2. Weißrussischen Front, neben ungezählten anderen Mordtaten festgehalten am 24. Januar 1945 die Ermordung von 120, nach anderen Angaben von 97 Zivilpersonen sowie einiger deutscher Soldaten und französischer Kriegsgefangener aus einem Flüchtlingstreck an der Straße Nickelsberg-Herzogdorf südlich von Arys. An der Straße Stollendorf-Arys wurden 32 Flüchtlinge erschossen und an der Straße Arys-Drigelsdorf bei Schlagakrug am 1. Februar auf Befehl eines sowjetischen Offiziers etwa 50 Menschen, meist ihrer Eltern und Angehörigen in den Flüchtlingswagen entrissene Kinder und Jugendliche. Bei Groß Rosen (Groß Rosensko) verbrannten die Sowjets zu Ende Januar 1945 etwa 30 Menschen lebendigen Leibes in einer Feldscheune. Ein Augenzeuge hat an der Straße nach Arys »eine Leiche an der anderen liegen gesehen«. In Arys selbst wurde eine »große Anzahl von Erschießungen« anscheinend auf einem Sammelplatz und in einem Folterkeller des NKVD wurden »Mißhandlungen schwerster Art« bis hin zum Tode vorgenommen.

In dem schlesischen Landkreis Oppeln ermordeten Angehörige des 32. und 34. Gardeschützenkorps der 5. Gardearmee der 1. Ukrainischen Front bis Ende Januar 1945 mindestens 1264 deutsche Zivilpersonen. Auch die meist zwangsweise zur Arbeitsleistung nach Deutschland deportierten russischen Ostarbeiter und sowjetische Kriegsgefangene in deutschem Gewahrsam entgingen teilweise ihrem Schicksal nicht. In Oppeln wurden sie auf einem öffentlichen Platz zusammengetrieben und nach einer kurzen Propagandaansprache niedergemetzelt. Ähnliches ist für das Ostarbeiterlager Kruppamühle an der Malapane in Oberschlesien bezeugt.[46)] Mehrere hundert russischer Männer, Frauen und Kinder wurden hier am 20. Januar 1945, nachdem sowjetische Panzer das Lager erreicht hatten, zusammengerufen und als ›Verräter‹ und ›Helfer der Faschisten‹ mit Maschinengewehren niedergemetzelt oder von den Raupenketten der Panzer zermalmt. In Gottesdorf erschossen Sowjetsoldaten am 23. Januar etwa 270 Einwohner, darunter auch kleine Kinder und 20–40 Mitglieder der Marianischen Kongregation. In Carlsruhe wurden 110 Einwohner einschließlich der Insassen des Annastiftes erschossen, in Kupp 60–70 Einwohner, unter ihnen ebenfalls die Insassen des Altersheimes und ein Pfarrer, der Frauen vor der Vergewaltigung hatte schützen wollen, und so fort in anderen Orten. Johannisburg und Oppeln aber waren nur zwei aus der Vielzahl der Landkreise in den Ostprovinzen des Deutschen Reiches, die von den Truppen der Roten Armee 1945 besetzt wurden.

Die Abteilung Fremde Heere Ost des Generalstabes des Heeres hatte aufgrund der Meldungen der Feldkommandobehörden mehrere Listen »über die von der Roten Armee in den besetzten deutschen Gebieten verübten Völkerrechtsverletzungen und Greueltaten« zusammengestellt, die, wenngleich ebenfalls kein Gesamtbild bietend, so doch unter dem frischen Eindruck des Geschehens viele sowjetische Untaten mit einiger Zuverlässigkeit dokumentieren. So meldete die Heeresgruppe A am 20. Januar 1945, alle Einwohner der in der Nacht wiedereingenommenen Orte Reichthal und Glausche bei Namslau seien von Sowjetsoldaten des 9. mechanisierten Korps der 3. Gardepanzerarmee erschossen worden.[47] Am 22. Januar 1945 wurde laut einer Meldung der Heeresgruppe Mitte ein Flüchtlingstreck von vier Kilometern Länge, »zum großen Teil Frauen und Kinder«, bei Grünhayn im Kreise Wehlau von Panzern des 2. Gardepanzerkorps »überrollt, mit Panzergranaten und MG-Garben beschossen, Rest von MPi-Schützen niedergemacht«.[48] Ähnliches geschah am selben Tage unfern davon bei Gertlauken, wo 50 Personen aus einem Flüchtlingstreck von sowjetischen Soldaten teilweise durch Genickschuß getötet wurden. Auch in Westpreußen war an einem nicht näher bezeichneten Ort zu Ende Januar ein langer Wagenzug der Flüchtlinge von sowjetischen Panzerspitzen eingeholt worden. Wie einige überlebende Frauen berichteten, übergossen die Tankisten (der 5. Gardepanzerarmee) Pferde und Wagen mit Benzin und zündeten sie an: »Ein Teil der Zivilisten, die zumeist aus Frauen und Kindern bestanden, sprangen von den Fahrzeugen herab und versuchten sich zu retten, wobei einige bereits lebenden Fackeln glichen. Darauf eröffneten die Bolschewiken das Feuer. Nur wenige vermochten sich zu retten.«[49] Ebenso wurde in Plohnen zu Ende Januar 1945 ein Flüchtlingstreck von Panzern der 5. Gardepanzerarmee überfallen und zusammengeschossen.[50] Alle Frauen in dieser bei Elbing gelegenen Ortschaft zwischen 13 und 60 Jahren sind von den Rotarmisten unablässig »in der rohesten Weise« vergewaltigt worden. Deutsche Soldaten einer Panzeraufklärungskompanie fanden eine Frau mit durch Bajonett aufgerissenem Unterleib und eine andere junge Frau auf einer Holzpritsche mit zerschmettertem Gesicht. Zerstörte und geplünderte Flüchtlingstrecks beiderseits der Straße, die Leichen von Insassen daneben im Straßengraben liegend, wurden ebenso in Meislatein bei Elbing aufgefunden.[51)]

Das mutwillige Niederwalzen oder Beschießen der auf den Straßen überall ziehenden und als solche deutlich erkennbaren Flüchtlingstrecks wurde allerorts aus den Ostprovinzen berichtet, so auch aus dem Operationsbereich der sowjetischen 2. Gardepanzerarmee. Es wurden im Kreise Waldrode am 18. und 19. Januar 1945 derartige Trecks an mehreren Stellen gestellt, angegriffen und teilweise zermalmt, »niederstürzende Frauen und Kinder erschossen oder erdrückt« oder, wie es in einer anderen Meldung heißt, »die meisten Frauen und Kinder getötet«.[52)] Sowjetische Panzer beschossen bei Waldrode einen deutschen Lazarettzug mit Kanonen und Maschinengewehren, was zur Folge hatte, daß »von 1000 Verwundeten nur 80 gerettet« werden konnten. Meldungen über Angriffe der Sowjetpanzer auf Flüchtlingstrecks liegen zudem aus Schauerkirch, Gombin, wo »ca. 800 Frauen und Kinder getötet« wurden, aus Dietfurth-Filehne und anderen Orten vor. Mehrere solcher Wagenzüge sind am 19. Januar 1945 auch bei Brest südlich von Thorn im damaligen Warthegau überrollt, die Mitfahrenden, vielfach Frauen und Kinder, niedergeschossen worden. Einer Meldung vom 1. Februar 1945 zufolge wurden innerhalb von drei Tagen in dieser Gegend »von rund 8000 Personen rund 4500 Frauen und Kinder getötet, Rest völlig verprengt, es kann angenommen werden, daß die meisten davon auf ähnliche Weise vernichtet sind«. Die angegebenen Zahlen sind zwar nicht verbürgt und scheinen in diesem Falle auch überhöht zu sein, lassen immerhin aber erkennen, daß die Zivilbevölkerung hier besonders hohe Verluste erlitten haben muß.

Aus der Fülle der gemeldeten Völkerrechtsverletzungen lassen sich natürlich immer nur einige exemplarische Fälle herausgreifen. Es gehörte beispielsweise zu einer feststehenden Regel der Sowjetsoldaten, deutsche Kriegsgefangene kurzerhand niederzumachen. So ermordeten Angehörige der sowjetischen 38. Armee in Makow, an der Südgrenze des damaligen Generalgouvernements, zu Ende Januar 1945 30 deutsche Soldaten, indem sie ihnen die Augen ausstachen, die Hände abhackten und die Schädel einschlugen. Sowjetsoldaten anscheinend der 8. Gardearmee ermordeten bei Meseritz den gesamten dort eingesetzten Volkssturm aus Fürstenwalde bis auf zwei Mann, die mißhandelt wurden und entkamen. Wenige Kilometer von Warthbrücken entfernt erschossen Rotarmisten des 8. mechanisierten Gardekorps der 1. Gardepanzerarmee am 19. Januar 1945 15 Kriegsgefangene[53)], in Hohenkirch, Kreis Briesen, Angehörige der 162. bzw. 186. Schützendivision der 65. Armee am 22. Januar zehn Soldaten und neun Zivilpersonen, darunter eine Frau, durch Genickschuß.[54)]

Bei Krotoschin wurden am selben Tage 15 Volkssturmmänner von Angehörigen der 3. Gardearmee ermordet, bei Petrikau südlich von Łódź neun deutsche Soldaten von Angehörigen des 9. Gardepanzerkorps, an der Straßenkreuzung Palzig-Nickern 20 Soldaten, darunter ein Oberarzt, anscheinend Sanitätspersonal, und zwei Frauen von Angehörigen der 33. Armee, bei Seefeld in der Nähe von Reppen fünf junge Unteroffiziervorschüler von Angehörigen vermutlich der 69. Armee und so fort an ungezählten Örtlichkeiten.[55)] In einem Forsthaus bei Soldin wurden die Försterfamilie und alle sich dort aufhaltenden Flüchtlinge von Sowjetsoldaten der 2. Gardepanzerarmee totgeschlagen, unfern davon deutsche Soldaten, die sich in einer Scheune versteckt hatten, lebendigen Leibes verbrannt.[56)] Noch 1995 ist bei Soldin (Mysciborz) ein Massengrab mit den Gebeinen von 120 Zivilpersonen aufgefunden worden.

Auch von den in Ostpreußen fortlaufend registrierten Greueltaten können nur wenige angeführt werden. So wurde von Rotarmisten des 3. Gardekavalleriekorps in der Nähe der kleinen Ortschaft Tollnicken eine siebenköpfige Familie einschließlich kleiner Kinder erschossen, weil sich die Eltern einer Vergewaltigung ihrer beiden Töchter widersetzt hatten, und ebenfalls ein junger Mann, ein Landwirt und drei deutsche Soldaten.[57)] Eingehendere Ermittlungen konnten, wie bei Gumbinnen, Goldap, Elbing und an einigen anderen Stellen, immer nur – was selten genug geschah – im Falle der Wiedereinnahme eines verlorenen Gebietes durch deutsche Truppen angestellt werden, so auch in den zwischen dem 28. und 30. Januar 1945 von Einheiten des 10. Panzerkorps der 5. Gardepanzerarmee besetzt gewesenen Ortschaften um Pr. Holland. In einer Meldung der Heeresgruppe Nord vom 2. Februar 1945 heißt es beispielsweise, in Göttchendorf, Döbern, Bordehnen seien Einwohner erschlagen oder erschossen worden. »In Göttchendorf bei Pr. Holland«, so der Bericht, »liegen in einem Zimmer allein 7 erschlagene Zivilisten, darunter 2 ältere Frauen, 2 Männer, ein etwa 14-jähriger Junge. In die Ecke gekauert ein 9-jähriger Junge mit völlig zerschlagenem Schädel und über diesem ein 15-jähriges Mädel mit zerstochenen Händen und zerkratztem Gesicht, Bajonettstichen in Brust und Unterleib, mit völlig entblößtem Unterkörper. Ein 80-jähriger Großvater lag erschossen vor der Türe.«[58)] Auch hier wiederum waren von den Rotarmisten »kriegsgefangene deutsche Soldaten sowie einige Wehrmachturlauber auf der Straße erschossen« worden.

Als es den deutschen Truppen zu Ende Januar gelungen war, das pommersche Städtchen Pr. Friedland und die umliegenden Ortschaften »von den sowjetischen Unholden« – die 175. Schützendivision unter Oberst Drosdov, die der 47. Armee unter Generaloberst Gusev angehörte – zu befreien, führten Gerichts- und Sanitätsoffiziere der deutschen 32. Infanteriedivision Vernehmungen unter den Überlebenden durch. In einer Meldung des Oberkommandos der 2. Armee vom 14. Februar 1945 wird festgestellt: »In Pr. Friedland und in dem Dorf Ziskau wurden am 29. und 30. Januar die meisten der im Ort anwesenden Männer nach qualvollsten Folterungen erschossen. Häuser und Wohnungen wurden geplündert, demoliert und in Brand gesteckt. Auf Frauen und Kinder, die sich durch die Flucht in Sicherheit bringen wollten, schossen die bolschewistischen Mörder mit Gewehren und Maschinengewehren.«[59] In Pr. Friedland und in den benachbarten Ortschaften haben die Erhebungen noch »weitere Greueltaten ans Licht gebracht«. So wurden in der Nähe des Gutes Tannenhof nach der Befreiung 15 durch Schüsse in den Kopf ermordete deutsche Soldaten aufgefunden. In Linde wurden am 29. Januar 1945 »16 Bewohner ermordet, mindestens 50 Frauen vergewaltigt, mindestens 4 Frauen nach Vergewaltigung ermordet«. Vergewaltigt unter anderen wurde auch ein 18-jähriges Mädchen, das, angeschossen, in seinem Blute lag. In Ziskau wurden ebenfalls Zivilpersonen sowie Soldaten, die sich versteckt gehalten hatten, darunter ein Angehöriger der Kriegsmarine, nach ›qualvollsten Folterungen‹ erschossen und die Frauen zum Teil vielfach vergewaltigt, darunter »eine 86-jährige Greisin und ein 18 Jahre altes Mädchen aus Bromberg, das unter furchtbaren Schmerzen verschied«. »In Ziskau«, so abschließend der Bericht des Oberkommandos der 2. Armee, »wurde die Frau eines Offiziers auf dem Fußboden festgenagelt. Danach wurde sie bis zu ihrem Tode von den Bolschewisten geschändet.«

Anmerkungen zu Kapitel 12

[1] Die Vertreibung der deutschen Bevölkerung, S. 60 Eff., S. 79 Eff.
[2] Vertreibung und Vertreibungsverbrechen, S. 28ff.
[3] Murawski, Die Eroberung Pommerns, S. 18.
[4] Kilian, Die »Mühlberg-Akten«, S. 1144.
[5] Vgl. Kapitel 9, Anm. 9.
[6] Montgomery, Memoiren, S. 399ff.
[7] Keating, Das Verhalten der Roten Armee, S. 201.
[8] Zayas, Die Anglo-Amerikaner und die Vertreibung, S. 86.
[9] Vertreibung und Vertreibungsverbrechen, S. 11, S. 22, S. 40.
[10] Ebenda, S. 34, S. 48.
[11] Winters, Sowjetunion.
[12] Birke, »Schlagt sie, tötet sie!«.
[13] Vertreibung und Vertreibungsverbrechen, S. 54.
[14] BA-MA, RH 2/2686, 21. 12. 1944.
[15] BA-MA, RH 2/2687, 11. 1. 1945.
[16] BA-MA, RH 2/2687, 6. 4. 1944.
[17] BA-MA, RH 2/2688, o. D.
[18] BA-MA, RH 2/2686, 1. 11. 1944.
[19] BA-MA, RH 2/2685, 11. 3. 1945.
[20] Soviet War News, 24. 8. 1944.
[21] Zayas, Die Anglo-Amerikaner und die Vertreibung, S. 85.
[22] Murawski, Die Eroberung Pommerns, S. 19.
[23] Verteibung und Vertreibungsverbrechen, S. 24f.
[24] Kopelew, Aufbewahren für alle Zeit!, S. 55, S. 118, S. 129.
[25] BA-MA, RH 19 XV/6, 22. 2. 1945.
[26] BA-MA, RH 2/2688, 12. 3. 1945.
Der ›Kriegsheld der Sowjetunion‹ Marschall Žukov, ging mit seinem schlechten Beispiel als Marodeur voran. Nach einem Bericht des Generalobersten der Staatssicherheit Abakumov von Anfang Januar 1948 an Stalin wurden bei einer »heimlichen Haussuchung« in Žukovs Moskauer Wohnung unter anderem gefunden: 24 goldene Uhren, 15 goldene Halsketten mit Anhängern, goldene Ringe und andere Schmuckstücke. In seiner Dača fanden sich fast 4000 Meter Woll- und Seidenstoffe, mehr als 300 Zobel-, Fuchs- und Persianerfelle, 44 wertvolle, zum Teil aus Potsdam und anderen Schlössern entwendete Teppiche und Gobelins, 55 hochwertige Bilder sowie 7 Kisten mit Porzellangeschirr, 2 Kisten mit Silberbesteck und 20 Jagdgewehre. Žukov, der diese Plünderungen am 12. Januar 1948 zugestanden hatte, war nur knapp der Verhaftung entgangen.
[27] BA-MA, RH 2/2685, 26. 3. 1945.
[28] BA-MA, RH 2/2684, 18. 11. 1944.
[29] BA-MA, RH 2/2686, 26. 9. 1944.
[30] Vgl. Anm. 15.
[31] Anthing, Versuch einer Kriegs-Geschichte, S. 106, S. 110f., S. 113, S. 115, S. 120, S. 134f., S. 143.
[32] BA-MA, RH 19 XV/6, Januar 1945.
[33] Vgl. Anm. 27; auch Lasch, So fiel Königsberg, S. 138.
[34] BA-MA, RH 2/2684, 20. 2. 1945.
[35] BA-MA, RH 2/2687, 23. 2. 1945.
[36] BA-MA, RH 2/2684, 15. 2. 1945.
[37] Ebenda, 30. 1. 1945.
[38] BA-MA, RH 2/2688, März 1945; ebenda, RH 19 XV/6, 22. 2. 1945.
[39] BA-MA, RH 2/2685, 31. 3. 1945.

[40] BA-MA, RH 2/2687, 7. 3. 1945.
[41] Zayas, Die Anglo-Amerikaner und die Vertreibung, S. 81ff.
[42] BA-MA, RH 2/2685, fol. 168, 22./23. 10. 1944.
[43] Zayas, Anmerkungen zur Vertreibung, S. 62ff.
[44] BA-MA, RH 2/2687, 10. 1. 1945.
[45] Verteibung und Vertreibungsverbrechen, S. 60ff., S. 90f.
[46] Hoffmann, Die Geschichte der Wlassow-Armee, S. 405.
[47] BA-MA, RH 2/2684, 30. 1. 1945.
[48] Ebenda, 22. 1. 1945.
[49] BA-MA, RH 2/2685, fol. 186, 25. 2. 1945.
[50] Ebenda, 26. 2. 1945.
[51] Ebenda, Liste 2, fol. 174, Januar 1945; ebenda, fol. 187, o. D.
[52] Ebenda, Liste 1, fol. 168, 18./19. 1. 1945.
[53] Ebenda, Liste 2, fol. 175, 19. 1. 1945.
[54] Ebenda, Liste 1, fol. 168, 22. 1. 1945.
[55] Ebenda, fol. 171.
[56] Ebenda, fol. 185.
[57] BA-MA, RH 2/2687, 73 c 1, o. D.
[58] Ebenda, 3. 2. 1945.
[59] BA-MA, RH 2/2684, 14. 2. 1945; BA-MA, RH 2/2685, Liste 2, fol. 177, 31. 1. 1945.

13.
Die Untaten nehmen ihren Fortgang

Politverwaltungen und Kommandobehörden der Roten Armee hatten an die Haß- und Rachegefühle der Sowjetsoldaten appelliert, um von ihnen ein Höchstmaß an Einsatzbereitschaft und Kampfesleistung zu erzielen. Es war dies ein ebenso unwürdiges wie riskantes Verfahren, das sie zur Erzeugung von Heldentum anwandten, und die unausbleiblichen Folgen einer Entfesselung niederer Instinkte ließen denn auch nicht lange auf sich warten. Ein »zügelloses, menschenunwürdiges Treiben« setzte unter den Rotarmisten ein und führte in Windeseile eine Demoralisation und Verwilderung in einem solchen Ausmaß herbei, daß »in einer Reihe von Einheiten und Verbänden die Truppenführung verloren« ging.[1)] Wie der noch zu erörternde Befehl Nr. 006 des Kriegsrates der 2. Weißrussischen Front vom 22. Januar 1945 festhielt, verführte das Auffinden großer Alkoholvorräte die Soldaten zu einem »übermäßigen Alkoholgenuß«, und neben »Räubereien, Plünderungen, Brandstiftungen«, – die Mordtaten wurden verschwiegen – fanden überall jetzt auch »Massensaufgelage« (massovoe p'janstvo) statt, an denen sich zum Verdruß der hohen Kommandostellen »selbst die Offiziere« beteiligten. Es wird das Beispiel der in vorderster Front eingesetzten 290. Schützendivision angeführt, in der sich die Soldaten und der Offizierbestand dermaßen betrunken hatten, »daß sie das Aussehen eines Kriegers der Roten Armee verloren«. Auf den Panzern der 5. Panzerarmee standen, wie es heißt, Weinfässer. Munitionsfahrzeuge waren »mit allem möglichen Hausrat, erbeuteten Lebensmitteln, Zivilkleidern usw.« so beladen, daß sie »der Truppe zur Last« wurden, »ihre Bewegungsfreiheit verringerten« und »die Durchbruchskraft der Panzerverbände« herabsetzten.

Einzelbeispiele in sowjetischen Befehlen müssen hier wie überall sofort verallgemeinert werden. So gingen die Sowjetsoldaten dazu über, sich »anstelle der vorgeschriebenen Kopfbedeckung Zivilhüte« aufzusetzen oder, wie Jurij Uspenskij in seinem Tagebuch notierte, »Napoleonmützen, Spazierstöcke, Regenschirme, Gummimäntel« zu tragen und somit auch äußerlich immer mehr das Aussehen von Räubern und Marodeuren anzunehmen. Zugleich wurde das Nichtausführen von Befehlen zur Regel. Und wie der Kriegsrat der 2. Weißrussischen Front konstatierte, »hören diese Gemeinheiten bei den rückwärtigen Einheiten nicht auf, nehmen vielmehr an Umfang noch zu«. Überaus nachteilig war die von den Mannschaften und Offizieren geübte Praxis, den für die »Unterbringung der Truppen und Stäbe und der Kriegstechnik usw. notwendigen Unterkunftsraum«, also die in Deutschland vorgefundenen Gebäude, sinnlos zu vernichten, »schändliche Erscheinungen«, gegen welche die Truppenführer nicht nur nicht einschritten, sondern die sie durch ihre Untätigkeit noch förderten. Erwähnung fanden in diesem Zusammenhang zwar nur die Verfehlungen zum Nachteil der Kampfkraft der Truppen der Roten Armee, nicht aber die Ausschreitungen und Verbrechen gegenüber der deutschen Bevölkerung, die verglichen hiermit ja einen weitaus gravierenderen Charakter trugen. Immerhin aber, der Zwang zur Wiederherstellung einer Art militärischer Disziplin und nicht zuletzt auch die Sorge, das von den Deutschen weidlich ausgenutzte Verhalten der rasch nach Mitteleuropa hinein vorstoßenden Sowjettruppen möchte propagandistisch negative Rückwirkungen auf die Westalliierten haben, veranlaßte die Führung der Roten Armee schon nach zehn Tagen zu energischen Maßnahmen.

Es war der Oberbefehlshaber der 2. Weißrussischen Front, Marschall der Sowjetunion Rokossovskij, der als erster einschritt. Bereits am 22. Januar 1945 erging – von ihm selbst sowie von dem Mitglied des Kriegsrates, General Subbotin, und dem Chef des Stabes, General Bogomolov, unterzeichnet – der oben angeführte Befehl Nr. 006, der vielsagenderweise bis hinab einschließlich zu den Zugführern bekanntzugeben war.[2)] Marschall Rokossovskij befahl den Armeeoberbefehlshabern, den Korps- und Divisionskommandeuren und den Kommandeuren selbständiger Truppenteile seiner Front in strengem Ton, »diese für die Rote Armee schändlichen Erscheinungen« in allen ihren Verbänden, Einheiten und Abteilungen »mit glühendem Eisen auszumerzen«, die der Plünderung und Trunksucht Schuldigen zur Verantwortung zu ziehen und ihre Vergehen »mit den höchsten Strafen bis hin zum Erschießen einschließlich zu ahnden«. Die Politische Verwaltung der Front, die Militärstaatsanwaltschaft, das Militärtribunal und das NKVD-Organ SMERŠ wurden beauftragt, alle notwendigen Maßnahmen zur Ausführung dieses Befehls zu treffen.

Marschall Rokossovskij forderte den gesamten Offizierbestand nunmehr dazu auf, »in kürzester Frist eine mustergültige Ordnung und eiserne Disziplin« in allen Truppenteilen herzustellen. In diesem Zusammenhang fand, wenn auch nur nebenbei, die verbreitete Tatsache der Ermordung von Kriegsgefangenen eine Bestätigung, indem Rokossovskij es für angebracht hielt, die Offiziere und Soldaten darüber belehren zu lassen, daß der Feind im Kampf zu vernichten, wer sich aber ergibt, gefangenzunehmen sei (»čto vraga nužno uničtožat' v boju, sdajuščichsja brat' v plen«). Eine besondere Sorge galt den Zuständen des Hinterlandes. Und der Chef der Politischen Verwaltung des Rückwärtigen Frontgebietes wurde aufgerufen, unverzüglich die notwendige Ordnung in den Truppenteilen auch seines Bereiches herzustellen. Im Mittelpunkt des Interesses stand allerdings nur die Bewahrung der materiellen Werte. Der Chef des Rückwärtigen Gebietes und der Intendant der Front erhielten die spezielle Order, alle »Maßnahmen zur Erfassung und Sicherstellung der Beute zu treffen, Veruntreuungen und Verschieben« derselben zu unterbinden. Auch der Oberbefehlshaber der 1. Weißrussischen Front, Marschall der Sowjetunion Žukov, der seine Truppen noch am 12. Januar 1945 in unmißverständlichen Worten zur Begehung von Racheakten und »unmenschlichen Gewalttaten« aufgerufen hatte, vollzog, wie schon einmal im Winter 1941/1942, nunmehr eine jähe Kehrtwendung, indem er in einem Befehl vom 29. Januar 1945 nun plötzlich seine Untergebenen persönlich für alle »völkerrechtswidrigen Handlungen« verantwortlich machen wollte.[3)]

Wenn selbst Marschall Rokossovskij, von den vier Frontoberbefehlshabern nach bisheriger Kenntnis der noch am ehesten gemäßigte, entgegen manchen Behauptungen in der Literatur offiziell kein Wort über die ihm wohlbekannten Völkerrechtsverletzungen seiner Truppen der deutschen Bevölkerung gegenüber verlor, so ist diese Frage wenigstens in einigen Ausführungsbefehlen doch offen zur Sprache gekommen. Unter Hinweis auf Forderungen der Kriegsräte der Front und der 48. Armee erließ beispielsweise der Militärprokuror dieser Armee, Oberstleutnant der Justiz Maljarov, am 23. Januar 1945 eine Anordnung an die Militärstaatsanwälte der unterstellten Verbände, so hier der 194. Schützendivision (0134, 0135, 0137), in der die Erhaltung der Sachwerte zwar zunächst ebenfalls an erster Stelle stand.[4)] Denn unverblümt wurde hier der im Widerspruch zum Völkerrecht stehende Grundsatz proklamiert, »daß alle Sachwerte in Ostpreußen mit dem Augenblick der Inbesitznahme durch die Truppen der Roten Armee in das Eigentum des Sowjetstaates übergehen und der Sicherstellung und dem Abtransport in die UdSSR unterliegen«. Eine Unterscheidung zwischen Privateigentum und öffentlichem- oder Reichseigentum wurde nicht getroffen. Wenn die Militärbehörden jetzt also den »riesigen materiellen Schaden« beklagten, der »aus Mutwillen und Flegelei« (ožorstva i chuliganstva) in den Städten und Dörfern angerichtet wurde, so geschah dies einzig und allein aus der Sorge heraus, die bei den Deutschen gemachte Beute möchte geschmälert werden.

In der Anordnung des Militärprokurors der 48. Armee wurden zugleich jedoch erstmals in Deutlichkeit die Untaten gegenüber der Zivilbevölkerung und den Kriegsgefangenen angeprangert. So machte Maljarov darauf aufmerksam, es seien »Fälle« der Waffenanwendung durch Militärpersonen »gegenüber der deutschen Bevölkerung, besonders gegenüber Frauen und Greisen« und ferner »zahlreiche Fälle der Erschießung von Kriegsgefangenen« unter nicht gerechtfertigten Umständen aus purer »Böswilligkeit« heraus festgestellt worden. Die Militärstaatsanwälte wurden von Oberstleutnant Maljarov beauftragt, die Armeeangehörigen in Zusammenarbeit mit dem Politapparat darüber aufzuklären, daß das Vernichten des erbeuteten Eigentums, »das Niederbrennen von Gebäuden und ganzen Ortschaften«, eine staatsfeindliche Handlung darstelle, daß fernerhin »Repressalien gegenüber der Bevölkerung in der Roten Armee nicht üblich sind und die Waffenanwendung gegenüber Frauen und Greisen verbrecherisch ist und die Schuldigen an derartigen Handlungen streng bestraft werden« und daß zudem ein militärisches Interesse daran bestehe, deutsche

Soldaten gefangenzunehmen. Die Militärstaatsanwälte wurden beauftragt, unverzüglich einige ›Schauprozesse‹ (pokazatel'nych processa) gegen »Brandstifter und sonstige Flegel« zu organisieren, die ergangenen Urteile in der Truppe bekanntzumachen und im übrigen eine strenge Kontrolle auszuüben und Schuldige gegebenenfalls sofort festzunehmen.

Die in der Anordnung des Militärstaatsanwaltes der 48. Armee ebenso wie in dem Befehl des Oberkommandierenden der 2. Weißrussischen Front unzweideutig eingestandene Tatsache einer zunehmenden Demoralisation und Verwilderung in den Reihen der Roten Armee wurde von der nachgeordneten Truppenführung und dem Politapparat sofort wieder verschleiert. Es zeigte sich dies etwa in der Art und Weise, wie man die so beunruhigenden Erscheinungen der Zerstörungswut und des Alkoholismus den Untergebenen gegenüber interpretierte. So figurieren in dem am 25. Januar 1945 erteilten Befehl Nr. 026 des Chefs des Stabes der 174. Schützendivision, Oberst Romanenko, an die Truppenkommandeure, hier an das Schützenregiment 508, als Brandstifter nicht mehr marodierende Angehörige der Roten Armee, sondern die »in Uniformen der Roten Armee gekleideten« Agenten und Provokateure des Gegners, Deutsche also, die durch »Brandstiftungen an Siedlungen und einzelnen Gebäuden« den Vormarsch der Sowjettruppen aufzuhalten versuchten.[5)]

Und wie lautete die Erklärung für den unter den Rotarmisten verbreiteten Alkoholismus, für die von Rokossovskij so genannten »Massensaufgelage« unter Beteiligung der Offiziere mit allen ihren verheerenden Folgen? Die mit der Einstellung des Kriegsrates der 3. Weißrussischen Front doch bestens vertraute Politische Verwaltung unternahm es in einem Merkblatt an die »Genossen Kämpfer, Sergeanten und Offiziere«, auch die Verantwortung für das hemmungslose Säufertum den Deutschen, dem »niederträchtigen heimtückischen Feind« (gnusnogo, kovarnogo vraga), anzulasten, die die Alkohol- und Lebensmittelvorräte vorsätzlich vergifteten, »um unsere Soldaten und Offiziere auszuschalten und der Roten Armee Verluste zuzufügen«.[6)] Wenn also beispielsweise die Rotarmisten der Einheit des Oberleutnants Klimec oder andere Rotarmisten sich Methylalkohol in großen Quantitäten einverleibten oder wenn eine große Gruppe von Rotarmisten des Offiziers Nikiforov »ein Faß mit einer Flüssigkeit, die dem Geruch nach Spiritus sein konnte«, austrank, um daran unter Qualen zu sterben, so waren sie Opfer des »niederträchtigen Feindes« (podlomu vragu), der, um der Sowjetarmee zu schaden, vor den »gemeinsten, niedrigsten und scheußlichsten Kampfmitteln« nicht zurückschrecke. Wie, diese Frage drängt sich auf, sollten Verbrechen gegenüber der Bevölkerung und Kriegsgefangenen verhindert werden, wenn die triebhafte Hemmungslosigkeit der Rotarmisten in verlogener Weise als Folge deutscher Hinterlist ausgegeben und mit dem Aufruf gekontert wurde, »den faschistischen Tieren« (fašistskie zveri), »den deutschen Scheusalen« (nemeckie izvergi) auch diese »hinterlistigen Methoden« mit »neuen vernichtenden Schlägen« zu vergelten.

Die von oben kommenden Befehle der sowjetischen Kommandostellen waren also durchaus nicht einheitlich. Viele Kriegsgefangene bestätigten den Deutschen zwar, im Februar 1945 Kenntnis von den neuen Verhaltensvorschriften erhalten zu haben. So etwa berichtete der Gardemajor des Intendanturdienstes Kostikov vom Gardeschützenregiment 277 der 91. Gardeschützendivision (39. Armee, 3. Weißrussische Front) am 17. Februar 1945, es seien »strenge Befehle erlassen worden, die deutsche Zivilbevölkerung nicht anzurühren, nichts zu rauben und sich mit deutschen Frauen nicht einzulassen«.[7] Das bisher übliche »Erschießen von Zivilisten und deutschen Kriegsgefangenen« war nach Aussage des Rotarmisten Ševčuk seit dem 6./7. Februar 1945 auch in der 44. motorisierten Schützenbrigade »strengstens untersagt«[8], und auch in anderen Einheiten lassen sich entsprechende Verbote nachweisen.[9] Nachdem sowjetische Soldaten mutwillig die Stadt Gleiwitz in Brand gesteckt hatten, wurde das Inbrandsetzen von Ortschaften auch in diesem Frontabschnitt »streng verboten«.[10] Und der Kommandeur des Schützenregimentes 1042 der 295. Schützendivision, Oberstleutnant Čajko, ließ in seinen Einheiten bekanntgeben, Zuwiderhandlungen gegen das bestehende Plünderungsverbot »würden streng bestraft« werden.[11] Die sowjetischen Befehlsstellen geizten im allgemeinen nicht mit Strafandrohungen, und die Militärtribunale scheinen hin und wieder auch eingeschritten zu sein. Dies jedoch waren Ausnahmen. Da, wie die Rotarmisten übereinstimmend aussagten, nur in seltenen Fällen durchgegriffen wurde, blieb in der Praxis alles beim alten.

Deutsche Zivilpersonen und Kriegsgefangene wurden weiterhin hingemordet, vielfach auf Veranlassung der Vorgesetzten, meist der »betreffenden Bataillons- und Regimentskommandeure«, auch wenn es nach Aussage einiger Kriegsgefangener Truppenteile gab, »wo derartige Vergehen nicht geduldet« wurden. Ebenso wurden deutsche Frauen und Mädchen trotz bestehender Verbote von »Offizieren und jüngeren Rotarmisten« weiterhin vergewaltigt und nicht selten anschließend ermordet. Auch Brandstiftungen und Plünderungen unter Beteiligung von Offizieren nahmen ihren Fortgang. Alle anders lautenden Befehle mußten letztlich wirkungslos bleiben angesichts der Tatsache, daß die antideutsche Haßpropaganda keine Modifikation erfuhr. Ein kriegsgefangener Unterleutnant des Gardeschützenregimentes 266 der 88. Gardeschützendivision sagte aus, auch im Februar 1945 überall an den Straßen Plakate mit aufreizenden Sprüchen gesehen zu haben, wie: »Schlagt die faschistischen Bestien tot! Nehmt Rache an den Faschisten! Denkt an die von den Faschisten gemordeten Frauen und Kinder und rächt Euch dafür!«[12] Und so lautete die Agitationslosung zum

27. Jahrestag der Roten Armee am 23. Februar 1945: »Zahlen wir den deutsch-faschistischen Unmenschen heim für die Ausplünderung und Zerstörung unserer Städte und Dörfer, für die Vergewaltigung unserer Frauen und Kinder, für die Hinmordung und Verschleppung der Sowjetmenschen in die deutsche Knechtschaft! Rache und Tod den faschistischen Unholden!« Da der machtvolle Politapparat eine ganz andere Sprache führte als die ohnehin nur halbherzig handelnden Befehlsstellen der Roten Armee, nimmt es nicht wunder, daß Völkerrechtsverletzungen gegenüber deutschen Zivilpersonen und Kriegsgefangenen sich im Februar und März 1945 in einem erschreckenden Maße häuften.

Wie die Befehle der sowjetischen Führung in der Praxis befolgt wurden, zeigt die Fülle der auf deutscher Seite gesammelten Nachrichten über Greueltaten der Rotarmisten gegenüber Kriegsgefangenen und der Zivilbevölkerung schon im Monat Februar 1945. Das vorliegende amtliche Material ist selbstredend unvollständig und kann zudem nur in weiterer Auswahl kurz in diesem Zusammenhang teilweise erwähnt werden. Da die entsprechenden Meldungen aber aus dem gesamten Bereich der vom Feinde teilbesetzten Provinzen Schlesien, Mark Brandenburg, Pommern und Ostpreußen vorliegen und sie übereinstimmend dieselben Straftatbestände des Mordes, der Vergewaltigung, des Raubes, der Plünderung und der Brandstiftung zum Inhalt haben, vermitteln sie insgesamt doch ein wahrheitsgetreues Bild des furchtbaren Geschehens. Die ausgewählten Fälle sind also beispielhaft für ungezählte ähnliche Greueltaten, die in den vier Ostprovinzen auch im Monat Februar 1945 allenthalben begangen wurden.

Schlesien

In der Nähe der Reichsgrenze, westlich von Welun, übergossen Sowjetsoldaten der 1. Ukrainischen Front die Wagen eines Flüchtlingstrecks mit Benzin und verbrannten dieselben mitsamt den Insassen. Auf den Straßen lagen unzählige Leichen deutscher Männer, Frauen und Kinder, zum Teil in verstümmeltem Zustande mit durchschnittenen Hälsen, abgeschnittenen Zungen, aufgeschlitzten Bäuchen. Ebenfalls westlich von Welun wurden 25 Angehörige (Frontarbeiter) der Organisation Todt von Panzerbesatzungen der 3. Gardepanzerarmee erschossen.[13] Alle Männer waren auch in Heinersdorf erschossen, die Frauen von Sowjetsoldaten vergewaltigt worden, und bei Kunzendorf hatten 25 – 30 Volkssturmmänner den Genickschuß erhalten. Auf dieselbe Weise starben in Glausche bei Namslau 18 Personen, »darunter Volkssturmmänner und Krankenschwestern«, durch die Mörderhände von Angehörigen der 59. Armee. In Beatenhof bei Ohlau fand man sämtliche Männer nach der Wiedereinnahme ermordet durch Genickschuß.[14] Die Täter waren Angehörige der 5. Gardearmee gewesen. In Grünberg wurden acht Familien von Angehörigen des 9. Gardepanzerkorps ermordet. Schauplatz grausiger Verbrechen war das Gut Tannenfeld bei Grottkau. Dort vergewaltigten Rotarmisten der 229. Schützendivision zwei Mädchen und ermordeten sie anschließend unter Mißhandlungen. Einem Mann wurden die Augen ausgestochen und ihm wurde die Zunge abgeschnitten. Dasselbe geschah mit einer 43-jährigen Polin, die anschließend zu Tode gequält wurde.

In Alt-Grottkau ermordeten Angehörige derselben Division 14 Kriegsgefangene, trennten ihnen die Köpfe ab, stachen ihnen die Augen aus und zermalmten sie mit Panzern. Rotarmisten derselben Schützendivision waren auch für Untaten in Schwarzengrund bei Grottkau verantwortlich. Sie vergewaltigten die Frauen einschließlich der Klosterschwestern, erschossen den Bauern Kahlert, schlitzten seiner Frau den Bauch auf, hackten ihr die Hände ab, erschossen den Bauern Christoph und dessen Sohn und auch ein junges Mädchen.[15] Auf dem Gut Eisdorf bei Märzdorf stachen Sowjetsoldaten der 5. Gardearmee einem älteren Mann und einer älteren Frau, anscheinend einem Ehepaar, die Augen aus und schnitten ihnen die Nasen und die Finger ab. In der Nähe fand man 11 viehisch ermordete verwundete Soldaten der Luftwaffe. Ebenso wurden in Güterstadt bei Glogau 21 von Rotarmisten der 4. Panzerarmee ermordete deutsche Kriegsgefangene aufgefunden. In dem Dorf Häslicht bei Striegau wurden alle Frauen von Rotarmisten des 9. mechanisierten Korps »nacheinander vergewaltigt«.[16] Die Ehefrau Maria Hainke fand ihren Ehemann, der noch schwache Lebenszeichen von sich gab, sterbend in einer sowjetischen Wachstube. Eine ärztliche Untersuchung ergab, daß ihm die Augen ausgestochen, die Zunge abgeschnitten, ein Arm mehrfach gebrochen und die Schädeldecke zertrümmert worden waren.

Angehörige des 7. Gardepanzerkorps waren es, die in Ossig bei Striegau die Frauen vergewaltigten, sechs bis sieben Mädchen ermordeten, 12 Bauern erschossen und in Hertwisswaldau bei Jauer ähnliche Schwerverbrechen begingen. In Liegnitz fanden sich die Leichen zahlreicher Zivilpersonen, die von Sowjetsoldaten der 6. Armee erschossen worden waren. In dem von Einheiten des 7. Gardepanzerkorps besetzten Städtchen Kostenblut bei Neumarkt wurden die Frauen und Mädchen vergewaltigt, darunter auch eine hochschwangere Mutter von acht Kindern. Ihr Bruder, der versuchte, ihr beizustehen, wurde erschossen. Erschossen wurden alle kriegsgefangenen Ausländer ebenso wie sechs Männer und drei Frauen. Der Massenvergewaltigung entgingen auch die Schwestern des katholischen Krankenhauses nicht. Pilgramsdorf bei Goldberg war der Schauplatz zahlreicher Morde, Vergewaltigungen und Brandstiftungen durch Angehörige der 23. mechanisierten Gardeschützenbrigade. In Beralsdorf, einem Vorort von Lauban, wurden 39 der noch verbliebenen Frauen »auf gemeinste Art und Weise« von Sowjetsoldaten des 7. Gardepanzerkorps geschändet, eine Frau erhielt dabei einen Schuß in den Unterkiefer, wurde in einen Keller gesperrt und Tage später in schwer fieberkrankem Zustand von drei Rotarmisten nacheinander »mit vorgehaltener Pistole auf brutalste Art vergewaltigt«.

Mark Brandenburg (vornehmlich Neumark und Sternberger Land)

Über die Behandlung der Bevölkerung in den östlichen Teilen der Provinz Mark Brandenburg vermittelt ein Bericht der von der Frontaufklärung 103 zwischen dem 24. Februar und 1. März 1945 eingesetzten russischen Agenten Danilov und Čiršin allgemeine Vorstellungen.[17] Alle Deutschen im Alter von 12 Jahren an aufwärts waren demnach rücksichtslos zum Stellungsbau eingesetzt, nicht eingesetzte Bevölkerungsteile nach Osten abgeführt und alte Leute dem Hungertode preisgegeben worden. In Sorau sahen Danilov und Čiršin »massenweise Leichen von Frauen und Männern ... ermordet (abgeschlachtet) und erschossen (Genickschuß und Herzschuß) auf Straßen, in Höfen und in Häusern herumliegen«. Nach Auskunft eines über das Ausmaß des Terrors selbst entsetzten sowjetischen Offiziers waren »alle Frauen und Mädchen, gleich welchen Alters, rücksichtslos vergewaltigt« worden. Auch in Skampe bei Züllichau hatten Sowjetsoldaten der 33. Armee einen »grausamen Blutterror« ausgeübt[18]. In fast allen Häusern lagen »erdrosselte Leichen von Frauen, Kindern und Greisen«. Kurz hinter Skampe, an der Straße nach Rentschen, wurden die Leichen eines Mannes und einer Frau gefunden. Der Frau war der Bauch aufgeschlitzt, ein Embryo herausgerissen und die Bauchöffnung mit Unrat und Stroh gefüllt worden. In der Nähe befanden sich die Leichen von drei erhängten Volkssturmmännern.

In Kay bei Züllichau ermordeten Angehörige derselben Armee Verwundete sowie Frauen und Kinder eines Transportes durch Genickschuß. Die Stadt Neu-Bentschen war von Rotarmisten geplündert und alsdann mutwillig in Brand gesetzt worden. An der Straße Schwiebus-Frankfurt schossen Rotarmisten der 69. Armee Zivilpersonen, darunter Frauen und Kinder, zusammen, so daß die Leichen »über- und untereinander« lagen. Bei Alt-Drewitz vor Calenzig erschossen Angehörige der 1. Gardepanzerarmee einen Oberstabsarzt, einen Major und Sanitätssoldaten und eröffneten zugleich das Feuer auf die aus dem Stalag Alt-Drewitz zurückgeführten amerikanischen Kriegsgefangenen, von denen 20 – 30 verwundet und eine unbekannte Anzahl getötet wurden.[19] An der Straße vor Groß-Blumberg/Oder lagen in Gruppen zu jeweils fünf bis zehn Mann die Leichen von etwa 40 deutschen Soldaten, die durch Kopf- oder Genickschuß ermordet und dann ausgeraubt worden waren. In Reppen wurden alle Männer eines durchziehenden Flüchtlingstrecks von Sowjetsoldaten der 19. Armee erschossen und die Frauen vergewaltigt. In Gassen bei Sommerfeld wurden

Zivilpersonen wahllos von Panzern des 6. mechanisierten Gardekorps unter Feuer genommen. In Massin bei Landsberg erschossen Angehörige der 5. Stoßarmee eine unbekannte Anzahl von Einwohnern, vergewaltigten Frauen und Minderjährige und schafften Plünderungsgut fort. In einem unbekannten Ort bei Landsberg erschossen Angehörige der 331. Schützendivision acht männliche Zivilpersonen, nachdem sie diese zuvor ausgeraubt hatten.

Als Einheiten des sowjetischen 11. Panzerkorps bzw. des 4. Gardeschützenkorps zu Anfang Februar überraschend in die westlich der Oder gelegene Stadt Lebus eindrangen, setzte sofort die Ausraubung der Einwohner ein, bei welcher Gelegenheit eine Anzahl von Zivilpersonen erschossen wurde. Die Rotarmisten vergewaltigten die Frauen und Mädchen, von denen zwei mit Gewehrkolben erschlagen wurden. Das unverhoffte Vordringen der Sowjettruppen an die Oder und stellenweise über die Oder hinweg wurde unzähligen Einwohnern und deutschen Soldaten zum Verhängnis. In Groß-Neuendorf/Oder wurden zehn deutsche Kriegsgefangene in einen Stall gesperrt und von Sowjetsoldaten anscheinend der 1. Gardepanzerarmee mit Maschinenpistolen niedergemäht. In Reitwein und Trettin erschossen Angehörige anscheinend der 8. Gardearmee sämtliche deutsche Soldaten, Polizeibeamte und sonstige ›Faschisten‹, aber auch ganze Familien, in deren Haus etwa Wehrmachtangehörige Unterschlupf gefunden hatten. In Wiesenau bei Frankfurt wurden zwei Frauen im Alter von 65 und 55 Jahren nach stundenlanger Vergewaltigung sterbend aufgefunden. In Zehden erschoß eine uniformierte Sowjetfrau im Offizierrang des 5. Gardepanzerkorps ein Kaufmannsehepaar. Und in Genschmar ermordeten Sowjetsoldaten einen Gutsbesitzer, den Gutsverwalter und drei Arbeiter.

Eine Stoßgruppe der Wlassow-Armee unter Oberst der ROA Sacharov hatte am 9. Februar 1945 mit deutscher Unterstützung die im Oderbruch gelegenen Ortschaften Neu-Lewin und Kerstenbruch wieder eingenommen. Die Bevölkerung in beiden Orten war, so ein deutscher Bericht vom 15. März 1945, »in grausamster Weise mißhandelt worden« und stand danach »unter dem furchtbaren Eindruck des sowjetischen Blutterrors«. In Neu-Lewin wurde der Bürgermeister erschossen aufgefunden, ebenso ein Wehrmachturlauber. In einer Scheune lagen die Leichen von drei geschändeten und erschlagenen Frauen, von denen zwei an den Füßen gefesselt waren. Eine deutsche Frau lag erschossen vor ihrer Haustür. Ein altes Ehepaar war erdrosselt worden. Als Täter wurden ebenso wie in dem unfern gelegenen Dorf Neu-Barnim Angehörige des 9. Gardepanzerkorps ermittelt. In Neu-Barnim wurden 19 Einwohner tot aufgefunden. Die Leiche der Gastwirtsfrau war verstümmelt und an den Füßen mit Draht zusammengebunden. Hier wie in den anderen Ortschaften sind die Frauen und Mädchen geschändet worden, in Kerstenbruch sogar eine beinamputierte 71-jährige Greisin. Plünderungen und mutwillige Zerstörungen vervollständigen in diesen Dörfern des Oderbruches ebenso wie überall in den deutschen Ostgebieten das Bild der von den Sowjettruppen begangenen Gewaltverbrechen.

Pommern

Aus Pommern lagen für den Monat Februar 1945 nur verhältnismäßig wenige Meldungen vor, da die eigentlichen Durchbruchskämpfe hier erst Ende des Monats einsetzten. Ein Bericht des georgischen Leutnants Berakašvili, der, vom Georgischen Verbindungsstab zur Fahnenjunkerschule Posen kommandiert, dort mit anderen Offizieren der Freiwilligenverbände an der Verteidigung der Festung teilgenommen und sich in Richtung Stettin durchgeschlagen hatte, vermittelt immerhin einige Eindrücke für das Gebiet südöstlich von Stettin.[20)] So waren überall nicht nur Parteimitglieder und Hitlerjungen, sondern überhaupt zivile Uniformträger wie Eisenbahner usw. erschossen worden. Durch Genickschuß getötete Soldaten und Zivilpersonen säumten oft die Straßen, »stets halb entblößt und in jedem Falle ohne Stiefel«. Leutnant Berakašvili war Zeuge der brutalen Vergewaltigung einer Bauersfrau im Beisein der schreienden Kinder bei Schwarzenberg und fand allenthalben Spuren von Plünderung und Zerstörung. »Grausam zerstört« war die Stadt Bahn, in deren Straßen »viele Leichen von Zivilisten« lagen, die, wie Rotarmisten erklärten, von ihnen »zur Vergeltung« ermordet worden waren.

Die Verhältnisse in den Ortschaften um Pyritz bestätigten vollauf diese Beobachtungen. In Billerbeck waren der Gutsbesitzer sowie alte und kranke Leute erschossen, Frauen und Mädchen bis hinab zum Alter von zehn Jahren vergewaltigt, die Wohnungen geplündert, die übrigen Einwohner verschleppt worden. Auf Gut Brederlow schändeten Rotarmisten die Frauen und Mädchen, von denen eines anschließend ebenso wie die Frau eines geflüchteten Wehrmachturlaubers erschossen wurde. In Köselitz wurden der Amtsvorsteher, ein Bauer, ein auf Urlaub befindlicher Leutnant, in Eichelshagen der Ortsgruppenleiter und eine sechsköpfige Bauernfamilie ermordet. Die Täter waren in allen Fällen Angehörige der 61. Armee gewesen. Ähnliches geschah in den Dörfern um Greifenhagen südlich von Stettin. So waren in Jädersdorf zehn evakuierte Frauen und ein 15-jähriger Junge niedergeschossen, die noch lebenden Opfer mit Bajonetten und durch Pistolenschüsse getötet sowie auch ganze Familien mit Kleinkindern von Angehörigen der 2. Gardepanzerarmee »hingeschlachtet« worden. In Rohrsdorf erschossen die Sowjetsoldaten zahlreiche Einwohner, darunter einen verwundeten Heimaturlauber. Frauen und Mädchen wurden geschändet und danach zum Teil ebenfalls ermordet. In Groß-Silber bei Kallies vergewaltigten Rotarmisten des 7. Gardekavalleriekorps eine junge Frau mit einem Besenstiel, schnitten ihr die linke Brust ab und zertrümmerten ihren Schädel. In Pr. Friedland erschossen Sowjetsoldaten der 52. Gardeschützendivision acht Männer und zwei Frauen und vergewaltigten 34 Frauen und Mädchen. Ein grauenhaftes Vorkommnis meldete der Kommandeur eines deutschen Panzerpionierbataillons der 7. Panzerdivision.[21)] Zu Ende Februar 1945 trieben sowjetische Offiziere der 1. bzw. 160. Schützendivision mehrere Kinder im Alter von 10 bis 12 Jahren nördlich von Konitz zur Erkundung in ein Minenfeld. Die deutschen Soldaten vernahmen »das jammervolle Schreien« der durch hochgehende Minen schwerverletzten Kinder, »die mit aufgerissenen Körpern hilflos verbluteten«.

Ostpreußen

Auch in dem schwer umkämpften Ostpreußen dauerten die Greueltaten unter Mißachtung etwa entgegenstehender Befehle im Februar 1945 unvermindert an. So wurden an der Straße bei Landsberg deutsche Soldaten und Zivilpersonen von Angehörigen der 1. Gardepanzerarmee durch Bajonettstiche, Kolbenhiebe und Nahschüsse getötet und zum Teil massakriert. In Landsberg trieben Sowjetsoldaten der 331. Schützendivision die überraschte Bevölkerung einschließlich der Frauen und Kinder in die Keller, zündeten die Häuser an und schossen auf die in Panik Fliehenden.[22)] Viele Menschen verbrannten lebendigen Leibes. In einem Dorf an der Straße Landsberg – Heilsberg wurden 37 Frauen und Mädchen von Angehörigen derselben Schützendivision sechs Tage und Nächte lang in einen Keller gesperrt, dort zum Teil angekettet und unter Beteiligung der Offiziere täglich mehrfach vergewaltigt. Zwei dieser Sowjetoffiziere schnitten »mit einem halbrunden Messer« zwei Frauen der entsetzten Schreie wegen vor aller Augen die Zungen heraus. Zwei anderen Frauen waren die aufeinandergelegten Hände mit einem Bajonett auf dem Fußboden festgenagelt worden. Nur wenige der Unglücklichen konnten schließlich von deutschen Panzersoldaten befreit werden, 20 Frauen waren den Mißhandlungen erlegen. In Hanshagen bei Pr. Eylau erschossen die Rotarmisten der 331. Schützendivision zwei Mütter, die sich der Vergewaltigung ihrer Töchter widersetzten, und einen Vater, dessen Tochter zu gleicher Zeit aus der Küche geschleppt und von einem sowjetischen Offizier vergewaltigt wurde. Ermordet wurden ferner das Lehrerehepaar mit drei Kindern, ein unbekanntes Flüchtlingsmädchen, der Gastwirt und ein Landwirt, dessen 21-jährige Tochter vergewaltigt wurde. In Petershagen bei Pr. Eylau ermordeten die Angehörigen dieser Division zwei Männer und einen Jungen im Alter von 16 Jahren namens Richard von Hoffmann, während sie den Frauen und Mädchen brutale Gewalt antaten.

Sowjetische Truppen waren zu Anfang Februar 1945 überraschend in den westlichen Teil des Samlandes eingedrungen und hatten eine große Anzahl von Ortschaften in ihre Gewalt gebracht. Es gelang den Deutschen, die vorgedrungenen Kräfte nach wenigen Tagen zu zerschlagen und teilweise zurückzudrängen und durch ein kühnes Angriffsunternehmen größeren Ausmaßes am 19. und 20. Februar 1945 die unterbrochene Land- und Seeverbindung nach Königsberg wiederherzustellen. Das Oberkommando der Armeeabteilung Samland bzw. der Heeresgruppe Nord führte mit Hilfe der Polizei Untersuchungen über das Schicksal der Bevölkerung in den wieder befreiten Gebieten durch, deren Ergebnisse freilich nur für wenige Ortschaften vorliegen. So ermordeten Angehörige des 271. Besonderen Motorisierten Bataillons (Kradschützen) der 39. Armee in Georgenwalde vier Zivilpersonen und warfen die Leichen in das Feuer des angezündeten Gutes. Frauen und Mädchen, noch im Kindesalter, wurden von Offizieren und ihren Rotarmisten grausam geschändet. In Kragau wurden von Angehörigen der 91. Gardeschützendivision zwei junge Frauen vergewaltigt und erwürgt, in Medenau von Angehörigen der 358. Schützendivision mindestens elf Zivilpersonen ermordet. Vor einem Hause lagen hier die Leichen zweier ermordeter Frauen, eines Kleinkindes und eines Säuglings. Zwei ältere Männer und ein 14 Jahre alter Junge waren erschlagen worden, ebenso zwei Frauen und zwei kleine Mädchen nach der Vergewaltigung. Die völlig entkleidete Leiche einer etwa 30-jährigen Frau wies Stichwunden in der Brust auf, ihr war der Schädel gespalten worden, und sie war von Schüssen durchbohrt. In Groß-Ladtkeim erschossen Angehörige der 91. Gardeschützendivision zwei deutsche Kriegsgefangene und vier Zivilpersonen, unter ihnen den Bürgermeister und dessen Frau. Von der 18-jährigen Tochter fehlte jede Spur. Doch wurde die Leiche eines jungen Mädchens aufgefunden, dem nach der Vergewaltigung die Brüste abgeschnitten und die Augen ausgestochen worden waren.

Die über Thierenberg bis in den Raum Krattlau-Germau vorgedrungene sowjetische 91. Gardeschützendivision ist am 7. Februar 1945 eingeschlossen und in harten Kämpfen teilweise zerschlagen worden. Schwere Völkerrechtsverletzungen sind in den von ihr besetzten Ortschaften festgestellt worden.[23)] In Thierenberg wurden 21 aus dem Heim für Kriegsversehrte bei Sorgenau dorthin verschleppte deutsche Soldaten ermordet. Elisabeth Homfeld wurde vergewaltigt und mit ihrem Schwager durch Kopfschüsse getötet, ebenso Minna Kottke, die sich der Vergewaltigung hatte erwehren wollen, und der Sohn des Pfarrhofpächters, Ernst Trunz. In einem Schuppen sind durch eine hineingeworfene Handgranate drei dort eingesperrte Frauen und ein Mann getötet, mehrere Personen schwer verletzt worden. Sowjetische Offiziere und Soldaten haben in der Kriegsgefangenschaft später zugleich gestanden, sich an Frauen und selbst an minderjährigen Mädchen pausenlos und »auf tierische Weise« vergangen zu haben. In Krattlau ermordeten Angehörige des Gardeschützenregimentes 275 der 91. Gardeschützendivision sechs Männer und zwei deutsche Soldaten durch Bajonettstiche oder Kopfschüsse. Alle Frauen und Mädchen einschließlich der Dreizehnjährigen wurden ununterbrochen vergewaltigt, manche Frauen »5 bis 8 mal am Tage von jeweils 6 bis 8 Soldaten geschlechtlich mißbraucht«. Drei bis vier der jüngsten Frauen blieben den Offizieren vorbehalten, die sie nach vollendetem Notzuchtverbrechen an ihre Untergebenen weiterreichten. In Annental fanden die deutschen Befreier die Leichen zweier Frauen, die, eine auf einem Dunghaufen, geschändet und anschließend erwürgt worden waren.

Eingehende Erhebungen konnten in Germau angestellt werden, wo immerhin der Stab der 91. Gardeschützendivision und der Stab mit Teilen des Gardeschützenregimentes 275 gelegen hatten. In Germau wurden die Leichen 21 ermordeter Männer, Frauen und Kinder aufgefunden. Elf Personen hatten die ungeheuerlichen Torturen nicht ertragen und ihrem Leben selber ein Ende gemacht. 15 deutsche Verwundete waren durch Zerschlagen des Kopfes ermordet und einem von ihnen war eine Mundharmonika gewaltsam in den Mund getrieben worden. Nach Feststellungen von Stabsarzt Dr. Tolzien wies eine Frauenleiche folgende Verletzungen auf: Kopfdurchschuß, Zertrümmerung des linken Unterschenkels, breite offene Schnittwunde an der Innenseite des linken Unterschenkels, große offene Wunde an der Oberseite des linken Oberschenkels, durch Messerstiche beigebracht. Einer anderen Frau ebenso wie einem der Kleidung beraubten jungen Mädchen war der Hinterkopf zerschmettert worden. Ermordet aufgefunden wurden die Eheleute Retkowski, die Eheleute Sprengel mit drei Kindern, eine junge Frau mit zwei Kindern und ein unbekannter Pole. In einem Gemeinschaftsgrab lagen die Leichen einer unbekannten Flüchtlingsfrau, der Rosa Thiel, geb. Witte und eines 21-jährigen polnischen Mädchens, alle drei nach der Vergewaltigung grausam ermordet, ferner die Leichen zweier Handwerksmeister des Ortes, von denen einer, der Müller Maguhn, erschossen worden war, weil er seine minderjährige Tochter vor der Vergewaltigung hatte schützen wollen. An der Straße Germau-Palmnicken, bei Kilometerstein 5, wurden zwei kleine Mädchen aufgefunden. Beide hatten Nahschüsse im Kopf und einem waren die Augen ausgestochen worden. Die weibliche Bevölkerung von Germau, etwa 400 Frauen und Mädchen, war auf Befehl des Kommandeurs der 91. Gardeschützendivision, Oberst Košanov, in der Kirche eingeschlossen worden, angeblich, so jedenfalls der kriegsgefangene Major Kostikov, um sie vor Ausschreitungen zu bewahren. Sowjetische Offiziere und Soldaten drangen dennoch in die Kirche ein und führten auf der Empore ›Massenvergewaltigungen‹ durch. Auch in den umliegenden Häusern wurden die Frauen in den folgenden Tagen, meist von Offizieren, pausenlos geschändet, junge Mädchen in einer Nacht bis zu zweiundzwanzigmal, die 13-jährige Eva Link in der Glockenstube der Kirche von einem Offizier und mehreren Rotarmisten achtmal vor den Augen der fassungslosen Mutter, die anschließend das gleiche Los traf.

Die Geschehnisse in dem westlich von Königsberg gelegenen Villenvorort Metgethen, der in der Nacht vom 30./31. Januar 1945 von Einheiten der sowjetischen 39. Armee (Schützenregimenter 192, 292, 338) besetzt und am 19. Februar nach verlustreichen Kämpfen von Teilen der deutschen 1. Infanteriedivision, der 561. Volksgrenadierdivision und der 5. Panzerdivision wieder befreit worden war, sind bereits mehrfach in der Literatur und unlängst auch in einer Veröffentlichung der russischen Zeitschrift Novoe Vremja unter der Überschrift »Verbrechen der Rotarmisten« (Prestuplenija krasnoarmejcev)[24] beschrieben worden. Verwiesen sei auch in diesem Zusammenhang auf den amerikanischen Völkerrechtler Alfred M. de Zayas, der den Vorgängen in Metgethen in seinen Untersuchungen besondere Aufmerksamkeit widmet.[25] Die deutschen Soldaten hatten in Metgethen und in der näheren Umgebung grauenhafte Entdeckungen gemacht. Die Überlebenden, so der ehemalige 3. Generalstabsoffizier (Ic) im Stabe des Festungskommandanten von Königsberg, Major d. R. Professor Dr. G. Ipsen, befanden sich »in einem Zustand, der an Wahnsinn grenzte«.

Schon an den Zugängen wurden die Leichen einiger hundert zum Teil bis zur Unkenntlichkeit verstümmelter deutscher Soldaten gefunden, in fast allen Häusern und Gärten lagen erschlagene Männer, Frauen und Kinder, die Frauen deutliche Spuren der Vergewaltigung aufweisend, die Brüste oftmals abgeschnitten. An einer Stelle, so der ehemalige Ordonnanzoffizier im Stabe der 561. Volksgrenadierdivision, K. A. Knorr, waren zwei etwa 20-jährige Mädchen von Fahrzeugen auseinandergerissen worden. Auf dem Bahnhof stand mindestens ein Flüchtlingszug aus Königsberg. In jedem Waggon lagen die Leichen »bestialisch ermordeter Flüchtlinge jeden Alters und Geschlechtes«. Auf dem Tennisplatz in Metgethen waren deutsche Kriegsgefangene und Zivilpersonen zusammengepfercht und alsdann war eine Sprengladung zur Explosion gebracht worden. Man fand Teile menschlicher Leichen noch 200 m von dem riesigen Sprengtrichter entfernt. Noch am 27. Februar 1945 entdeckte der Hauptmann aus dem Stabe des Festungskommandanten Sommer hinter einem Hause in einer Kiesgrube an der Straßen- und Bahnkreuzung vor Metgethen durch Zufall die Leichen 12 völlig entkleideter Frauen und Kinder in »einem wirren Haufen« zusammenliegend; sie waren durch Bajonett- und Messerstiche zerfleischt worden.

Außer den in dem ganzen Villenort verstreuten Einzelleichen, die sich auf mehrere hundert beliefen, wurden mehrere große Erdhügel entdeckt, unter denen, wie sich ergab, Hunderte, nach Hauptmann Sommer und Professor Dr. Ipsen 3000 Tote verscharrt waren.[26] Die Ermittlungen der von dem Festungskommandanten, General der Infanterie Lasch, eingesetzten Untersuchungskommission gestalteten sich so schwierig, weil die Sowjets die Leichenhaufen mit Benzin übergossen und versucht hatten, sie zu verbrennen. Dennoch konnte festgestellt werden, daß die meisten Opfer nicht erschossen, sondern oft durch Hieb- und Stichwaffen grausam ermordet worden waren. Bei einem großen Teil dieser Toten handelte es sich zudem nicht um Deutsche, sondern um ukrainische Flüchtlinge, die sich in einer Größenordnung von 25000 bei Metgethen aufgehalten hatten, sowie um Angehörige des zwangsrekrutierten (und von den Deutschen schlecht behandelten) sogenannten ukrainischen »Werkdienstes«, die, wie viele ihrer Landsleute an anderer Stelle, den sowjetischen Racheakten nunmehr zum Opfer gefallen sind.

Westlich von Metgethen, so Hauptmann Sommer, lagen an der Straße bis hin nach Powayen überall Leichen von Zivilpersonen, ermordet entweder durch Genickschuß oder »völlig entkleidet, vergewaltigt und dann in viehischer Weise mit Bajonettstichen oder Kolbenschlägen umgebracht«. An der Straßenkreuzung vor Powayen waren vier unbekleidete Frauen von einem sowjetischen Panzer zu Tode geschleift worden. Bezeugt von Hauptmann Sommer wie auch von Major Professor Dr. Ipsen ist eine geradezu symbolische Schandtat der Sowjetsoldaten in der Kirche von Groß-Heydekrug. Dort war ein junges Mädchen gekreuzigt und rechts und links von ihm war je ein deutscher Soldat aufgehängt worden. Dies alles geschah vor den Toren der Provinzialhauptstadt Königsberg. Die unsäglichen Greuel und Verbrechen, die von den aufgehetzten[27] sowjetischen Soldaten dann nach der Eroberung der Stadt vom 7. – 9. April 1945 begangen worden sind, entziehen sich jeder Beschreibung und haben auch in den Tagebüchern der Ärzte Deichelmann und Graf von Lehndorff einen nur andeutungsweisen Niederschlag finden können.[28]

Durch die auf deutschem Boden begangenen Völkerrechtsverletzungen hatten große Teile der Roten Armee sich außerhalb der Traditionen herkömmlichen Soldatentums gestellt. Straftaten gegen Wehrlose wie die vorstehend nur beispielhaft geschilderten als Massenerscheinung und nach Anstiftung und unter Beteiligung der militärischen Führer waren in den Armeen anderer europäischer Staaten selbst im Zweiten Weltkrieg unbekannt und wären von den Kommandostellen auch niemals geduldet worden. Und die deutsche Wehrmacht machte hiervon keine Ausnahme. Raub und Plünderung, ganz zu schweigen von Mord und Notzuchtverbrechen, waren nach zwingenden Vorschriften des Militärstrafgesetzbuches mit schweren Strafen bedroht. Die Kriegsgerichte haben auch in den sowjetischen Gebieten zur Wahrung der militärischen Disziplin Vergehen und Verbrechen von Wehrmachtsangehörigen an der Zivilbevölkerung in der Regel mit harten Strafen geahndet und oft nicht gezögert, selbst die Todesstrafe zu verhängen.[29] Fragt man daher nach den Verantwortlichen für die in den deutschen Ostprovinzen begangenen Kriegsverbrechen, so würde es sich, folgte man dem alten militärischen Grundsatz, daß die Vorgesetzten in jedem Fall für die Handlungen ihrer Untergebenen verantwortlich sind, bei der Mehrzahl der dort eingesetzten Befehlshaber und Truppenführer und bei vielen Angehörigen des mittleren und unteren Führerbestandes auch im Sinne des Nürnberger Statutes um »Kriegsverbrecher« gehandelt haben. Die Abteilung Fremde Heere Ost des Generalstabes des Heeres, die aufgrund ihrer Sachkenntnis maßgeblich beteiligt war an der »namentlichen Erfassung feindlicher Kriegsverbrecher«, neigte ebenso wie etwa das Oberkommando der Heeresgruppe Mitte bei den von ihr zusammengestellten ›Kriegsverbrecherlisten‹[30] wohl dazu, zuständige sowjetische Kommandeure und Einheitsführer von vornherein in Verbindung mit den Straftaten ihrer Untergebenen zu bringen. Der Begriff soll an dieser Stelle jedoch enger gefaßt werden. Und wenn im folgenden aus den ohnehin nur durch puren Zufall überlieferten Unterlagen eine Reihe sowjetischer Offiziere namhaft gemacht werden, so geschieht dies nur, sofern eine gravierende Täterschaft oder Mittäterschaft an Völkerrechtsverstößen dokumentarisch erwiesen ist oder sofern ein dringender Tatverdacht hierfür vorliegt.

Als Verantwortliche für die Völkerrechtsverletzungen in den deutschen Ostprovinzen sind bereits genannt worden: der Oberbefehlshaber der 1. Weißrussischen Front, Marschall der Sowjetunion Žukov, und führende Offiziere seines Frontstabes, so das Mitglied des Kriegsrates, Generalleutnant Telegin, ferner Generaloberst der Artillerie Kazakov, Generaloberst der Flieger Rudenko und der Chef des Stabes der Front, Generaloberst Malinin, sowie noch eindeutiger, der Oberbefehlshaber der 3. Weißrussischen Front, Armeegeneral Černjachovskij, das Mitglied des Kriegsrates, Generalleutnant Chochlov, der Chef der Politischen Verwaltung des Frontstabes, Generalmajor Razbijcev. Aus der Gruppe der Verantwortlichen sind ferner bereits folgende Offiziere hervorgehoben worden: der Oberbefehlshaber der 31. Armee, Generaloberst Glagolev, die Mitglieder des Kriegsrates der 31. Armee, Generalmajor Karpenkov, Generalmajor Lachtarin, sowie der Chef der Politischen Verwaltung der Armee, Generalmajor Rjapasov, überdies der Kommandeur des 43. Schützenkorps, Generalmajor Andreev, der Kommandeur der 72. Schützendivision, Generalmajor Jastrebov, der Kommandeur der 87. Gardeschützendivision, Generalmajor Tymčik, der Kommandeur der 88. Schützendivision, Oberst Kovtunov, der Kommandeur der 153. Schützendivision, Oberst Eliseev, der Kommandeur der 2. Gardeartilleriedivision, Oberst Kobcev, der Chef der 7. Abteilung der Politischen Verwaltung der 50. Armee, Oberstleutnant Sabaštanskij[31], zu dessen Mitarbeitern auch die beiden deutschen Kollaborateure Major Bechler und Leutnant Graf von Einsiedel als sogenannte ›Frontbeauftragte‹ des NKFD gehörten, der Kommandeur des Schützenregimentes 611 der 88. Schützendivision, Oberstleutnant Sotkovskij, der Kommandeur des Schützenregimentes 14 der 72. Schützendivision, Oberstleutnant Korolev, der Kommandeur des 3. Bataillons des Schützenregimentes 14 der 72. Schützendivision, Oberleutnant Vasil'ev, der Adjutant der 2. Abteilung des Artillerieregimentes 919, Oberleutnant Pugačev.

Und hier sind die durch Zufall überlieferten Namen weiterer sowjetischer Offiziere, die auf deutschem Boden Kriegsverbrechen begingen, dazu aufforderten oder sie bewußt duldeten: Generalleutnant Okorokov, Chef der Politischen Verwaltung der 2. Weißrussischen Front, hat persönlich »umfangreiche Plünderungen« begangen und ist verantwortlich für andere schwerwiegende Delikte in seinem Dienstbereich.[32)] Generalmajor Berestov, Kommandeur der 331. Schützendivision, vergewaltigte am 2. Februar 1945 in Petershagen bei Pr. Eylau mit einem seiner Begleitoffiziere die Tochter der Bauersfrau, von der er sich hatte bedienen lassen, sowie ein polnisches Mädchen und ist zudem in vollem Umfange verantwortlich für die zahlreichen, von seiner Division bei Pr. Eylau und Landsberg begangenen Kriegsverbrechen, »von denen nur ein verschwindend geringer Teil bekannt geworden ist«. Für die zwischen dem 15. und 21. Februar 1945 in Medenau verübten Straftaten tragen Generalmajor Papčenko, Kommandeur der 124. Schützendivision, und Generalmajor Zareckij, Kommandeur der 358. Schützendivision, ebenso die Verantwortung wie solche für die am 4. Februar 1945 in Kragau und Groß-Ladtkeim begangenen der Kommandeur der 91. Gardeschützendivision, Gardeoberst Košanov, trägt, der auch verantwortlich ist »für die von seinen Soldaten in Thierenberg begangenen Morde und Vergewaltigungen«. Oberstleutnant Muratov, Kommandeur des Schützenregimentes 1324 der 413. Schützendivision, ließ im Januar 1945 durch seinen Politstellvertreter (Zampolit) die Rotarmisten zu Racheakten an den Deutschen aufrufen: »Ihr könnt Euch jetzt rächen. Die kämpfende Truppe kann mit den deutschen Gefangenen machen, was sie will. . .«[33)]

Oberstleutnant Bondarec, Zampolit des Schützenregimentes 510 der 154. Schützendivision der 2. Gardearmee der 3. Weißrussischen Front, gab den Rotarmisten in Ostpreußen bekannt, »sie könnten deutsche Frauen zwar vergewaltigen«, sollten sie aber nicht erschießen. Oberstleutnant Tolstuchin, Kommandeur des Gardeschützenregimentes 85 der 32. Gardeschützendivision, ein besonderer »Deutschenhasser«, ließ in Ostpreußen »die meisten deutschen Gefangenen erschießen«.[34)] Oberstleutnant Rozencvejg, Zampolit des Gardeschützenregimentes 72, ließ den Rotarmisten durch die Einheitsführer mitteilen, sie hätten »volles Plünderungsrecht«.[35)] Oberstleutnant Sašenko, Kommandeur des Schützenregimentes 275 der

91. Gardeschützendivision, trägt die volle Verantwortung für die »von seinen Soldaten in der Zeit vom 2. – 8. 2. 45 in Germau und Krattlau begangenen Kriegsverbrechen«. Major Beljaev, Chef der ›Antifa-Schule‹ der 2. Weißrussischen Front, hat in Neidenburg eine hilflose alte Frau, an anderer Stelle drei Verwundete erschossen und andere Verbrechen begangen.[36] Major Sadykov, Kommandeur des Schützenregimentes 870, beging persönlich in Oberschlesien Notzuchtverbrechen und ließ aus seiner haßerfüllten Einstellung heraus »schon viele Kriegsgefangene erschießen«.[37] Major Kobuljanskij, Kommandeur des 271. Besonderen Motorisierten Bataillons der 39. Armee, und mehrere seiner Offiziere, unter ihnen der Kompaniechef Alt-Metveden und der Zugführer Sinov'ev, haben im Ostseebad Georgenwalde zwischen dem 3. und 5. Februar 1945 persönlich an schweren Notzuchtverbrechen teilgenommen, und sie sind auch verantwortlich für eine Reihe von Mordtaten in der näheren Umgebung. Stellvertretend für die unübersehbare Anzahl sowjetischer Oberoffiziere, die überall in den deutschen Ostprovinzen Morde oder Sittlichkeitsverbrechen begangen haben, seien an dieser Stelle genannt: Hauptmann Sobolev[38], Adjutant des 2. Bataillons des Schützenregimentes 691 der 383. Schützendivision, Oberleutnant Šerebsov[39], Chef des Stabes einer Abteilung des Artillerieregimentes 788 der 262. Schützendivision, Oberleutnant Sljusarev[40], Chef des Stabes des 1. Bataillons des Gardeschützenregimentes 72 der 24. Gardeschützendivision, Leutnant Šilkov aus demselben Bataillon sowie Leutnant Kalinin, Politstellvertreter des 2. Bataillons, der die Rotarmisten zur Begehung von Schandtaten ausdrücklich aufwiegelte, indem er ihnen erklärte, »niemanden und nichts soll man verschonen«. Es sind immer nur wenige Namen, die an dieser Stelle aufgeführt werden können. Doch dieses eine lassen sie erkennen, daß Offiziere aller Rangstufen vom Marschall der Sowjetunion bis hin zum Leutnant, Generale, Stabs- und Oberoffiziere der Roten Armee, sich gleicherweise der Begehung von Kriegsverbrechen an der Zivilbevölkerung und an wehrlosen Gefangenen schuldig gemacht haben.

War also die Rote Armee insgesamt an Völkerrechtsverletzungen beteiligt? Die andauernde Hetzpropaganda der Politischen Hauptverwaltung und der ihr unterstehenden Politorgane sowie der Umstand, daß die plötzlichen Gegenbefehle der Truppenführung den anfänglichen Aufrufen durchaus widersprachen, daß sie im übrigen des Nachdrucks entbehrten und auch nur in Ausnahmefällen durchgegriffen wurde, ließ in der Tat wenig Spielraum für humanitäre Bestrebungen. Nicht wenige sowjetische Offiziere und Soldaten haben zwar Anstoß genommen an den ungeheuerlichen Verbrechen und Ausschreitungen ihrer eigenen Genossen, wie denn die auf deutscher Seite tätigen russischen Agenten Danilov und Čiršin spontan auch von einem unbekannten Offizier berichteten, der sein Entsetzen über das Ausmaß des Terrors gezeigt hatte.[41] Angesichts der in der

Roten Armee herrschenden Atmosphäre der Verhetzung und des Hasses war es allerdings nicht einfach und mit ausgesprochenem Risiko verbunden, Kritik an der barbarischen, »jeglicher menschlichen Gesittung hohnsprechenden Behandlung« der Bevölkerung und der Kriegsgefangenen laut werden zu lassen, weil sofort das Einschreiten der politischen Überwachungsorgane drohte. Sowjetische Kriegsgefangene bestätigten »einstimmig«, es sei »strengstens verboten, seine sittliche Entrüstung der Führung gegenüber zu äußern, da man dadurch Gefahr läuft, als Hitlergänger bezeichnet und behandelt zu werden«.[42] Als etwa der unten noch genannte Hauptmann Beljakov seinem Vorgesetzten die brutale Vergewaltigung eines 17-jährigen Mädchens im Beisein der Mutter durch acht Rotarmisten meldete, wurde er von dem Zampolit, Oberstleutnant Bondarec, zurechtgewiesen, ob er sich zum »Verteidiger dieser Zivilisten aufspielen« wolle. Er solle sich zu seinem Bataillon scheren. Mit anderen Kritikern wurde rigoroser verfahren. So erschoß Hauptmann Efremov, Bataillonskommandeur in einem Regiment des 4. Gardepanzerkorps, der in Lindenhagen bei Cosel am 2. Februar 1945 eine Frau vergewaltigt hatte, kurzerhand einen Rotarmisten, der diese Tat verurteilte. An anderer Stelle wurden, wie ein kriegsgefangener Unterleutnant der 287. Schützendivision aussagte, mehrere Offiziere von den aufgehetzten Rotarmisten erschossen, weil sie »sich für die Zivilbevölkerung einsetzten und die Ausschreitungen verhindern wollten«.[43]

Es wird von Panzerbesatzungen berichtet, die die Einwohner vor der Grausamkeit der nachfolgenden Einheiten warnten[44], und es gab immer wieder sowjetische Offiziere und Soldaten, die den Frauen und Kindern halfen oder Brot an sie austeilten. Leuchtende Zeichen der Menschlichkeit haben Hauptmann Aleksandr Solženicyn und Major Lev Kopelev gesetzt, die ihr Eintreten für die mißhandelte Zivilbevölkerung in Ostpreußen mit jahrelanger Deportation in die Konzentrationslager des GULag bezahlen mußten. »Bürgerlich humanistische Propaganda, Mitleid mit der Feindbevölkerung und Verleumdung der sowjetischen militärischen Führung«, so lauteten die Beschuldigungen, die sie trafen.[45] Das grauenhafte Geschehen ist von dem späteren Nobelpreisträger Aleksandr Solženicyn in seiner Veröffentlichung »Ostpreußische Nächte« der Nachwelt in dichterischer Form überliefert worden.[46]

Mitunter vermochten sowjetische Offiziere den uniformierten Verbrechern erfolgreich entgegenzutreten, vielleicht weil sie ähnlich denkende Vorgesetzte hatten, wie denn überhaupt immer viel von »der Einstellung des jeweiligen Kommandeurs« abhing. So war selbst in der 91. Gardeschützendivision »Duchačina« das Verhalten nicht einheitlich gewesen. Während der Divisionsstab und das Gardeschützenregiment 275 in Germau und Umgebung fürchterliche Greuel begingen[47], wurden aus Orten wie Willkau, die von anderen Einheiten der Division besetzt waren, keine Morde und Vergewaltigungen gemeldet. Als einem in Germau neu eingesetzten Kommandanten die vielen Untaten vorgetragen wurden, wies dieser die die Kirche umstehenden Posten sogar an, ein Herausschleppen von Frauen nicht mehr zuzulassen, »widrigenfalls sie auf die eigenen Soldaten zu schießen hätten«. Unterschiedlich waren die Verhältnisse auch in der 72. Schützendivision des Kriegsverbrechers Generalmajor Jastrebov. Während etwa das 3. Bataillon des Schützenregimentes 14 schwere Verbrechen beging, wurden die Rotarmisten des 3. Bataillons des Schützenregimentes 187 ermahnt, sich der Bevölkerung gegenüber nichts zuschulden kommen zu lassen.[48)]

Doch dies alles scheinen letzten Endes Ausnahmen gewesen zu sein. Der Chef der Abteilung Fremde Heere Ost des Generalstabes des Heeres, Generalmajor Gehlen, in dessen Dienststelle alle einschlägigen Meldungen zusammenliefen, registrierte in Einzelfällen zwar ebenfalls ein »korrektes Verhalten« sowjetischer Offiziere und Soldaten, sah sich zugleich aber gezwungen, darauf hinzuweisen, daß »ein großer Teil der Offiziere Ausschreitungen stillschweigend duldet, ja vielfach selbst sie durchführt«.[49)] So ist der bereits erwähnte Hauptmann Beljakov, Kommandeur des 1. Bataillons des Schützenregimentes 510 der 154. Schützendivision der 2. Gardearmee der 3. Weißrussischen Front, am 10. Februar 1945 in Dulzen bei Pr. Eylau zu den deutschen Truppen übergelaufen, weil, wie er erklärte, »ich nicht länger mehr ansehen konnte, wie die Rotarmisten in den von uns eroberten Gebieten mit der deutschen Zivilbevölkerung umgingen«.[50)] Hauptmann Beljakov, der zuvor einen in flagranti ertappten Sergeanten seines Bataillons und einen anderen Rotarmisten erschossen hatte, weil sie in einer abgelegenen Scheune ein minderjähriges, schon völlig verstörtes Mädchen in viehischer Weise vergewaltigten, glaubte der bevorstehenden Verhaftung durch das NKVD-Organ SMERŠ nur noch durch seine Flucht zu den Deutschen entgehen zu können.

Anmerkungen zu Kapitel 13

1) BA-MA, RH 19 XV/6, 22. 2. 1945; BA-MA, RH 2/2685, 26. 3. 1945.
2) Prikaz Komandujuščego 3-go Belorusskogo Fronta, 22. 1. 1945, BA-MA, RH 2/2687.
3) Vgl. Kapitel 12, Anm. 27.
4) Vsem Voennym Prokuroram, 23. 1. 1945, BA-MA, RH 2/2687.
5) Ebenda, 25. 1. 1945.
6) Tovarišči bojcy, seržanty i oficery!, ebenda.
7) Ebenda, 17. 2. 1945.
8) BA-MA, RH 2/2685, 5. 3. 1945.
9) BA-MA, RH 2/2684, 2. 2. 1944; BA-MA, RH 2/2688, fol. 74, 25. 2., fol. 75, 1. 3. 1945.
10) BA-MA, RH 2/2687, 24. 2. 1945.
11) BA-MA, RH 2/2688, fol. 75, 6. 3. 1945.
12) Ebenda, 27. 2. 1945.
13) BA-MA, RH 2/2685, Liste 2, fol. 174ff., auch für das folgende.
14) Vgl. Kapitel 12, Anm. 40.
15) BA-MA, RH 2/2687, 26. 2. 1945.
16) Ebenda, 15. 3. 1945.
17) Ebenda, 3. 3. 1945.
18) BA-MA, RH 2/2685, Liste 1, fol. 168ff., auch für das folgende.
19) Ebenda, fol. 67, 7. 2. 1945.
20) BA-MA, RH 2/2688, 12. 3. 1945.
21) Ebenda, 5. 3. 1945.
22) Namentliche Erfassung sowjetischer Kriegsverbrecher, 17. 3. 1945, BA-MA, RH 2/2685, auch für das folgende.
23) BA-MA, RH 2/2684, 13./16. 2. 1945.
24) Mlečin, Prestuplenija krasnoarmejcev.
25) Anmerkungen zur Vertreibung, S. 67ff.
26) Vertreibung und Vertreibungsverbrechen, Dokument 4, S. 146ff.
27) Vgl. auch Šturm Kenigsberga.
28) Deichelmann, Ich sah Königsberg sterben; Lehndorff, Ostpreußisches Tagebuch; Wieck, Zeugnis vom Untergang Königsbergs.
29) Zayas, Die Wehrmacht-Untersuchungsstelle, S. 72ff.
30) Vgl. Anm. 22; auch BA-MA, RH 2/2684, 21. 2. 1945.
31) Kopelew, Aufbewahren für alle Zeit!, S. 94.
32) Ebenda, S. 69, S. 130.
33) BA-MA, RH 2/2687, 12. 2. 1945.
34) BA-MA, RH 2/2685, 21. 3. 1945.
35) BA-MA, RH 2/2687, 17. 2. 1945.
36) Kopelew, Aufbewahren für alle Zeit!, S. 87, S. 94.
37) BA-MA, RH 2/2687, 12. 3. 1945.
38) BA-MA, RH 2/2688, fol. 74, 3. 3. 1945.
39) BA-MA, RH 2/2687, fol. 72, o. D.
40) BA-MA, RH 2/2684, 11. 2. 1945.
41) Vgl. Anm. 17.
42) BA-MA, RH 2/2685, 22. 2. 1945.
43) Ebenda, 23. 3. 1945.
44) BA-MA, RH 2/2687, 11. 3. 1945; Vertreibung und Vertreibungsverbrechen, S. 25, S. 27.
45) Zayas, Die Anglo-Amerikaner und die Vertreibung, S. 88f.
46) Solschenizyn, Ostpreußische Nächte.

47) BA-MA, RH 2/2687, 15. 2. 1945.
48) Vgl. Kapitel 12, Anm. 36.
49) Vgl. Anm. 1.
50) BA-MA, RH 2/2685, 3. 3. 1945.

Schlußbetrachtung

Der deutsch-sowjetische Krieg war unvermeidlich. Nur noch die Frage war offen, welche der beiden Mächte dem Gegner zuvorzukommen vermöchte. Schon die gewaltige und immer schneller anwachsende Rüstungsüberlegenheit der Sowjetunion, besonders an Panzern, Flugzeugen und Artillerie, über die nunmehr in ganz Europa verstreuten Truppen der Wehrmacht ließ den Juni 1941 als den letztmöglichen Termin erscheinen, um überhaupt noch einen präventiven Krieg führen zu können. Jedes weitere Zuwarten mußte auch den einzigen Vorteil der Deutschen, ihren besseren Ausbildungsstand, zunichte machen. Aus jüngsten Funden sowjetischer Akten wissen wir heute, wie weit Aufmarsch und Kriegsvorbereitung der Roten Armee in der Tat bereits gediehen waren. Stalin hatte den Angriffstermin allem Anschein nach von 1942 auf die Monate des Juli – September 1941 vorgezogen. Und das würde auch plausibel machen, warum er, ohne einen deutschen Angriff letztlich zu scheuen, den Kriegsbeginn zwecks Vollendung der eigenen Vorbereitungen noch etwas hatte hinauszögern wollen, und sei es um »einige Wochen«, »wenn auch nur ... für einen Monat, eine Woche oder einige Tage«.

Was die Deutschen angeht, so war ihnen das tatsächliche Ausmaß der Stärke der Sowjetarmee verborgen geblieben, wenngleich sie offensichtliche Angriffsvorbereitungen an ihrer Ostgrenze durchaus registriert hatten. Die deutschen Kommandobehörden zeigten sich nach dem 22. Juni 1941 aber überrascht von dem gegnerischen Potential, auf das sie östlich der Grenze stießen. Von Hitler sind Äußerungen überliefert, die der Reichspropagandaminister Dr. Goebbels in seinen Tagebüchern auch bestätigte, daß ihm nämlich der Entschluß zum Angriff noch weitaus schwerer gefallen wäre, wenn er das volle Ausmaß der Stärke der Roten Armee vorher gekannt hätte. Es mag im übrigen der Phantasie überlassen bleiben sich auszumalen, was aus Deutschland und anderen europäischen Ländern geworden wäre, wenn Hitler am 22. Juni 1941 nicht das Signal zum Angriff gegeben und stattdessen umgekehrt Stalin den von ihm geplanten Vernichtungskrieg hätte führen können. Natürlich liegt darin nicht eine Rechtfertigung der politisch und moralisch so verderblichen Methoden, die Hitler nun seinerseits in Rußland (und in Polen) anwandte. Auch Hitler plante einen Eroberungskrieg. Und er führte den Krieg gegen die Sowjetunion im Geiste eines Ausspruches von Benjamin Disraeli, Earl of Beaconsfield: »Die Rassenfrage ist der Schlüssel zur Weltgeschichte.« Man sollte sich auch darüber im klaren sein, daß ein Zusammenstoß des nationalsozialistischen Deutschen Reiches mit der Union Sozialistischer Sowjetrepubliken von vornherein kein ›normales‹ Gepräge tragen konnte, sondern in außergewöhnlichen Formen ablaufen mußte. Militärisch gesehen ließen die großen Anfangserfolge der Truppen der Wehrmacht und ihr rasches Vordringen auf sowjetisches Territorium zudem eine Unterschätzung der Widerstandskraft und Stärke der Sowjetmacht erkennen, die sich schließlich als verhängnisvoll erweisen sollte.

Stalin, der geplant hatte, die an seiner Westgrenze konzentrierten Kräfte der Wehrmacht in einer gewaltigen Angriffsoperation in mehreren wuchtigen Schlägen zu vernichten, war auch durch den präventiven Angriff Hitlers anfangs nicht aus dem Konzept gebracht worden. Im Vollgefühl der gewaltigen Überlegenheit der Sowjetunion und wohlunterrichtet von den mannigfachen Schwächen der nunmehr in einem Zweifrontenkrieg befindlichen deutschen Wehrmacht waren Stalin und die Führung der Roten Armee auch nach dem 22. Juni 1941 noch von absoluter Siegeszuversicht erfüllt. Erst als der deutsche Angriff sich wider Erwarten erfolgreich entwickelte, zerrannen mit einem Schlage alle Illusionen. Nach einer kurzen Phase der Lethargie indessen begann das bolschewistische Regime (Stalin, das Politbüro und das neugegründete Staatliche Verteidigungskomitee) einen ›vaterländischen‹ Krieg zu proklamieren, der in seiner Radikalität den auf deutscher Seite erst nach ›Stalingrad‹ ausgerufenen sogenannten ›totalen‹ Krieg nur noch als bloße Redensart erscheinen läßt.

Stalin und der STAVKA war es in erster Linie darum zu tun, die wankenden Fronten wieder zum Stehen zu bringen. Es geschah dies durch rücksichtslose Anwendung der bewährten stalinistischen Methoden, der Methode einmal einer zügellosen Propaganda und zum anderen der Methode brutalsten Terrors. Das System war ebenso einfach wie probat: Wer der Propaganda nicht glaubte, der bekam den Terror zu spüren. Man war sich natürlich darüber im klaren, daß es nicht genügen würde zu versuchen, die Rotarmisten mit »glühendem und lebenspendendem Sowjetpatriotismus«, mit »grenzenloser Ergebenheit zur Sache der Kommunistischen Partei«, mit »grenzenloser Liebe zur Partei und Regierung, zu dem Genossen Stalin« zu erfüllen und zu begeistern und wie dergleichen Parolen sonst lauteten. Wichtiger noch war der Appell an die niederen Instinkte. Es mußten Haß- und Rachegefühle gegen die fremden Eindringlinge, gegen ›Faschisten‹, gegen deutsche Okkupanten und deren Verbündete, wachgerufen werden. Und in dieser Hinsicht sollte die Sowjetpropaganda unter der maßgeblichen Beteiligung von Ilja Ehrenburg denn auch einen in seiner Primitivität und Niedertracht noch kaum dagewesenen Tiefpunkt erlangen.

Zuallererst aber kam es darauf an, in der Roten Armee und Seekriegsflotte eine Atmosphäre der Furcht und des Terrors zu erzeugen und Bedingungen zu schaffen, die den Sowjetsoldaten keinen anderen Ausweg mehr ließen, als für die »Sowjetheimat« (was immer das sein mochte), »für Partei und Regierung«, »für den geliebten Stalin« bis zur »letzten Patrone«, bis zum »letzten Blutstropfen«, zu kämpfen und dann zu sterben. Die Möglichkeit, sich in die Kriegsgefangenschaft der deutschen oder verbündeten Truppen zu salvieren, hat es für Angehörige der Roten Armee entgegen den Behauptungen deutscher Geschichtsinterpreten[1] auch nicht zu einem Augenblick gegeben. Stalin, Molotov und andere führende Sowjetfunktionäre, unter ihnen auch die Botschafterin Kolontaj, haben bei verschiedenen Gelegenheiten darüber nicht den geringsten Zweifel gelassen. Die Sowjetunion als einziger Staat hatte aus diesem Grunde die Haager Landkriegsordnung von 1907 aufgekündigt und es auch abgelehnt, die Genfer Kriegsgefangenenkonvention von 1929 zu ratifizieren. Der Begriff von Kriegsgefangenen war in der UdSSR unbekannt. Hier kannte man in Übereinstimmung mit den Militärgesetzen und dem Ugolovnyj kodeks nur die Begriffe von Verrätern und Deserteuren, der Flucht auf das Territorium des Klassenfeindes und der antisowjetischen Zusammenarbeit mit ihm. Sowjetische Fliegerkräfte sind denn auch nachweislich dazu übergegangen, gezielte Bombenangriffe auf Kolonnen sowjetischer Kriegsgefangener zu fliegen. Gegen die Familienangehörigen von Kriegsgefangenen wurden nach dem in der Sowjetunion herrschenden Prinzip der Sippenhaftung brutale Repressalien bis hin zur Erschießung ergriffen.

Den Maßnahmen zur Unterbindung einer Flucht nach vorn entsprachen die Maßnahmen zur Unterbindung einer Flucht nach hinten. Ein in den Armeen anderer Staaten undenkbares System der Bespitzelung und Bewachung durch den Politischen Apparat, durch die im Verborgenen arbeitende NKVD-Organisation der Besonderen Abteilungen und deren Agenten, durch die terroristische Tätigkeit der Absperrabteilungen, Militärtribunale sowie durch die in den Stalinbefehlen Nr. 270 und 227 angekündigten Maßnahmen sollten den Rotarmisten keinen Ausweg mehr lassen. Dies und die massenweisen Erschießungen von Soldaten, Angehörigen des Kommandobestandes einschließlich vieler Generale bis hin zum Frontoberbefehlshaber stellten sicher, was in der Geschichte des »Großen Vaterländischen Krieges« bis in unsere Tage hinein als ›Massenheroismus‹ und ›Sowjetpatriotismus‹ gepriesen wird. Russische Soldaten sind gemeinhin von todesverachtender Tapferkeit. Nur eben läßt sich wahrer Heroismus nicht durch Terror erzwingen. Die Menschenverluste der gewöhnlich wie Vieh in das feindliche Feuer getriebenen Rotarmisten waren denn auch ungeheuer und haben schon im sowjetisch-finnischen Winterkrieg 1939/1940 mindestens das Fünffache der finnischen Verluste betragen. »Menschenleben dürfen nicht geschont werden«, das war die Stalindevise, auf der die sowjetische Kriegführung auch in Hinblick auf die eigenen Soldaten und Zivilpersonen beruhte.

Bei der Darstellung des Stalin'schen Vernichtungskrieges erwies es sich – so heikel die ganze Thematik auch sein mag – als unumgänglich, vergleichend kurz auf die Massenmorde einzugehen, die das Stalinregime, vereinfachend gesagt, aus klassenkämpferischen, das Hitlerregime aus rassenkämpferischen Motiven heraus begangen hat. Denn diese politisch-ideologisch bedingten Untaten, die in der Weltgeschichte ihresgleichen suchen, waren auch Teil des Propagandakrieges, der neben dem Krieg der Waffen zwischen der Sowjetunion und Deutschland geführt wurde. Man muß freilich, um einen adäquaten Maßstab zu gewinnen, daran erinnern, daß, bevor die Mordkommandos des Reichsführers SS überhaupt in Aktion treten konnten, von der Sowjetmacht übereinstimmenden Schätzungen zufolge bereits mindestens 40 Millionen Menschen ihres Lebens beraubt worden waren. Kolyma, nur eines der Zentren im System des GULag, mit drei Millionen Toten, lag zeitlich gesehen eben vor Auschwitz. Schon unmittelbar nach Beginn des deutsch-sowjetischen Krieges setzten auf Befehl Stalins hin die Erschießungen echter oder vermeintlicher politischer Gegner in allen Landesteilen ein, in Ostpolen, den baltischen Staaten, in Weißrußland, der Ukraine, auch in Großrußland und schließlich im Kaukasus. Dem NKVD auf dem Fuße aber folgten die Einsatzgruppen der Sicherheitspolizei und des SD, die, in Lemberg noch als sogenannte Vergeltung für das zuvor begangene sowjetische Massaker, die hieran doch völlig unschuldige jüdische Bevölkerung zu erschießen begannen und das ganze Land mit einer Blutspur durchzogen. Im Ersten Weltkrieg noch hatten Österreicher und Deutsche, das Besatzungsregiment des Oberbefehlshabers Ost, wie auch Hugo von Hofmannsthal hervorhebt, Gerechtigkeit gegen jedermann, einschließlich der durchaus deutschfreundlichen jüdischen Bevölkerung, walten lassen. Was sich nun aber in den besetzten Ostgebieten abspielte, undenkbar einfach unter dem ancien régime, war der Ausdruck schon eines neuen barbarischen Zeitalters. Mit deutschen Traditionen hatten solche Aktionen jedenfalls nichts mehr zu tun. Und sie sind auch ohne Kenntnis oder gar Zustimmung der Deutschen durchgeführt worden.

Eine Reihe von Mordstätten hat in dem deutsch-sowjetischen Propagandakrieg eine hervorgehobene Bedeutung gewonnen. Lemberg, Kiev, Char'kov, Minsk stehen, wenngleich in unterschiedlicher Relation, für Untaten der beiden Kriegführenden. Katyn und Vinica fallen in den Verantwortungsbereich Berijas, Majdanek und Auschwitz in den Himmlers. Ihre jeweiligen Auftraggeber waren Stalin und Hitler. Die Konzentrationslager im System des GULag allerdings lagen außerhalb des östlichen Kriegsschauplatzes und bleiben in diesem Zusammenhang daher außer Betracht. Die Sowjetunion, militärisch und politisch zunächst in die Defensive gedrängt, vermochte propagandistisch zunehmend an Boden zu gewinnen, nachdem im Zuge der deutschen Rückwärtsbewegung die antijüdischen Exzesse der Einsatzgruppen zutage traten. Eine ›Außerordentliche Staatliche Kommission‹ als geeignetes Instrument zur Verschleierung der bolschewistischen und zur Propagierung der faschistischen Untaten wurde niedergesetzt. Katyn und Vinica wurden den an sich wohl unterrichteten alliierten Regierungen gegenüber wahrheitswidrig als Verbrechen der ›Faschisten‹ hingestellt. Die endlosen Massengräber von Bykovnia, Darnica und Bielhorodka in der Umgebung von Kiev mit Hunderttausenden von Opfern verschwanden hinter dem Begriff der Altweiberschlucht Babij jar, die freilich noch große Rätsel aufgibt. Und auch die Massaker des NKVD und seiner čekistischen Vorläufer von Char'kov, Minsk und Lemberg wurden von dem sowjetischen Propagandagetöse über die dort ebenfalls begangenen ›faschistischen‹ Untaten übertönt.

Nachdem im Zuge des weiteren Vordringens der Truppen der Roten Armee die Konzentrationslager des Generalgouvernements Polen, vor allem Majdanek und Auschwitz, zu Ende 1944/Anfang 1945 eingenommen worden waren, gewann die Sowjetpropaganda dann aber die Oberhand. Die Schreckenstaten in den Vernichtungslagern in Polen, deren sich die ›Außerordentliche Staatliche Kommission‹ sofort mit Genugtuung annahm, schienen alle bisherigen Behauptungen zu bestätigen und hinterließen besonders in den alliierten Ländern einen verheerenden Eindruck. Daß die Opferzahlen in diesem Zusammenhang eine Überhöhung erfuhren, blieb in der Auseinandersetzung – und dies bis in die Gegenwart hinein – ohne Belang. Ja, heute gilt es schon fast als strafwürdig, wenn »die Verluste unter den Juden als ungeheuer übertrieben dargestellt werden«.[2)] Der Historiker wird hierdurch freilich nicht wenig in Verlegenheit versetzt, denn auf der einen Seite sieht er sich der politischen Justiz und einem entsprechenden Spitzel- und Denunziantentum ausgesetzt, auf der anderen Seite steht er in einer berufsmäßigen Wahrheitspflicht, in der Verpflichtung nämlich zu größtmöglicher Zahlengenauigkeit, wie denn schon Hans Delbrück aus gutem Grunde die Forderung nach strenger Zahlenkritik erhoben und selbst Friedrich Engels den Staatsmann und Geschichtsschreiber Adolphe Thiers einst als den größten ›Schwindler‹ bezeichnet hatte, weil angeblich nicht eine seiner Zahlenangaben stimmte.

So wird, um ein instruktives Beispiel anzuführen, im Hinblick auf die Menschenverluste durch die anglo-amerikanischen Luftangriffe auf die offene Stadt Dresden im Februar 1945 bis heute immer die Minimalzahl von 35000 Todesopfern genannt, obschon selbst die Stadtverwaltung der Landeshauptstadt Dresden in einem Schreiben vom 31. Juli 1992 aufgrund von »gesicherten Angaben« 250000 – 300000 Todesopfer, überwiegend Frauen und Kinder, als »realistisch« bezeichnete.[3)] Im Hinblick auf die Menschenverluste des Vernichtungslagers Auschwitz aber gilt umgekehrt immer die Maximalzahl von vier Millionen Todesopfern, wenngleich diese Zahl doch nachweislich vom sowjetischen NKVD aufgebracht worden ist. Diese Opferzahl hat im Jahre 1990 allerdings eine starke Herabminderung erfahren, sie beträgt nach letzten Meldungen – und nicht weniger furchtbar – heute zwischen 631000 und 711000 und scheint sich damit einer realistischen

Größenordnung anzunähern.[4]. Daß die dokumentarisch verbürgte Zahl von 74000 nur einen Teil der tatsächlichen Verluste umfassen kann, dürfte im übrigen nicht zu bezweifeln sein. Allgemein muß es aber zu denken geben, wenn nachweislich niemand anderer als der Menschheitsverbrecher Ilja Ehrenburg schon am 4. Januar 1945 von sechs Millionen jüdischer Opfer des Nationalsozialismus gesprochen und diese Größenordnung in die sowjetische Auslandspropaganda eingeführt hat. Wie, so ist zu fragen, kam er darauf? Das Konzentrationslager Auschwitz mit – so wurde berichtet – vier bis fünf Millionen Todesopfern ist von sowjetischen Truppen doch überhaupt erst am 27. Januar 1945 eingenommen worden! Es bedarf dies noch einer Antwort.

Stalins ›Vernichtungskrieg‹ andererseits begann mit dem 3. Juli 1941, auch wenn er selbst den Begriff erstmals am 24. Jahrestag der ›Großen Sozialistischen Oktoberrevolution‹, am 6. November 1941, offiziell gebrauchte. Die Mordtaten an deutschen Kriegsgefangenen setzten bereits am ersten Kriegstage ein, am 22. Juni 1941, spontan und auf der ganzen Linie der Front und nicht etwa, wie behauptet, als angebliche Reaktion auf die sowjetischerseits anfangs überhaupt nicht bekannten und im übrigen im Mai 1942 auf Druck des deutschen Heeres hin wieder aufgehobenen Kommissarrichtlinien. Morde an wehrlosen deutschen und verbündeten Soldaten wurden nicht selten von sowjetischen Offizieren, vielfach solchen höherer Ränge, befohlen, zumindest aber geduldet, auch wenn manche Kommandostellen, schon aus Gründen der Feindaufklärung, immer wieder, und das heißt vergeblich, versuchten, eigenmächtige Erschießungen zu unterbinden. Was aber war von der Masse der Rotarmisten auch anderes zu erwarten, wenn sie in Abständen von wenigen Tagen von der Frontpropaganda unter der Anführung eines Ehrenburg dazu aufgerufen wurden, »alle Deutschen zu töten, die in unser Land eingedrungen sind«, »sie ganz einfach zu vernichten«, »diese menschenfreundliche Mission zu erfüllen«, damit »die Arbeit von Pasteur«, »die Arbeit aller der Wissenschaftler« fortsetzend, »die die Mittel zur Vernichtung tödlicher Mikroben entdeckten«, die Deutschen »unter die Erde« zu schaffen, sie ganz einfach »vom Erdboden zu vertilgen«. Angesichts der in der Roten Armee erzeugten Pogromstimmung, die sich nicht etwa gegen die ›Faschisten‹, sondern grundsätzlich gegen alle Deutschen richtete, war es für den gemäßigten Teil des sowjetischen Kommandobestandes schwierig (und manchmal nicht ungefährlich), dem zügellosen Treiben Einhalt gebieten zu wollen.

Nach dem Eindringen der Sowjettruppen in das deutsche Reichsgebiet im Oktober 1944 waren es dann nicht nur wehrlose Kriegsgefangene allein, sondern auch deutsche Zivilpersonen, Männer, Frauen und Kinder, die der aufgehetzten Soldateska, vielfach unter der Anstiftung oder Beteiligung von Offizieren, zum Opfer fielen. Mindestens 120000 von ihnen sind erschlagen worden, 100000 – 200000 weitere in Gefängnissen und Lagern zugrundegegangen. 200000 Zivilpersonen starben als Arbeitssklaven nach der Deportation in die Union Sozialistischer Sowjetrepubliken und, unzählige andere, in Königsberg allein 90000, sind verhungert. Insgesamt wurde in den späteren ›Vertreibungsgebieten‹ eine Zahl von 2,2 Millionen ›ungeklärter Fälle‹ geschätzt, die in ihrer Mehrheit bei weiterer Begriffsauslegung als ›Verbrechensopfer‹, das heißt als Opfer des antideutschen Genocides, anzusehen sind. Die sowjetischen Frontoberbefehlshaber, die anfangs selber zu Racheakten aufgerufen hatten, sahen sich bald genötigt, gegen die Verwilderung, ja Vertierung von beträchtlichen Teilen ihrer Truppen einzuschreiten. Alle solche Bemühungen mußten jedoch wirkungslos bleiben angesichts der antideutschen Haßpropaganda, die unter der Federführung Ehrenburgs bis kurz vor Kriegsschluß weiterlief und die in der Forderung gipfelte, mit »Deutschland ein Ende zu machen«, in dem Anliegen, das Ehrenburg »bescheiden und ehrenwert« nannte, nämlich, die »Bevölkerung von Deutschland zu vermindern«, wobei es nur noch darauf ankomme zu entscheiden, ob es besser sei, »die Deutschen mit Äxten oder Knüppeln zu erschlagen«.

Die deutsch-sowjetische Auseinandersetzung, von jeder der beiden Mächte auf ihre Weise in den Formen eines Vernichtungskrieges geführt, würde den absoluten Tiefstand jahrhundertealter deutsch-russischer Beziehungen darstellen, wenn es nicht doch einen hoffnungsvollen Aspekt gegeben hätte. Wendet man den Blick zurück auf den Anfang des Krieges, so springt schon in die Augen, mit welcher Freundlichkeit große Teile der Bevölkerung, wenn auch nicht gerade in den großen Industriezentren, so doch sonst im allgemeinen auf dem flachen Lande, in den Städten und Dörfern, die deutschen Truppen empfangen hatten. Das gilt für die baltischen Staaten und Ostpolen ebenso wie für Weißrußland und die Ukraine, aber auch für Großrußland bis weit über Smolensk hinaus, für die Krim und 1942 auch für den Kaukasus. »Je weiter man nach Osten kommt«, so das Oberkommando des Heeres am 12. Juli 1941, »desto freundlicher scheint sich die Stimmung der Bevölkerung der deutschen Wehrmacht gegenüber, vor allem auf dem Lande, zu gestalten.«[5] An nicht wenigen Stellen wurden die Deutschen geradezu als Befreier begrüßt. Aber selbst dort, wo das nicht direkt der Fall war, wo die Bevölkerung ihnen nur mit zurückhaltender Freundlichkeit oder abwartender Neugier begegnete, würde das der Sowjetdoktrin nicht minder widersprochen haben. Unberechtigte Requisitionen und teilweise auch Plünderungen und sonstige Übergriffe deutscher Soldaten, gegen die die Kommandobehörden im allgemeinen freilich einschritten[6], haben stellenweise wohl eine Ernüchterung herbeigeführt, ohne daß das gegenseitige Verhältnis hierdurch aber schon ernsthaft getrübt worden wäre. Erst in weiterer Entwicklung sollte ein Umschwung in der Haltung der Bevölkerung eintreten. Er wurde bewirkt durch das Ausbleiben eines konstruktiven Besatzungsprogrammes und durch manche Unterdrückungsmaßnahmen ebenso wie durch die blindwütigen, auch Unbeteiligte in Mitleidenschaft ziehenden Versuche zur Bekämpfung des in kalter Berechnung eröffneten völkerrechtswidrigen Partisanen- und Freischärlerkrieges. Auch die Judenverfolgungen haben in manchen Kreisen der russischen Bevölkerung vielleicht einen tieferen Eindruck hinterlassen, als die Deutschen wohl meinten. Es sollte allerdings hinzugefügt werden, daß die unter Militärverwaltung verbleibenden Heeres- und Armeegebiete trotz vieler Unbilden sich oft positiv von den unter Zivilverwaltung befindlichen Gebieten abhoben. Die im Kaukasus stehende Heeresgruppe A hatte auch politische Vollmachten erhalten, so daß sich die Verhältnisse zu den dort lebenden Minderheitenvölkern, zu den Kosaken, aber auch zu dem russischen Bevölkerungsteil, überaus positiv gestalteten. In Kaukasien waren mit deutscher Hilfe sogar Vorformen unabhängiger Staaten dieser Völker, einschließlich eines Kosakenstaates, im Entstehen begriffen.

Vergegenwärtigt man sich zudem, daß allen Terrormaßnahmen und aller Schreckenspropaganda zum Trotz es schon im Jahre 1941 nicht weniger als 3,8 Millionen, insgesamt während des Krieges 5,3 Millionen sowjetischer Soldaten – vom General bis zum einfachen Rotarmisten – gewesen waren, die sich in deutsche Kriegsgefangenschaft begeben hatten, dann wird deutlich, wie günstig die Aussichten auch für ein politisch-militärisches Zusammengehen der ›Russen‹ mit den ›Deutschen‹ an sich gewesen sind. Die unabdingbare Voraussetzung hierfür aber hätte in einer Anerkennung Rußlands als eines verbündeten Staates bestanden. Von Kriegsbeginn an, aber auch in den Folgejahren noch, haben sowjetische Offiziere aller Rangklassen in deutscher Kriegsgefangenschaft, unter ihnen eine ganze Reihe von Armeeoberbefehlshabern, Korps- und Divisionskommandeuren, immer wieder die Grundbedingung für ein Zusammengehen mit Deutschland gegen das Stalinregime genannt: Die Bildung »einer russischen Nationalregierung und einer russischen Befreiungsarmee mit vollkommen russischer Führung«, die »tatsächliche Anerkennung einer russischen Nationalregierung« und einer »eigenen Nationalarmee«. Zu denen, die dieses forderten, gehörten der Oberbefehlshaber der 22. (20.) Armee, Generalleutnant Eršakov, der 5. Armee, Generalmajor Potapov, der 12. Armee, Generalmajor Ponedelin, der 19. Armee, Generalleutnant Lukin, der 3. Gardearmee, Generalmajor Krupennikov, und andere militärische Führer, von denen genannt seien die Generale Abranidze, Alaverdov, Besonov, Egorov, Kirillov, Kirpičnikov, Kulikov, Ogurcev, Sibin, Snegov, Tkačenko.

Es war Hitler, der die sich bietenden Möglichkeiten einer deutsch-russische Allianz verstreichen ließ und realistisches Handeln durch ›rassen-ideologische‹ Prinzipien ersetzte. So war seine Politik der Eroberung, der Unterdrückung und Ausbeutung zum Scheitern verurteilt. Und dennoch, obwohl das geringste Zugeständnis ausblieb, hat neben Hunderttausenden sowjetischer Soldaten, Unteroffizieren und Offizieren auch eine kleine Gruppe sowjetischer Generale sich im Vertrauen auf eine schließlich unausbleibliche Änderung der Verhältnisse dazu entschlossen, den Kampf an der Seite Deutschlands aufzunehmen: Der Stellvertretende Oberbefehlshaber der Volchovfront, Generalleutnant Wlassow, der Armeekommissar und zeitweilige Führer der 32. Armee Žilenkov und die Generalmajore Arcezo (Assberg), Blagoveščenskij, Bogdanov, Malyškin, Šapovalov, Sevast'janov, Truchin und Zakutnyj.

Die entgegen dem ursprünglichen Willen Hitlers seit 1941 aus kleinsten Anfängen heraus sich entwickelnde militärische Zusammenarbeit war auch politisch gesehen vielleicht die positivste Erscheinung des deutsch-sowjetischen Krieges. Mochten deutscherseits anfangs weniger politische als militärisch-praktische Erwägungen maßgebend gewesen sein, so war die Aufstellung der Freiwilligenverbände aus Angehörigen der Völker der Sowjetunion doch das einzige Feld, auf dem den verhängnisvollen Bestrebungen Hitlers im Osten erfolgreich entgegengearbeitet werden konnte. Hitler hatte noch am 8. Juni 1943 erklärt, niemals eine russische Armee aufbauen zu wollen, weil er damit »von vornherein die Kriegsziele völlig aus der Hand geben« würde. Die mit Unterstützung so gut wie aller Oberbefehlshaber und Truppenführer des Ostheeres und Zentraler Heeresdienststellen unter tatkräftiger Beiwirkung des zuständigen Gruppenleiters II in der Organisationsabteilung des Generalstabes des Heeres, Major i. G. Graf von Stauffenberg, betriebene Aufstellung der Freiwilligenverbände ließ sich indessen nicht mehr rückgängig machen, nahm vielmehr jetzt einen neuen Aufschwung. Aus den Ostlegionen der nichtrussischen Minderheitenvölker der Turkestaner, Nordkaukasier, Azerbajdžaner, Georgier, Armenier und Wolgatataren entwickelten sich nationale Befreiungsarmeen der Völker Turkestans und des Kaukasus. Entstanden waren Verbände der Krimtataren, ein Kalmykisches Kavalleriekorps, ein Kosakenkavalleriekorps als Befreiungsheer der Don-, Kuban-, Terek- und Sibir-Kosaken und, in Divisionsstärke, auch ein Ukrainisches Befreiungsheer.

Alle Soldaten russischer Nationalität im deutschen Heeresgefüge aber durften sich ab 1943 als Angehörige einer damals freilich erst dem Namen nach bestehenden Russischen Befreiungsarmee betrachten. Doch nach der in Prag am 14. November 1944 erfolgten Gründung des Komitees zur Befreiung der Völker Rußlands (KONR) sollte eine Russische Befreiungsarmee (ROA), die über ein eigenes Oberkommando und über alle Waffengattungen einschließlich einer kleinen Luftwaffe verfügte, unter der Bezeichnung Streitkräfte des Komitees zur Befreiung der Völker Rußlands (VS KONR) wirklich ins Leben treten. General Wlassow als Vorsitzender des Komitees, das einer Exilregierung gleichkam, wurde in Personalunion auch Oberbefehlshaber der Streitkräfte, bei denen es sich um eine de facto und de jure völlig unabhängige, mit dem Deutschen Reich nur noch verbündete russische Nationalarmee handelte. Das Wort Hitlers war damit in sein Gegenteil verkehrt worden. Und wenn, wie schon Aleksandr Solženicyn schrieb, Hunderttausende, in Wirklichkeit, wie wir wissen, aber eine Million sowjetischer Soldaten aller Grade in einem als groß und vaterländisch apostrophierten Krieg im Lager des Feindes den Kampf gegen das eigene Regime aufnahmen, dann kann es sich in der Tat nicht mehr um einen wie auch immer gearteten Verrat gehandelt haben, dann haben wir es mit einer elementaren politischen Erscheinung zu tun, die es in diesem Ausmaß in der Geschichte wohl noch niemals gegeben hat. Dieses einzigartige historische Phänomen wäre schon für sich genommen eine glatte Widerlegung des gedankenlosen Schlagwortes von der uneingeschränkten Gültigkeit eines sogenannten ›Sowjetpatriotismus‹ und ›Massenheroismus‹.

Der Krieg des Deutschen Reiches und der Union Sozialistischer Sowjetrepubliken ist von beiden Seiten mit Methoden geführt worden, die der jeweils vertretenen Ideologie entsprachen. Stalin selbst hatte nach der Schlacht von Kiev 1941 von Berija im Kreml gefordert, kein Mittel auszulassen, um gegen alles Deutsche »Haß, Haß und nochmals Haß« zu entfachen. Und am 6. November 1941 hatte er expressis verbis die Führung eines Vernichtungskrieges gegen die Deutschen proklamiert. Schließlich aber waren es Soldaten beider Seiten, die als erste eine Brücke über diese Abgründe des Hasses hinweg schlugen. »In den Jahren des gemeinsamen Kampfes«, so rief General Wlassow seinen Truppen anläßlich der Übernahme des Oberbefehls am 10. Februar 1945 auf dem Truppenübungsplatz Münsingen[7)] zu, »entstand eine Freundschaft des russischen und deutschen Volkes. Die Fehler, die von beiden Seiten gemacht wurden, und ihre Verbesserung beweisen die Gemeinsamkeit der Interessen. Die Hauptsache ist das Vertrauen, das gegenseitige Vertrauen in die Arbeit auf beiden Seiten. Ich danke den deutschen und russischen Offizieren, die an der Aufstellung dieses Verbandes teilnahmen.« Das waren Wendungen, wie man sie in diesem Vernichtungskrieg bisher noch kaum gehört hatte. Wlassow schloß seine mit freudiger Zustimmung aufgenommene Ansprache mit dem Ausruf: »Es lebe die Freundschaft des deutschen und russischen Volkes! Es leben die Soldaten und Offiziere der russischen Armee!« Von Hitler und von Stalin war nun nicht mit einem Wort mehr die Rede. Die Russische Befreiungsbewegung, die auch das Ziel einer Vereinbarung mit einem erneuerten Deutschland verfolgte, ist an der Ungunst der Verhältnisse des Jahres 1945 zwar gescheitert, aber sie ist nicht vergebens gewesen, wie denn gerade auch mißlungene Befreiungsversuche in der Geschichte der Völker eine besondere Ausstrahlungskraft erlangen können.

Anmerkungen zu Schlußbetrachtung

1) Die Dinge wurden von dem Leitenden Oberstaatsanwalt Streim noch 1991 in einem Aufsatz geradezu auf den Kopf gestellt, vgl. Streim, Das Völkerrecht und die sowjetischen Kriegsgefangenen.

2) Die Bestrebungen der politischen Parteien zur Einengung der grundgesetzlich garantierten Wissenschaftsfreiheit muten allmählich fast grotesk an. Sie würden, wie auch Eckhard Fuhr richtig bemerkt, darauf hinauslaufen, daß zeitgeschichtliche Fachkontroversen künftig vor Gericht ausgetragen und (strafrechtlich von Justizangehörigen) entschieden werden, vgl. Fuhr, Die Lüge verbieten? Siehe auch Kapitel 7, Anm. 35. Nach Friedrich Karl Fromme ist vom Gesetzgeber zwar ein »Vorbehalt für die wissenschaftliche Forschung angemerkt. Damit wurde versucht, dem Einwand zu begegnen, daß sich künftig die historische Forschung zwischen den Warnlampen von Strafdrohungen werde bewegen müssen«. Dennoch befindet sich für ihn »das Strafrecht im Konflikt mit der Freiheit, auch abwegige Meinungen zu äußern«, vgl. Fromme, Strafrecht gegen Unverstand. »Das Gesetz gegen die Auschwitz-Lüge«, so Professor Dr. Ernst Nolte, wird »bei entsprechender Auslegung, die in der Hand der Gerichte liegt, eine Gefahr für die geistige Freiheit in Deutschland bedeuten«, vgl. Nolte, Ein Gesetz für das Außergesetzliche.

3) Landeshauptstadt Dresden, Stadtverwaltung, 31. 7. 1992.

4) Eine Leserzuschrift von Thilo Bode in der Frankfurter Allgemeinen Zeitung vom 1. 9. 1994 nimmt Bezug auf Dr. Franciszek Piper, der in seinem 1993 erschienenen Buch »Die Zahl der Opfer von Auschwitz – aufgrund der Quellen und der Erträge der Forschung 1945 – 1990« klargestellt hat, daß die »Mehrzahl der wissenschaftlichen Veröffentlichungen« über Auschwitz kritiklos die (vom NKVD aufgebrachte) Zahl von 4 Millionen verbreitet. Und selbst heute noch sei das letzte Wort über die mehrfach schon drastisch reduzierte Opferzahl nicht gesprochen, vgl. Bode, Nochmals: Die Zahl der Opfer von Auschwitz.

5) BA-MA, RH 24-3/134, 12. 7. 1941.

6) So etwa drohte der Kommandierende General des (mot.) III. Armeekorps, General der Kavallerie von Mackensen, seinen Truppen am 27. 7. 1941 an, er werde Übergriffe gegenüber der Bevölkerung »mit schärfsten Strafen, erforderlichenfalls durch das Kriegsgericht« ahnden lassen, vgl. ebenda, 27. 7. 1941.

7) BA-MA, RH 2/v. 921, 10. 2. 1945.

Abkürzungen

BA	Bundesarchiv
BA-MA	Bundesarchiv-Militärarchiv
CIC	Counter-Intelligence Corps
ČSR	Československá Republika, Tschechoslowakische Republik
d. R.	der Reserve
Genštab	General'nyj štab, Generalstab
Gestapo	Geheime Staatspolizei
GKO	Gosudarstvennyj Komitet Oborony, Staatliches Verteidigungskomitee
GPU	Gosudarstvennoe Političeskoe Upravlenie, Staatliche Politische Verwaltung
GuLag	Glavnoe Upravlenie Ispravitel'no-Trudovych Lagereij, Hauptverwaltung der Arbeitsbesserungslager
GUPPKA	Glavnoe Upravlenie Političeskoj Propagandy Krasnoj Armii, Hauptverwaltung für Politische Propaganda der Roten Armee
i. G.	im Generalstab
IRK	Internationales Rotes Kreuz
KGB	Komitet Gosudarstvennoj Bezopasnosti, Komitee für Staatssicherheit
Komsomol	Kommunističeskij Sojuz Molodež, Kommunistischer Jugendverband
KONR	Komitet Osvoboždenija Narodov Rossii, Komitee zur Befreiung der Völker Rußlands
KP (b)	Kommunistische Partei (der Bolschewiken)
MG	Maschinengewehr
mot.	motorisiert
MSB	Mediko – Sanitarnyj Batal'on, Sanitätsbataillon
MVD	Ministerstvo Vnutrennich Del, Ministerium des Inneren
Narkomindel	Narodnyj Komissariat Inostrannich Del, Volkskommissariat des Äußeren
NKFD	Nationalkomitee Freies Deutschland
NKO	Narodnyj Komissariat Oborony, Volkskommissariat der Verteidigung
NKVD	Narodnyj Komissariat Vnutrennich Del, Volkskommissariat des Inneren
NSDAP	Nationalsozialistische Deutsche Arbeiterpartei
OKH	Oberkommando des Heeres
OKW	Oberkommando der Wehrmacht
PAAA	Politisches Archiv des Auswärtigen Amtes

Politruk	Političeskij rukovoditel', Politischer Leiter
PPM	Punkt Pervoj Medicinskoj Pomošči, Punkt Erster Medizinischer Hilfe
RKKA	Raboče-Krestjanskaja Krasnaja Armija, Rote Arbeiter- und Bauernarmee
ROA	Russkaja Osvoboditel'naja Armija, Russische Befreiungsarmee
RSFSR	Rossijskaja Sovetskaja Federativnaja Socialističeskaja Respublika, Russische Föderative Sozialistische Sowjetrepublik
SD	Sicherheitsdienst
SMA	Sowjetische Militäradministration
SMERŠ	»Smert' Špionam!«, Tod den Spionen, Spionageabwehr
SNK	Sovet Narodynch Komissarov, Rat der Volkskommissare
SS	Schutzstaffel
SSR	Sovetskaja Socialističeskaja Respublika, Sozialistische Sowjetrepublik
SSSR	Sojuz Sovetskich Socialističeskich Respublik, Union Sozialistischer Sowjetrepubliken
STAVKA	Hauptquartier, altrussische Bezeichnung für den Kommandostand des Feldherrn
TASS	Telegrafnoe Agenstvo Sovetskogo Sojuza, Telegrafenagentur der Sowjetunion
TOR	Tuapskij Oboronitel'nyj Rajon, Verteidigungsbereich Tuapse
Tscheka	Creszvyčajnaja Komissija po bor'be s Kontrrevoljuciej i sabotažem, Außerordentliche Kommission zur Bekämpfung der Konterrevolution und Sabotage
VKP (b)	Vsesojuznaja Kommunističeskaja Partija (bol'ševikov), Allunions – Kommunistische Partei (der Bolschewiken)
V-Mann	Vertrauensmann
VS KONR	Vooružennye Sily, Streitkräfte (des KONR)
Zampolit	Zamestitel' Komandira po Političeskoj Časti, Vertreter des Kommandeurs in politischen Angelegenheiten
Ia	1. Generalstabsoffizier (Führungsabteilung)
Ic	3. Generalstabsoffizier (Abteilung für Feindnachrichten und Abwehr)
Ic/AO	3. Generalstaboffizier/Abwehroffizier
IIa	Adjutant (Offizierpersonalien)

Quellen und Literatur

I. Archivalien

1. Bundesarchiv-Militärarchiv Freiburg (BA-MA)

Oberkommando der Wehrmacht/Wehrmachtführungsstab

RW 4/v. 889 Die Politik der Sowjetunion seit 1939. Auszug der Vernehmungsprotokolle des russischen Überläufers Shigunow, 1941

Oberkommando der Wehrmacht, Wehrmachtführungsstab, Abteilung Wehrmacht-Propaganda

RW 4/v. 329 Sowjetrußland (Sammlung von Unterlagen), Juli-Dezember 1941

RW 4/v. 330 Fremde Staaten, Rußland, Anlagen, Januar-Juli 1942

WO 1-6/578 Fremde Staaten, Rußland

Oberkommando der Wehrmacht/Allgemeines Wehrmachtamt

RW6/v. 98, Teil 1 Polen, September 1939 – Mai 1940

RW 6/v. 98, Teil 2 diversa, August 1939 – April 1940

Oberkommando der Wehrmacht, Wehrmacht-Untersuchungsstelle für Verletzungen des Völkerrechts

RW 2/v. 151

RW 2/v. 152

RW 2/v. 153

RW 2/v. 158

Reichsminister der Luftfahrt und Oberbefehlshaber der Luftwaffe

RLD 13/119 Fliegertruppe UdSSR, 1.2.1941

RLD 13/127 Fliegertruppe UdSSR, 1.2.1942

Kart 160 K-4 Sowjetische Fliegerbodenorganisation (Nordteil), 1.4.1941

Kart 160 K-5 Sowjetische Fliegerbodenorganisation (Südteil), 1.4.1941

Oberkommando des Heeres/Generalstab des Heeres, Organisationsabteilung II

RH 2/v. 921 Kriegstagebuch mit Anlagen, 1.2.–29.4.1945

Oberkommando des Heeres/Generalstab des Heeres, Abteilung Fremde Heere Ost

RH 2/1983 Gliederung, Stärke und Verteilung der Roten Armee

RH 2/2092 Kriegsbereitschaft und Aufmarsch der Sowjetunion

RH 2/2411 Sammlung von Stalin-Befehlen und anderen besonderen Befehlen, 1941–1942

RH 2/2425	Rangliste der Oberkommandos der Roten Armee und Flotte; Liste der bis Oktober 1941 gefallenen und gefangenen Sowjetgenerale, 1940–1941
RH 2/2684	Völkerrechtsverletzungen, 24.10.1944–12.2.1945
RH 2/2685	Völkerrechtsverletzungen, 1.3.–14.4.1945
RH 2/2686	Völkerrechtsverletzungen, 28.5.1944–30.12.1944
RH 2/2687	Völkerrechtsverletzungen, 27.12.1944–17.2.1945
RH 2/2688	Völkerrechtsverletzungen, 1.3.–22.4.1945

Oberkommando des Heeres, Heeressanitätsinspekteur, Gerichtliche Medizin

H 20/290

Oberkommando der Heeresgruppe Nord

RH 19 III/380	Ic, Lage Sowjetunion sowie Finnland, Oktober–Dezember 1939
RH 19 III/381	Ic, Lage Sowjetunion sowie Finnland, Januar–Mai 1940

Oberkommando der Heeresgruppe Mitte

RH 19 II/123	Anlagen zum Kriegstagebuch, 30.9.–3.11.1941

Oberkommando der Heeresgruppe Süd

RH 19 I/127	Ic, Feindlagemeldungen, 22.4.–20.6.1941
RH 19 I/128	Ic, Feindlagemeldungen, 18.3–17.6.1941

Oberkommando der Heeresgruppe Weichsel

RH 19 XV/6	Ic, Anlagen zum Kriegstagebuch, 15.2.–28.2.1945

Oberkommando der 2. Armee

RH 20-2/1121	Ic/AO, Anlagen zum Tätigkeitsbericht, 6.11.–11.11.1941

Oberkommando der 4. Armee

RH 20-4/671	Ic, Tätigkeitsbericht, 25.5.–28.11.1941
RH 20-4/672	Ic, Anlagen zum Tätigkeitsbericht, 22.6.–1.10.1941

Oberkommando der 6. Armee

RH 20-6/487	Ic/AO, Tätigkeitsbericht mit Anlagen, 16.6.–20.6.1941
RH 20-6/489	Ic/AO, Tätigkeitsbericht mit Anlagen, 21.6.–15.7.1941
RH 20-6/491	Ic/AO, Tätigkeitsbericht mit Anlagen, 6.8.–31.8.1941

Oberkommando der 9. Armee

RH 20-9/247a	Ic, Anlagen zum Tätigkeitsbericht, 1940–20.6.1941
RH 20-9/248	Ic, Anlagen zum Tätigkeitsbericht, 6.7.–7.9.1941
RH 20-9/251	Ic, Anlagen zum Tätigkeitsbericht, 21.6.–31.7.1941

Oberkommando der 17. Armee

RH 20-17/282	Ic, Anlagen zum Tätigkeitsbericht, 30.4.–31.8.1941
RH 20-17/283	Ic, Anlagen zum Tätigkeitsbericht, 1.9.–12.12.1941
RH 20-17/330	Ia/Ic, Anlagen zum Kriegstagebuch, 13.12.1941–10.3.1942
RH 20-17/332	Ia/Ic, Anlagen zum Kriegstagebuch, 13.12.1941–10.3.1942
RH 20-17/368	Ia/Ic, Anlagen zum Kriegstagebuch, 14.8.–15.12.1942

RH 20-17/457 Ia/Ic, Anlagen zum Kriegstagebuch, 1.2.–30.6.1943
RH 20-17/458 Ia/Ic, Anlagen zum Kriegstagebuch, 1.2.–30.6.1943
RH 20-17/487 Ia/Ic, Anlagen zum Kriegstagebuch, 1.7.–9.10.1943
Oberkommando der 18. Armee
RH 20-18/950 Ic, Tätigkeitsbericht, 1.1.–21.6.1941
RH 20-18/951 Ic, Anlagen zum Tätigkeitsbericht, 1.1.–21.6.1941
RH 20-18/996 Ic, Anlagen zum Tätigkeitsbericht, 22.6.–27.7.1941
Oberkommando der 1. Panzerarmee
RH 21-1/471 Ic, Anlagen zum Tätigkeitsbericht, 22.6.–31.10.1941
RH 21-1/472 Ic, Anlagen zum Tätigkeitsbericht, 22.6.–31.10.1941
RH 21-1/473 Ic, Anlagen zum Tätigkeitsbericht, 22.6.–31.10.1941
RH 21-1/481 Ic, Anlagen zum Tätigkeitsbericht, 1.11.1941–31.3.1942
Oberkommando der 2. Panzerarmee
RH 21-2/v. 646 Ic, Anlagen zum Tätigkeitsbericht, 22.6.–30.6.1941
RH 21-2/v. 647 Ic, Anlagen zum Tätigkeitsbericht, 1.7.–9.7.1941
RH 21-2/v. 648 Ic, Anlagen zum Tätigkeitsbericht, 10.7.–18.7.1941
RH 21-2/v. 649 Ic, Anlagen zum Tätigkeitsbericht, 19.7.–23.7.1941
RH 21-2/v. 650 Ic, Anlagen zum Tätigkeitsbericht, 26.7.–2.8.1941
RH 21-2/v. 658 Ic, Anlagen zum Tätigkeitsbericht, 22.9.–28.9.1941
RH 21-2/v. 706 Ic/AO, Anlagen zum Tätigkeitsbericht, 1.3.–15.6.1942
RH 21-2/v. 708 Ic, Anlagen zum Tätigkeitsbericht, 1942
Oberkommando der 3. Panzerarmee
RH 21-3/v. 423 Ic, Tätigkeitsbericht, 1.1.–11.8.1941
RH 21-3/v. 435 Ic, Anlagen zum Tätigkeitsbericht, 28.4.–14.7.1941
RH 21-3/v. 437 Ic, Anlagen zum Tätigkeitsbericht, 1.4.–16.8.1941
RH 21-3/v. 454 Ic/AO, Anlagen zum Tätigkeitsbericht, 1.10.1942–18.3.1943
RH 21-3/v. 472 Ic/AO, Anlagen zum Tätigkeitsbericht, 22.1.–30.6.1943
RH 21-3/v. 496 Ic/AO, Anlagen zum Tätigkeitsbericht, 1.10.–31.12.1943
RH 21-3/v. 742 Ic/AO, Anlagen zum Tätigkeitsbericht, 30.1.–25.4.1942
RH 21-3/v. 782 Ic, Anlagen zum Tätigkeitsbericht, 26.4.–30.9.1942
Oberkommando der 4. Panzerarmee
RH 21-4/265 Ic, Anlagen zum Tätigkeitsbericht, Februar-Juni 1941
RH 21-4/266 Ic, Anlagen zum Tätigkeitsbericht, 6.5.–21.8.1941
Generalkommando des IV. Armeekorps
RH 24-4/91 Ic, Anlagen zum Tätigkeitsbericht, 22.6–12.12.1941
Generalkommando des V. Armeekorps
RH 24-5/104 Ic, Anlagen zum Tätigkeitsbericht, 25.5.–4.8.1941
RH 24-5/110 Ic, Anlagen zum Tätigkeitsbericht, 5.8.–1.10.1941
Generalkommando des VIII. Armeekorps
RH 24-8/127 Ic, Gefangenenvernehmungen, 23.6.–17.10.1941
Generalkommando des XVII. Armeekorps
RH 24-17/152 Ic, Tätigkeitsbericht mit Anlagen, 15.5.–31.12.1941

RH 24-17/158	Ic, Anlagen zum Tätigkeitsbericht, 6.5.–26.9.1941
RH 24-17/171	Ic, Anlagen zum Tätigkeitsbericht, 10.7.–16.8.1941
RH 24-17/172	Ic, Anlagen zum Tätigkeitsbericht, 17.8.–28.9.1941
Generalkommando des XXIII. Armeekorps	
RH 24-23/239	Ic, Anlagen zum Tätigkeitsbericht, Juli-Oktober 1941
Generalkommando des XXVIII. Armeekorps	
RH 24-28/10	Ic, Tätigkeitsbericht, 22.6.–31.7.1941
RH 24-28/11	Ic, Tätigkeitsbericht mit Anlagen, 6.5.–31.7.1941
Generalkommando des LIV. Armeekorps	
RH 24-54/177	Ic, Anlagen zum Tätigkeitsbericht, 22.6.–31.8.1941
Generalkommando des XLVIII. Armeekorps	
RH 24-48/198	Ic, Anlagen zum Tätigkeitsbericht, 1.7.–16.7.1942
RH 24-48/200	Ic, Anlagen zum Tätigkeitsbericht, 1.8.–26.8.1941
Generalkommando des III. Panzerkorps	
RH 24-3/134	Ic, Anlagen zum Tätigkeitsbericht, 11.6.–10.9.1941
RH 24-3/135	Ic, Anlagen zum Tätigkeitsbericht, 8.8.–24.9.1941
RH 24-3/136	Ic, Anlagen zum Tätigkeitsbericht, 23.9.–11.12.1941
RH 24-3/146	Ic, Anlagen zum Tätigkeitsbericht, 3.1.–7.3.1943
RH 24-3/147	Ic, Anlagen zum Tätigkeitsbericht, 4.3.–22.7.1943
Generalkommando des XXIV. Panzerkorps	
RH 24-24/333	Ic, Anlagen zum Tätigkeitsbericht, 22.6.–31.12.1941
RH 24-24/335	Ic, Anlagen zum Tätigkeitsbericht, 22.6.–31.10.1941
RH 24-24/336	Ic, Anlagen zum Tätigkeitsbericht, 1.11.1941–19.4.1942
Generalkommando des XXXX. Panzerkorps	
27759/14	Ic, Anlagen zum Tätigkeitsbericht, 19.6.–31.10.1942
27759/15	Ic, Anlagen zum Tätigkeitsbericht, 4.11.1942–28.1.1943
34561/2	Ia, Kriegstagebuch, 1.3.–31.3.1943
Generalkommando des XXXXIX. Gebirgsarmeekorps	
34691/2	Ic, Anlagen zum Tätigkeitsbericht, 18.12.1942–4.4.1943
Befehlshaber des Rückwärtigen Heeresgebietes Nord	
RH 22/271	Ic, Anlagen zum Kriegstagebuch, 21.3.–19.10.1941
Kommando der 3. Panzerdivision	
RH 27-3/188	Ic, Anlagen zum Tätigkeitsbericht, 9.2.–17.10.1942
Sammlung Vladimir Pozdnjakov	
MSg 149/14	Zwangsrepatriierung
MSg 149/46	Vypiski iz dnevnika general-majora Borodina S.K.

2. Bundesarchiv Koblenz (BA)

Reichsministerium für die besetzten Ostgebiete	
R 6/52	Handakte Major Müller, Bd 2
R 6/77	

3. Politisches Archiv des Auswärtigen Amtes Bonn (PAAA)

Handakten Etzdorf betr. Rußland von 1940 bis 1944, Bd 24
Handakten Ritter betr. Rußland von 1941 bis 1944, Bd 29
Politische Abteilung betr. G.P.U.-Funktionär Shigunow, 1941 bis 1942, Pol. XIII, Bd 8
Politische Abteilung betr. Allgemeine Akten 1941, Pol. XIII, Bd 12, Teil II
Politische Abteilung betr. Allgemeine Akten 1941, Pol. XIII, Bd 13

4. Rossijskij Centr Chranenija i Izučenija Dokumentov Novejšej Istorii Moskau

Kratkaja Zapis' Vystuplenija tov. Stalina na Vypuske
Služatelej Akademii Krasnoj Armii v Kremle 5 Maja 1941 g. (Semenev, K.)

II. Einzelakten und Manuskripte im Archiv des Verfassers

Befehl Nr. 3 des Oberbefehlshabers der Nord-West-Armee, Leningrad, 14.7.1941

Chor'kov, Anatolij G.
Načal'nyj period Velikoj Otečestvennoj vojny

Črezvyčajnaja Komissija, Spisok, gor. Ékaterinburg, 18 ijulja 1918g., Načal'nik Črezvyč. Kom. (Jurovskij).

Deutsche Presse-Agentur, Mitteilung vom 24. April 1990

Il'ja Ėrenburg, Ubej!, 1942

Erfolge der Freischärler

Flugblatt »Deutsche Soldaten!«

Gedenkworte der Präsidentin des Deutschen Bundestages, Prof. Dr. Rita Süssmuth, zum 50. Jahrestag des Beginns der Massenhinrichtungen in Babij Jar, Samstag, 5. Oktober 1991, Babij Jar/Kiew

General Petrov, Memuary

Raboče-Krestjanskoe Pravitel'stvo ... Ural'skij Oblast'noj Sovet Rabočich Krest'janskich i Soldatskich Deputatov, gor. Ekaterinburg, 19 ijulja 1918g. (Beloborodov, Mebius, Goločekin)

Rhode, Gotthold, Aufzeichnungen zur Frage einer sowjetischen Vorbereitung auf einen Angriffskrieg im Jahre 1941 oder 1942

Soldatenzeitung, 8. Juli 1941

Sudoplatow, Pawel A., Erinnerungen und Nachdenken des Chefs des russischen Aufklärungsdienstes

The Truth about Katyn. Report of Special Commission for Ascertaining and Investigating the Circumstances of the Shooting of Polish Officer Prisoners by the German-Fascist Invaders in the Katyn Forest, Smolensk, 24.1.1944

Vernehmung des General-Major Tonkonogow

Volkogonov, Dmitrij A., Verchovnyj Glavnokomandujuščij

III. Veröffentlichte Quellen und Literatur

ANTHING, FRIEDRICH, Versuch einer Kriegs-Geschichte des Grafen Alexander Suworow Rymnikski, Rußl. Kayserl. General Feld Marschall, III. Theil, Gotha 1799

BEZYMENSKIJ, LEV, Čto že skazal Stalin 5 Maja 1941 goda?, in: Novoe Vremja, H. 19, 1991, S. 36–40

BILENKO, S.V., Istrebitel'nye batal'ony v Velikoj Otečestvennoj vojne, Moskau 1969

BIRKE, ERNST, »Schlagt sie, tötet sie!«, Leserzuschrift in: Frankfurter Allgemeine Zeitung, 29.5.1991

BODE, THILO, Nochmals: Die Zahl der Opfer von Auschwitz, in: Frankfurter Allgemeine Zeitung, 1.9.1994

BOL'ŠAJA SOVETSKAJA ĖNCIKLOPEDIJA, Bd 14, Moskau 1973, Bd 23, Moskau 1976, Bd 25, Moskau 1976, Bd 26, Moskau 1977, Bd 27, Moskau 1977, Bd 29, Moskau 1978, Bd 30, Moskau 1978

BONWETSCH, BERND, Die Repression des Militärs und die Einsatzfähigkeit der Roten Armee im »Großen Vaterländischen Krieg«, in: Zwei Wege nach Moskau. Vom Hitler-Stalin-Pakt zum »Unternehmen Barbarossa«, im Auftrag des Militärgeschichtlichen Forschungsamtes hrsg. von Bernd Wegner, München, Zürich 1991, S. 404–424

BRANDT, WILLY, Der Zweite Weltkrieg. Ein kurzer Überblick, hrsg. vom Komitee für Demokratischen Wiederaufbau (SDU) Stockholm, Stockholm 1945

BRZEZINKI, ZBIGNIEW, Crime but no Punishment, in: Commentary, hrsg. vom American Jewish Committee, New York, Oktober 1990, Letters from Readers

BUCHBENDER, ORTWIN, Das tönende Erz. Deutsche Propaganda gegen die Rote Armee im Zweiten Weltkrieg, Stuttgart 1978

BUSCHE, JÜRGEN, So treibt man Schindluder. Die beabsichtigte Strafnorm gegen das Leugnen von nationalsozialistischen Verbrechen, in: Frankfurter Allgemeine Zeitung, 28.3.1984

BYČKOV, L.N., Partizanskoe dviženie v gody Velikoj Otečestvennoj vojny 1941–1945 (kratkij očerk), Moskau 1965

CARYNNYK, MARCO, The Killing Fields of Kiev, in: Commentary, hrsg. vom American Jewish Committee, New York, Oktober 1990, S. 19–25

CHATYN'. Khatyn, Chatyn, Jatin, Minsk [3]1989

CHIHIRO, H., The Japanese-Soviet Neutrality Pact, in: The Fateful Choice, hrsg. von J.W. Morley, New York 1980, S. 13–114

CHOR'KOV, ANATOLIJ G., Die Rote Armee in der Anfangsphase des Großen Vaterländischen Krieges, in: Zwei Wege nach Moskau. Vom Hitler-Stalin-Pakt zum »Unternehmen Barbarossa«, im Auftrag des

Militärgeschichtlichen Forschungsamtes hrsg. von Bernd Wegner, München, Zürich 1991, S.425–442
CHURCHILL, WINSTON S., Nach dem Kriege, Zürich, Leipzig, Wien 1930
CONQUEST, ROBERT, The Great Terror. Stalin's Purge in the Thirties, London 1969
DANILOW, WALERIJ, Hat der Generalstab der Roten Armee einen Präventivschlag gegen Deutschland vorbereitet?, in: Österreichische Militärische Zeitschrift, XXXI. Jg., H. 1, 1993, S.41–51
DASCHITSCHEW, WJATSCHESLAW, Der Pakt der beiden Banditen. Stalin hat den Krieg gewollt, in: Rheinischer Merkur/Christ und Welt, 21.4., 28.4.1989
DEICHELMANN, HANS, Ich sah Königsberg sterben. Aus dem Tagebuch eines Arztes, Aachen (1949)
DITERICHS, MICHAIL KONSTANTINOVIČ, Ubijstvo Carskoj Sem'i i členov Doma Romanovych na Urale, 2 Bde, Moskau 1991
»300 000 TOTE IM GOLDBERGWERK«. Die Opfer Stalins liegen noch in Rußlands Erde, in: Der Spiegl, Nr. 40, 1989, S.200f »300000 Tote ...
DOROŠENKO, V. L.,, Stalinskaja provokacija vtoroj mirovoj vojny, in: 1939–1945. 1 Sentjabija – 9 Maja Materialy naučnogo seminara (Novosibirsk, 16 aprelja 1995 goda), S. 6–20
EHRENBURG, ILYA, Russia at War. With an Introduction by J.B. Priestley, London (1943)
EHRENBURG, ILJA, Menschen, Jahre, Leben. Autobiographie, München 1962
EISENHOWER, DWIGHT D., Crusade in Europe, Garden City 1948
ĖRENBURG, IL'JA, Padenie Pariža, Moskau 1941
ĖRENBURG, IL'JA, Ljudi, Gody, Žizn', fünf Bücher, Moskau 1966/67
FABRY, PHILIPP, Der Hitler-Stalin-Pakt 1939–1941, Darmstadt 1962
FILIPPOW, ALEXEJ, Kriegsbereitschaft der Roten Armee im Juni 1941, in: Voennyj Vestnik, H. 9, 1992, S.5ff.
FRIEDRICH, JÖRG, Das Gesetz des Krieges. Das deutsche Heer in Rußland 1941 bis 1945. Der Prozeß gegen das Oberkommando der Wehrmacht, München, Zürich 1993
FROMME, FRIEDRICH KARL, Strafrecht gegen Unverstand. Das Bestreiten der Massenmorde an Juden soll ausdrücklich strafbar werden, in: Frankfurter Allgemeine Zeitung, 7.7.1994
FUHR, ECKHARD, Waren die Bolschewisten Konterrevolutionäre?, in: Frankfurter Allgemeine Zeitung, 22.4.1991
FUHR, ECKHARD, Die Lüge verbieten?, in: Frankfurter Allgemeine Zeitung, 7.4.1994
GAFENCU, GRIGORE, Vorspiel zum Krieg im Osten. Vom Moskauer Abkommen (21.8.1939) bis zum Ausbruch der Feindseligkeiten in Rußland (22.6.1941), Zürich 1944

Gapič, N., Nekotorye mysli po voprosam upravlenija i svjazi, in: Voenno-istoričeskij žurnal, H. 7, 1965, S. 47–55
Gareev, M.A., O mifach starych in novych, in: Voenno-istoričeskij žurnal, H. 4, 1991, S. 42–52
General Chol'mston-Smyslovskij, Isbrannye stat'i i reči, Buenos Aires 1953
Generalfeldmarschall Wilhelm Ritter von Leeb. Tagebuchaufzeichnungen und Lagebeurteilungen aus zwei Weltkriegen. Aus dem Nachlaß hrsg. und mit einem Lebensabriß versehen von Georg Meyer, Stuttgart 1976 (= Beiträge zur Militär- und Kriegsgeschichte, Bd 16)
Gilbert, Martin, Auschwitz and the Allies, London 1981
Gillessen, Günther, Der Krieg der Diktatoren, Wollte Stalin im Sommer 1941 das Deutsche Reich angreifen?, in: Frankfurter Allgemeine Zeitung, 20.8.1986
Gillessen, Günther, Der Krieg der Diktatoren. Ein erstes Resümee der Debatte über Hitlers Angriff im Osten, in: Frankfurter Allgemeine Zeitung, 25.2.1987
Gillessen, Günther, Krieg zwischen zwei Angreifern. Ein zentrales sowjetisches Dokument über Stalins Planung im Frühjahr 1941, in: Frankfurter Allgemeine Zeitung, 4.3.1993
Goebbels, Joseph, Tagebücher 1924–1945, hrsg. von Ralf Georg Reuth, Bd 4: 1940–1942, München, Zürich 1992
Grečko, A., 25 let tomu nazad (K godovščine napadenija fašistskoj Germanii na Sovetskij Sojuz), in: Voenno-istoričeskij žurnal, H. 6, 1966, S. 3–15
Grif sekretnosti snjat. Poteri Vooružennych Sil SSSR v vojnach, boevych dejstvijach i voennych konfliktach. Statističeskoe issledovanie. Pod obščej redakciej generalpolkovnika G.F. Krivošeeva, Moskau 1993
Halder, Franz, Generaloberst Halder, Kriegstagebuch. Tägliche Aufzeichnungen des Chefs des Generalstabes des Heeres 1939–1942, hrsg. vom Arbeitskreis für Wehrforschung Stuttgart, bearb. von Hans-Adolf Jacobsen in Verbindung mit Alfred Philippi, Bd II: Von der geplanten Landung in England bis zum Beginn des Ostfeldzuges (1. 7. 1940–21. 6. 1941), Stuttgart 1963
Helmdach, Erich, Überfall?, Neckargemünd 1975
Heresch, Elisabeth, Nikolaus II. Feigheit, Lüge und Verrat. Leben und Ende des letzten russischen Zaren, München 1992
Heydorn, Volker Detlef, Der sowjetische Aufmarsch im Bialystoker Balkon bis zum 22. Juni 1941 und der Kessel von Wolkowysk, München (1989)
Hitlers Lagebesprechungen. Die Protokollfragmente seiner militärischen Konferenzen 1942–1945, hrsg. von Helmut Heiber, Stuttgart 1962 (= Quellen und Darstellungen zur Zeitgeschichte, Bd 10)

HOFFMANN, JOACHIM, Deutsche und Kalmyken 1942 bis 1945, Freiburg [1]1974, [4]1986 (= Einzelschriften zur militärischen Geschichte des Zweiten Weltkrieges, hrsg. vom Militärgeschichtlichen Forschungsamt, Bd 14)

HOFFMANN, JOACHIM,Die Ostlegionen 1941–1943. Turkotataren, Kaukasier und Wolgafinnen im deutschen Heer, Freiburg [1]1976, [3]1986 (= Einzelschriften zur militärischen Geschichte des Zweiten Weltkrieges, hrsg. vom Militärgeschichtlichen Forschungsamt, Bd 19)

HOFFMANN, JOACHIM, Die Sowjetunion bis zum Vorabend des deutschen Angriffs, Die Kriegführung aus der Sicht der Sowjetunion, in: Der Angriff auf die Sowjetunion, Stuttgart [1]1983, [2]1987, S. 38–97, S. 713–809 (= Das Deutsche Reich und der Zweite Weltkrieg, hrsg. vom Militärgeschichtlichen Forschungsamt, Bd 4)

HOFFMANN, JOACHIM, Die Geschichte der Wlassow-Armee, Freiburg [1]1984, [2]1986 (= Einzelschriften zur militärischen Geschichte des Zweiten Weltkrieges, hrsg. vom Militärgeschichtlichen Forschungsamt, Bd 27). Ausgabe in russischer Sprache: Choffman, J., Istorija Vlasovskoj Armii. Perevod s nemeckogo E. Gessen, Paris 1990 (= Issledovanija Novejšej Russkoj Istorii. Pod obščej redakciej A.J. Solženicyna, Bd 8)

HOFFMANN, JOACHIM, Stalin wollte den Krieg, in: Frankfurter Allgemeine Zeitung, 16.10.1986

HOFFMANN, JOACHIM, Gospodinu general-lejtenantu justicii A.F. Katusevu, Gospodinu kapitanu 1 ranga V.G. Oppokovu. Otkrytoe pis'mo dr. J. Chofmana v redakciju »Voenno-istoričeskogo žurnala«, in: Veče. Nezavisimyj russkij al'manach, Bd 39, 1990, S. 279–284

HOFFMANN, JOACHIM, Die Angriffsvorbereitungen der Sowjetunion 1941, in: Zwei Wege nach Moskau. Vom Hitler-Stalin-Pakt zum »Unternehmen Barbarossa«, im Auftrag des Militärgeschichtlichen Forschungsamtes hrsg. von Bernd Wegner, München, Zürich 1991, S. 367–388. In russischer Sprache: Choffman, J., Podgotovka Sovetskogo Sojuza k nastupatel'noj vojne. 1941 god, in: Otečestvennaja Istorija, Rossijskaja akademija nauk, Moskau, Nr. 4, 1993, S. 19–31

HOFFMANN, JOACHIM, Kaukasien 1942/43. Das deutsche Heer und die Orientvölker der Sowjetunion, Freiburg 1991 (= Einzelschriften zur Militärgeschichte, hrsg. vom Militärgeschichtlichen Forschungsamt, Bd 35)

IMPERATOR NIKOLAJ I EGO SEM'JA (Petergof, sentjabr' 1905 – Ėkaterinburg, Maj 1918g.). Po ličnym vospominanijam P. Žil'jara, Wien 1921

INTERV'JU tov. J.V. Stalina, in: Pravda, 14.3.1946

IRVING, DAVID JOHN CAWDELL, The Destruction of Dresden, London 1963

ISSERSON, GEORGIJ, Razvitie teorii sovetskogo operativnogo iskusstva v 30–e gody, in: Voenno-istoričeskij žurnal, 1965, H. 1, S. 36–46, H. 3, S. 48–61

ISTORIJA VELIKOJ OTEČESTVENNOJ vojny Sovetskogo Sojuza 1941–1945 v šesti tomach, Bd 1: Podgotovka i razvjazyvanie vojny imperialističeskimi deržavami, Moskau 1960

Jakuševskij, Anatolij, Rasstrel v klevernompole, in: Novoe Vremja, H. 25, 1993, S. 40–42

Katell, Andrew, Sowjet-Presse gibt zu: 40 Millionen Stalin-Opfer, in: Die Welt, 6.2.1989

Kaufmann, Günter, ›Auschwitz-Lüge‹ – Auschwitz-Wahrheit. Bevölkerungsstatistiken bringen Licht in das wirkliche Ausmaß eines Verbrechens, in: Askania – Studiensammlung, Juli 1992, S. 16–23

Keating, Frank A., Das Verhalten der Roten Armee im Sieg und während der Besatzungszeit, in: Die Rote Armee. Zusammengestellt und bearbeitet von Captain B.H. Liddell Hart, Bonn o.D., S. 197–208

Khrushchev's Secret Tapes, in: Time, 1. Oktober 1990, S. 46–53

Kilian, Achim, Die ›Mühlberg-Akten‹ im Zusammenhang mit dem System der Speziallager des NKWD der UdSSR, in: Deutschland-Archiv. Zeitschrift für das vereinigte Deutschland, H. 10, 1993, S. 1138–1158

Kirsanov, N., Rezension, in: Voenno-istoričeskij žurnal, H. 12, 1970, S. 94f.

Kiršin, Jurij K., Die sowjetischen Streitkräfte am Vorabend des Großen Vaterländischen Krieges, in: Zwei Wege nach Moskau. Vom Hitler-Stalin-Pakt zum »Unternehmen Barbarossa«, im Auftrag des Militärgeschichtlichen Forschungsamtes hrsg. von Bernd Wegner, München, Zürich 1991, S. 389–403

Klüver, Max, Präventivschlag 1941, 2. Auflage, Leoni 1987

Kogelfranz, Siegfried, »So weit die Armeen kommen ...« Wie Osteuropa nach Jalta kommunistisch wurde, in: Der Spiegel, Nr. 35, 1984, S. 104–114

Kopelew, Lew, Aufbewahren für alle Zeit (chranit' večno), Hamburg 1976

Kozlov, V.J., nach: Junge Welt, 21.6.1991

Krasovskij, O., 22 ijunja 1941 goda ..., in: Veče. Nezavisimyj russkij al'manach, Bd 42, 1991, S. 5–23

Krausnick, Helmut, Zur Zahl der jüdischen Opfer des Nationalsozialismus, Bonn 1956 (= Dokumentation zur Massen-Vergasung, hrsg. von der Bundeszentrale für Heimatdienst)

Krausnick, Helmut, Die Einsatzgruppen vom Anschluß Österreichs bis zum Feldzug gegen die Sowjetunion. Entwicklung und Verhältnis zur Wehrmacht, in: Die Truppe des Weltanschauungskrieges. Die Einsatzgruppen der Sicherheitspolizei und des SD 1938–1942, Teil I, Stuttgart 1981, S. 13–278

Kriegstagebuch des Oberkommandos der Wehrmacht (Wehrmachtführungsstab), 1940–1945. Geführt von Helmut Greiner und Percy Ernst Schramm, Bd II: 1. Januar 1942 – 31. Dezember 1942. Zusammengestellt und erläutert von Andreas Hillgruber, Zweiter Halbband, Frankfurt a. M. 1963

Krushelnycky, Askold, The archaeologist of terror, in: The European, 16./18.11.1990

Kusnezowa, Olga und Selesnjow, Konstantin, Der politisch-moralische

Zustand der faschistischen deutschen Truppen an der sowjetisch-deutschen Front in den Jahren 1941–1945. Überblick über sowjetische Quellen und Literatur, in: Zeitschrift für Militärgeschichte, H. 9, 1970, S. 598–608.
KUZNECOV, I.I., Generaly 1940 goda, in: Voenno-istoričeskij žurnal, H. 10, 1988, S. 29–37
LANDESHAUPTSTADT DRESDEN, Stadtverwaltung, Amt für Protokoll und Auslandsbeziehungen, 0016/mi, Karin Mitzscherlich, Sachgebietsleiterin, 31.7.1992, Faksimile in: Das Ostpreußenblatt, 2.4.1994
LANDSBERG. Ein dokumentarischer Bericht, hrsg. von Information Services Division Office of the U.S. High Commissioner for Germany, München (1951)
LAQUEUR, WALTER und BREITMAN, RICHARD, Der Mann, der das Schweigen brach. Wie die Welt vom Holocaust erfuhr, Frankfurt a. M., Berlin 1986
LASCH, OTTO, So fiel Königsberg, München 1958
LEHNDORFF, HANS GRAF VON, Ostpreußisches Tagebuch, München 1967
LENIN, VLADIMIR IL'IČ, Polnoe sobranie sočinenij, Bd 23: Mart-sentjabr' 1913g., Moskau 1961
LIPPE, VIKTOR FREIHERR VON, Nürnberger Tagebuchnotizen. November 1945 bis Oktober 1946, Frankfurt a. M. (1951)
MAGENHEIMER, HEINZ, Neue Erkenntnisse zum ›Unternehmen Barbarossa‹, in: Österreichische Militärische Zeitschrift, H. 5, 1991, S. 441–445
MAGENHEIMER, HEINZ, Massenrepressalien, Bevölkerungsverluste und Deportationen seit 1917/18, in: Österreichische Militärische Zeitschrift, H. 6, 1991, S. 539–542
MAGENHEIMER, HEINZ, Zum deutsch-sowjetischen Krieg 1941. Neue Quellen und Erkenntnisse, in: Österreichische Militärische Zeitschrift, H. 1, 1994, S. 51–60
MAIELLO, GRETA, Neue Erkenntnisse über Auschwitz. Der Franzose Jean-Claude Pressac wertete Moskauer Archive aus, in: Die Welt, 27.9.1993
MANUSCRIPT VOM JAHRE TAUSEND ACHTHUNDERT UND ZWÖLF. Darstellung der Begebenheiten dieses Jahres, als Beitrag zur Geschichte des Kaisers Napoleon, von Baron Fain, damaligem Cabinets-Secretair und Archivar. Rechtmäßige deutsche Ausgabe von E. Klein und Belmont, Bd 2, Leipzig 1827
MARGOLINA, SONJA, Das Ende der Lügen. Rußland und die Juden im 20. Jahrhundert, Berlin 1992
MASER, WERNER, Nach dem Pakt der Diktatoren: Wollte Stalin Hitler angreifen?, in: Die Welt, 1.9., 2.9., 3.9.1993
MASER, WERNER, Der Wortbruch. Hitler, Stalin und der Zweite Weltkrieg, München 1994
MERCALOV, A.N. und MERCALOVA, L.A., Meždu dvumja krajnostjami, ili Kto soorudil ›Ledokol‹?, in: Voenno-istoričeskij žurnal, H. 5, 1994, S. 80–85
MLEČIN, LEONID, Vlasow i vlasovcy, in: Novoe Vremja, H. 43, 1990, S. 34–40

MLEČIN, LEONID, Prestuplenija krasnoarmejcev (Vprave li Gitler sčitat' sebja učenikom Stalina), in: Novoe Vremja, H. 8, 1993, S. 42ff.
MONTGOMERY, BERNARD LAW, Memoiren, München (1958)
MOSKVA-FRONTU 1941–1945. Sbornik dokumentov i materialov, Moskau 1966
MURAWSKI, ERICH, Die Eroberung Pommerns durch die Rote Armee, Boppard 1969
MYLLYNIEMI, SEPPO, Die baltische Krise 1938–1941, Stuttgart 1979 (= Schriftenreihe der Vierteljahrshefte für Zeitgeschichte, Bd 38)
NAWRATIL, HEINZ, Vertreibungsverbrechen an Deutschen. Tatbestand, Motive, Bewältigung, Frankfurt, Berlin 1987
NAWRATIL, HEINZ, Mörderische Propaganda, in: Frankfurter Allgemeine Zeitung, 12.2.1991
NEKRICH, ALEKSANDR, ›A Wise Design‹, in: Perspective, Boston, Vol. I, Nr. 3, Februar 1991, S. 2–7
NEKRICH, ALEKSANDR M., Past Tense, in: The New Republic, April 29, 1991, S. 14ff.
NEKRITSCH, ALEXANDER und GRIGORENKO, PJOTR, Genickschuß. Die Rote Armee am 22. Juni 1941, hrsg. und eingel. von Georges Haupt, Wien, Frankfurt 1969
NEUE JURISTISCHE WOCHENSCHRIFT, H. 45, 1988, S. 2911–2919
NIKOFORUK, MICHAEL, Das vierte Denkmal von Babi Yar ist wieder am falschen Platz erstellt, Ukrainian Friends of Fairfield Association, Stamford Ct., Pressemitteilung, 22.10.1991
NOLTE, ERNST, Der europäische Bürgerkrieg 1917–1945. Nationalsozialismus und Bolschewismus, Frankfurt a. M., Berlin 1987
NOLTE, ERNST, Streitpunkte. Heutige und künftige Kontroversen um den Nationalsozialismus, Frankfurt a. M. 1993
NOLTE, ERNST, Ein Gesetz für das Außergesetzliche. Die Strafbarkeit der ›Auschwitzlüge‹, in: Frankfurter Allgemeine Zeitung, 23.8.1994
DIE OPFER DES STÄHLERNEN: 40 Millionen in 30 Jahren, in: Die Welt, 30.6.1993
PAGET, REGINALD T., Manstein. His Campaigns and his Trial. With a Foreword by Lord Hankey, London 1951
PAVLOVA, IRINA, poiski vychoda iz labirinta eži, in: 1939–1945. 1 Sentjabrja – 9 Maja. Materialy naučnogo seminara (Novosibirsk, 16 aprelja 1995 goda), S. 41–46
PEREPISKA V.M. MOLOTOVA S I.V. STALINYM. Nojabr' 1940 goda, in: Voenno-istoričeskij žurnal, H. 9, 1992, S. 18–23
PETROV, B., Tragedija i mužestvo. K 50 – letiju načala Velikoj Otečestvennoj vojny, in: Pravda, 8.5.1991, S. 3
POGRANIČNYE VOJSKA v gody Velikoj Otečestvennoj vojny 1941–1945. Sbornik dokumentov, Moskau 1968
POLUBOJAROV, P.P., Krepče broni, in: Na Severo-Zapadnom fronte 1941–1943, Moskau 1969, S. 111–132
POSDNJAKOW, W., Die chemische Waffe, in: Die Rote Armee. Zusammen-

gestellt und bearbeitet von Captain B.H. Liddell Hart, Bonn o. D., S. 408–417

Post, Walter, Unternehmen »Barbarossa«. Deutsche und sowjetische Angriffspläne 1940/41, Herford, Bonn 1995

Pozdnjakov, Vladimir, Sovetskaja agentura v lagerjach voennoplennych v Germanii (1941–1945 gg.), in: Novyj Žurnal, Nr. 101, Dezember 1970, S. 156–171

Pozdnjakov, V.V., Andrej Andreevič Vlasov, Buenos Aires, Syracuse/ USA 1973

Pressac, J.-C., Les crématoires d'Auschwitz – La machinérie du meurtre de masse, Paris 1993

Prokopenko, A.S. und Suchinin, A.S., Babij jar pod Katyn'ju?, in: Voenno-istoričeskij žurnal, H. 11, 1990, S. 27–34, H. 4, 1991, S. 79–87

Protokolle des Todes. Wie war der Massenmord an den Juden und den anderen NS-Opfern technisch möglich? Neue Dokumente aus Moskau . . ., in: Der Spiegel, H. 40, 1993, S. 151–162

Der Prozeß gegen die Hauptkriegsverbrecher vor dem Internationalen Militärgerichtshof, Nürnberg 14. November 1945 – 1. Oktober 1946,
Bd I: Einführungsband, Nürnberg 1947;
Bd III: Verhandlungsniederschriften, 1. Dezember 1945–14. Dezember 1945, Nürnberg 1947;
Bd. V: Verhandlungsniederschriften, 9. Januar 1946–21. Januar 1946, Nürnberg 1947;
Bd VII: Verhandlungsniederschriften, 5. Februar 1946–19. Februar 1946, Nürnberg 1947;
Bd IX: Verhandlungsniederschriften, 8. März 1946–23. März 1946, Nürnberg 1947;
Bd X: Verhandlungsniederschriften, 25. März 1946–6. April 1946, Nürnberg 1947;
Bd XVII: Verhandlungsniederschriften, 25. Juni 1946–8. Juli 1946, Nürnberg 1948;
Bd XVIII: Verhandlungsniederschriften, 9. Juli 1946–18. Juli 1946, Nürnberg 1948;
Bd XX: Verhandlungsniederschriften, 30. Juli 1946–10. August 1946, Nürnberg 1948;
Bd XXII: Verhandlungsniederschriften, 27. August 1946–1. Oktober 1946, Nürnberg 1947;
Bd XXXI: Urkunden und anderes Beweismaterial, Nürnberg 1948;
Bd XXXVI: Urkunden und anderes Beweismaterial, Nürnberg 1949

Raack, R.C., Stalin Plans his Post-War Germany, in: Journal of Contemporary History, Vol. 28, 1993, S. 53–73

Raack, R. C., Stalin's Drive to the West 1938–1945. The Origins of the Cold War, Stanford, California, 1995

Radsinski, Edward, Nikolaus II. Der letzte Zar und seine Zeit, München 1992

Rapport du Comité international de la Croix-Rouge sur son activité pendant la seconde guerre mondiale (1er septembre 1939–30 juin 1947), Vol. 1: Activités de caractère général, Genève 1948 (= XVIIe Conférence Internationale de la Croix-Rouge Stockholm, août 1948)
Raschhofer, Hermann, Der Fall Oberländer. Eine vergleichende Rechtsanalyse der Verfahren in Pankow und Bonn, Tübingen 1962
Schaworonkow, Gennadi, Charkow ein zweites Katyn. Der ›Schwarze Weg‹ führte polnische Offiziere 1940 in den Tod, in: Moskau News, Nr. 7, 1990, S. 11
Schaworonkow, Gennadi, »Nach den Hinrichtungen gab es Alkohol«. Die Ermordung der Polen in Katyn: Ein Russe, der dabei war, berichtet, in: Moskau News, Nr. 11, 1990, S. 9
Schlafende Aggressoren. Enthüllung in Moskau: Stalins Militärs wollten 1941 dem Angriff Hitlers zuvorkommen. Doch der Diktator mochte nicht hören, in: Der Spiegel, H. 22, 1990, S. 170–172
Schukows Angriffsplan. Wie der Generalstabschef der UdSSR im Mai 1941 Hitler zuvorkommen wollte, in: Der Spiegel, H. 24, 1991, S. 140
Schustereit, Hartmut, Vabanque. Hitlers Angriff auf die Sowjetunion 1941 als Versuch, durch den Sieg im Osten den Westen zu bezwingen, Herford, Bonn 1988
Šlykov, Vitalij, I Tanki naši bystry, in: Meždunarodnaja žizn', H. 9, 1988, S. 117–129
Sokolov, Boris, Pochval'noe slovo Viktoru Suvorovu i epitafija katynskim poljakam, in: Nezavisimaja Gazeta, 5.4.1994
Solschenizyn, Alexander, Der Archipel GULAG 1918–1956. Versuch einer künstlerischen Bewältigung, 2 Bde, Bern 1974–1976
Solschenizyn, Alexander, Ostpreußische Nächte, Darmstadt 1976
Sowjet-Presse gibt zu: 40 Millionen Stalin-Opfer, in: Die Welt, Nr. 31, 6.2.1989
Stalin, J., Über den Großen Vaterländischen Krieg der Sowjetunion, Moskau 31946
Stalin-Opfer in Massengrab bei Kiew, in: Badische Zeitung, 25.3.1989
Starinov, J., Ėto bylo tajnoj, in: Voenno-istoričeskij žurnal, H. 4, 1964, S. 76–91
Stegemann, Bernd, Geschichte und Politik. Zur Diskussion über den deutschen Angriff auf die Sowjetunion 1941, in: Beiträge zur Konfliktforschung, 17. Jg., H. 1, S. 73–97
Sterzel, Anton, Dichter sangen Stalin zum Sieg, in: Die Welt, 22.6.1991
Streim, Alfred, Das Völkerrecht und die sowjetischen Kriegsgefangenen, in: Zwei Wege nach Moskau. Vom Hitler-Stalin-Pakt bis zum »Unternehmen Barbarossa«, im Auftrag des Militärgeschichtlichen Forschungsamtes hrsg. von Bernd Wegner, München, Zürich 1991, S. 291–308, hier S. 296f., S. 300
Ströhm, Carl Gustav, Wie viele Millionen Opfer?, in: Die Welt, 6.2.1989
Šturm, Kenigsberga, Kaliningrad (d. i. Königsberg) 1966

Suvorov, Viktor, Vtoroju Mirovuju Vojnu načal Stalin, in: Izvestija, 16.1.1993
Suworow, Viktor, Der Eisbrecher. Hitler in Stalins Kalkül, Stuttgart 1989
Suworow, Viktor, Der Tag M. Aus dem Russischen von Hans Jaeger, Stuttgart 1995
Thadden, Adolf von, Zwei Angreifer, Essen 1993
Tepljakov, Jurij, Tragedija plena ne končaetsja i segodnja, in: USSR Today. Soviet Media News and Features Digest, Compiled by Radio Liberty Monitoring, 18.5.1990
Tokaev, Colonel G.A., Stalin Means War, London (1951)
Tolstoy, Nikolai, Victims of Yalta, London, Sydney, Auckland, Toronto 1977
Topitsch, Ernst, Stalins Krieg. Die sowjetische Langzeitstrategie gegen den Westen als rationale Machtpolitik, München: Günter Olzog, [1]1985, [2]1986. Ausgabe in englischer Sprache: Stalin's War, London: The Fourth Estate Ltd. Publishers, 1987
Topitsch, Ernst, Stalins Krieg. Die sowjetische Langzeitstrategie gegen den Westen als rationale Machtpolitik, Herford: Busse Seewald, [3]1990; derselbe, Stalins Krieg. Moskaus Griff nach der Weltherrschaft. Strategie und Scheitern, 2. überarb. und erw. Aufl., Herford: Busse-Seewald, 1993
Unsere Ehre heißt Treue. Kriegstagebuch des Kommandostabes Reichsführer SS. Tätigkeitsberichte der 1. und 2. SS-Inf.-Brigade, der 1. SS-Kav.-Brigade und von Sonderkommandos der SS, Wien, Frankfurt, Zürich (1965)
Die Vertreibung der deutschen Bevölkerung aus den Gebieten östlich der Oder-Neisse. In Verbindung mit Adolf Diestelkamp, Rudolf Laun, Peter Rassow und Hans Rothfels bearb. von Theodor Schieder, Bd I/1, hrsg. vom Bundesministerium für Vertriebene (1953) (Dokumentation der Vertreibung der Deutschen aus Ost-Mitteleuropa)
Vertreibung und Vertreibungsverbrechen 1945–1948. Bericht des Bundesarchivs vom 28. Mai 1974. Archivalien und ausgewählte Erlebnisberichte, redaktionell bearb. von Silke Spieler, Bonn 1989 (= Kulturstiftung der deutschen Vertriebenen)
Vogel, Wolfram, Wo der Genozid begann. Erhard Roy Wiehns Beitrag gegen Tendenzen des Vergessens, in: Südkurier, 14.9.1991
Volkogonov, Dmitrij, Triumf i tragedija. Političeskij portret J.V. Stalina. V 2-ch knigach, Moskau 1989
Volkogonov, Dmitirij A., Stalin als Oberster Befehlshaber, in: Zwei Wege nach Moskau. Vom Hitler-Stalin-Pakt zum »Unternehmen Barbarossa«, im Auftrag des Militärgeschichtlichen Forschungsamtes hrsg. von Bernd Wegner, München, Zürich 1991, S. 480–498
Volkogonov, Dmitrij, Ėtu versiju uže oprovergla istorija, in: Izvestija, 16.1.1993
Walter, Klaus-Peter, Slalom eines Lebens. Zum hundertsten Geburtstag

von Ilja Ehrenburg, in: Frankfurter Allgemeine Zeitung, 26.1.1991
WASILEWSKA, WANDA, in: Archiwum Ruchu Robotniczego, Bd 7, Warschau 1982, S. 339–432
WEIZMANN, CHAIM, Memoiren. Das Werden des Staates Israel, Zürich 1953
WERTH, ALEXANDER, Russia at War 1941–1945, London 1964
»WER ZUCKT, DEM GEBEN WIR DEN REST«. Gespräch des Sowjetautors Lew Rasgon mit einem Henker der Stalinzeit, in: Der Spiegel, Nr. 2, 1989, S. 100f.
WIECK, MICHAEL, Zeugnis vom Untergang Königsbergs. Ein ›Geltungsjude‹ berichtet, Heidelberg 1988
WILHELM, HANS-HEINRICH, Die Einsatzgruppe A der Sicherheitspolizei und des SD 1941/42. Eine exemplarische Studie, in: Die Truppe des Weltanschauungskrieges. Die Einsatzgruppen der Sicherheitspolizei und des SD 1938–1942, Teil II, Stuttgart 1981, S. 281–688
WINTERS, PETER JOCHEN, Sowjetunion mußte die Akten zur Verfügung stellen. In den Internierungslagern sollen 160 000 Deutsche eingesessen haben, in: Frankfurter Allgemeine Zeitung, 27.9.1991
WINTERS, PETER JOCHEN, Schuld und Rache. Stalins Strick für Hitlers Hörige, in: Frankfurter Allgemeine Zeitung, 11.11.1993
WOLKOGONOW, DMITRI, Triumph und Tragödie. Politisches Porträt des J.W. Stalin. In zwei Bänden, Bd 1/2, Bd 2/1, Bd 2/2, Berlin 1990
WOLSKI, MAREK, Le massacre de Baby Yar (Traduit de l'anglais), in: Revue d'histoire révisionniste, Nr. 6, 1992, S. 47–58
ZAROŽDENIE I RAZVITIE PARTIZANSKOGO DVIŽENIJA v pervyj period vojny (IJUN' 1941–NOJABR' 1942), MINSK 1967
ZAYAS, ALFRED M. DE, Die Wehrmacht-Untersuchungsstelle. Unveröffentlichte Akten über alliierte Völkerrechtsverletzungen im Zweiten Weltkrieg. Unter Mitarbeit von Walter Rabus, München [4]1984
ZAYAS, ALFRED M. DE, Die Anglo-Amerikaner und die Vertreibung der Deutschen. Mit einem Vorwort von Robert Murphy, München [3]1985
ZAYAS, ALFRED-MAURICE DE, Anmerkungen zur Vertreibung der Deutschen aus dem Osten, Stuttgart, Berlin, Köln, Mainz (1986)
ZAYAS, ALFRED-MAURICE DE, A Terrible Revenge. The Ethnic Cleansing of the East European Germans, 1944–1950, New York 1994
ZAYAS, ALFRED-MAURICE DE, The Wehrmacht Bureau on War Crimes, in: The Historical Journal, 35, 2, 1992, S. 383–399
ZLEPKO, DMYTRO [HRSG.], Der ukrainische Hunger-Holocaust. Stalins verschwiegener Völkermord 1932/33 an 7 Millionen ukrainischen Bauern im Spiegel geheimgehaltener Akten des deutschen Auswärtigen Amtes, Sonnenbühl 1988
ŽUKOV, GEORGIJ KONSTANTINOVIČ, Vospominanija i razmyšlenija, Moskau 1969

Personenregister